新世纪普通高校工商管理类统编教材编委会

编委会主任

  王性玉 河南大学工商管理学院 博士 教授 博导

编委会委员

  王 伟 郑州大学商学院 博士 教授 硕导
  冯海龙 河南大学工商管理学院 博士 副教授 硕导
  唐华仓 河南农业大学经济管理学院 博士 教授 硕导
  任鸣鸣 河南师范大学经济与管理学院 博士 教授 硕导
  褚晓飞 河南科技大学经济学院 博士 副教授 硕导
  王定讯 河南财经政法大学工商管理学院 教授 硕导
  程云喜 河南工业大学管理学院 教授 硕导
  何 楠 华北水利水电学院管理与经济学院 博士 教授 博导
  田 军 郑州航空工业管理学院经贸学院 博士 教授 博导
  李保红 信阳师范学院经管学院 博士 教授 硕导
  赵志泉 中原工学院经济管理学院 博士 副教授 硕导
  刘玉来 洛阳师范学院商学院 博士 教授 硕导
  史保金 河南科技学院经济与管理学院 教授
  赵国栋 商丘师范学院经济管理学院 教授
  张振江 平顶山学院经济与管理学院 教授

编委会秘书

  任 乐 河南大学工商管理学院

新世纪普通高校工商管理类统编教材

总主编　王性玉

运筹学
Operations Research

主　编　姚　远

河南大学出版社
·郑州·

图书在版编目(CIP)数据

运筹学/姚远主编. —郑州:河南大学出版社,2012.9
ISBN 978-7-5649-0974-1

Ⅰ.①运… Ⅱ.①姚… Ⅲ.①运筹学—高等学校—教材 Ⅳ.①O22

中国版本图书馆 CIP 数据核字(2012)第 214525 号

责任编辑 朱建伟
责任校对 王艾萍
封面设计 郭 灿

出版发行	河南大学出版社
	地址:郑州市郑东新区商务外环中华大厦 2401 号 邮编:450046
	电话:0371-86059712(高等教育出版分社)
	0371-86059701(营销部) 网址:www.hupress.com
排 版	郑州市今日文教印制有限公司
印 刷	郑州海华印务有限公司
版 次	2013 年 8 月第 1 版 印 次 2013 年 8 月第 1 次印刷
开 本	787mm×1092mm 1/16 印 张 20.25
字 数	480 千字 印 数 1—3000 册
定 价	36.00 元

(本书如有印装质量问题,请与河南大学出版社营销部联系调换)

总　　序

　　始于18世纪英国的工业革命(Industrial Revolution)对管理学产生了极为重要的影响.工业革命带来了生产方式的巨大变革,计划、组织、领导和控制等职能成为管理工厂和企业生产运营的主要手段.以"科学管理"为代表的一系列管理理论,为工商管理(Business Administration)学科的建立奠定了坚实的理论基础.而管理学和商学的标准化教育由美国开始,以1881年宾夕法尼亚大学沃顿商学院(The Wharton School of the University of Pennsylvania)的建立为标志,产生了现代意义上的商学院.第二次世界大战结束后,由于企业对管理人才的需求迅速膨胀,管理教育开始蓬勃发展.工商管理教育至20世纪90年代趋于成熟,并向国际化、综合化和现代化的方向迈进.

　　中国的工商管理随着洋务运动由西方引入.1839年,洋务运动的倡导者张之洞在武昌创立了湖北自强学堂,其下设的商务门堪称我国最早的商科专业.1912年中华民国成立后,商科被单列为独立学科,保证了它的自由发展.1949年中华人民共和国成立后,院系进行调整,由综合性大学与财经院校共同培养财经类人才.国家教委在1997年颁布了新的《普通高等学校本科专业目录》,把管理学设置为独立的学科门类,工商管理划归为管理学门类下的一级学科.

　　经初步统计,目前,全国1200多所本科院校中,有85%的学校设置了工商管理或相近的专业,它们已成为我国十大热门招生和就业的专业,培养出了一批经济建设人才.与资本主义市场经济相比,中国社会主义市场经济有其独特的性质,中国的工商管理学科的发展不仅要向西方的同类学科理论学习,更要结合中国国情,形成适合中国社会主义经济建设的理论方法和知识体系.

　　从我国普通高校工商管理类教材的情况来看,经过改革开放30多年的建设,商科教育知识体系已逐步完善,如国内教材在知识点宽度指标上普遍高于国外教材,但还存在若干需要解决和创新的问题.一是国内教材比较侧重于对理论框架的介绍,即"是什么、为什么",而对具体方法"怎么做"介绍较少.二是国内教材一般在书后不列或列出为数不多的参考文献,且多以同类教材和相关专著为主,对学术期刊、原版书参考较少;主要理论来源于同类教材,导致内容和结构雷同,难以体现出特色.三是国内教材有的缺乏案例,即使有相应案例,其篇幅很短,基本为文字描述,没有详尽的背景资料和数据,编写案例的目的主要是为了加深对某些知识点的理解,而不是通过案例分析提高操作的实际能力.四是很多国内教材对教材的适用人群进行说明时,定位过于宽泛,不少教材的使用范围不仅涉及相关专业的本科生、研究生、MBA以及管理培训,还可以作为实际工作者的参考资料.这样定位过于宽泛,必然导致失去特色.

鉴于此,我们根据作者多年的教育经验和教学体会,按照教育部《关于积极推进"高等教育面向 21 世纪教学内容和课程体系改革计划"》的要求,组织编写了这套"新世纪普通高校工商管理类统编教材".为解决或部分解决上述国内教材存在的若干问题,达到编写目的,我们认真组织编写力量,单本教材的主编和副主编,均具有博士学位或副教授以上职称,并长期坚持在教学第一线,就该门课程课堂讲授过五遍以上.我们还聘请知名专家担任主审,与主编共同定稿.

本套教材在编写过程中力求体现以下五点特色.

一、内容系统全面

根据工商管理类专业人才培养目标及其对知识体系的要求,本套教材内容系统全面,涵盖了工商管理类各主要专业,如工商管理、会计学、财务管理、市场营销、人力资源管理、供应链管理、电子商务等,较大限度地满足了这些专业课程的教学需要.

二、定位明确,编写理念特色化

工商管理各个层次的教学目的和要求不同,必然要求其教材的侧重点不同.本套教材基于这样的编写理念,主要面向大学本科生的专业教学,为学生搭建一个专业学习平台.本套教材的编写者除大学教师外,还邀请了有丰富实践经验的业界管理人员、咨询专家和研究人员等参与教材的编写,他们为教材注入许多新的理念和观点,突破了传统单本教材"大而全"的结构体系.

三、反映前沿,力求创新

工商管理的理论和实践发展十分迅速,一本教材如不能及时地跟上理论与实践的发展,必然会在几年后被其他同类教材所取代,因此,优秀的工商管理教材应该不断地更新内容,体现与时俱进的思想.本套教材在编写过程中,力求既能够反映已经成熟或公认的理论与学术思想,又能够反映具有代表性的工商管理各专业领域最新理论、技术和方法.

四、采用本土化案例,提高案例质量

案例教学是工商管理的学科特色.在国外,尤其是美国的工商管理教材对案例十分重视.本套教材在案例编写过程中,立足于国情,采用了大量的真实案例,包括经典案例和最新案例,以及实际咨询工作中的经验总结,并对背景资料和各种数据作了比较详尽的介绍.通过对这些来自业界的真实案例进行分析讨论,有助于学生识别问题、分析问题和解决问题能力的提高.

五、理论联系实际,做到学以致用

本套教材在编写过程中,不仅对"是什么、为什么"等概念、原理等进行阐述,而且还注重介绍"怎么做",设计了大量的方法讲解和过程分析,使学生在接触新知识的同时了解相关理论在现实社会中如何运用.

本套教材在编写过程中,得到了河南大学出版社、许多高校和研究机构的专家学者的大力支持,在此一并致谢.由于编者想局部突破并有所创新,各方面对这套教材的期望与要求都很高,这无疑加大了编写的难度,加之水平有限和时间紧促,书中难免存在一些缺点和疏漏,恳请专家和广大读者提出宝贵意见,以期日臻完善.

王性玉

2012 年教师节于河南大学

前　言

　　运筹学是第二次世界大战后发展起来的一门新兴学科,也是一门研究如何有效地组织和管理人机系统的科学.它由于同管理科学的紧密联系,研究解决实际问题时的系统优化思想,以及从提出问题、分析建模、求解到方案实施的一整套严密科学方法,在培养提高管理人才的素质上起到重要作用.运筹学已成为经济管理类专业普遍开设的一门重要专业基础课.

　　如今运筹学的研究大致在三个领域发展:运筹学应用、运筹科学、运筹数学.运筹学强调多学科的交叉联系和解决实际问题的研究.作者长期从事运筹学教学(包括大学本科生、研究生)和科研工作,使用过多种版本的运筹学教材,在编著本书时,一方面注意到吸收其他教材的优点,另一方面也考虑到学科发展和从事科研工作的需要.

　　为便于读者学习和适应教师教学的需要,作者在编著该书时特别注意以下各点:(1)强调基本概念和基本理论;(2)先说明问题背景,再进行抽象,以便于理解数学模型;(3)注意理论联系实际,使广大读者能学以致用;(4)叙述层次分明,深入浅出,便于学习.

　　本书由姚远主编,各章执笔情况如下:第七、八、九、十章由姚远(河南大学工商管理学院)编写,第二、三、六章由宋振明(西南交通大学理学院)编写,第四、五章由吴涛(河南大学工商管理学院)编写,绪论及第十一、十二章由任传普(河南大学工商管理学院)编写.全书由姚远和宋振明统编、修改、定稿.

　　由于编者水平有限,书中难免有不妥或错误之处,恳请广大读者批评指正.

编　者
2013 年 6 月

目 录

总　序	（1）
前　言	（1）
第一章　绪论	（1）
第一节　运筹学的起源	（1）
第二节　运筹学的主要内容	（2）
第三节　运筹学的主要特点	（5）
第二章　线形规划及单纯形法	（7）
第一节　线形规划及其数学模型	（7）
第二节　线性规划的图解法	（11）
第三节　单纯形法原理	（14）
第四节　单纯形法计算步骤	（20）
第五节　单纯形法的进一步讨论	（22）
第三章　对偶理论与灵敏度分析	（32）
第一节　线形规划对偶问题	（32）
第二节　对偶定理	（36）
第三节　影子价格	（43）
第四节　对偶单纯形法	（44）
第五节　灵敏度分析	（45）
第六节　参数线性规划	（53）
第四章　运输问题	（61）
第一节　运输问题及其数学模型	（61）
第二节　表上作业法	（64）
第三节　产销不平衡的运输问题	（76）
第四节　有转运的运输问题	（80）
第五章　目标规划	（89）
第一节　目标规划及其数学模型	（89）
第二节　目标规划的图解法	（94）
第三节　目标规划的单纯形法	（98）
第四节　目标规划应用举例	（100）
第六章　整数规划	（105）
第一节　整数规划及其数学模型	（106）

第二节　分枝定界法 …………………………………………………… (109)
　　第三节　割平面法 ……………………………………………………… (113)
　　第四节　0－1型整数规划 ……………………………………………… (119)
　　第五节　分派问题 ……………………………………………………… (123)
第七章　动态规划 …………………………………………………………… (133)
　　第一节　多阶段决策过程 ……………………………………………… (133)
　　第二节　动态规划的基本概念 ………………………………………… (136)
　　第三节　动态规划的基本原理 ………………………………………… (138)
　　第四节　动态规划模型的建立与求解 ………………………………… (141)
　　第五节　动态规划应用举例 …………………………………………… (148)
第八章　图与网络分析 ……………………………………………………… (178)
　　第一节　图的基本概念 ………………………………………………… (179)
　　第二节　欧拉回路和哈密尔顿回路 …………………………………… (184)
　　第三节　树 ……………………………………………………………… (189)
　　第四节　最短路问题 …………………………………………………… (191)
　　第五节　网络最大流问题 ……………………………………………… (200)
　　第六节　最小费用流问题 ……………………………………………… (208)
第九章　排队论 ……………………………………………………………… (213)
　　第一节　排队系统的基本概念 ………………………………………… (213)
　　第二节　单服务台排队系统 …………………………………………… (221)
　　第三节　多服务台排队系统 …………………………………………… (229)
　　第四节　一般服务时间系统分析 ……………………………………… (235)
第十章　存贮论 ……………………………………………………………… (240)
　　第一节　存贮问题的基本概念 ………………………………………… (240)
　　第二节　确定性存贮模型 ……………………………………………… (243)
　　第三节　随机性存贮模型 ……………………………………………… (257)
第十一章　矩阵对策 ………………………………………………………… (265)
　　第一节　对策问题的基本概念 ………………………………………… (266)
　　第二节　矩阵对策的最优纯策略 ……………………………………… (268)
　　第三节　矩阵对策的混合策略 ………………………………………… (272)
　　第四节　矩阵对策的求解 ……………………………………………… (277)
　　第五节　矩阵对策化成线性规划 ……………………………………… (283)
第十二章　决策分析 ………………………………………………………… (290)
　　第一节　决策分析的基本概念 ………………………………………… (290)
　　第二节　非确定型决策 ………………………………………………… (293)
　　第三节　风险型决策 …………………………………………………… (296)
　　第四节　效用理论 ……………………………………………………… (302)
参考文献 ………………………………………………………………… (310)

第一章 绪 论

第一节 运筹学的起源

运筹学的朴素思想可以追溯到很久以前,但形成一门科学,一般认为开始于第二次世界大战,诞生于英国.

第二次世界大战时,英国陆军遭到很大挫折,又受到德国空军和海军的封锁,形势十分危急,如何转变战争局势,成为当时亟待解决的问题.在 20 世纪 30 年代末期虽然已研制成功了雷达和新式作战武器,但由于没有实际使用经验,在当时资源十分匮乏的情况下,难以正确评估和迅速提高这些武器的使用效率.为了动员各方面的力量,首先是发挥科学家的聪明才智,英国国防部在 1940 年成立了一个专门小组 Operational Research Group(简称 O. R. 小组)进行作战研究,该小组包括四位物理学家、两位数学家、三位生物学家、一位测量员和一位军官,由著名的物理学家布莱柯特(P. M. S. Blackett)领导.这个小组研究了一些与作战和武器运用相关的问题,取得了显著效果,反潜艇战是当时着重研究的一个问题.潜艇可怕的主要原因是它潜入水中,使对方不易察觉,因而反潜艇应首先注意搜索,著名数学家库普曼(B. O. Koopmans)起了很大作用,这一研究后来发展成为搜索论.搜索到潜艇的目的是打沉它,原来用飞机投普通炸弹,破坏力不大,后改用深水炸弹,在水下爆炸,问题在于在水下多深处爆炸好?著名物理学家肖克莱(Shockley)经科学的定量分析,发现在 25 英尺深处爆炸能使袭击成功的机会增加 3 倍.这样一来就做出了以下决策:在潜艇刚开始下沉的时候投弹攻击,起爆点为水下 25 英尺.由于采用了这种方法,德国潜艇被摧毁的次数增加到原来的 4 倍.飞机侦察潜艇的活动,潜艇就设法避开侦察,一方采用某种策略,对方就设法找出反措施,即制定对策,战争中的双方和其他很多敌对行动都属于这种对策,二次世界大战中提出了很多类似问题.商船编队和舰队护航也是当时研究的问题之一.经过分析,确定了每批商船的适宜数目,提出了在受到敌机攻击时大船急转向和小船缓转向的逃避方针,使船只的中弹数由 47% 减少到 29%.

由于英国运筹学小组工作的成功,其他国家也成立了类似的小组,美国于 1942 年成立了 Operations Research Group.他们在战时使用的方法虽然比较粗浅,但是收效很大.

二战后,O. R. 小组的很多人都回到了原先工作的岗位.这时,时间和精力允许他们将战时提出的很多方法进一步科学化、条理化,以用于经济和社会发展的非军事目的.1947 年丹泽格(G. B. Danzig)在研究美国空军资源优化配置时提出了线性规划及其通用解法——单纯形法;1948 年英国成立"运筹学俱乐部",在煤炭、电力等部门推广应用运筹学取得的一些进展；1948 年美国麻省理工学院把运筹学作为一门课程介绍；1952 年美国 Case 工业大学设立了运筹学的硕士和博士学位；第一本运筹学杂志《运筹学季刊》(O.R. Quarterly)1950 年在英国创刊；第一个运筹学会美国运筹学会于 1952 年成立，并于同年出版《运筹学杂志》(Journal of ORSA). 这些都标志着运筹学这门学科基本形成.

20 世纪 60 年代后运筹学开始普及和迅速发展，随着计算机的运用，运筹学处理的系统由小变大，应用范围不断扩大，在理论上也获得了很大的发展，形成了完整的学科体系.

在我国古代文献中就有不少朴素的运筹学思想，如田忌赛马和丁谓修宫. 田忌赛马讲的是齐王和田忌赛马，规定双方各出上、中、下三个等级的马各一匹，如果按照同等级的马比赛齐王可获全胜，但田忌采取的策略是以其下马对齐王的上马、以其上马对齐王的中马、以其中马对齐王的下马，结果田忌反以二比一获胜. 丁谓修宫讲的是北宋时代皇宫因火焚毁，丁谓主持修复工作. 他命人在宫前大街上挖土烧砖，把挖成的沟灌水成渠，利用水渠运输各种建筑材料，工程完毕后再以废砖烂瓦等填沟修复大街，减少了运输的工作量，加快了工程进度. 真正把运筹学引入我国的是著名学者钱学森、许国志教授，他们于 20 世纪 50 年代中期将运筹学引入我国，接着吸引了以华罗庚为首的一大批数学家，大大促进了这一学科在我国的发展. 1957 年我国从"夫运筹帷幄之中，决胜千里之外"(《史记·高祖本纪》)这句古话摘取"运筹"二字，将 O.R. 正式译为运筹学，具有做好运用、决策、规划的含义. 我国第一个运筹学小组于 1956 年在中国科学院成立，1958 年建立了运筹学研究室，1960 在山东济南召开了全国应用运筹学的经验交流和推广会议，1962 年和 1978 年先后在北京和成都召开了全国运筹学专业学术会议，1980 年 4 月成立中国运筹学学会，在农林、交通运输、建筑、机械、冶金、石油化工、水利、邮电、纺织等部门，运筹学的方法已开始得到应用推广.

第二节 运筹学的主要内容

什么是运筹学，至今没有公认的确切定义，原因是从事运筹学研究的人来自不同的学科，大家的看法不完全一致. 英国运筹学会认为它是"运用科学方法来解决工业、商业、政府、国防等部门里有关人力、机器、物资、金钱等大型系统的指挥或管理中所出现的复杂问题的一门学科"，钱学森认为它是"由一支综合性的队伍，采用科学的方法，为一些涉及到有机系统（人－机）的控制问题提供解答，为该系统的总目标服务的学科"，还有人认为"运筹学是一门应用科学，它广泛应用现有的科学技术知识和数学方法，解决实际中提出的专门问题，为决策者选择最优决策提供定量依据".

运筹学包含的内容很多，一般认为它有以下分支：线性规划、整数规划、动态规划、图与网络分析、排队论、存贮论、对策论、决策分析、多目标规划及启发式方法等. 根据实际问题的不同性质，可选用不同分支给出的方法加以解决.

2.1 线性规划(Linear Programming)

经营管理中如何有效地利用现有人力、物力完成更多的任务,或在预订的任务目标下,如何用最少的人力、物力去实现目标.这类统筹规划的问题用数学语言表达,先根据问题要达到的目标选取适当的变量,问题的目标通过用含变量的函数形式表示(称为目标函数),对问题的限制条件用有关变量的等式或不等式表达(称为约束条件).当变量连续取值,且目标函数和约束条件均为线性时,称这类模型为线性规划模型.有关对线性规划问题建模、求解和应用的研究构成了运筹学中的线性规划分支.线性规划建模相对简单,有通用算法和计算机软件,是运筹学中应用最为广泛的一个分支.用线性规划求解的典型问题有运输问题、生产计划问题、下料问题及混合配料问题等.有些规划问题的目标函数是非线性的,但往往可以采用分段线性化等手法,转化为线性规划问题.

2.2 动态规划(Dynamic Programming)

动态规划是研究多阶段决策过程最优化的运筹学分支.有些经营管理活动由一系列相互关联的阶段组成,在每个阶段依次进行决策,而且上一阶段的输出状态就是下一阶段的输入状态,各阶段决策之间互相关联,因而构成一个多阶段的决策过程.动态规划研究多阶段决策过程的总体优化,即从系统总体出发,要求各阶段决策所构成的决策序列使目标函数值达到最优.

2.3 图与网络分析(Graph Theory and Network Analysis)

生产管理中经常碰到工序间的合理衔接搭配问题,设计中经常碰到研究各种管道、线路的通过能力,以及仓库、附属设施的布局等问题.运筹学中把一些研究的对象用节点表示,对象之间的联系用连线(边)表示,用点、边的集合构成图,图论是研究由节点和边所组成图形的数学理论和方法.图是网络分析的基础,根据研究的具体网络对象(如铁路网、电力网、通信网等),赋予图中各边某个具体的参数(如时间、流量、费用、距离等),规定图中各节点代表具体网络中任何一种流动的起点、中转点或终点,然后利用图论方法来研究各类网络结构和流量的优化分析、网络分析,还包括利用网络图形来描述一项工程中各项作业的进度和结构关系,以便对工程进度进行优化控制.

2.4 存贮论(Inventory Theory)

存贮论是一种研究最优存贮策略的理论和方法.如为了保证企业生产的正常进行,需要有一定数量原材料和零部件的储备,以调节供需之间的不平衡.实际问题中,需求量可以是常数,也可以是服从某一分布的随机变量;每次订货需一定费用,提出订货后,货物可以一次到达,也可能分批到达;从提出订货到货物的到达可能是即时的,也可能需要一个周期(订货提前期);某些情况下允许缺货,有些情况下不允许缺货.存贮策略研究在不同需求、供货及到达方式等情况下,确定在什么时间点及一次提出多大批量的订货,使用于订购、贮存和可能发生短缺的费用的总和为最少.

2.5　排队论(Queuing Theory)

生产和生活中存在大量有形和无形的排队现象.排队系统由服务机构(服务员)及被服务的对象(顾客)组成,一般顾客的到达及服务员用于对每名顾客的服务时间是随机的,服务员可以是一个或多个,多个情况下又分平行或串联排列;排队按一定规则进行,如分为等待制、损失制、混合制等.排队论研究顾客不同输入、各类服务时间的分布、不同服务员数及不同排队规则情况下,排队系统的工作性能和状态,为设计新的排队系统及改进现有系统的性能提供数量依据.

2.6　对策论(Game Theory)

对策论用于研究具有对抗局势的模型.在这类模型中,参与对抗的各方称为局中人,每个局中人均有一组策略可供选择,当各局中人分别采取不同策略时,对应一个收益或需要支付的函数.在社会、经济、管理等与人类活动有关的系统中,各局中人都按各自的利益和知识进行对策,每个人都力求扩大自己的利益,但又无法精确预测其他局中人的行为,无法取得必要的信息,他们之间还可能玩弄花招,制造假象.对策论为局中人在这种高度不确定和充满竞争的环境中,提供一套完整的、定量化和程序化的选择策略的理论和方法.对策论已应用于商品、消费者、生产者之间的供求平衡分析、利益集团间的协商和谈判,以及军事上各种作战规模的研究等.

2.7　决策论(Decision Theory)

决策是指为最优地到达目标,依据一定准则,对若干备选行动的方案进行的抉择.随着科学技术的发展、生产规模和人类社会的扩大,要求用科学的决策替代经验决策.即实行科学的决策程序,采用科学的决策技术和具有科学的思维方法.决策过程一般是指:形成决策问题,包括提出方案、确定目标及效果的度量;确定各方案对应的结局及出现的概率;确定决策者对不同结局的效用值;综合评价,决定方案的取舍.决策论是对整个决策过程中涉及方案目标选取、度量、概率值确定、效用值计算,一直到最优方案和策略选取的有关科学理论.

第三节 运筹学的主要特点

用运筹学解决问题时应注意其下述特点.

3.1 强调科学性和定量分析

用运筹学解决实际问题时应注意进行科学的定量和定性分析,强调以定量分析为基础的可靠性和科学性,尽量导出好的结果,即达到通常所说的最优性.在实际问题中有时"最优"过于理想化,难以达到,这时也可用"次优"或"满意"取代.

3.2 解决问题的系统思想

运筹学不是孤立地去认识问题,要考虑到有关主要因素和条件,从相互联系中尽量全面地去考虑问题,强调总效果,而不是某个方面的局部"最优".

3.3 运用多学科知识解决问题

用运筹学方法解决实际问题时,除了要熟悉与研究对象有关的科学知识之外,还要运用适宜的数学方法和计算机技术,有时可能还需要与经济学、社会学及其他技术科学的知识相交叉,才能建立起适宜的模型,使问题得以很好解决.

3.4 解决实际问题遵循一定的科学步骤

1. 明确问题

通过调查和分析,将所要解决的问题弄清楚,包括:问题所在、要求目标、限制条件、假设前提、可能的各种决策方案等,在此基础上把问题明确地表达出来.

2. 建立模型

模型是客观事物的一种映像,它既要反映实际,又要进行抽象而"高"于实际.建模是一种创造性活动,是非常重要的一步工作.本书中提供了一些基本模型,但是很多实际系统往往复杂很多,难于套用现成的模型,建模时必须进行认真的分析.建模工作包括拟定变量和参数,建立目标函数和正确的约束条件.

3. 模型求解

根据模型的性质和结构选用适当的方法求解,如没有合适的现成方法,也可用随机模拟或构造启发式算法等手段寻求问题的"近似解",解的精度由决策者确定.

4. 解的检验

检查求解过程有无错误,结果是否与现实一致;若出现问题,还要分析问题所在,必要时修改模型或解法.

5. 解的实施

对实际问题来说,求出的解往往就是某种决策方案,要考虑具体实施过程中可能遇到的问题,以及实施中需要的修改.

上述过程有时需要反复修正.

第二章 线性规划及单纯形法

运筹学的一大分支是数学规划,而线性规划是数学规划的重要组成部分.线性规划(Linear Programming 简写 LP)也是运筹学最基本的内容.相对于其他运筹学分支,线性规划理论完善、方法简单、应用广泛,是任何运筹学分支首先要阐明的基本知识.

早在 20 世纪 30 年代,苏联学者康托洛维奇等人在研究生产组织和运输问题中,就曾提出过求解某些线性规划问题的方法;1947 年,美国数学家丹泽格(Dantzig)提出了求解线性规划问题的一般解法——单纯形法(Simplex Method),它可以用来求解各种线性规划问题,从而为线性规划这门学科奠定了基础.单纯形法的出现,使求解大规模决策问题成为可能,它给许多部门带来了巨大的经济利益,因而受到世界各国的普遍重视和欢迎.

第一节 线性规划及其数学模型

下面先通过例子说明什么是线性规划问题,如何用数学语言来描述它,再进一步说明线性规划数学模型的结构.

1.1 问题的提出

例1 美佳公司计划制造 I,II 两种家电产品.已知各制造一件分别占用的设备 A,B 的台时、调试时间、调试工序及每天可用于这两种家电的能力、各出售一件时的获利情况,如表 2-1 所示.问该公司制造两种家电各多少件,使获利最大.

解:我们的问题是,在现有设备、调试能力的限制下,如何确定产量使利润最大.假设 x_1 和 x_2 分别表示美佳公司制造家电 I 和 II 的数量,利润用 Z 表示,则每天的利润表示为 $Z=2x_1+x_2$.使其最大化,即 $\max Z=2x_1+x_2$,这是公司获取利润的目标值,称为目标函数.由于受到设备 A,B 和调试工序能力的限制,因此描述限制条件的数学表达式称为约束条件,由此该问题的数学模型可表示为:

$$\max Z = 2x_1 + x_2$$
$$\text{s.t.} \begin{cases} 5x_2 \leqslant 15 \\ 6x_1 + 2x_2 \leqslant 24 \\ x_1 + x_2 \leqslant 5 \\ x_1, x_2 \geqslant 0 \end{cases} \tag{2-1}$$

这种数学表达方式,称为该问题的数学模型.

表 2—1

项目	I	II	每天可用能力(小时)
设备 A(小时)	0	5	15
设备 B(小时)	6	2	24
调试工序(小时)	1	1	5
利润(元)	2	1	

例 2 某公司生产甲、乙两种产品,每件产品的利润、所需材料、工时及每天的限额如表 2—2.那么,如何安排生产,使该公司每天生产所得利润最大?

解:用变量 x_1 和 x_2 分别表示产品甲、乙的数量,利润用 Z 表示,该问题的数学模型可表示为:

$$\max Z = 4x_1 + 3x_2$$
$$\text{s.t.} \begin{cases} 2x_1 + 3x_2 \leqslant 24 \\ 3x_1 + 2x_2 \leqslant 26 \\ x_1 \geqslant 0 \\ x_2 \geqslant 0 \end{cases} \quad (2-2)$$

表 2—2

项目	产品甲	产品乙	每天限额
材料(公斤)	2	3	24
工时(小时)	3	2	26
利润(元)	4	3	

类似的例子可以举出很多.

由上述例子可以看出,尽管谈的是截然不同的问题,但都属于同一类优化问题.从数学模型上来讲,它们具有以下共同特征:

(1)用未知自变量表示某种重要的可变因素,变量的一组数据代表一种解决方案,通常要求这些变量取非负,我们统称这类自变量为决策变量,即问题中需要确定的未知量,表示规划中用数量表示的方案、措施,由决策者决定控制.

(2)存在一定的限制条件(如材料、人力、设备、时间、费用等的限制),它们可以用自变量的线性等式或不等式表示,这些条件称为约束条件.

(3)都有一个要达到的目标,它也是自变量的线性函数,称为目标函数,根据决策者的优化目标,要求这个函数极大化或者极小化.

1.2 线性规划的数学模型

下面从数学的角度来归纳线性规划的模型特点.

(1)每一个问题都有一组变量——称之为决策变量,一般记为 $x_1, x_2, \cdots, x_n$. 对决策变量的每一组值:$(x_1, x_2, \cdots, x_n)^T$代表了一种决策方案. 通常要求决策变量取值非负,即 $x_j \geq 0 (j=1,2,\cdots,n)$.

(2) 每个问题都有决策变量须满足的一组约束条件——线性的等式或不等式.

(3) 每个问题都有一个关于决策变量的线性函数——称为目标函数,要求这个目标函数在满足约束条件下实现最大化或最小化.

线性规划的含义是指如果规划问题中决策变量的取值是连续的,目标函数是决策变量的线性函数,约束条件是决策变量的线性不等式或等式,则该类规划问题称为线性规划.

线性规划的数学模型一般表示为:

$\max(\min) Z = c_1 x_1 + c_2 x_2 + \cdots + c_n x_n$ (目标函数,或最大化,或最小化)

$$\text{s.t.} \begin{cases} a_{11} x_1 + a_{12} x_2 + \cdots + a_{1n} x_n \leq (=, \geq) b_1 \\ a_{21} x_1 + a_{22} x_2 + \cdots + a_{2n} x_n \leq (=, \geq) b_2 \\ \cdots \quad \cdots \quad \cdots \quad \cdots \quad \cdots \quad \cdots \\ a_{m1} x_1 + a_{m2} x_2 + \cdots + a_{mn} x_n \leq (=, \geq) b_m \\ x_1, x_2, \cdots, x_n \geq 0 \end{cases} \quad (2-3)$$

s.t. 是 subject to 的英文缩写,它表示"以…为条件"、"假定"、"满足"之意.

其中,决策变量为 $x_j (j=1,\cdots,n)$;目标函数中 x_j 的价值系数为 $c_j (j=1,\cdots,n)$;x_j 的取值受 m 项资源 $b_i (i=1,\cdots,m)$ 限制;a_{ij} 表示技术系数(工艺系数),它表示当 x_j 取值为 1 时所消耗 b_i 的量;$A=(a_{ij})$ 为系数矩阵.

上述数学模型也可借助于求和符号 $\sum$ 进行压缩,如:

$$\max(\min) Z = \sum_{j=1}^{n} c_j x_j$$

$$\text{s.t.} \begin{cases} \sum_{j=1}^{n} a_{ij} x_j \leq (=, \geq) b_i (i=1,\cdots,m) \\ x_j \geq 0 (j=1,\cdots,n) \end{cases} \quad (2-4)$$

用向量形式表示时,上述模型可写为:

$$\max(\min) Z = CX$$

$$\text{s.t.} \begin{cases} \sum_{j=1}^{n} P_j x_j \leq (=, \geq) b \\ X \geq 0 \end{cases} \quad (2-5)$$

其中 $C = (c_1, c_2, \cdots, c_n)$, $X = \begin{bmatrix} x_1 \\ x_2 \\ \vdots \\ x_n \end{bmatrix}$, $P_j = \begin{bmatrix} a_{1j} \\ a_{2j} \\ \vdots \\ a_{mj} \end{bmatrix}$, $b = \begin{bmatrix} b_1 \\ b_2 \\ \vdots \\ b_m \end{bmatrix}$

用矩阵表示为:

$$\max(\min) Z = CX$$

$$\text{s.t.} \begin{cases} AX \leq (=, \geq) b \\ X \geq 0 \end{cases} \quad (2-6)$$

其中
$$A = \begin{bmatrix} a_{11} & a_{12} & \cdots & a_{1n} \\ a_{21} & a_{22} & \cdots & a_{2n} \\ \cdots & \cdots & \cdots & \cdots \\ a_{m1} & a_{m2} & \cdots & a_{mn} \end{bmatrix}$$

称为约束方程组的系数矩阵.

当用线性规划的方法解决实际问题时,首先要把该问题正确地表述成线性规划的数学模型.为使建立的数学模型科学实用,必须对实际问题进行认真细致的分析,在此基础上恰当地选取自变量,并根据目标要求建立目标函数,确定要极小化或极大化,再分析限制条件,列出约束条件等式或不等式.最后,进一步检查建立的数学模型是否和实际问题的目标与条件一致,避免遗漏和重复.

1.3 线性规划问题的标准形式

线性规划问题的目标函数可以求极大也可以求极小;约束条件可以为"≤"型,也可以为"≥"型,还可以为等式.这种多样性给讨论问题带来不便,为了便于讨论,常规定某种标准形式.设线性规划含有 n 个变量,m 个约束条件,则线性规划的标准形式为:

$$\max Z = \sum_{j=1}^{n} c_j x_j$$

$$\text{s.t.} \begin{cases} \sum_{j=1}^{n} a_{ij} x_j = b_i (i = 1, \cdots, m) \\ x_j \geqslant 0 (j = 1, \cdots, n) \end{cases} \tag{2-7}$$

表示为矩阵形式:

$$\max Z = CX$$

$$\text{s.t.} \begin{cases} AX = b \\ X \geqslant 0 \end{cases} \tag{2-8}$$

这种标准形式的特点如下:
(1)目标函数求极大.
(2)约束条件右端常数项 b_i 为非负.
(3)约束条件为等式.
(4)决策变量 x_j 为非负.

实际线性规划问题的数学模型可能与上述标准形式不同,但都可以通过以下方法将其化为标准型.

若目标函数为求最小化 $\min Z = CX$,则令 $Z' = -Z$ 即 $Z' = -CX$,此时 $\max Z'$ 等价于 $\min Z$,就最优解来说,X^* 相同.

若约束条件是≤型,则在该约束条件不等式的左边加上一个新变量(取值≥0),称为松弛变量,将不等式改为等式,如 $2x_1 + 3x_2 \leqslant 8 \to 2x_1 + 3x_2 + x_3 = 8$.

若约束条件是≥型,则在该约束条件不等式的左边减去一个新变量(取值≥0),称为剩余变量,将不等式改为等式,如 $2x_1+3x_2\geqslant 8 \to 2x_1+3x_2-x_3=8$.

若某个约束方程的右端项 $b_i<0$,则在约束方程两端乘以 -1,不等号改变方向.

若决策变量 x_k 无非负要求,则可另设两个新变量 $x'_k\geqslant 0, x''_k\geqslant 0$,作 $x_k=x'_k-x''_k$,且在原数学模型中,x_k 均用 $(x'_k-x''_k)$ 来代替,而在非负约束中增加 $x'_k\geqslant 0, x''_k\geqslant 0$.

对 $x_k\leqslant 0$ 的情况,令 $x_k=-x'_k$,显然 $x'_k\geqslant 0$.

例 3 将下述线性规划化为标准型.

$$\min Z = x_1+2x_2+3x_3$$
$$\text{s.t.} \begin{cases} -2x_1+x_2+x_3\leqslant 9 \\ -3x_1+x_2+2x_3\geqslant 4 \\ 4x_1-2x_2-3x_3=-6 \\ x_1\leqslant 0, x_2\geqslant 0, x_3 \text{ 无约束} \end{cases} \quad (2-9)$$

解: 令

$$Z'=-Z, x'_1=-x_1, x_3=x'_3-x''_3$$
$$x'_3\geqslant 0, x''_3\geqslant 0$$

则标准形式为:

$$\max Z' = x'_1-2x_2-3x'_3+3x''_3+0x_4+0x_5$$
$$\text{s.t.} \begin{cases} 2x'_1+x_2+x'_3-x''_3+x_4=9 \\ 3x'_1+x_2+2x'_3-2x''_3-x_5=4 \\ 4x'_1+2x_2+3x'_3-3x''_3=6 \\ x'_1, x_2, x'_3, x''_3, x_4, x_5\geqslant 0 \end{cases} \quad (2-10)$$

第二节 线性规划的图解法

对模型中只含有两个变量的线性规划问题,可以通过在平面上作图的方法求解.一个线性规划问题有解,是指能找出一组 $x_j(j=1,2,\cdots,n)$,满足约束条件,称这组 x_j 为问题的可行解.通常线性规划问题总是含有很多个可行解,全部可行解的集合为可行域,可行域中使目标函数值达到最优的可行解称为最优解.对不存在可行解的线性规划问题,称该问题无解.

图解法求解的目的,一是判别线性规划问题的求解结局,二是在存在最优解的条件下把问题的最优解找出来.

2.1 图解法的步骤

图解法的步骤可概括为:在平面上建立平面直角坐标系;图示约束条件,找出可行域;图示目标函数和寻找最优解.

通过求解例1来说明用图解法求解线性规划问题.

(1) 以变量 x_1 为横坐标轴,以 x_2 为纵坐标轴画出平面直角坐标系,并适当选取单位坐标长度.由变量的非负约束 $x_1,x_2 \geqslant 0$ 知,满足该约束条件的解(对应坐标系中的一个点)均在第Ⅰ象限.

(2) 图示约束条件,找出可行域.约束条件 $5x_2 \leqslant 15$ 可分解为 $5x_2=15$ 和 $5x_2<15$,前者是平行于坐标轴 x_1 的直线 $x_2=3$,后者位于这条直线下方的半平面,由此 $5x_2 \leqslant 15$ 是位于含直线 $x_2=3$ 的点及其下方的半平面,见图2-1.类似地,约束条件 $6x_1+2x_2 \leqslant 24$ 在坐标系中是含 $6x_1+2x_2=24$ 这条直线上的点及其下方的半平面,约束条件 $x_1+x_2 \leqslant 5$ 是含直线 $x_1+x_2=5$ 上的点及其左下方的半平面.同时满足所有约束条件的点如图2-2所示,图中凸多边形 $OQ_1Q_2Q_3Q_4$ 所包含的区域(阴影表示)是例1线性规划问题的可行域.

(3) 图示目标函数.由于 Z 是一个要求的目标函数值,随着 Z 的变化,$Z=2x_1+x_2$ 是斜率为 -2 的一族平行的直线,见图2-3,图中向量 P 代表目标函数值 Z 的增大方向.

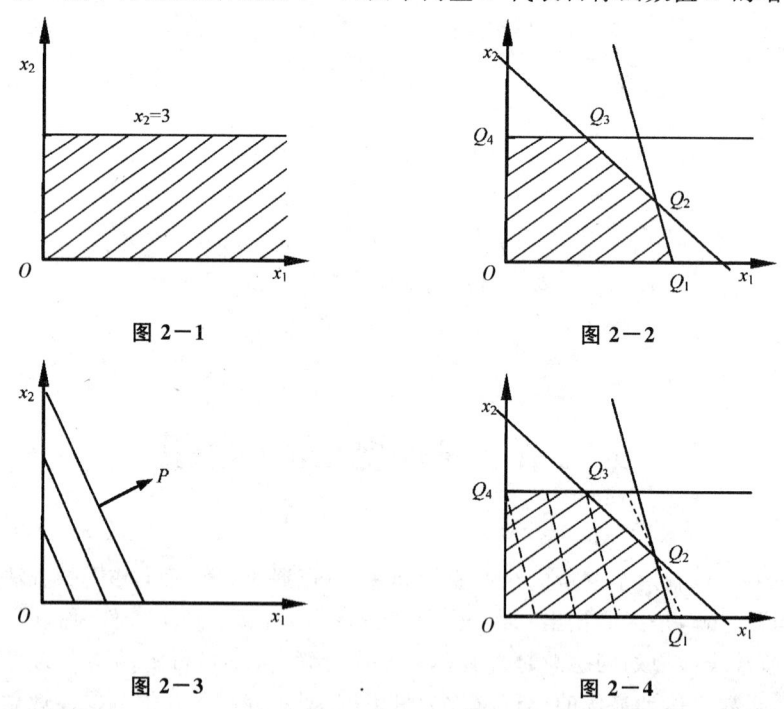

图2-1

图2-2

图2-3

图2-4

(4) 最优解的确定.因最优解是可行域中使目标函数值达到最优的点,将图2-2和图2-3合并得到图2-4.可以看出,当代表目标函数的那条直线由原点开始向右上方移动时,Z 的值逐渐增大,一直移动到目标函数的直线与约束条件包围成的凸多边形相切为止,切点就是代表最优解的点.因为再继续向右上方移动,Z 值仍然可以增大,但在目标函数的直线上找不出一个点位于约束条件包围成的凸多边形内部或边界上.

例1中目标函数直线与凸多边形的切点是 Q_2,该点坐标可由求解直线方程 $6x_1+2x_2=24$ 和 $x_1+x_2=5$ 得到,为 $(x_1,x_2)=(3.5,1.5)$.将其代入目标函数中得 $Z=8.5$,即美佳公司应每天制造家电Ⅰ3.5件,制造家电Ⅱ1.5件获利最大.

因此,可以总结线性规划问题求解步骤如下:

首先,画出平面直角坐标系,x_1为横坐标轴,x_2为纵坐标轴;

其次,根据约束条件,在坐标系中找出可行域;

然后,图示出目标函数线;

最后,确定最优解,移动目标函数线与约束条件包围成的凸多边形相切,切点就是最优解.

2.2 线性规划问题解的几种可能情况

(1)唯一最优解. 见例1.

(2)无穷多最优解. 将例1中的目标函数改变为$\max Z = 3x_1 + x_2$,则目标函数的直线族恰好与约束条件的边界$6x_1 + 2x_2 = 24$平行. 当目标函数向优化方向移动时,与可行域不是在一个点上,而是在Q_1Q_2线段上相切. 这时点Q_1,Q_2及Q_1,Q_2之间的所有点都使目标函数Z达到最大值,即有无穷多最优解,或多重最优解,如图2-5所示.

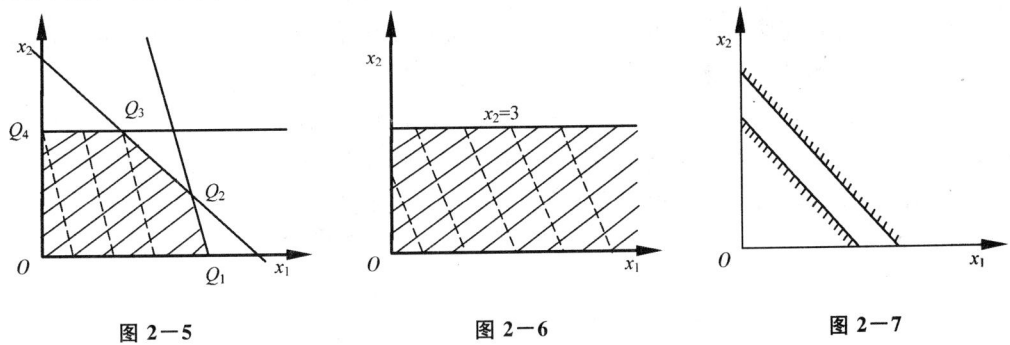

图2-5   图2-6   图2-7

(3)无界解. 如果例1中只包含约束条件$5x_2 \leqslant 15$,这时可行域可伸展到无穷,即变量x_1的取值可无限增大,不受限制,由此目标函数值也可增大至无穷,见图2-6. 这种情况下问题的最优解无界. 产生无界解的原因可能是由于在建立实际问题的数学模型时遗漏了某些必要的资源约束条件.

(4)无解,或无可行解. 例如下述线性规划模型

$$\max Z = 2x_1 + x_2$$
$$\text{s.t.} \begin{cases} x_1 + x_2 \leqslant 2 \\ 2x_1 + 2x_2 \geqslant 6 \\ x_1, x_2 \geqslant 0 \end{cases} \quad (2-11)$$

用图解法求解时看出不存在满足所有约束条件的公共区域(可行域),见图2-7,说明问题无解. 其原因是模型约束条件之间存在矛盾,可能建模时有错误.

2.3 由图解法得到的启示

图解法虽只能用来解具有两个决策变量的线性规划问题,但它的解题思路和几何上

直观得到的一些概念判断,对下面要讲的求解一般线性规划问题的单纯形法有很大启示.

(1)求解线性规划问题时,解的情况有:唯一最优解;无穷多最优解;无界解;无可行解.

(2)若线性规划问题的可行域存在,则可行域是一个凸集.

定义 1　如果集合 C 中任意两个点 X^1, X^2,其连线上的所有点也都在集合 C 中,这样的集合称为凸集.

关于两点之间的连线,数学上是这样描述的:

$$\alpha X^1 + (1-\alpha) X^2 \quad (0 < \alpha < 1)$$

让 α 从 0 向 1 移动,则直线上的点就从顶点 X^2 移动到顶点 X^1.

定义 2　凸集中满足这样条件的点 X 称为顶点.若集合 C 中不存在任何两个不同的点 X^1, X^2 使 X 成为这两个点连线上的一个点,即对任何

$$X^1 \in C, X^2 \in C$$

不存在

$$X = \alpha X^1 + (1-\alpha) X^2 \quad (0 < \alpha < 1)$$

则称 X 是凸集 C 的顶点.

3. 若线性规划问题的最优解存在,则最优解或最优解之一(如果有无穷多的话)一定是可行域的凸集的某个顶点.

4. 解题思路是,先找出凸集的任一个顶点,计算在顶点处的目标函数值;再比较周围相邻顶点的目标函数值是否比这个值大,如果为否,则该顶点就是最优解或最优解之一,否则转到比这个点的目标函数值更大的另一顶点.重复上述过程,一直到找出使目标函数值达到最大的顶点为止.

第三节　单纯形法原理

3.1　线性规划问题解的概念

线性规划问题

$$\max Z = \sum_{j=1}^{n} c_j x_j$$

$$\text{s. t.} \begin{cases} \sum_{j=1}^{n} a_{ij} x_j = b_i & (i = 1, 2, \cdots, m) \\ x_j \geqslant 0 & (j = 1, 2, \cdots, n) \end{cases} \quad (2-12)$$

可行解:满足上述约束条件的解 $X = (x_1, x_2, \cdots, x_n)^T$,称为线性规划问题的可行解.全部可行解的集合称为可行域.

最优解:使目标函数达到最大值的可行解称为最优解.

基:设 $A = (a_{ij})_{m \times n}$ 为约束方程组的系数矩阵,设 $n > m$,其秩为 m. B 是矩阵 A 的一个

$m \times m$ 阶的满秩子矩阵,称 B 是线性规划问题的一个基.不失一般性,设

$$B = \begin{bmatrix} a_{11} & \cdots & a_{1m} \\ \cdots & \cdots & \cdots \\ a_{m1} & \cdots & a_{mm} \end{bmatrix} = (P_1, \cdots, P_m)$$

B 中的每一列向量 $P_j(j=1,\cdots,m)$ 称为基向量.与基向量 P_j 对应的变量 x_j 称为基变量.线性规划问题中除基变量以外的变量称为非基变量.

基解:在约束方程组中,令非基变量 $x_{m+1}=x_{m+2}=\cdots=x_n=0$,又因为有 $|B|\neq 0$,根据克莱姆法则,由 m 个约束方程可解出 m 个基变量的唯一解 $X_B=(x_1,x_2,\cdots,x_m)^T$.加上非基变量取 0 的值,有 $X=(x_1,x_2,\cdots,x_m,0,\cdots,0)^T$,称 X 为 LP 问题的基解.

基可行解:满足变量非负约束条件的基解称为基可行解.

可行基:对应于基可行解的基称为可行基.

退化的基可行解:基变量中含有零分量的基可行解称为退化的基可行解,否则称为非退化的基可行解.

例 4 找出下述线性规划问题的全部基解,指出其中的基可行解,并确定最优解.

$$\max Z = 2x_1 + 3x_2 + x_3$$

$$\text{s.t.} \begin{cases} x_1 + x_3 = 5 \\ x_1 + 2x_2 + x_4 = 10 \\ x_2 + x_5 = 4 \\ x_1, x_2, x_3, x_4, x_5 \geq 0 \end{cases} \quad (2-13)$$

解:首先写出该线性规划问题的系数矩阵:

$$A = \begin{bmatrix} 1 & 0 & 1 & 0 & 0 \\ 1 & 2 & 0 & 1 & 0 \\ 0 & 1 & 0 & 0 & 1 \end{bmatrix}$$

可以看出,x_3, x_4, x_5 对应的是一个单位矩阵,因此 x_3, x_4, x_5 是一组基变量,利用克莱姆法则解出:$X_B=(5,10,4)^T$,加上非基变量取 0 的值,有 $X_B=(0,0,5,10,4)^T$,这是线性规划问题的一个基解,其他基解同理可解出,如表 2-3 所示.

表 2-3

	x_1	x_2	x_3	x_4	x_5	Z	是否为基可行解
①	0	0	5	10	4	5	是
②	0	4	5	2	0	17	是
③	5	0	0	5	4	10	是
④	0	5	5	0	−1	20	否
	x_1	x_2	x_3	x_4	x_5	Z	是否为基可行解
⑤	10	0	−5	0	4	15	否
⑥	5	2.5	0	0	1.5	17.5	是
⑦	5	4	0	−3	0	22	否
⑧	2	4	3	0	0	19*	是

3.2 基本定理

定理 1 若线性规划问题存在可行解,则问题的可行域是凸集.
$$D=\{X\,|\,AX=b,X\geq 0\}$$
即若线性规划问题存在可行解,则可行域 D 为凸集.

证明:$X^1\in D, X^2\in D, X^1\neq X^2$

$\because AX^1=b, X^1\geq 0; AX^2=b, X^2\geq 0;$ 且 $0<\alpha<1$

$\therefore X=\alpha X^1+(1-\alpha)X^2\geq 0$,用 A 左乘其两边,得

$AX=\alpha AX^1+(1-\alpha)AX^2$

$AX=\alpha b+(1-\alpha)b$

$AX=b$

$X\in D$

则 D 为凸集,故证.

引理 线性规划问题的可行解 X 为基可行解的充要条件是 X 的正分量所对应的系数列向量是线性独立的.

证明:必要性. X 的正分量所对应的系数列向量是线性独立的,满足基可行解的定义,由此得证.

充分性.若向量 $P_1, P_2, \cdots, P_k$ 线性独立,则 $k\leq m$. 当 $k=m$ 时,它们正好构成一个基,从而 $X=(x_1, x_2, \cdots, x_m, 0, \cdots, 0)^T$ 为相应的基可行解;当 $k<m$ 时,则可从其余列向量中找出 $(m-k)$ 个与 $P_1, P_2, \cdots, P_k$ 构成一个基,其对应的解为 X,所以根据定义,它也是基可行解(退化的基可行解).

定理 2 线性规划问题的基可行解 X 对应线性规划可行域(凸集)的顶点.

该定理需要证明: X 是可行域的顶点 $\leftrightarrow X$ 是基可行解.

我们需用反证法证明 X 不是可行域的顶点 $\leftrightarrow X$ 不是基可行解.

证明:(1) X 不是基可行解 $\to X$ 不是可行域的顶点.

设 X 的前 m 个分量为正,故有

$$\sum_{j=1}^{m}P_j x_j = b \tag{2-14}$$

由于 X 不是基可行解,则由引理可知 $P_1, P_2, \cdots, P_m$ 线性相关,故存在一组不全为零的数 $\delta_i(i=1,\cdots,m)$ 使得:

$$\delta_1 P_1+\delta_2 P_2+\cdots+\delta_m P_m=0 \tag{2-15}$$

取 $\mu\neq 0$,得:

$$\mu\delta_1 P_1+\mu\delta_2 P_2+\cdots+\mu\delta_m P_m=0 \tag{2-16}$$

由(2-14)式加(2-16)式得:

$$(x_1+\mu\delta_1)P_1+\cdots+(x_m+\mu\delta_m)P_m=b \tag{2-17}$$

由(2-14)式减(2-16)式得:

$$(x_1-\mu\delta_1)P_1+\cdots+(x_m-\mu\delta_m)P_m=b \tag{2-18}$$

令
$$X^1 = [(x_1+\mu\delta_1),(x_2+\mu\delta_2),\cdots,(x_m+\mu\delta_m),0,\cdots 0]$$
$$X^2 = [(x_1-\mu\delta_1),(x_2-\mu\delta_2),\cdots,(x_m-\mu\delta_m),0,\cdots,0]$$

选取 μ 时,使得对所有 $i=1,\cdots,m$,都有:
$$x_i \pm \mu\delta_i \geq 0 \qquad (2-19)$$

因为 $X^1 \in D, X^2 \in D$,而 $X=1/2X^1+1/2X^2$,故证明 X 不是可行域的顶点.

(2) X 不是可行域的顶点 → X 不是基可行解.

设 $X=(x_1,x_2,\cdots,x_r,0,\cdots,0)$ 不是可行域的顶点,因而可以找到可行域内另外两个不同点 Y 和 Z,有:
$$X=\alpha Y+(1-\alpha)Z \quad (0<\alpha<1) \qquad (2-20)$$

或写成:
$$x_j = ay_j+(1-\alpha)z_j, j=1,\cdots,n \qquad (2-21)$$

因为 $\alpha>0, 1-\alpha>0$,故当 $x_j=0$ 时,必有 $y_j=z_j=0$.

因有
$$\sum_{j=1}^{n}P_jx_j = \sum_{j=1}^{m}P_jx_j = b$$

且
$$\sum_{j=1}^{n}P_jy_j = \sum_{j=1}^{m}P_jy_j = b \qquad (2-22)$$

$$\sum_{j=1}^{n}P_jz_j = \sum_{j=1}^{m}P_jz_j = b \qquad (2-23)$$

由(2-22)式减(2-23)式得:
$$\sum_{j=1}^{m}(y_j-z_j)P_j = 0 \qquad (2-24)$$

(y_j-z_j) 不全为零,故 $P_1,\cdots,P_m$ 线性相关,即 X 不是基可行解,故证.

定理 3 若线性规划问题有最优解,一定存在一个基可行解是最优解.

证明:设 $X^0=(x_1^0,x_2^0,\cdots,x_n^0)$ 是线性规划问题的一个最优解,$Z=CX^0=\sum_{j=1}^{n}c_jx_j^0$ 是目标函数的最大值.若 X^0 不是基可行解,由定理 2 可知 X^0 不是顶点,一定能在可行域内找到通过 X^0 的直线上的另外两个点 $(X^0+\mu\delta)\geq 0$ 和 $(X^0-\mu\delta)\geq 0$,代入目标函数,得:
$$C(X^0+\mu\delta)=CX^0+C\mu\delta, C(X^0-\mu\delta)=CX^0-C\mu\delta$$

因为 CX^0 是目标函数的最大值,故有:
$$CX^0 \geq CX^0+C\mu\delta, CX^0 \geq CX^0-C\mu\delta$$

由此 $C\mu\delta=0$,即:
$$C(X^0+\mu\delta)=CX^0=C(X^0-\mu\delta)$$

如果 $C(X^0+\mu\delta)$ 或 $C(X^0-\mu\delta)$ 仍不是基可行解,按照以上方法继续,终可找到一个基可行解,其目标函数值为 CX^0,故证.

归纳上述定理,线性规划问题有以下结论:

(1)若线性规划问题的可行域为非空,则可行域一定为凸集;

(2)每个基可行解对应于可行域的一个顶点,顶点个数为有限个且小于等于 C_n^m;

(3)若线性规划问题存在最优解,则必定在某个顶点上得到.

3.3 单纯形法迭代原理

前面讲过,若线性规划问题有最优解,一定可以在其可行域的某顶点处达到. 一个顶点对应一个基可行解,因此可以找出所有的基可行解. 因基可行解的个数 $\leqslant C_n^m$,通过"枚举法",从理论上讲总能找出所有的基可行解. 而事实上随着 m,n 的增大,C_n^m 迅速增大,致使此路行不通.

我们换一种思路:若从某一基可行解以下称之为初始基可行解出发,每次总是寻找比上一个更"好"的基可行解,逐步改善,直至最优. 这需要解决以下三个问题:

(1) 如何找到一个初始的基可行解;

(2) 如何判别当前的基可行解是否已达到了最优解;

(3) 若当前解不是最优解,如何去寻找一个改善了的基可行解.

此思路称为单纯形法,单纯形原理是由美国数学家丹泽格在 1947 年为研究美国空军资源的优化配置时提出的一种方法. 具体步骤如下:

第一步:确定初始基可行解及其对应基向量 B;

第二步:从一个基可行解转换为相邻的基可行解.

定义 3 两个基可行解称为相邻的,如果它们之间变换且仅变换一个基变量.

设初始基可行解中的前 m 个为基变量,即

$$X^0 = (x_1^0, x_2^0, \cdots, x_m^0, 0, \cdots, 0)^T$$

代入约束条件有:

$$\sum_{i=1}^{m} P_i x_i^0 = b$$

则系数矩阵的增广矩阵为:

$$
\begin{array}{cccccccc}
P_1 & P_2 & \cdots & P_m & P_{m+1} & \cdots & P_j & \cdots & P_n & b
\end{array}
$$

$$
\begin{bmatrix}
1 & 0 & \cdots & 0 & a_{1,m+1} & \cdots & a_{1j} & \cdots & a_{1n} & b_1 \\
0 & 1 & \cdots & 0 & a_{2,m+1} & \cdots & a_{2j} & \cdots & a_{2,n} & b_2 \\
\cdots & \cdots & \cdots & \cdots & \cdots & \cdots & \cdots & \cdots & \cdots & \cdots \\
0 & 0 & \cdots & 1 & a_{m,m+1} & \cdots & a_{mj} & \cdots & a_{mn} & b_m
\end{bmatrix}
$$

因 $P_1, P_2, \cdots, P_m$ 是一个基,其他向量 P_j 可用这个基的线性组合来表示,有

$$P_j = \sum_{i=1}^{m} a_{ij} P_i \tag{2-25}$$

$$P_j - \sum_{i=1}^{m} a_{ij} P_i = 0 \tag{2-26}$$

则对上式乘上一个正数 $\theta > 0$ 得:

$$\theta(P_j - \sum_{i=1}^{m} a_{ij} P_i) = 0 \tag{2-27}$$

$$\theta(P_j - \sum_{i=1}^{m} a_{ij} P_i) + \sum_{i=1}^{m} P_i x_i^0 = b \tag{2-28}$$

$$\sum_{i=1}^{m} (x_i^0 - \theta a_{ij}) P_i + \theta P_j = b \tag{2-29}$$

则令 $X^1=(x_1^0-\theta a_{1j},\cdots,x_m^0-\theta a_{mj},0,\cdots,\theta,\cdots,0)^T$ 是满足约束方程组的另一个点. 其中 θ 是 X^1 的第 j 个坐标的值,要使 X^1 是一个基可行解,因 $\theta>0$,故应对所有 $i=1,\cdots,m$,存在

$$x_i^0-\theta a_{ij} \geqslant 0 \tag{2-30}$$

令这 m 个不等式中至少有一个等号成立. 当 $a_{ij}\leqslant 0$ 时,上式显然成立,故令

$$\theta=\min_i\{\frac{x_i^0}{a_{ij}}\mid a_{ij}>0\}=\frac{x_l^0}{a_{lj}} \tag{2-31}$$

则

$$x_i^0-\theta a_{ij}\begin{cases}=0(i=l)\\ \geqslant 0(i\neq l)\end{cases} \tag{2-32}$$

故 X^1 是一个可行解. 与 X^1 对应的向量,经重新排列后加上 b 有下面的增广矩阵:

$$\begin{array}{cccccccc|c} P_1 & P_2 & \cdots & P_{l-1} & P_j & P_{l+1} & \cdots & P_m & b \\ \end{array}$$

$$\begin{bmatrix} 1 & 0 & \cdots & 0 & a_{1j} & 0 & \cdots & 0 & b_1 \\ 0 & 1 & \cdots & 0 & a_{2j} & 0 & \cdots & 0 & b_2 \\ \cdots & \cdots & \cdots & \cdots & \cdots & \cdots & \cdots & \cdots & \cdots \\ 0 & 0 & \cdots & 1 & a_{i-1,j} & 0 & \cdots & 0 & b_{i-1} \\ 0 & 0 & \cdots & 0 & a_{ij} & 0 & \cdots & 0 & b_i \\ 0 & 0 & \cdots & 0 & a_{i+1,j} & 1 & \cdots & 0 & b_{i+1} \\ \cdots & \cdots & \cdots & \cdots & \cdots & \cdots & \cdots & \cdots & \cdots \\ 0 & 0 & \cdots & 0 & a_{mj} & 0 & \cdots & 1 & b_m \end{bmatrix}$$

因为 $a_{ij}>0$,有矩阵元素组成的行列式不为零,所以 $P_1,P_2,\cdots,P_{i-1},P_j,P_{i+1},\cdots,P_m$ 是一个基. 在上面增广矩阵中进行行初等变换,将 l 行乘上 $(1/a_{ij})$,再分别乘以 $(-a_{ij})$ $(i=1,\cdots,l-1,l+1,\cdots,m)$ 加到各行上去,则增广矩阵左半部变成单位矩阵. 又因为 $b_l/a_{ij}=\theta$,故

$$b=(b_1-\theta a_{1j},\cdots,b_{l-1}-\theta a_{l-1,j},\theta,b_{l+1}-\theta a_{l+1,j},\cdots,b_m-\theta a_{mj})^T$$

故 X^1 是同 X^0 相邻的基可行解,且由基向量组成的矩阵仍为单位矩阵.

第三步:最优性检验和解的判别.

将基可行解 X^1 和 X^0 分别代入目标函数右式:

$$Z^0=\sum_{i=1}^m c_i x_i^0 \tag{2-33}$$

$$\begin{aligned} Z^1 &= \sum_{i=1}^m c_i[x_i^0-\theta a_{ij}]+\theta c_j \\ &= \sum_{i=1}^m c_i x_i^0+\theta[c_j-\sum_{i=1}^m c_i a_{ij}] \\ &= Z^0+\theta[c_j-\sum_{i=1}^m c_i a_{ij}] \end{aligned} \tag{2-34}$$

因为 $\theta>0$,所以只要 $[c_j-\sum_{i=1}^m c_i a_{ij}]>0$,就有 $Z^1>Z^0$,$[c_j-\sum_{i=1}^m c_i a_{ij}]$ 通常简写为 (c_j-z_j) 或 σ_j. 它是对线性规划问题的解进行最优性判断的标志.

线性规划最优解的判定有以下几条规则:

判定一：当所有的 $\sigma_j \leqslant 0$ 时，表明现有顶点（基可行解）的目标函数值比起相邻各顶点（基可行解）的目标函数值都大，根据线性规划问题的可行域是凸集的证明及凸集的性质，可以判定现有顶点对应的基可行解即为最优解．

判定二：当所有的 $\sigma_j \leqslant 0$ 时，又对某个非基变量有 $c_j - z_j = 0$，且又可找到 $\theta > 0$，这表明可以找到另一个顶点（基可行解）目标函数值也达到最大．由于该两点连线上的点也属于可行域内的点，且目标函数值相等，即该线性规划问题有无穷多最优解．反之，当所有非基变量的 $\sigma_j < 0$ 时，线性规划问题具有唯一最优解．

判定三：如果存在某个 $\sigma_j > 0$，且 $P_j \leqslant 0$，对任意的 $\theta > 0$，均有 $x_i^0 - \theta a_{ij} \geqslant 0$，因而 θ 的取值可无限增大不受限制，所以 Z^1 可无限增大，表明线性规划问题有无界解．

对线性规划问题无可行解的判别将在后面讨论．

第四节 单纯形法计算步骤

例5 用单纯形法求解线性规划问题．

$$\max Z = 2x_1 + x_2$$

$$\text{s.t.} \begin{cases} 5x_2 \leqslant 15 \\ 6x_1 + 2x_2 \leqslant 24 \\ x_1 + x_2 \leqslant 5 \\ x_1, x_2 \geqslant 0 \end{cases} \tag{2-35}$$

解：首先把该线性规划问题化为标准形式：

$$\max Z = 2x_1 + x_2 + 0x_3 + 0x_4 + 0x_5$$

$$\text{s.t.} \begin{cases} 5x_2 + x_3 = 15 \\ 6x_1 + 2x_2 + x_4 = 24 \\ x_1 + x_2 + x_5 = 5 \\ x_1, x_2, x_3, x_4, x_5 \geqslant 0 \end{cases} \tag{2-36}$$

其约束条件系数矩阵的增广矩阵为：

$$\begin{array}{cccccc} P_1 & P_2 & P_3 & P_4 & P_5 & b \end{array}$$

$$\begin{bmatrix} 0 & 5 & 1 & 0 & 0 & 15 \\ 6 & 2 & 0 & 1 & 0 & 24 \\ 1 & 1 & 0 & 0 & 1 & 5 \end{bmatrix}$$

P_3, P_4, P_5 是单位矩阵，构成一个基对应变量，x_3, x_4, x_5 是基变量．令非基变量 x_1，x_2 等于 0，即找到一个初始基可行解 $X = (0, 0, 15, 24, 5)^T$．依次列出初始单纯形表 2-4．

第二章 线性规划及单纯形法

表 2-4

C_B	X_B	b	C_j 2 x_1	1 x_2	0 x_3	0 x_4	0 x_5
0	x_3	15	0	5	1	0	0
0	x_4	24	[6]	2	0	1	0
0	x_5	5	1	1	0	0	1
	$\sigma_j = c_j - z_j$		2	1	0	0	0

因表中有大于零的检验数,故表中基可行解不是最优解.因为检验数中 2 最大,x_1 进基,谁出呢?用最小比值法则:

$$\theta = \min\left(-, \frac{24}{6}, \frac{5}{1}\right) = 4$$

$\theta = 4$ 最小,对应 [6] 称为主元素,所在行对应的基变量 x_4 出基.用 x_1 代替 x_4 变成基变量,用行初等变换把 [6] 的位置变成 1,所在列的其他位置变成零,并列出新的单纯形表 2-5.

表 2-5

C_B	X_B	b	C_j 2 x_1	1 x_2	0 x_3	0 x_4	0 x_5
0	x_3	15	0	5	1	0	0
2	x_1	4	1	1/3	0	1/6	0
0	x_5	1	0	[2/3]	0	$-1/6$	1
	$\sigma_j = c_j - z_j$		0	1/3	0	$-1/3$	0

由于上表中仍有大于零的检验数 1/3,

$$\theta = \min\left(\frac{15}{5}, \frac{4}{1/3}, \frac{1}{2/3}\right) = 3/2$$

所以 x_5 出基,x_2 进基,重复上述步骤得表 2-6.

表 2-6 中所有检验数 $\sigma_j \leqslant 0$,且基变量中不含有人工变量,故表中的基可行解 $X = (7/2, 3/2, 15/2, 0, 0)^T$ 为最优解,代入目标函数得 $Z = 8.5$.

表 2-6

C_B	X_B	b	C_j 2 x_1	1 x_2	0 x_3	0 x_4	0 x_5
0	x_3	15/2	0	0	1	5/4	$-15/2$
2	x_1	7/2	1	0	0	1/4	$-1/2$
1	x_2	3/2	0	1	0	$-1/4$	3/2
	$\sigma_j = c_j - z_j$		0	0	0	$-1/4$	$-1/2$

根据上节讲述的单纯形法原理及例题,单纯形法的计算步骤如下:

第一步：求初始基可行解，列出初始单纯形表；

第二步：最优性检验；

第三步：从一个基可行解转换到相邻的目标函数值更大的基可行解，列出新的单纯形表；

第四步：重复第二、三步，一直到计算结束为止．

第五节 单纯形法的进一步讨论

5.1 人工变量法

在上述例 5 中，线性规划问题化为标准型后约束条件的系数矩阵中含有单位矩阵，以此作初始基，建立单纯形表求解很方便．

例 6 用单纯形法求解线性规划问题

$$\max Z = -3x_1 + x_3$$

$$\text{s.t.} \begin{cases} x_1 + x_2 + x_3 \leqslant 4 \\ -2x_1 + x_2 - x_3 \geqslant 1 \\ 3x_2 + x_3 = 9 \\ x_1, x_2, x_3 \geqslant 0 \end{cases} \quad (2-37)$$

解：先化为标准形式：

$$\max Z = -3x_1 + x_3 + 0x_4 + 0x_5$$

$$\text{s.t.} \begin{cases} x_1 + x_2 + x_3 + x_4 = 4 \\ -2x_1 + x_2 - x_3 - x_5 = 1 \\ 3x_2 + x_3 = 9 \\ x_1, x_2, x_3, x_4, x_5 \geqslant 0 \end{cases} \quad (2-38)$$

此时，约束条件的系数矩阵中不含有单位矩阵，即添加两列单位向量 P_6, P_7，连同约束条件向量 P_4 构成单位矩阵．

$$\begin{matrix} P_4 & P_6 & P_7 \\ \begin{bmatrix} 1 & 0 & 0 \\ 0 & 1 & 0 \\ 0 & 0 & 1 \end{bmatrix} \end{matrix}$$

P_6, P_7 是人为添加上去的，其对应的变量 x_6, x_7 相应地称为人工变量．由于约束条件在添加人工变量前已经是等式，为使这些等式仍然得到满足，因此在最优解中人工变量 x_6, x_7 取值必须为零．为此，令目标函数中人工变量的系数为任意大的负值，用"$-M$"代表．"$-M$"称作"罚因子"，其含义是人工变量不等于零，目标函数就不可能达到最优．此时，数学模型变为：

$$\max Z = -3x_1 + x_3 + 0x_4 + 0x_5 - Mx_6 - Mx_7$$

$$\text{s.t.} \begin{cases} x_1 + x_2 + x_3 + x_4 = 4 \\ -2x_1 + x_2 - x_3 - x_5 + x_6 = 1 \\ 3x_2 + x_3 + x_7 = 9 \\ x_1, x_2, x_3, x_4, x_5, x_6, x_7 \geq 0 \end{cases} \quad (2-39)$$

表 2—7

C_B	C_j		-3	0	1	0	0	$-M$	$-M$
	X_B	b	x_1	x_2	x_3	x_4	x_5	x_6	x_7
0	x_4	4	1	1	1	1	0	0	0
$-M$	x_6	1	-2	$[1]$	-1	0	-1	1	0
$-M$	x_7	9	0	3	1	0	0	0	1
	$\sigma_j = c_j - z_j$		$-2M-3$	$4M$	1	0	$-M$	0	0
0	x_4	3	3	0	2	1	1	-1	0
0	x_2	1	-2	1	-1	0	-1	1	0
$-M$	x_7	6	$[6]$	0	4	0	3	-3	1
	$\sigma_j = c_j - z_j$		$6M-3$	0	$4M+1$	0	$3M$	$-4M$	0
0	x_4	0	0	0	0	1	$-1/2$	$-1/2$	$1/2$
0	x_2	3	0	1	$1/3$	0	0	0	$1/3$
-3	x_1	1	1	0	$[2/3]$	0	$1/2$	$-1/2$	$1/6$
	$\sigma_j = c_j - z_j$		0	0	3	0	$3/2$	$-M-3/2$	$-M+1/2$
0	x_4	0	0	0	0	1	$-1/2$	$1/2$	$-1/2$
0	x_2	$5/2$	$-1/2$	1	0	0	$-1/4$	$1/4$	$1/4$
1	x_3	$3/2$	$3/2$	0	1	0	$3/4$	$-3/4$	$1/4$
	$\sigma_j = c_j - z_j$		$-9/2$	0	0	0	$-3/4$	$-M+3/4$	$-M-1/4$

该模型中与 P_4, P_6, P_7 对应的基变量为 x_4, x_6, x_7, 非基变量 x_1, x_2, x_3, x_5 等于零, 可以得到初始基可行解 $X = (0,0,0,4,0,1,9)^T$, 并列出初始单纯形表. 在单纯形法迭代运算中, 把 M 看成非常大的常数来处理. 具体过程见表 2—7. 注意, 一旦某人工变量从基变量中赶出, 变为非基变量后, 该变量及相应的列可从单纯形表中删除, 而不影响计算结果.

5.2 两阶段法

手工计算使用大 M 法处理人工变量一般不会碰到麻烦, 但用电子计算机求解时, M 就只能在计算机内输入一个极其最大字长的数字. 如果线性规划问题中的 a_{ij}, b_i 或 c_j 等参数值与这个代表 M 的数相对比较接近, 或远远小于这个数字, 由于计算机取值上的误差,有可能使计算结果发生错误.为了克服这个困难,可以对添加人工变量后的线性规划问题分两个阶段来计算,称两阶段法.

两阶段法的第一阶段实现求解一个目标中只包含人工变量的线性规划问题,即令目标函数中其他变量的系数取零,人工变量的系数取某个正的常数(一般取1),在保持原问题约束不变的情况下求这个目标函数极小化的解.显然在第一阶段中,当人工变量取值为零时,目标函数值也为零.这时候的最优解就是原问题的一个基可行解.如果第一阶段求解结果最优解的目标函数值不为零,也即最优解的基变量中含有非零的人工变量,表明原线性规划问题无可行解.

当第一阶段求解结果表明有可行解时,第二阶段是原问题中除去人工变量,并从此可行解(即第一阶段的最优解).

表 2-8

	C_j		0	0	0	0	0	-1	-1
C_B	X_B	b	x_1	x_2	x_3	x_4	x_5	x_6	x_7
0	x_4	4	1	1	1	1	0	0	0
-1	x_6	1	-2	[1]	-1	0	-1	1	0
-1	x_7	9	0	3	1	0	0	0	1
	$\sigma_j = c_j - z_j$		-2	4	0	0	-1	0	0
0	x_4	3	3	0	2	1	1	-1	0
0	x_2	1	-2	1	-1	0	-1	1	0
-1	x_7	6	[6]	0	4	0	3	-3	1
	$\sigma_j = c_j - z_j$		6	0	4	0	3	-4	0
0	x_4	0	0	0	0	1	$-1/2$	$-1/2$	$1/2$
0	x_2	3	0	1	$1/3$	0	0	0	$1/3$
0	x_1	1	1	0	$2/3$	0	$1/2$	$-1/2$	$1/6$
	$\sigma_j = c_j - z_j$		0	0	0	0	0	-1	-1

以下用两阶段法求例6.

第一阶段先求解

$$\min W = x_6 + x_7$$

$$\text{s. t.} \begin{cases} x_1 + x_2 + x_3 + x_4 = 4 \\ -2x_1 + x_2 - x_3 - x_5 + x_6 = 1 \\ 3x_2 + x_3 + x_7 = 9 \\ x_1, x_2, x_3, x_4, x_5, x_6, x_7 \geq 0 \end{cases} \tag{2-40}$$

化为标准型,令 $W' = -W$,有:

$$\max W' = -x_6 - x_7$$

$$\text{s. t.} \begin{cases} x_1 + x_2 + x_3 + x_4 = 4 \\ -2x_1 + x_2 - x_3 - x_5 + x_6 = 1 \\ 3x_2 + x_3 + x_7 = 9 \\ x_1, x_2, x_3, x_4, x_5, x_6, x_7 \geqslant 0 \end{cases} \quad (2-41)$$

用单纯形法求解过程见表 2-8.

第二阶段将表 2-8 中的人工变量 x_6, x_7 除去,目标函数改为:

$$\max Z = -3x_1 + x_3 + 0x_4 + 0x_5$$

表 2-8 中的最后一张表变为表 2-9.

从表 2-9 出发,继续用单纯形法计算,求解过程见表 2-10. 最优解为 $X^* = (0, 5/2, 3/2, 0, 0)^T$,最优目标函数值 $Z = 3/2$.

表 2-9

C_B	X_B	b	C_j x_1	-3 x_2	0 x_3	1 x_4	0 x_5
0	x_4	0	0	0	0	1	$-1/2$
0	x_2	3	0	1	1/3	0	0
0	x_1	1	1	0	2/3	0	1/2
	$\sigma_j = c_j - z_j$		0	0	3	0	3/2

表 2-10

C_B	X_B	b	C_j x_1	-3 x_2	0 x_3	1 x_4	0 x_5
0	x_4	0	0	0	0	1	$-1/2$
0	x_2	3	0	1	1/3	0	0
-3	x_1	1	1	0	[2/3]	0	1/2
	$\sigma_j = c_j - z_j$		0	0	3	0	3/2
0	x_4	0	0	0	0	1	$-1/2$
0	x_2	5/2	$-1/2$	1	0	0	$-1/4$
1	x_3	3/2	3/2	0	1	0	3/4
	$\sigma_j = c_j - z_j$		$-9/2$	0	0	0	$-3/4$

5.3 单纯形法计算中的几个问题

(1) 目标函数极小化时解的最优性判别. 如果把目标函数的极小化作为线性规划的标准形式,这时只需所有检验数 $\sigma_j \geqslant 0$ 作为判别表中解是否最优的标志.

(2) 退化与循环问题. 按最小比值 θ 来确定换出基变量时,有时出现两个以上相同的最小比值,从而使下一个表的基可行解中出现一个或多个基变量等于零的退化解. 退化解出现的原因是模型中存在多余的约束,使多个基可行解对应同一个顶点. 当存在退化解时,就有可能出现迭代计算的循环,即从一个可行基经有限次迭代后又回到原来的可行基.尽管可能性极其微小(直到目前为止,还没有见到一个实际应用问题产生循环的例子),但在理论上是存在的.为避免出现计算的循环,1974 年 Bland 提出了一个简便有效的规则:(1)当存在多个时,始终选取下标值为最小的变量作为换入变量;(2)当计算 θ 值出现两个以上相同的最小比值时,始终选取下标值为最小的变量作为换出变量.

(3)无可行解的判别. 在第三节单纯形法原理中,讲述了用单纯形法求解时如何判别解的结局属唯一最优解、无穷多最优解和无界解. 当线性规划问题中增加人工变量后,无论是用人工变量法或两阶段法,初始单纯性表中的解因含非零人工变量,故实质上是非可行解. 当求解结果出现所有 $\sigma_j \leqslant 0$ 时,如基变量中仍含有非零的人工变量(两阶段法求解第一阶段目标函数值不等于零),表明问题无可行解.

例 7 用单纯形法求解线形规划问题.

$$\max Z = 2x_1 + x_2$$
$$\text{s. t.} \begin{cases} x_1 + x_2 \leqslant 2 \\ 2x_1 + 2x_2 \geqslant 6 \\ x_1, x_2 \geqslant 0 \end{cases} \quad (2-42)$$

解:由图解法知此线性规划问题无可行解. 现用单纯形法求解,化为标准型且加人工变量 x_5 得:

$$\max Z = 2x_1 + x_2 + 0x_3 + 0x_4 - Mx_5$$
$$\text{s. t.} \begin{cases} x_1 + x_2 + x_3 = 2 \\ 2x_1 + 2x_2 - x_4 + x_5 = 6 \\ x_1, x_2, x_3, x_4, x_5 \geqslant 0 \end{cases} \quad (2-43)$$

以 x_3, x_5 为基变量列出初始单纯形表,进行迭代计算,过程见表 2—11. 表中当所有的 $c_j - z_j \leqslant 0$ 时,基变量中仍含有非零的人工变量 $x_5 = 2$,故表明例 7 这个线性规划问题无可行解.

表 2—11

	C_j		-3	0	1	0	0
C_B	X_B	b	x_1	x_2	x_3	x_4	x_5
0	x_3	2	[1]	1	1	0	0
$-M$	x_5	6	2	2	0	-1	1
	$\sigma_j = c_j - z_j$		$2+2M$	$1+2M$	0	$-M$	0
2	x_1	2	1	1	1	0	0
$-M$	x_5	2	0	0	-2	-1	1
	$\sigma_j = c_j - z_j$		0	-1	$-2-2M$	$-M$	0

四、单纯形法小结

单纯形法小结见表 2-12.

表 2-12

		线性规划模型	化为标准形式
变量		$x_j \geq 0$	不变
		$x_j \leq 0$	令 $x'_j = -x_j$，则 $x'_j \geq 0$
		x_j 取值，无约束	令 $x_j = x'_j - x''_j$，则 $x'_j, x''_j \geq 0$
约束条件	右端项	$b_i \geq 0$	不变
		$b_i < 0$	约束条件两端同乘"-1"
	形式	$\sum a_{ij} x_j \leq b_i$	$\sum a_{ij} x_j + x_{si} = b_i$
		$\sum a_{ij} x_j = b_i$	$\sum a_{ij} x_j + x_{ai} = b_i$
		$\sum a_{ij} x_j \geq b_i$	$\sum a_{ij} x_j - x_{si} + x_{ai} = b_i$
目标函数	极大或极小	$\max Z = \sum c_j x_j$	不变
		$\min Z = \sum c_j x_j$	令 $Z' = -Z$，化为求 $\max Z' = -\sum c_j x_j$
	变量前的系数	加松弛变量 x_s	$\max Z = \sum c_j x_j + 0 x_{si}$
		加人工变量 x_a	$\min Z = \sum c_j x_j - M x_{ai}$

习 题

2.1 以下集合中，哪些是凸集？哪些不是凸集？
(1) $\{(x_1, x_2) \mid x_1 + x_2 \leq 1\}$
(2) $\{(x_1, x_2, x_3) \mid x_1 + x_2 \leq 1, x_1 - x_3 \leq 2\}$
(3) $\{(x_1, x_2) \mid x_1 - x_2 = 0\}$
(4) $\{(x_1, x_2, x_3) \mid x_1 \geq x_2 \leq 1, x_1 + x_2 + x_3 \leq 6\}$
(5) $\{(x_1, x_2) \mid x_1 = 1, |x_2| \leq 4\}$
(6) $\{(x_1, x_2, x_3) \mid x_3 = |x_2|, x_1 \leq 4\}$

2.2 将下述线性规划问题化成标准形式.

(1) $\min Z = -3x_1 + 4x_2 - 2x_3 + 5x_4$

s.t. $\begin{cases} 4x_1 - x_2 + 2x_3 - x_4 = -2 \\ x_1 + x_2 - x_3 + 2x_4 \leq 14 \\ -2x_1 + 3x_2 + x_3 - x_4 \geq 2 \\ x_1, x_2, x_3 \geq 0, x_4 \text{ 无约束} \end{cases}$

(2) $\min Z = 2x_1 - 2x_2 + x_3$

$$\text{s.t.} \begin{cases} -x_1+x_2+x_3=4 \\ -2x_1+x_2-x_3\leqslant 6 \\ x_1\leqslant 0, x_2\geqslant 0, x_3 \text{ 无约束} \end{cases}$$

2.3 在以下问题中,列出所有的基,指出其中的可行基,基可行解以及最优解.

$$\max Z = 2x_1 + x_2 - x_3$$
$$\text{s.t.} \begin{cases} x_1+x_2+2x_3\leqslant 6 \\ x_1+4x_2-x_3\leqslant 4 \\ x_1, x_2, x_3 \geqslant 0 \end{cases}$$

2.4 分别用图解法和单纯形法求解下列线性规划问题,并指出单纯形法迭代的每一步相当于图形上哪一个顶点.

(1) $\max Z = 2x_1 + 5x_2$

$$\text{s.t.} \begin{cases} x_1 \leqslant 4 \\ 2x_2 \leqslant 12 \\ 3x_1+2x_2 \leqslant 18 \\ x_1, x_2 \geqslant 0 \end{cases}$$

(2) $\max Z = 10x_1 + 5x_2$

$$\text{s.t.} \begin{cases} 3x_1+4x_2\leqslant 9 \\ 5x_1+2x_2\leqslant 8 \\ x_1, x_2 \geqslant 0 \end{cases}$$

2.5 用单纯形法求解以下线性规划问题.

(1) $\max Z = x_1 - 2x_2 + x_3$

$$\text{s.t.} \begin{cases} x_1+x_2+x_3\leqslant 12 \\ 2x_1+x_2-x_3\leqslant 6 \\ -x_1+3x_2\leqslant 9 \\ x_1, x_2, x_3 \geqslant 0 \end{cases}$$

(2) $\min Z = -2x_1 - x_2 + 3x_3 - 5x_4$

$$\text{s.t.} \begin{cases} x_1+2x_2+4x_3-x_4\leqslant 6 \\ 2x_1+3x_2-x_3+x_4\leqslant 12 \\ x_1+x_3+x_4\leqslant 4 \\ x_1, x_2, x_3, x_4 \geqslant 0 \end{cases}$$

2.6 分别用单纯形法中的大 M 法和两阶段法求解下列线性规划问题,并指出属于哪一类解.

(1) $\max Z = 4x_1 + 5x_2 + x_3$

$$\text{s.t.} \begin{cases} 3x_1+2x_2+x_3\geqslant 18 \\ 2x_1+x_2\leqslant 4 \\ x_1+x_2-x_3=5 \\ x_1, x_2, x_3 \geqslant 0 \end{cases}$$

(2) $\max Z = 2x_1 + x_2 + x_3$

s.t. $\begin{cases} 4x_1 + 2x_2 + 2x_3 \geq 4 \\ 2x_1 + 4x_2 \leq 20 \\ 4x_1 + 8x_2 + 2x_3 \leq 16 \\ x_1, x_2, x_3 \geq 0 \end{cases}$

(3) $\max Z = x_1 + x_2$

s.t. $\begin{cases} 8x_1 + 6x_2 \geq 24 \\ 4x_1 + 6x_2 \geq -12 \\ 2x_2 \geq 4 \\ x_1, x_2 \geq 0 \end{cases}$

(4) $\max Z = x_1 + 2x_2 + 3x_3 - x_4$

s.t. $\begin{cases} x_1 + 2x_2 + 3x_3 = 15 \\ 2x_1 + x_2 + 5x_3 = 20 \\ x_1 + 2x_2 + x_3 + x_4 = 10 \\ x_1, x_2, x_3, x_4 \geq 0 \end{cases}$

2.7 已知某线性规划问题的目标函数为 $\max Z = 5x_1 + 3x_2$，约束条件均为"$\leq$"，x_3，x_4 为松弛变量。下表为单纯形法计算时某一步的表格，表中解代入目标函数后得 $Z = 10$。

		x_1	x_2	x_3	x_4
x_3	2	c	0	1	1/5
x_1	a	d	e	0	1
$\sigma_j = c_j - z_j$		b	-1	f	g

(1) 求 $a \sim g$ 的值；

(2) 表中给出的解是否为最优解。

2.8 下表是某求极大值线性规划问题的初始单纯形表及迭代后的表，x_4，x_5 为松弛变量，试求表中 $a \sim l$ 的值以及变量下标 $m \sim t$ 的值。

		x_1	x_2	x_3	x_4	x_5
x_m	6	b	c	d	1	0
x_n	1	-1	3	e	0	1
$\sigma_j = c_j - z_j$		a	-1	2	0	0
x_s	f	g	2	-1	1/2	0
x_t	4	h	i	1	1/2	1
$\sigma_j = c_j - z_j$		0	-7	j	k	l

2.9 考虑线性规划问题

$$\min Z = x_1 + \beta x_2$$
$$\text{s.t.} \begin{cases} -x_1 + x_2 \leq 1 \\ -x_1 + 2x_2 \leq 4 \\ x_1, x_2 \geq 0 \end{cases}$$

试讨论 β 在什么取值范围时,该问题:
(1) 有唯一最优解;
(2) 有无穷多最优解;
(3) 不存在有界最优解.

2.10 线性规划问题

$$\max Z = CX$$
$$\text{s.t.} \begin{cases} AX = b \\ X \geq 0 \end{cases}$$

设 X^0 为问题的最优解,若目标函数中用 C^* 代替 C 后,问题的最优解变为 X^*,求证:
$$(C^* - C)(X^* - X^0) \geq 0$$

2.11 一家工厂制造三种产品,需要三种资源:技术服务、劳动力、行政管理.下表列出了三种单位产品对每种资源的需要量.今有100小时的技术服务、600小时的劳动力和300小时的行政管理时间可供使用.试确定能使总利润最大的产品生产量的线性规划模型.

产品	资源/小时			单位利润/元
	技术服务	劳动力	行政管理	
1	1	10	2	10
2	1	4	2	6
3	1	5	6	4

2.12 某工厂正着手生产一种聚合叶片.叶片由树脂、纤维和玻璃布三种基本成分组成.按工艺要求,树脂含量最多只能占质量的40%,纤维的含量至少要占质量的40%,玻璃布的含量最少要占质量的20%.已知每千克树脂、纤维、玻璃布的成本分别为30元、80元和40元,试列出生产每千克叶片的最低成本构成的线性规划模型.

2.13 某企业现有资金200万元,计划在今后5年内给 A,B,C,D 四个项目投资.根据有关情况的分析得知:

项目 A:从第一年到第五年每年年初都可进行投资,当年末就能收回本利110%;

项目 B:从第一年到第四年每年年初都可进行投资,次年末能收回本利125%,但是要求每年最大投资额不能超过30万元;

项目 C:若投资则必须在第三年年初投资,到第五年末能收回本利140%,但是限制最大投资额不能超过80万元;

项目 D:若投资则须在第二年年初投资,到第五年末能收回本利155%,但是规定最大投资额不能超过100万元.

根据测定,每万元每次投资的风险指数为:项目 A 为1,项目 B 为3,项目 C 为4,项目 D 为5.5.

问题:

(1)应如何确定这些项目的每年投资额,使得第五年年末拥有资金的本利金额为最大?

(2)应如何确定这些项目的每年投资额,使得第五年年末拥有资金的本利在330万元的基础上保证其投资的风险系数为最小?

2.14 某公司生产甲、乙、丙三种产品,都需要经过铸造、机加工和装配三个车间.甲、乙两产品的铸件既可以外包协作,也可以自行生产,但产品丙必须本厂铸造才能保证质量.有关情况的数据如下表.问:公司为了获得最大利润,甲、乙、丙三种产品各生产多少件?甲、乙两种产品的铸件由本公司铸造和由外包协作各应多少件?

产品 工时与成本	甲	乙	丙	工时限制(小时)
单件铸造工时/小时	5	10	7	8000
单件机加工工时/小时	6	4	8	12000
单件装配工时/小时	3	2	2	10000
自产铸件成本/(元/件)	3	5	4	
外协铸件成本/(元/件)	5	6	—	
机加工成本/(元/件)	2	1	3	
装配成本/(元/件)	3	2	2	
产品售价/(元/件)	23	18	16	

第三章 对偶理论与灵敏度分析

第一节 线性规划对偶问题

1.1 对偶问题

无论从理论还是实践角度出发,对偶是线性规划中一个最重要和有趣的概念,支持对偶理论的基本思想是,每一个线性规划都存在一个与其对偶的问题,在求出一个问题的解的时候,同时也给出了另一个问题的解.

例1 第二章美佳公司利用公司资源生产两种家电产品时,其线性规划问题为:

$$\max Z = 2x_1 + x_2$$

$$\text{s.t.} \begin{cases} 5x_2 \leq 15 \\ 6x_1 + 2x_2 \leq 24 \\ x_1 + x_2 \leq 5 \\ x_1, x_2 \geq 0 \end{cases} \tag{3-1}$$

现在从另外一个角度提出问题.假定有另一个公司想把美佳公司的资源收购过来,它至少应该付出多大代价,才能使美佳公司愿意放弃生产活动,出让自己的资源.显然美佳公司愿意出让自己拥有的资源的条件是,出让的代价不应该低于用同等数量资源自己组织生产而获得的盈利.

假设分别用 y_1, y_2, y_3 代表单位时间设备 A、设备 B 和调试工序的出让代价.因美佳公司用 6 小时设备 B 和 1 小时调试工序可以生产一件家电 I,盈利 2 元;用 5 小时设备 A、2 小时设备 B 和 1 小时调试工序可以生产一件家电 II,盈利 1 元.由此 y_1, y_2, y_3 的取值应该满足:

$$6y_2 + y_3 \geq 2$$
$$5y_1 + 2y_2 + y_3 \geq 1$$

又因为另外一家公司希望用最小代价把美佳公司的全部资源收购过来,所以有:

$$\min W = 15y_1 + 24y_2 + 5y_3$$

显然 $y_1, y_2, y_3 \geq 0$.综合前面的约束条件,有

$$\min W = 15y_1 + 24y_2 + 5y_3$$
$$\text{s. t.} \begin{cases} 6y_2 + y_3 \geqslant 2 \\ 5y_1 + 2y_2 + y_3 \geqslant 1 \\ y_1, y_2, y_3 \geqslant 0 \end{cases} \tag{3-2}$$

上面的问题(3-1)和问题(3-2)通常称为互为对偶的两个线性规划问题,问题(3-1)常称为原问题(LP),问题(3-2)称为问题(3-1)的对偶问题(LD).

1.2 对称形式下对偶问题的一般形式

定义 满足下列条件的线性规划问题称为具有对称形式:其变量均具有非负约束,目标函数求极大时约束条件均取"$\leqslant$",当目标函数求极小时约束条件均取"$\geqslant$".

对称形式下线性规划原问题的一般形式为:
$$\max Z = c_1 x_1 + c_2 x_2 + \cdots + c_n x_n$$
$$\text{s. t.} \begin{cases} a_{11} x_1 + a_{12} x_2 + \cdots + a_{1n} x_n \leqslant b_1 \\ a_{21} x_1 + a_{22} x_2 + \cdots + a_{2n} x_n \leqslant b_2 \\ \quad\quad\quad\quad \cdots\cdots \\ a_{m1} x_1 + a_{m2} x_2 + \cdots + a_{mn} x_n \leqslant b_m \\ x_1, x_2, \cdots, x_n \geqslant 0 \end{cases} \tag{3-3}$$

用 $y_i (i=1,2,\cdots,m)$ 代表第 i 种资源的估价,则其对偶问题的一般形式为:
$$\min W = b_1 y_1 + b_2 y_2 + \cdots + b_m y_m$$
$$\text{s. t.} \begin{cases} a_{11} y_1 + a_{21} y_2 + \cdots + a_{m1} y_m \geqslant c_1 \\ a_{12} y_1 + a_{22} y_2 + \cdots + a_{m2} y_m \geqslant c_2 \\ \quad\quad\quad\quad \cdots\cdots \\ a_{1n} y_1 + a_{2n} y_2 + \cdots + a_{mn} y_m \geqslant c_n \\ y_1, y_2, \cdots, y_m \geqslant 0 \end{cases} \tag{3-4}$$

用矩阵形式表示对称形式下的原问题为:
$$\max Z = CX$$
$$\text{s. t.} \begin{cases} AX \leqslant b \\ X \geqslant 0 \end{cases} \tag{3-5}$$

对偶问题为:
$$\min W = Y^T b$$
$$\text{s. t.} \begin{cases} A^T Y \geqslant C^T \\ Y \geqslant 0 \end{cases} \tag{3-6}$$

其中 $X_{n \times 1}, Y_{m \times 1}, C_{1 \times n}, A_{m \times n}, b_{m \times 1}$.

将上述对称形式下线性规划的原问题和对偶问题进行比较,对照关系见表3-1.

表 3—1

	原问题	对偶问题
(1)决策变量	$X \geqslant 0$(n 个)	$Y \geqslant 0$(m 个)
(2)目标函数	$\max Z = CX$	$\min W = Y^T b$
(3)约束条件	$AX \leqslant b$	$A^T Y \geqslant C^T$
(4)系数矩阵	A	A^T
(5)右端向量	b	C
(6)价值向量	C	b

1.3 一般形式的原、对偶问题关系

因为并非所有线性规划问题都具有对称形式,故下面讨论一般情况下线性规划问题如何写出其对偶问题.

例 2 写出下面线性规划问题的对偶问题.

$$\max Z = x_1 + 4x_2 + 3x_3$$

$$\text{s. t.} \begin{cases} 2x_1 + 3x_2 - 5x_3 \leqslant 2 \\ 3x_1 - x_2 + 6x_3 \geqslant 1 \\ x_1 + 2x_2 + x_3 = 4 \\ x_1 \geqslant 0, x_2 \leqslant 0, x_3 \text{ 无约束} \end{cases}$$

令

$$x_2 = -x'_2, x_3 = x'_3 - x''_3 \tag{3-7}$$

首先把原问题化成对称形式,则:

$$\max Z = x_1 - 4x'_2 + 3x'_3 - 3x''_3$$

$$\text{s. t.} \begin{cases} 2x_1 - 3x'_2 - 5x'_3 + 5x''_3 \leqslant 2 \\ -3x_1 - x'_2 - 6x'_3 + 6x''_3 \leqslant -1 \\ x_1 - 2x'_2 + x'_3 - x''_3 \leqslant 4 \\ -x_1 + 2x'_2 - x'_3 + x''_3 \leqslant -4 \\ x_1, x'_2, x'_3, x''_3 \geqslant 0 \end{cases} \tag{3-8}$$

再把对称形式的对偶问题写出:

$$\min W = 2y_1 - y'_2 + 4y'_3 - 4y''_3$$

$$\text{s. t.} \begin{cases} 2y_1 - 3y'_2 + y'_3 - y''_3 \geqslant 1 \\ -3y_1 - y'_2 - 2y'_3 + 2y''_3 \geqslant -4 \\ -5y_1 - 6y'_2 + y'_3 - y''_3 \geqslant 3 \\ 5y_1 + 6y'_2 - y'_3 + y''_3 \geqslant -3 \\ y_1, y'_2, y'_3, y''_3 \geqslant 0 \end{cases} \tag{3-9}$$

化简对称形式的对偶问题:

$$\min W = 2y_1 + y_2 + 4y_3$$

$$\text{s.t.} \begin{cases} 2y_1 + 3y_2 + y_3 \geq 1 \\ 3y_1 - y_2 + 2y_3 \leq 4 \\ -5y_1 + 6y_2 + y_3 = 3 \\ y_1 \geq 0, y_2 \leq 0, y_3 \text{ 无约束} \end{cases} \quad (3-10)$$

其中 $y_2 = -y'_2, y_3 = y'_3 - y''_3$.

将上述对偶问题与原问题对比可以发现,无论对称或非对称的线性规划问题在写出其对偶问题时,表 3-1 中的目标函数、系数矩阵、右端向量、价值向量对应关系都适用,区别的只是约束条件的形式与其对应变量的取值.根据例 2 中约束条件和变量的对应关系,下面将对称或不对称线性规划原问题和对偶问题的对应关系统一归纳为表 3-2.

表 3-2

	原问题(对偶问题)max	对偶问题(原问题)min
A	约束条件系数矩阵	约束条件系数矩阵的转置
C	目标函数价值向量	约束条件右端常数向量
b	约束条件右端常数向量	目标函数价值向量
n 个变量	$x_j \geq 0$ $x_j \leq 0$ x_j 无约束	$\sum_{i=1}^{m} a_{ij} y_i \geq c_j$ $\sum_{i=1}^{m} a_{ij} y_i \leq c_j$ $\bigg\}$ n 个约束条件 $\sum_{i=1}^{m} a_{ij} y_i = c_j$
m 个约束条件	$\sum_{j=1}^{n} a_{ij} x_j \leq b_i$ $\sum_{j=1}^{n} a_{ij} x_j \geq b_i$ $\sum_{j=1}^{n} a_{ij} x_j = b_i$	$y_i \geq 0$ $y_i \leq 0$ $\quad m$ 个变量 y_i 无约束

1.4 总结

(1)原问题中目标函数求极大,对偶问题目标函数求极小.
(2)原问题中的约束条件个数等于对偶问题中变量的个数.
(3)原问题中变量的个数等于对偶问题中约束条件的个数.
(4)原问题中目标函数变量的系数是对偶问题中约束条件的右端项.
(5)原问题中约束条件的右端项是对偶问题目标函数中变量的系数.
(6)在求极大化问题中的第 i 个约束为$\leq$($\geq$,$=$)号,则对应求极小化的对偶问题中的第 i 个变量≥ 0(≤ 0,无约束).
(7)在求极大化问题中的第 j 个变量≥ 0(≤ 0,无约束),对应求极小化的对偶问题中第 j 个约束为$\geq$($\leq$,$=$)号.

第二节 对偶定理

本节讨论的原问题和对偶问题为对称形式线性规划问题,即原问题为:

$$\max Z = CX$$
$$\text{s. t.} \begin{cases} AX \leqslant b \\ X \geqslant 0 \end{cases} \quad (3-11)$$

对偶问题为:

$$\min W = Y^T b$$
$$\text{s. t.} \begin{cases} A^T Y \geqslant C^T \\ Y \geqslant 0 \end{cases} \quad (3-12)$$

2.1 单纯形法的矩阵描述

在原线性规划问题(3-11)中加上松弛变量 $X_S = (x_{s1}, \cdots, x_{sm})^T$,$I$ 为 $m \times m$ 的单位矩阵,则:

$$\max Z = CX + 0X_S$$
$$\text{s. t.} \begin{cases} AX + IX_S = b \\ X \geqslant 0, X_S \geqslant 0 \end{cases} \quad (3-13)$$

单纯形法计算时,总选取 I 为初始基,对应基变量为 X_S. 设迭代若干步后,基变量为 X_B,X_B 在初始单纯形表中的系数矩阵为 B. 将 B 在初始单纯形表中单独列出,而 A 中去掉 B 的若干列后剩下的列组成矩阵 N,这样问题(3-13)的初始单纯形表可列成如表 3-3 的形式.

表 3-3

			非基变量		基变量
c_j			C_B	C_N	0
系数	基变量	解向量	X_B	X_N	X_S
0	X_S	b	B	N	I
	σ_j		C_B	C_N	0

当迭代若干步,基变量为 X_B 时,该步单纯形表中由 X_B 系数组成的矩阵为 I. 又因为单纯形法的迭代是对约束增广矩阵进行的初等变换,对应 X_S 的系数矩阵在新表中应为 B^{-1}. 故当基变量为 X_B 时,新的单纯形表具有表 3-4 的形式.

第三章 对偶理论与灵敏度分析

表 3-4

				基变量	非基变量	
c_j				C_B	C_N	0
系数	基变量	解向量	X_B	X_N	X_S
C_B	X_B	$B^{-1}b$	I	$B^{-1}N$	B^{-1}
σ_j			0	$C_N-C_BB^{-1}N$	$-C_BB^{-1}$

从表 3-3 和表 3-4 看出，当迭代后基变量为 X_B 时，其在初始单纯形表中的系数矩阵为 B，则有：

(1) 对应初始单纯形表中的单位矩阵 I，迭代后的单纯形表中为 B^{-1}.

(2) 初始单纯形表中基变量 $X_S=b$，迭代后的表中基变量为：
$$X_B=B^{-1}b \tag{3-14}$$

(3) 初始单纯形表中约束条件系数矩阵为 $[A,I]=[B,N,I]$，迭代后的表中约束系数矩阵为 $[B^{-1}A,B^{-1}I]=[B^{-1}B,B^{-1}N,B^{-1}I]=[I,B^{-1}N,B^{-1}]$.

(4) 若初始单纯形表中变量 x_j 的系数向量为 P_j，迭代后为 P'_j，则有：
$$P'_j=B^{-1}P_j \tag{3-15}$$

(5) 当 B 为最优基时，在表 3-4 中应有：
$$C_N-C_BB^{-1}N\leqslant 0 \tag{3-16}$$
$$-C_BB^{-1}\leqslant 0 \tag{3-17}$$

因为 X_B 的检验数可以写成：
$$C_B-C_BI=0 \tag{3-18}$$

故 (3-16) 式、(3-17) 式和 (3-18) 式可重写为：
$$C-C_BB^{-1}A\leqslant 0 \tag{3-19}$$
$$-C_BB^{-1}\leqslant 0 \tag{3-20}$$

C_BB^{-1} 称为单纯形乘子. 若令 $Y^T=C_BB^{-1}$，则 (3-19) 式和 (3-20) 式可改写为：
$$\begin{cases} A^TY\geqslant C^T \\ Y\geqslant 0 \end{cases} \tag{3-21}$$

可以从此时的检验数这一行看出，如果取其相反数恰好是其对偶问题的一个可行解. 将这个可行解代入对偶问题的目标函数值，有：
$$W=Y^Tb=C_BB^{-1}b=Z \tag{3-22}$$

由上式看出，当原问题为最优解时，这时对偶问题为可行解，且两者具有相同的目标函数值. 根据下一讲的对偶定理，将看到这时对偶问题的解也为最优解.

例 3 已知某求极大化线形规划问题用单纯形法求解得到初始单纯形表 3-5 和最终单纯形表 3-6，请分别写出该线性规划问题的初始基可行解 X、最优解 X^*、最优基 B、最优基对应的基变量.

表 3-5

C_j			2	1	0	0	0
C_B	X_B	b	x_1	x_2	x_3	x_4	x_5
0	x_3	15	0	5	1	0	0
0	x_4	24	6	2	0	1	0
0	x_5	5	1	1	0	0	1
$\sigma_j=c_j-z_j$			2	1	0	0	0

表 3-6

C_j			2	1	0	0	0
C_B	X_B	b	x_1	x_2	x_3	x_4	x_5
0	x_3	15/2	0	0	1	5/4	$-15/2$
2	x_1	7/2	1	0	0	1/4	$-1/2$
1	x_2	3/2	0	1	0	$-1/4$	3/2
$\sigma_j=c_j-z_j$			0	0	0	$-1/4$	$-1/2$

解：初始基可行解

$$X=(0,0,15,24,5)^T$$

最优解：

$$X^*=(\frac{7}{2},\frac{3}{2},\frac{15}{2},0,0)^T$$

最优基：

$$B=\begin{bmatrix}1 & 0 & 5\\ 0 & 6 & 2\\ 0 & 1 & 1\end{bmatrix}$$

最优基 B 对应的基变量是 x_3,x_1,x_2。

例 4 本章例 1 中列出了两个互为对偶的线性规划问题，两者分别加上松弛变量和剩余变量后变为：

$$\max Z=2x_1+x_2+0x_3+0x_4+0x_5$$

$$\text{s.t.}\begin{cases}5x_2+x_3=15\\ 6x_1+2x_2+x_4=24\\ x_1+x_2+x_5=5\\ x_1,x_2,x_3,x_4,x_5\geqslant 0\end{cases} \quad (3-23)$$

$$\min W=15y_1+24y_2+5y_3+0y_4+0y_5$$

$$\text{s.t.}\begin{cases}6y_2+y_3-y_4=2\\ 5y_1+2y_2+y_3-y_5=1\\ y_1,y_2,y_3,y_4,y_5\geqslant 0\end{cases} \quad (3-24)$$

用单纯形法和两阶段法求得两个问题的最终单纯形表,分别见表 3-7 和表 3-8.

表 3-7

			原问题变量		松弛变量		
	C_j		2	1	0	0	0
C_B	X_B	b	x_1	x_2	x_3	x_4	x_5
0	x_3	15/2	0	0	1	5/4	$-15/2$
2	x_1	7/2	1	0	0	1/4	$-1/2$
1	x_2	3/2	0	1	0	$-1/4$	3/2
	$\sigma_j = c_j - z_j$		0	0	0	$-1/4$	$-1/2$
			对偶问题剩余变量		对偶问题变量		
			y_4	y_5	y_1	y_2	y_3

表 3-8

			对偶问题变量			对偶问题剩余变量	
	C_j		-15	-24	-5	0	0
C_B	X_B	b	y_1	y_2	y_3	y_4	y_5
-24	y_2	1/4	$-5/4$	1	0	$-1/4$	1/4
-5	y_3	1/2	15/2	0	1	1/2	$-3/2$
	$\sigma_j = c_j - z_j$		$-15/2$	0	0	$-7/2$	$-3/2$
			原问题松弛变量			原问题变量	
			x_3	x_4	x_5	x_1	x_2

从表 3-7 和表 3-8 可以清楚地看出两个问题变量之间的对应关系. 同时看出只需要求解其中一个问题,从最优解的单纯形表中就可以得到另一个问题的最优解.

2.2 对偶定理

性质 对偶问题的对偶仍是原问题.

证明:原问题为(3-11),对偶问题为(3-12),令 $W' = -W$,则对偶问题变为:

$$\max W' = -Y^T b$$
$$\text{s.t.} \begin{cases} -A^T Y \leqslant -C^T \\ Y \geqslant 0 \end{cases} \quad (3-25)$$

写出问题(3-25)的对偶问题:

$$\min Z' = -CX$$
$$\text{s.t.} \begin{cases} -AX \geqslant -b \\ X \geqslant 0 \end{cases} \quad (3-26)$$

令 $-Z'=Z$，则问题(3-26)变为：

$$\max Z = CX$$
$$\text{s. t.} \begin{cases} AX \leqslant b \\ X \geqslant 0 \end{cases} \quad (3-27)$$

故证.

定理 1 弱对偶定理. 若 X 和 Y 分别是原问题和对偶问题的任一可行解，则恒有：
$$CX \leqslant Y^T b$$

证明： 因为
$$AX \leqslant b, Y \geqslant 0 \rightarrow Y^T AX \leqslant Y^T b$$
$$A^T Y \geqslant C^T, X \geqslant 0 \rightarrow Y^T AX \geqslant CX$$

所以 $CX \leqslant Y^T AX \leqslant Y^T b$，故证.

定理 1 推论：

(1) 若 X_0 为原问题任一可行解，则 CX_0 为对偶问题目标函数值的一个下界；若 Y_0 为对偶问题任一可行解，则 $Y_0^T b$ 为原问题目标函数值的一个上界.

(2) 若原问题有可行解，且目标函数值无上界，则对偶问题无可行解；若对偶问题有可行解，且目标函数值无下界，则原问题无可行解.

(3) 若原问题有可行解，对偶问题无可行解，则原问题无上界；若对偶问题有可行解，原问题无可行解，则对偶问题无下界.

定理 2 若原问题和对偶问题分别有可行解 X^* 和 Y^*，而且其目标函数值相等，则 X^* 和 Y^* 分别是原问题和对偶问题的最优解.

证明： 设 X 为原问题的任一可行解，由定理 1 可知：
$$CX \leqslant Y^{*T} b = CX^*$$

故 X^* 为原问题的最优解.

同理：
$$Y^T b \geqslant CX^* = Y^{*T} b$$

故 Y^* 为对偶问题的最优解，故证.

定理 3 对偶定理. 若原问题和对偶问题都有可行解，则它们都有最优解，且目标函数值相等.

证明： 由于原问题和对偶问题都有可行解，由定理 1 可知这两个问题的目标函数有界，因此各自均存在最优解.

设 X^* 为原问题的最优解，B 为其最优基，则：
$$\max CX = CX^* = C_B X_B^* = C_B B^{-1} b = Y^{*T} b$$

由于 X^* 为原问题的最优解，其检验数皆非正，即：
$$C - C_B B^{-1} A \leqslant 0$$

所以
$$Y^{*T} A \geqslant C$$

故 Y^* 为对偶问题的可行解. 由定理 1 可知：
$$Y^T b \geqslant CX^* = Y^{*T} b$$

所以 $\min Y^T b = Y^{*T} b = CX^*$，故证.

定理 4 若 B 是原问题的最优可行基，则最优单纯形因子 $Y^{*T} = C_B B^{-1}$ 是其对偶问题的最优解.

证明：因 B 是原问题的最优基,它对应原问题的最优解所有检验数为非正,最优单纯形因子为对偶问题的可行解.

设 X^* 为原问题对应最优基 B 的最优解,则：
$$Z^1 = CX^* = C_B X_B^* = C_B B^{-1} b = Y^{*T} b = Z^2$$

由定理 2 知 $Y^{*T} = C_B B^{-1}$ 为对偶问题的最优解.

定理 5 互补松弛定理. 若 X^* 和 Y^* 分别为原问题和对偶问题的可行解,则它们分别为其各自最优解的充要条件是 $(Y^{*T}A - C)X^* + Y^{*T}(b - AX^*) = 0$.

该定理阐明了原问题和对偶问题最优解各分量之间的关系. 当已知一对对偶问题之一的最优解时,可用它来求另一问题的最优解. 此外还可以用来判定某一可行解是否为最优解.

证明：原问题
$$\max Z = CX$$
$$\text{s. t.} \begin{cases} AX \leqslant b \\ X \geqslant 0 \end{cases}$$

则对偶问题为：
$$\min W = Y^T b$$
$$\text{s. t.} \begin{cases} A^T Y \geqslant C^T \\ Y \geqslant 0 \end{cases} \rightarrow \text{s. t.} \begin{cases} Y^T A \geqslant C \\ Y \geqslant 0 \end{cases}$$

所以
$$\begin{cases} Y^{*T} A - C \geqslant 0 \\ b - AX^* \geqslant 0 \end{cases}$$

为证明 $(Y^{*T}A - C)X^* + Y^{*T}(b - AX^*) = 0$,只需要证明定理 5 的充要条件为：
$$\begin{cases} (Y^{*T} A - C) X^* = 0 \\ Y^{*T} (b - AX^*) = 0 \end{cases}$$

证明充分性：因为
$$\begin{cases} (Y^{*T} A - C) X^* = 0 \\ Y^{*T} (b - AX^*) = 0 \end{cases}$$

所以
$$\begin{cases} Y^{*T} AX^* - CX^* = 0 \\ Y^{*T} b - Y^{*T} AX^* = 0 \end{cases}$$

所以
$$CX^* = Y^{*T} b$$

由定理 2 知 X^* 和 Y^* 分别为原问题和对偶问题的最优解,故证.

证明必要性：

如果：$CX^* = Y^{*T} b$,因为
$$Y^{*T} b - CX^* = 0 \rightarrow Y^{*T} b - Y^{*T} AX^* + Y^{*T} AX^* - CX^* = 0$$

所以
$$Y^{*T}(b - AX^*) + (Y^{*T} A - C) X^* = 0$$

又因为
$$\begin{cases} X^* \geqslant 0 \\ Y^* \geqslant 0 \\ b-AX^* \geqslant 0 \\ Y^{*T}A-C \geqslant 0 \end{cases}$$

所以
$$\begin{cases} (Y^{*T}A-C)X^* = 0 \\ Y^{*T}(b-AX^*) = 0 \end{cases}$$

故证.

下面进一步解释定理 5 中的充要条件 $(Y^{*T}A-C)X^* + Y^{*T}(b-AX^*) = 0$. 如果用矩阵形式表示两对称形式的原问题和对偶问题：

$$\max Z = CX \qquad \max Z = CX + 0X_s$$
$$\text{s. t.} \begin{cases} AX \leqslant b \\ X \geqslant 0 \end{cases} \qquad \text{s. t.} \begin{cases} AX + X_s = b \\ X \geqslant 0, X_s \geqslant 0 \end{cases}$$

$$\min W = Y^T b \qquad \min W = Y^T b$$
$$\text{s. t.} \begin{cases} A^T Y \geqslant C^T \\ Y \geqslant 0 \end{cases} \qquad \text{s. t.} \begin{cases} A^T Y - Y_s = C^T \\ Y \geqslant 0, Y_s \geqslant 0 \end{cases}$$

这时 $b-AX = X_s$，$Y^T A - C = Y_s^T$，充要条件变为：

$$Y_s^{*T} X^* + Y^{*T} X_s^* = 0 \rightarrow \begin{cases} Y_s^{*T} X^* = 0 \\ Y^{*T} X_s^* = 0 \end{cases} \tag{3-28}$$

如果原线性规划问题和对偶问题中的松弛变量和剩余变量分别为：

$$X_s = (x_{s1}, x_{s2}, \cdots, x_{sm})^T, Y_s = (y_{s1}, y_{s2}, \cdots, y_{sn})^T$$

则(3-28)式变为：

$$\begin{cases} y_{sj}^* x_j^* = 0, j=1,2,\cdots,n \\ y_i^* x_{si}^* = 0, i=1,2,\cdots,m \end{cases} \tag{3-29}$$

(3-29)式说明：

(1)若原问题最优解中的某个变量为正,则其对偶问题中与之相对应的约束条件在最优的情况下为等式;若原问题在最优情况下某个约束为严格不等式,则其对偶问题中与之对应的变量在最优解中必为零.

(2)若对偶问题的最优解中的某个变量为正,则其原问题中与之相对应的约束条件在最优情况下为等式;若对偶问题在最优情况下某个约束为严格不等式,则其原问题中与之对应的变量在最优解中必为零.

第三节 影子价格

3.1 定义

如果原问题和对偶问题均有最优解,则:

$$Z^* = \sum_{j=1}^{n} c_j x_j^* = \sum_{i=1}^{m} b_i y_i^* = W^*$$

式中 b_i 是原问题约束条件右端项,表示第 i 种资源的拥有量;对偶变量 y_i^* 表示在资源最优利用条件下对单位第 i 种资源的估价,这种估价不是资源的市场价格,而是根据资源在生产中作出的贡献而作的估价,称为影子价格(Shadow Price).

3.2 含义

(1)资源的市场价格是已知数,相对稳定.而影子价格则依赖于资源的利用情况,是未知数,随着企业生产任务、产品结构等情况变化而发生变化.

(2)影子价格是一种边际价格.这说明 y_i^* 的值相当于在资源得到最优利用的条件下,b_i 每增加一个单位时,目标函数 Z 的增量.

(3)资源的影子价格又是一种机会成本.在纯市场经济条件下,当某种资源的市场价格低于影子价格,则可以买进这种资源;相反当市场价格高于影子价格时,就会卖出这种资源.随着资源的买卖,影子价格将与市场价格趋同.

(4)由互补松弛定理知道:

$$\sum_{j=1}^{n} a_{ij} x_j^* < b_i \rightarrow y_i^* = 0$$

或

$$y_i^* > 0 \rightarrow \sum_{j=1}^{n} a_{ij} x_j^* = b_i$$

表明当生产过程中某项资源未得到充分利用时,该种资源的影子价格为 0;当某项资源的影子价格不为 0 时,表明该种资源在生产中已经消耗完毕.

(5)因为 $\sigma_j = c_j - C_B B^{-1} P_j = c_j - \sum_{i=1}^{m} a_{ij} y_i$,其中 c_j 表示第 j 种产品的产值;$\sum_{i=1}^{m} a_{ij} y_i$ 表示生产该种产品所消耗各项资源的影子价格的总和,即产品的隐含成本.当产品产值大于隐含成本时,表明生产该项产品有利,可在计划中安排.否则用这些资源来生产别的产品更为有利,就不在生产计划中安排.

第四节 对偶单纯形法

4.1 对偶单纯形法的基本思路

根据前面讲述的对偶问题的性质,因为:
$$\sigma_j = c_j - C_B B^{-1} P_j$$
当 $\sigma_j \leq 0$,有 $C_B B^{-1} P_j \geq c_j$ 或 $Y^T P_j \geq c_j$.

因此其对偶问题的解为可行解,由此原问题和对偶问题均为最优解. 反之,如果存在一个对偶问题的可行基 B,即:
$$C_B B^{-1} P_j \geq c_j$$
这时只要有 $X_B \geq 0$,即原问题的解也为可行解,即两者均为最优. 否则保持对偶问题为可行解,判别是否有 $X_B = B^{-1} b \geq 0$.

循环进行,一直使原问题也为可行解,从而两者均为最优.

4.2 对偶单纯形法的计算步骤

对于标准形式的线性规划,相应的计算步骤如下.

(1) 建立初始单纯形表,使得所有检验数 $\sigma_j \leq 0$.

(2) 检查 b 列元素,如果所有 $b_i \geq 0$,则已得到最优解,结束. 否则转入下一步.

(3) 确定换出变量:设 $\min_i \{b_i | b_i < 0\} = b_l$,第 l 方程原基变量为换出变量,第 l 行为主元素行.

(4) 确定换入变量:设 $\min_j \left\{ \dfrac{\sigma_j}{a_{lj}} \Big| a_{lj} < 0 \right\} = \dfrac{\sigma_k}{a_{lk}}$,$x_k$ 为换入变量,第 k 列为主元素列.

(5) 以 a_{lk} 为主元素作换基迭代运算,方法与单纯形法完全相同,得到新的单纯形表,返回步骤 2.

表 3—9

C_B	X_B	b		-15	-24	-5	0	0
			C_i					
				y_1	y_2	y_3	y_4	y_5
0	y_4	-2		0	$[-6]$	-1	1	0
0	y_5	-1		-5	-2	-1	0	1
	σ_j			-15	-24	-5	0	0

-24	y_2	1/3	0	1	1/6	-1/6	0
0	y_5	-1/3	-5	0	[-2/3]	-1/3	1
	σ_j		-15	0	-1	-4	0
-24	y_2	1/4	-5/4	1	0	-1/4	1/4
-5	y_3	1/2	15/2	0	1	1/2	-3/2
	σ_j		-15/2	0	0	-7/2	-3/2

例5 用对偶单纯形法解线性规划.

$$\min W = 15y_1 + 24y_2 + 5y_3$$
$$\text{s.t.} \begin{cases} 6y_2 + y_3 \geqslant 2 \\ 5y_1 + 2y_2 + y_3 \geqslant 1 \\ y_1, y_2, y_3 \geqslant 0 \end{cases} \quad (3-30)$$

解:先将问题改写为:

$$\min W' = -15y_1 - 24y_2 - 5y_3 + 0y_4 + 0y_5,$$
$$\text{s.t.} \begin{cases} -6y_2 - y_3 + y_4 = -2, \\ -5y_1 - 2y_2 - y_3 + y_5 = -1, \\ y_1, y_2, y_3, y_4, y_5 \geqslant 0. \end{cases} \quad (3-31)$$

列出单纯形表,并用上述对偶单纯形法求解,具体步骤见表3-9.

第五节 灵敏度分析

灵敏度分析是指对系统或事物因周围条件变化显示出来的敏感程度的分析.线形规划的灵敏度分析指当c_j, a_{ij}, b_i发生变化时,线性规划问题的解是否发生变化.

单纯形法的迭代计算是从一组基向量变换为另外一组基向量,因此只需把个别参数的变化直接在得到最优解的最终单纯行表上反映出来,然后看这些数字变化后,是否仍满足最优解的条件,如不满足,再从这个表开始进行迭代计算,求得最优解.

灵敏度分析计算步骤归纳如下:

(1)将参数的改变计算反映到最终单纯形表上来,按照下列公式计算出由参数c_j, a_{ij}, b_i的变化引起的最终单纯形表上有关数字的变化:

$$\Delta b' = B^{-1} \Delta b \quad (3-32)$$
$$\Delta P_j' = B^{-1} \Delta P \quad (3-33)$$
$$(c_j - z_j)' = c_j - \sum_{i=1}^{m} a_{ij} y_i^* \quad (3-34)$$

(2)检查原问题是否仍为可行解;
(3)检查对偶问题是否仍为可行解;

(4)按表 3—10 所列情况得出结论或决定继续计算的步骤.

表 3—10

原问题	对偶问题	结论或继续计算的步骤
可行解	可行解	问题的最优解或最优基不变
可行解	非可行解	用单纯形法继续迭代求最优解
非可行解	可行解	用对偶单纯形法继续迭代求最优解
非可行解	非可行解	引进人工变量,编制新的单纯形表

5.1 价值系数 c_j 的变化分析

例 6 在第二章例 1 中的美佳公司例子中,若家电Ⅰ的利润降至 1.5 元每件,而家电Ⅱ的利润增至 2 元每件,则美佳公司最优生产计划有何变化?

解: 原问题的数学模型

$$\max Z = 2x_1 + x_2$$
$$\text{s.t.} \begin{cases} 5x_2 \leqslant 15 \\ 6x_1 + 2x_2 \leqslant 24 \\ x_1 + x_2 \leqslant 5 \\ x_1, x_2 \geqslant 0 \end{cases} \tag{3-35}$$

变为:

$$\max Z = 1.5x_1 + 2x_2$$
$$\text{s.t.} \begin{cases} 5x_2 \leqslant 15 \\ 6x_1 + 2x_2 \leqslant 24 \\ x_1 + x_2 \leqslant 5 \\ x_1, x_2 \geqslant 0 \end{cases} \tag{3-36}$$

将家电Ⅰ、家电Ⅱ的利润变化直接反映到最终单纯形表(表 2—6)中,得表 3—11.

表 3—11

C_B	X_B		C_j	1.5	2	0	0	0
		b		x_1	x_2	x_3	x_4	x_5
0	x_3	15/2		0	0	1	[5/4]	−15/2
1.5	x_1	7/2		1	0	0	1/4	−1/2
2	x_2	3/2		0	1	0	−1/4	3/2
	$\sigma_j = c_j - z_j$			0	0	0	1/8	−9/4

表 3—11 中 x_4 的检验数大于零,故需要继续用单纯形法迭代,计算过程见表 3—12.

表 3－12

C_j			1.5	2	0	0	0
C_B	X_B	b	x_1	x_2	x_3	x_4	x_5
0	x_4	6	0	0	4/5	1	−6
1.5	x_1	2	1	0	−1/5	0	1
2	x_2	3	0	1	1/5	0	0
	$\sigma_j = c_j - z_j$		0	0	−1/10	0	−3/2

可以看出美佳公司随家电Ⅰ和家电Ⅱ的利润变化应调整生产家电Ⅰ2件，家电Ⅱ3件．

例7 在第二章例1中的美佳公司例子中，若家电Ⅰ的利润不变，则家电Ⅱ的利润在什么范围内变化时，美佳公司最优生产计划不变？

解：设家电Ⅱ的利润为$(1+\lambda)$元，反映到最终单纯形表中，得表3－13．

表 3－13

C_j			2	$1+\lambda$	0	0	0
C_B	X_B	b	x_1	x_2	x_3	x_4	x_5
0	x_3	15/2	0	0	1	5/4	−15/2
2	x_1	7/2	1	0	0	1/4	−1/2
$1+\lambda$	x_2	3/2	0	1	0	−1/4	3/2
	$\sigma_j = c_j - z_j$		0	0	0	$-1/4+\lambda/4$	$-1/2-3\lambda/2$

为使表3－13中的解仍为最优解，应有

$$-\frac{1}{4}+\frac{1}{4}\lambda \leqslant 0, \quad -\frac{1}{2}-\frac{3}{2}\lambda \leqslant 0$$

解得

$$-\frac{1}{3} \leqslant \lambda \leqslant 1$$

即家电Ⅱ的利润c_2的变化范围应满足$\frac{2}{3} \leqslant c_2 \leqslant 2$．

5.2 右端常数 b_i 的变化分析

右端常数b_i的变化在实际问题中反映为可用资源数量的变化．由式(3－32)看出b_i变化反映到最终单纯形表上将引起b列数字的变化，在表3－10中可能出现第一或第三种情况．出现第一种情况时，问题的最优基不变，变化后的b列数字值为最优解．出现第三种情况时，用对偶单纯形法迭代继续找出最优解．

例8 在美佳公司例子中，若每天设备A能力和调试工序能力不变，而设备B的能力增加到32小时，分析公司最优生产计划的变化．

解:因有

$$\Delta b = \begin{bmatrix} 0 \\ 8 \\ 0 \end{bmatrix}$$

由式(3-32)得到

$$\Delta b' = B^{-1}\Delta b = \begin{bmatrix} 1 & 5/4 & -15/2 \\ 0 & 1/4 & -1/2 \\ 0 & -1/4 & 3/2 \end{bmatrix} \begin{bmatrix} 0 \\ 8 \\ 0 \end{bmatrix} = \begin{bmatrix} 10 \\ 2 \\ -2 \end{bmatrix}$$

将其反映到最终单纯形表中得到表3-14.

因表3-14中原问题为非可行解,故需用对偶单纯形法继续计算得表3-15.

由此美佳公司的最优生产计划改变为只生产家电Ⅰ5件.

表 3-14

C_B	X_B	C_j	2	1	0	0	0
		b	x_1	x_2	x_3	x_4	x_5
0	x_3	35/2	0	0	1	5/4	-15/2
2	x_1	11/2	1	0	0	1/4	-1/2
1	x_2	-1/2	0	1	0	[-1/4]	3/2
	$\sigma_j = c_j - z_j$		0	0	0	-1/4	-1/2

表 3-15

C_B	X_B	C_j	2	1	0	0	0
		b	x_1	x_2	x_3	x_4	x_5
0	x_3	15	0	5	1	0	0
2	x_1	5	1	1	0	0	1
0	x_4	2	0	-4	0	1	-6
	$\sigma_j = c_j - z_j$		0	-1	0	0	-2

例9 在美佳公司例子中,若设备 A 和 B 每天可用能力不变,则调试工序能力在什么范围内变化,公司的最优生产计划不变.

解:设调试工序每天可用能力为$(5+\lambda)$小时,因有

$$\Delta b' = B^{-1}\Delta b = \begin{bmatrix} 1 & 5/4 & -15/2 \\ 0 & 1/4 & -1/2 \\ 0 & -1/4 & 3/2 \end{bmatrix} \begin{bmatrix} 0 \\ 0 \\ \lambda \end{bmatrix} = \begin{bmatrix} -\dfrac{15}{2}\lambda \\ -\dfrac{1}{2}\lambda \\ \dfrac{3}{2}\lambda \end{bmatrix}$$

将其反映到最终单纯形表中,其 b 列数字为:

$$b = \begin{bmatrix} \dfrac{15}{2} - \dfrac{15}{2}\lambda \\ \dfrac{7}{2} - \dfrac{1}{2}\lambda \\ \dfrac{3}{2} + \dfrac{3}{2}\lambda \end{bmatrix}$$

当 $b \geq 0$ 时问题的最优基不变,解得 $-1 \leq \lambda \leq 1$. 由此调试工序的能力应在 4 小时至 6 小时之间.

5.3 增加一个新变量 x_j 的分析

增加一个变量在实际问题中反映为增加一种新的产品.其分析步骤为:

(1)计算 $\sigma_j' = c_j - z_j = c_j - \sum_{i=1}^{m} a_{ij} y_i^*$.

(2)计算 $P_j' = B^{-1} P_j$.

(3)若 $\sigma_j' \leq 0$,原最优解不变,只需将计算得到的 P_j' 和 σ_j' 直接写入最终单纯形表中;若 $\sigma_j' > 0$,则按单纯形法继续迭代计算找出最优解.

例 10 在美佳公司例子中,设该公司又计划推出新型号家电Ⅲ,生产一件所需设备 A,B 及调试工序的时间分别为 3 小时、4 小时和 2 小时,该产品的预期盈利为 3 元每件,试分析该种产品是否值得投产,如果投产,该公司的最优生产计划有何变化.

解:设该公司生产家电Ⅲ x_3 件,有 $c_6=3, P_6=(3,4,2)^T$

$$\sigma_6' = 3 - (0, \tfrac{1}{4}, \tfrac{1}{2}) \begin{bmatrix} 3 \\ 4 \\ 2 \end{bmatrix} = 1$$

$$P_6' = B^{-1} P_6 = \begin{bmatrix} 1 & 5/4 & -15/2 \\ 0 & 1/4 & -1/2 \\ 0 & -1/4 & 3/2 \end{bmatrix} \begin{bmatrix} 3 \\ 4 \\ 2 \end{bmatrix} = \begin{bmatrix} -7 \\ 0 \\ 2 \end{bmatrix}$$

将其反映到最终单纯形表中得到表 3-16.

表 3-16

C_B	C_j		2	1	0	0	0	3
	X_B	b	x_1	x_2	x_3	x_4	x_5	x_6
0	x_3	15/2	0	0	1	5/4	-15/2	-7
2	x_1	7/2	1	0	0	1/4	-1/2	0
1	x_2	3/2	0	1	0	-1/4	3/2	[2]
	$\sigma_j = c_j - z_j$		0	0	0	-1/4	-1/2	1

因为 $\sigma_6 > 0$,故用单纯形法迭代,计算过程见表 3-17.

表 3-17

C_j			2	1	0	0	0	3
C_B	X_B	b	x_1	x_2	x_3	x_4	x_5	x_6
0	x_3	3/4	0	7/2	1	3/8	−9/4	0
2	x_1	7/2	1	0	0	1/4	−1/2	0
3	x_6	3/4	0	1/2	0	−1/8	3/4	1
$\sigma_j = c_j - z_j$			0	−1/2	0	−1/8	−5/4	0

由表 3-17，美佳公司新的利润值为 9.25，比 8.5 高，所以投产，最优生产计划应为每天生产家电 I $\frac{7}{2}$ 件、家电 III $\frac{3}{4}$ 件.

5.4 分析参数 a_{ij} 的变化

a_{ij} 的变化使线性规划的约束系数矩阵 A 发生变化. 若变量 x_j 在最终单纯形表中为非基变量，其约束条件中系数 a_{ij} 的变化分析可参照 5.3；若变量 x_j 在最终单纯形表中为基变量，则 a_{ij} 的变化将使相应的 B 和 B^{-1} 发生变化. 因此有可能出现原问题和对偶问题均为非可行解的情况，这时需要引进人工变量将原问题的解转化为可行解，再用单纯形法求解.

例 11 在美佳公司例子中，若生产家电 II 占用设备 A,B 和调试工时分别变为 8 小时、4 小时、1 小时，利润变为 3 元每件，分析公司的最优生产计划.

解：先将生产工时变化后的新家电 II 看做是一种新产品，生产量为 x'_2，仿照本节三的步骤直接计算 σ_2' 和 P_2'，并反映到最终单纯形表中. 其中：

$$\sigma_2' = 3 - (0, 1/4, 1/2)\begin{bmatrix}8\\4\\1\end{bmatrix} = 3/2$$

$$P_2' = B^{-1}P' = \begin{bmatrix}1 & 5/4 & -15/2\\0 & 1/4 & -1/2\\0 & -1/4 & 3/2\end{bmatrix}\begin{bmatrix}8\\4\\1\end{bmatrix} = \begin{bmatrix}11/2\\1/2\\1/2\end{bmatrix}$$

将其反映到最终单纯形表中得到表 3-18.

表 3-18

C_j			2	1	3	0	0	0
C_B	X_B	b	x_1	x_2	x'_2	x_3	x_4	x_5
0	x_3	15/2	0	0	11/2	1	5/4	−15/2
2	x_1	7/2	1	0	1/2	0	1/4	−1/2
1	x_2	3/2	0	1	[1/2]	0	−1/4	3/2
$\sigma_j = c_j - z_j$			0	0	3/2	0	−1/4	−1/2

因为 x_2 已变换为 x'_2，故用单纯形法计算将 x'_2 替换出基变量中的 x_2，并在下一张表中不再保留 x_2，得表 3－19．

表 3－19

C_B	X_B	C_j	2	3	0	0	0
		b	x_1	x'_2	x_3	x_4	x_5
0	x_3	-9	0	0	1	4	-24
2	x_1	2	1	0	0	1/2	-2
3	x'_2	3	0	1	0	$-1/2$	3
	$\sigma_j = c_j - z_j$		0	0	0	1/2	-5

表 3－19 中原问题与对偶问题均非可行解，故先设法使原问题变为可行解．

表 3－20

C_B	X_B	C_j	2	3	0	0	0	$-M$
		b	x_1	x'_2	x_3	x_4	x_5	x_6
$-M$	x_6	9	0	0	-1	-4	[24]	1
2	x_1	2	1	0	0	1/2	-2	0
3	x'_2	3	0	1	0	$-1/2$	3	0
	$\sigma_j = c_j - z_j$		0	0	$-M$	$1/2-4M$	$-5+24M$	0

表 3－19 中第一行的约束条件可写成：

$$x_3 + 4x_4 - 24x_5 = -9 \tag{3-37}$$

对 (3－37) 式两端乘以"-1"，再加上人工变量 x_6 得：

$$-x_3 - 4x_4 + 24x_5 + x_6 = 9 \tag{3-38}$$

将 (3－38) 式替换表 3－19 中的第一行得表 3－20．

因对偶问题为非可行解，用单纯形法计算得表 3－21．

表 3－21

C_B	X_B	C_j	2	3	0	0	0	$-M$
		b	x_1	x'_2	x_3	x_4	x_5	x_6
0	x_5	3/8	0	0	$-1/24$	$-1/6$	1	1/24
2	x_1	11/4	1	0	$-1/12$	1/6	0	1/12
3	x'_2	15/8	0	1	1/8	0	0	$-1/8$
	$\sigma_j = c_j - z_j$		0	0	$-5/24$	$-1/3$	0	$-M+5/24$

由表 3－21 知，美佳公司的最优生产计划为每天生产家电 I $\dfrac{11}{4}$ 件，新家电 II $\dfrac{15}{8}$ 件．

5.5 增加一个约束条件的分析

增加约束就是增加一道工序,首先将原问题最优解的变量代入这个约束,如果满足,说明新增约束没有起到限制作用,原问题最优解不变.否则加入单纯形表中重新计算.

例 12 在美佳公司例子中,生产一件家电产品又增加一道试验工序.家电Ⅰ每件需要试验 3 小时,家电Ⅱ每件需要试验 2 小时,试验工序每天生产能力为 12 小时.试分析美佳公司在增加这道工序后的最优生产计划.

解:将原问题最优解 $x_1=\frac{7}{2}$,$x_2=\frac{3}{2}$ 代入试验工序约束条件 $3x_1+2x_2\leqslant12$,得:

$$3\times\frac{7}{2}+2\times\frac{3}{2}=\frac{27}{2}>12$$

故原问题最优解不是本例的最优解.

在试验工序的约束条件中加松弛变量得:

$$3x_1+2x_2+x_6=12$$

以 x_6 为基变量,将上式反映到最终单纯形表中去,得表 3-22.

表 3-22

C_B	X_B	b	C_j→ 2 x_1	1 x_2	0 x_3	0 x_4	0 x_5	0 x_6
0	x_3	15/2	0	0	1	5/4	−15/2	0
2	x_1	7/2	1	0	0	1/4	−1/2	0
1	x_2	3/2	0	1	0	−1/4	3/2	0
0	x_6	12	3	2	0	0	0	1
	$\sigma_j=c_j-z_j$		0	0	0	−1/4	−1/2	0

上表中,x_1 和 x_2 列不是单位向量,故需要进行变换,得表 3-23.表 3-23 中的第四行是由表 3-22 中的第四行各项减去表 3-22 中的第二行对应的各项值的三倍和表 3-22 中的第三行对应的各项值的两倍得到的.

表 3-23

C_B	X_B	b	C_j→ 2 x_1	1 x_2	0 x_3	0 x_4	0 x_5	0 x_6
0	x_3	15/2	0	0	1	5/4	−15/2	0
2	x_1	7/2	1	0	0	1/4	−1/2	0
1	x_2	3/2	0	1	0	−1/4	3/2	0
0	x_6	−3/2	0	0	0	−1/4	[−3/2]	1
	$\sigma_j=c_j-z_j$		0	0	0	−1/4	−1/2	0

因表 3-23 中对偶问题为可行解,原问题为非可行解,故用对偶单纯形法迭代计算得表 3-24.

表 3-24

C_B	X_B	b	x_1	x_2	x_3	x_4	x_5	x_6
	C_j		2	1	0	0	0	0
0	x_3	15	0	0	1	5/2	0	−5
2	x_1	4	1	0	0	1/3	0	−1/3
1	x_2	0	0	1	0	−1/2	0	1
0	x_5	1	0	0	0	1/6	1	−2/3
$\sigma_j = c_j - z_j$			0	0	0	−1/6	0	−1/3

由表 3-24 知,添加试验工序后,美佳公司的最优生产计划只生产家电 I 4 件.

第六节 参数线性规划

灵敏度分析中研究参数 c_j,b_i 等发生变化改变到某一值时对问题最优解的影响,若令参数 c_j 或 b_i 沿某一方向连续变动,则目标函数值 Z 将随 c_j,b_i 的变动而呈线性变动. Z 是这个变动参数的线性函数,因而称为参数线性规划.

6.1 参数线性规划的分类

(1)当目标函数中 c_j 值连续变化时,参数线性规划为:
$$\max Z(\lambda) = (C + \lambda C^*)X$$
$$\text{s.t.} \begin{cases} AX = b \\ X \geqslant 0 \end{cases} \tag{3-39}$$

其中 C 为原线性规划中的价值向量, C^* 为变动向量, λ 为参数.

(2)当约束条件右端项 b_i 连续变化时,参数线性规划为:
$$\max Z(\lambda) = CX$$
$$\text{s.t.} \begin{cases} AX = b + \lambda b^* \\ X \geqslant 0 \end{cases} \tag{3-40}$$

其中 b 为原线性规划中的资源向量, b^* 为变动向量, λ 为参数.

6.2 参数线性规划的分析步骤

(1)令 $\lambda = 0$ 求解得最终单纯形表;

(2) 将 λC^* 或 λb^* 项反映到最终单纯形表中;

(3) 随着 λ 值的增大或减小,观察原问题或对偶问题,一是确定表中现有解允许 λ 值的变动范围,二是当 λ 值的变动超出这个范围时,用单纯形法求新的解;

(4) 重复第(3)步,一直到 λ 值继续增大或减小时,表中的解不再出现变化为止.

例 13 分析 λ 值变化时,下述参数线性规划问题最优解的变化.

$$\max Z = (2+\lambda)x_1 + (1+2\lambda)x_2$$

$$\text{s.t.} \begin{cases} 5x_2 \leq 15 \\ 6x_1 + 2x_2 \leq 24 \\ x_1 + x_2 \leq 5 \\ x_1, x_2 \geq 0 \end{cases} \tag{3-41}$$

解: 先令 $\lambda=0$ 求得最优解,并将 λC^* 反映到最终单纯形表中去,得表 3-25.

表 3-25

C_B	C_j		2+λ	1+2λ	0	0	0
	X_B	b	x_1	x_2	x_3	x_4	x_5
0	x_3	15/2	0	0	1	5/4	−15/2
2+λ	x_1	7/2	1	0	0	1/4	−1/2
1+2λ	x_2	3/2	0	1	0	−1/4	3/2
	$\sigma_j=c_j-z_j$		0	0	0	−1/4+λ/4	−1/2−5λ/2

表 3-25 中,当 $-\frac{1}{4}+\frac{1}{4}\lambda \leq 0$ 和 $-\frac{1}{2}-\frac{5}{2}\lambda \leq 0$ 同时成立,即 $-\frac{1}{5} \leq \lambda \leq 1$,最终单纯形表不变,最优解为 $Z = \frac{17}{2} + \frac{13}{2}\lambda$.

当 $\lambda > 1$ 时,变量 x_4 的检验数大于零,用单纯形法迭代计算得表 3-26.

表 3-26

C_B	C_j		2+λ	1+2λ	0	0	0
	X_B	b	x_1	x_2	x_3	x_4	x_5
0	x_4	6	0	0	4/5	1	−6
2+λ	x_1	2	1	0	−1/5	0	1
1+2λ	x_2	3	0	1	1/5	0	0
	$\sigma_j=c_j-z_j$		0	0	1/5−λ/5	0	−2−λ

表 3-26 中只要 $\lambda \geq 1$,表中即为最优解,这时 $Z=7+8\lambda$.

又在表 3-25 中,若 $\lambda \leq -\frac{1}{5}$ 时,变量 x_5 的检验数大于零,这时用单纯形法进行迭代计算得表 3-27.

表 3—27

C_j			$2+\lambda$	$1+2\lambda$	0	0	0
C_B	X_B	b	x_1	x_2	x_3	x_4	x_5
0	x_3	15	0	5	1	0	0
$2+\lambda$	x_1	4	1	1/3	0	1/6	0
0	x_5	1	0	2/3	0	$-1/6$	1
$\sigma_j=c_j-z_j$			0	$1/3+5\lambda/3$	0	$-1/3-\lambda/6$	0
0	x_3	15	0	5	1	0	0
0	x_4	24	6	2	0	1	0
0	x_5	5	1	1	0	0	1
$\sigma_j=c_j-z_j$			$2+\lambda$	$1+2\lambda$	0	0	0

表 3-27 中,当 $-2\leqslant\lambda\leqslant-\dfrac{1}{5}$ 时,$Z=8+4\lambda$;当 $\lambda\leqslant-2$ 时,$Z=0$.

图 3-1 表明了例 13 中目标函数值 $Z(\lambda)$ 随 λ 值变化的情况.

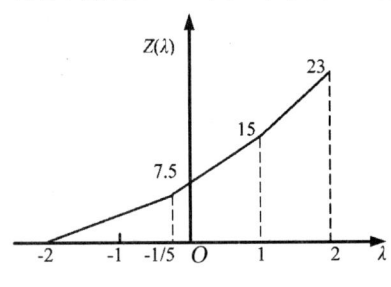

图 3-1

例 14 分析 λ 值变化时,下述参数线性规划问题最优解的变化.

$$\max Z=2x_1+x_2$$
$$\text{s. t.}\begin{cases}5x_2\leqslant 15\\6x_1+2x_2\leqslant 24+\lambda\\x_1+x_2\leqslant 5\\x_1,x_2\geqslant 0\end{cases} \quad (3\text{-}42)$$

解:令 $\lambda=0$ 求得最终单纯形表.又因为

$$\Delta b'=B^{-1}\Delta b=\begin{bmatrix}1 & 5/4 & -15/2\\0 & 1/4 & -1/2\\0 & -1/4 & 3/2\end{bmatrix}\begin{bmatrix}0\\\lambda\\0\end{bmatrix}=\begin{bmatrix}5\lambda/4\\\lambda/4\\-\lambda/4\end{bmatrix}$$

将其反映到最终单纯形表中去,得表 3-28.

表 3-28

C_B	X_B	b	C_j →	2	1	0	0	0
				x_1	x_2	x_3	x_4	x_5
0	x_3	$15/2+5\lambda/4$		0	0	1	5/4	$-15/2$
2	x_1	$7/2+\lambda/4$		1	0	0	1/4	$-1/2$
1	x_2	$3/2-\lambda/4$		0	1	0	$-1/4$	3/2
	$\sigma_j=c_j-z_j$			0	0	0	$-1/4$	$-1/2$

表 3-28 中最优基不变的条件为

$$\begin{cases} 15/2+5\lambda/4 \geqslant 0 \\ 7/2+\lambda/4 \geqslant 0 \\ 3/2-\lambda/4 \geqslant 0 \end{cases}$$

可以推出当 $-6 \leqslant \lambda \leqslant 6$,最优解 $Z = \dfrac{17}{2} + \dfrac{1}{4}\lambda$.

当 $\lambda > 6$ 时,表 3-28 中基变量 x_2 将小于零,这时需用对偶单纯形法继续求解,得表 3-29.

表 3-29

C_B	X_B	b	C_j →	2	1	0	0	0
				x_1	x_2	x_3	x_4	x_5
0	x_3	15		0	5	1	0	0
2	x_1	5		1	1	0	0	1
0	x_4	$-6+\lambda$		0	-4	0	1	-6
	$\sigma_j=c_j-z_j$			0	-1	0	0	-2

当 $\lambda > 6$ 时,表 3-28 中最优基不变,$Z = 10$.

当 $\lambda < -6$ 时,表 3-28 中基变量 x_3 将小于零,用对偶单纯形法继续求解,得表 3-30.

表 3-30

C_B	X_B	b	C_j →	2	1	0	0	0
				x_1	x_2	x_3	x_4	x_5
0	x_5	$-1-\lambda/6$		0	1	$-2/15$	$-1/6$	1
2	x_1	$3+\lambda/6$		1	0	$[-1/15]$	1/6	0
1	x_2	3		0	0	1/5	0	0
	$\sigma_j=c_j-z_j$			0	$1/3+5\lambda/3$	0	$-1/3-\lambda/6$	0
0	x_5	$-7-\lambda/2$		-2	0	0	$-1/2$	1
0	x_3	$-45-5\lambda/2$		-15	0	1	$-5/2$	0
1	x_2	$12+\lambda/2$		3	1	0	1/2	0
	$\sigma_j=c_j-z_j$			-1	0	0	$-1/2$	0

当 $\lambda < -24$ 时，基变量 x_2 将小于零，但 x_2 所在行元素均为正，故这时问题无可行解. 当 $-18 \leq \lambda \leq -6$ 时，$Z = 9 + \frac{1}{3}\lambda$；当 $-24 \leq \lambda \leq -18$ 时，$Z = 12 + \frac{1}{2}\lambda$. 综合表 3-28 至表 3-30，将例 14 中目标函数值 $Z(\lambda)$ 随 λ 值变化的情况图示于图 3-2.

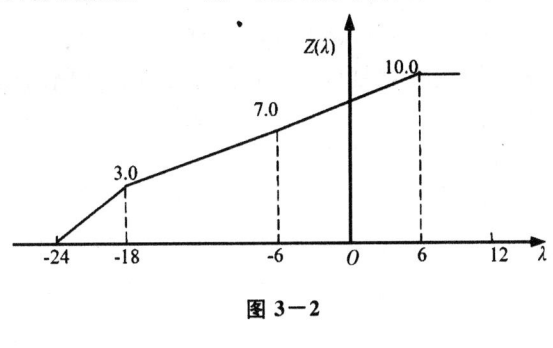

图 3-2

习 题

3.1 写出下列线性规划问题的对偶问题.

(1) $\min Z = 3x_1 + 2x_2 - x_3 + 5x_4$

s.t. $\begin{cases} x_1 + 2x_2 - x_3 + 2x_4 = 3 \\ 3x_1 + 2x_2 - x_4 \leq 5 \\ x_2 + 3x_3 + x_4 \geq 4 \\ x_1, x_2 \geq 0, x_3 \leq 0, x_4 \text{ 无约束} \end{cases}$

(2) $\min Z = 2x_1 + 3x_2 + 4x_3$

s.t. $\begin{cases} 2x_1 + 3x_2 + 5x_3 \geq 2 \\ 2x_1 + x_2 + 7x_3 \leq 5 \\ x_1 + 4x_2 + 6x_3 \leq 5 \\ x_1, x_2 \geq 0, x_3 \text{ 无约束} \end{cases}$

(3) $\max Z = 6x_1 + 4x_2 + x_3 + 7x_4 + 5x_5$

s.t. $\begin{cases} 3x_1 + 7x_2 + 8x_3 + 5x_4 + x_5 = 3 \\ 2x_1 + x_2 + 3x_3 + 2x_4 + 9x_5 = 6 \\ x_1, x_2, x_3, x_4 \geq 0, x_5 \text{ 无约束} \end{cases}$

(4) $\min Z = CX$

s.t. $\begin{cases} A_1 X \geq b_1 \\ A_2 X = b_2 \\ A_3 X \leq b_3 \\ X \geq 0 \end{cases}$

(5) $\min Z = \sum\limits_{i=1}^{m} \sum\limits_{j=1}^{n} c_{ij} x_{ij}$

$$\text{s.t.} \begin{cases} \sum_{j=1}^n x_{ij} = a_i \ (i=1,2,\cdots,m) \\ \sum_{i=1}^m x_{ij} = b_j \ (j=1,2,\cdots,n) \\ x_{ij} \geqslant 0 \ (i=1,2,\cdots,m; j=1,2,\cdots,n) \end{cases}$$

3.2 用单纯形法求解该线性规划问题,并给出其对偶问题的模型及对偶问题的最优解.

$$\max Z = 3x_1 + 4x_2$$
$$\text{s.t.} \begin{cases} x_1 + 2x_2 \leqslant 8 \\ 4x_1 \leqslant 16 \\ 4x_2 \leqslant 12 \\ x_1, x_2 \geqslant 0 \end{cases}$$

3.3 已知线性规划问题,试用对偶理论证明该问题无最优解.

$$\max Z = x_1 + x_2$$
$$\text{s.t.} \begin{cases} -x_1 + x_2 + x_3 \leqslant 2 \\ -2x_1 + x_2 - x_3 \leqslant 1 \\ x_1, x_2, x_3 \geqslant 0 \end{cases}$$

3.4 已知线性规划问题,写出其对偶问题,并用对偶理论证明原问题和对偶问题都存在满意解.

$$\max Z = 3x_1 + 2x_2$$
$$\text{s.t.} \begin{cases} -x_1 + 2x_2 \leqslant 4 \\ 3x_1 + 2x_2 \leqslant 14 \\ x_1 - x_2 \leqslant 3 \\ x_1, x_2 \geqslant 0 \end{cases}$$

3.5 已知线性规划问题,试用对偶理论证明该问题最优解的目标函数值不大于 25.

$$\max Z = 4x_1 + 7x_2 + 2x_3$$
$$\text{s.t.} \begin{cases} x_1 + 2x_2 + x_3 \leqslant 10 \\ 2x_1 + 3x_2 + 3x_3 \leqslant 10 \\ x_1, x_2, x_3 \geqslant 0 \end{cases}$$

3.6 已知线性规划问题,其对偶问题的最优解为 $Y^* = (y_1^*, y_2^*)^T = (4, 1)^T$,试用对偶理论求原问题的最优解.

$$\max Z = 2x_1 + x_2 + 5x_3 + 6x_4$$
$$\text{s.t.} \begin{cases} 2x_1 + x_3 + x_4 \leqslant 8 \\ 2x_1 + 2x_2 + x_3 + 2x_4 \leqslant 12 \\ x_1, x_2, x_3, x_4 \geqslant 0 \end{cases}$$

3.7 用对偶单纯形法求解下列线性规划问题.

(1) $\min Z = x_1 + x_2$

$$\text{s.t.} \begin{cases} 2x_1+x_2 \geq 4 \\ x_1+7x_2 \geq 7 \\ x_1,x_2 \geq 0 \end{cases}$$

(2) $\max Z=-2x_1-3x_2$

$$\text{s.t.} \begin{cases} 2x_1+x_2 \geq 4 \\ x_1+3x_2 \geq 6 \\ x_1+x_2 \geq 3 \\ x_1,x_2 \geq 0 \end{cases}$$

(3) $\min Z=2x_1+4x_2$

$$\text{s.t.} \begin{cases} x_1+x_2 \geq 3 \\ x_1+2x_2 \leq 2 \\ x_1,x_2 \geq 0 \end{cases}$$

(4) $\min Z=3x_1+2x_2+x_3+4x_4$

$$\text{s.t.} \begin{cases} 2x_1+4x_2+5x_3+x_4 \geq 0 \\ 3x_1-x_2+7x_3-2x_4 \geq 2 \\ 5x_1+2x_2+x_3+6x_4 \geq 15 \\ x_1,x_2,x_3,x_4 \geq 0 \end{cases}$$

(5) $\min Z=5x_1+2x_2+4x_3$

$$\text{s.t.} \begin{cases} 3x_1+x_2+2x_3 \geq 4 \\ 6x_1+3x_2+5x_3 \geq 10 \\ x_1,x_2,x_3 \geq 0 \end{cases}$$

3.8 有线性规划

$\max Z=-5x_1+5x_2+13x_3$

$$\text{s.t.} \begin{cases} -x_1+x_2+3x_3 \leq 20 & \text{(a)} \\ 12x_1+4x_2+10x_3 \leq 90 & \text{(b)} \\ x_1,x_2,x_3 \geq 0 \end{cases}$$

请用单纯形法求出最优解,并分析在下列各种条件下,最优解分别有什么变化?

(1) 约束条件(a)的右端常数由 20 变为 30;

(2) 约束条件(b)的右端常数由 90 变为 70;

(3) 目标函数中 x_3 的系数由 13 变为 8;

(4) x_1 的系数列向量由 $\begin{pmatrix} -1 \\ 12 \end{pmatrix}$ 变为 $\begin{pmatrix} 0 \\ 5 \end{pmatrix}$;

(5) 增加一个约束条件(c) $2x_1+3x_2+5x_3 \leq 50$;

(6) 将原约束条件(b)改变为 $10x_1+5x_2+10x_3 \leq 100$.

3.9 某工厂用甲、乙、丙三种原料生产 A,B,C,D 四种产品,每种产品消耗原料定额以及三种原料的数量如下表所示:

产品	A	B	C	D	原料数量(吨)
对原料甲的消耗(吨/万件)	3	2	1	4	2400
对原料乙的消耗(吨/万件)	2	—	2	3	3200
对原料丙的消耗(吨/万件)	1	3	—	2	1800
单位产品的利润(万元/万件)	25	12	14	15	

(1) 求使总利润最大的生产计划和按最优生产计划生产时三种原料的耗用量和剩余量.

(2) 求四种产品的利润在什么范围内变化,最优生产计划不会变化.

(3) 在最优生产计划下,哪一种原料更为紧缺? 如果甲原料增加 120 吨,这时紧缺程度是否有变化?

3.10 已知某工厂计划生产 Ⅰ, Ⅱ, Ⅲ 三种产品,各产品需要在 A, B, C 设备上加工,有关数据如下表所示：

	Ⅰ	Ⅱ	Ⅲ	设备有效台时(月)
A	8	2	10	300
B	10	5	8	400
C	2	13	10	420
单位产品利润(千元)	3	2	2.9	

问题：

(1) 如何充分发挥设备能力,使生产赢利最大?

(2) 若为了增加产量,可借用其他工厂的设备 B,每月可借用 60 台时,租金为 1.8 万元,问借用 B 设备是否合算.

(3) 对产品工艺重新进行设计,改进构造,改进后生产每件产品 Ⅰ,需用设备 A——9 台时,设备 B——12 台时,设备 C——4 台时,单位产品盈利变为 4.5 千元,问这对原计划有何影响.

第四章 运 输 问 题

单纯形法是解线性规划问题的一种一般方法.在实际工作中,时常会遇到一些线性规划问题,它们约束方程组的系数矩阵有特殊的结构,需要使用比单纯形法更为简单的方法来求解.运输问题就是一类系数矩阵具有特殊结构的线性规划问题.

第一节 运输问题及其数学模型

1.1 运输问题的数学模型

设某种物品有 m 个产地和 n 个销地.产地 A_i 的产量为 $a_i(i=1,2,\cdots,m)$,销地 B_j 的销量为 $b_j(j=1,2,\cdots,n)$.从第 i 个产地 A_i 向第 j 个销地 B_j 运输每单位物资的运价为 c_{ij},这就是由多个产地供应多个销地的单品种物资运输问题.问题是如何调运这些物品才能使总运费达到最小.

为了清楚起见,现把上述关系表示成下面的运输表(Transportation Table),见表 4-1,表中 $x_{ij}(i=1,2,\cdots,m;j=1,2,\cdots,n)$ 为由产地 A_i 运往销地 B_j 的物品数量.有时将产量、销量和运输量 x_{ij} 填在一张表上,而将单位运价 c_{ij} 填在另一张表上.

表 4-1

产地＼销地	B_1		B_2		...	B_n		产量
A_1		c_{11}		c_{12}			c_{1n}	a_1
	x_{11}		x_{12}			x_{1n}		
A_2		c_{21}		c_{22}			c_{2n}	a_2
	x_{21}		x_{22}			x_{2n}		
...								...
A_m		c_{m1}		c_{m2}			c_{mn}	a_m
	x_{m1}		x_{m2}			x_{mn}		
销量	b_1		b_2		...	b_n		

在运输问题中,如果总产量等于总销量,即有:

$$\sum_{i=1}^{m} a_i = \sum_{j=1}^{n} b_j \qquad (4-1)$$

则称为产销平衡运输问题. 本节先讨论产销平衡的运输问题, 产销不平衡的运输问题(总产量不等于总销量)留待后面讨论.

产销平衡运输问题的数学模型为:

$$\min Z = \sum_{i=1}^{m}\sum_{j=1}^{n} c_{ij} x_{ij}$$

$$\text{s.t.} \begin{cases} \sum_{j=1}^{n} x_{ij} = a_i & (i=1,2,\cdots,m) \\ \sum_{i=1}^{m} x_{ij} = b_j & (j=1,2,\cdots,n) \\ x_{ij} \geqslant 0 & (i=1,2,\cdots,m; j=1,2,\cdots,n) \end{cases} \qquad (4-2)$$

其中 a_i 和 b_j 满足 $\sum_{i=1}^{m} a_i = \sum_{j=1}^{n} b_j$, 称为产销平衡条件.

1.2 运输问题数学模型的特点

1. 运输问题有有限最优解

若令 $Q = \sum_{i=1}^{m} a_i = \sum_{j=1}^{n} b_j$, 则

$$\sum_{i=1}^{m} x_{ij} = b_j = \frac{\sum_{i=1}^{m} a_i}{Q} b_j = \sum_{i=1}^{m} (a_i \frac{b_j}{Q}) \qquad (4-3)$$

$$\sum_{j=1}^{n} x_{ij} = a_i = \frac{\sum_{j=1}^{n} b_j}{Q} a_i = \sum_{j=1}^{n} (b_j \frac{a_i}{Q}) \qquad (4-4)$$

而

$$x_{ij} = \frac{a_i b_j}{Q} \qquad (4-5)$$

所以, x_{ij} 是运输问题的一个可行解. 由于运输问题目标函数值不可能低于 0, 因此目标函数有下界, 必存在有限最优解.

2. 运输问题约束条件的特点

运输问题约束方程组的系数矩阵具有以下形式:

$$A = \begin{bmatrix} \overset{x_{11}\ x_{12}\ \cdots\ x_{1n}}{1\ 1\ \cdots\ 1} & \overset{x_{21}\ x_{22}\ \cdots\ x_{2n}}{} & \cdots & \overset{x_{m1}\ x_{m2}\ \cdots\ x_{mn}}{} \\ & 1\ 1\ \cdots\ 1 & & \\ & & \ddots & \\ & & & 1\ 1\ \cdots\ 1 \\ 1 & 1 & & 1 \\ & 1 & & 1 & & 1 \\ & & \cdots & & \\ & 1 & & 1 & & 1 \end{bmatrix} \begin{matrix} \left.\begin{matrix}\\ \\ \\ \end{matrix}\right\} m \text{行} \\ \left.\begin{matrix}\\ \\ \\ \end{matrix}\right\} n \text{行} \end{matrix}$$

约束方程组中共有 $m \times n$ 个变量,$m+n$ 个等式约束.其中前 m 个约束条件的含义是:由某一产地运往各销地的物品数量之和等于该产地的产量;后 n 个约束条件的含义是:由各产地运往某一销地的物品数量之和等于该销地的销量.由于前 m 个约束条件之和等于后 n 个约束条件之和,故任一约束条件均可由其余 $(m+n-1)$ 个约束条件推出.这说明,运输问题中有一个约束条件是多余的.

当 $i=1$ 时,只有 $x_{11},x_{12},\cdots,x_{1n}$ 在约束条件中;当 $i=2$ 时,只有 $x_{21},x_{22},\cdots,x_{2n}$ 在约束条件中;当 $i=m$ 时,只有 $x_{m1},x_{m2},\cdots,x_{mn}$ 在约束条件中.同理,当 $j=n$ 时,只有 $x_{1n},x_{2n},\cdots,x_{mn}$ 在约束条件中.则系数列向量为

$$A_{ij}=P_{ij}=(0,\cdots,0,1,0,\cdots,0,1,0,\cdots,0)^T$$

其中第 i 个和第 $m+j$ 个分量为 1,其余分量均为 0.

因此,运输问题约束条件的特点是:

(1)约束条件系数矩阵中的元素只有 0 和 1;

(2)约束条件系数矩阵的每一列只有两个非零元素,并且对应的变量在前 m 个约束中出现一次,在后 n 个约束中出现一次.

对于产销平衡运输问题,除上述特点外,还有:

(3)所有约束条件都是等式;

(4)各产地产量之和等于各销地销量之和.

1.3 运输问题的对偶问题

产销平衡运输的对偶问题:

(1)原问题目标函数求极小,对偶问题目标函数求极大.

(2)原问题有 $m \times n$ 个变量,对偶问题有 $m \times n$ 个约束条件.

(3)原问题 $m \times n$ 个变量非负,对偶问题 $m \times n$ 个约束条件均取"$\leqslant$".

(4)原问题有 $m+n$ 个约束条件,对偶问题有 $m+n$ 个变量.

(5)原问题 $m+n$ 个约束条件取"$=$",对偶问题 $m+n$ 个变量无约束.

(6)用 $u_1,u_2,\cdots,u_m$ 表示前 m 个约束等式相应的对偶变量,用 $v_1,v_2,\cdots,v_n$ 表示后 n 个约束等式相应的对偶变量.令

$$Y=(u_1,u_2,\cdots,u_m,v_1,v_2,\cdots,v_n)^T$$

则对偶问题为:

$$\max W = \sum_{i=1}^{m}a_i u_i + \sum_{j=1}^{n}b_j v_j$$

$$\text{s.t.} \begin{cases} u_i+v_j \leqslant c_{ij} \\ i=1,2,\cdots,m \\ j=1,2,\cdots,n \\ u_i,v_j \text{ 无约束} \end{cases} \quad (4-6)$$

其中当 $i=1,j=1$ 时,u_1,v_1 对应 x_{11} 和 c_{11};当 $i=m,j=n$ 时,u_m,v_n 对应 x_{mn} 和 c_{mn}.

1.4 运输问题的解

运输问题也是一种线性规划问题,仍旧可以先找一个基可行解,进行解的最优性检验,若不是最优,就进行迭代,继续检验和调整直到最优.因此要求每步得到的解$X=(x_{ij})$都是基可行解,X需满足如下条件:

(1)满足所有约束条件;
(2)基变量对应的系数列向量线性无关;
(3)解中非零变量的个数不能大于$(m+n-1)$个;
(4)保持基变量的个数在迭代过程中为$(m+n-1)$个.

第二节 表上作业法

当用表上作业法求解运输问题时,也需要采用和一般单纯形法类似的步骤.即先给出一个初始解(初始调运方案),然后对它进行最优性判别,若它不是最优解,就设法进行调整和改进,从而得到新解,再判别,再改进,直至得到最优解为止.

例1 某公司有三个生产产地,生产的产品由四个销售地出售,各产地的生产量、各销售地的销售量(假定单位为吨)以及各产地到各销地的单位运价(元每吨)如表4—2,问产品如何调运才使总运费最小.

由表4—2可知,总生产量等于总销售量,说明这是一个产销平衡的运输问题.

现用x_{ij}表示由第i个产地运往第j个销地物品数量,则可得该问题的数学模型如下:

$$\min Z = 4x_{11}+12x_{12}+4x_{13}+11x_{14}$$
$$+2x_{21}+10x_{22}+3x_{23}+9x_{24}$$
$$+8x_{31}+5x_{32}+11x_{33}+6x_{34}$$

$$\text{s.t.} \begin{cases} x_{11}+x_{12}+x_{13}+x_{14}=8 \\ x_{21}+x_{22}+x_{23}+x_{24}=5 \\ x_{31}+x_{32}+x_{33}+x_{34}=11 \\ x_{11}+x_{21}+x_{31}=4 \\ x_{12}+x_{22}+x_{32}=7 \\ x_{13}+x_{23}+x_{33}=6 \\ x_{14}+x_{24}+x_{34}=7 \\ x_{ij} \geqslant 0, i=1,2,3; j=1,2,3,4 \end{cases} \quad (4-7)$$

注意,七个约束等式中有一个是多余的,当用一般单纯形法求解时可去掉其中的任意一个,当用表上作业法求解时可按以下方法进行.

2.1 初始基本可行解的确定

若用一般单纯形法,为得初始基可行解,常需引入人工变量.当用表上作业法时,则不必这样做.这里介绍表上作业法中给出初始方案(初始解)的三种方法.

表 4-2

产地＼销地	B_1	B_2	B_3	B_4	产量
A_1	4	12	4	11	8
A_2	2	10	3	9	5
A_3	8	5	11	6	11
销量	4	7	6	7	24

1. 最小元素法

最小元素法的基本思想是,优先满足单位运价最小的产销关系.首先找出运价最小的,并以最大限度满足其产销量为原则确定产销关系.然后,在余下的未确定的产销关系中找运价最小的,同样以最大限度满足其产销量为原则确定产销关系.同样的方法反复进行直到确定了所有的产销关系,得到一个完整的调运方案即初始基本可行解为止.由于该方法基于优先满足单位运价最小的产销关系,故称为最小元素法.用例 1 说明最小元素法.

第一步,检查表 4-2,发现从 A_2 运到 B_1 的单位运费最小,为 2,所以首先满足它们之间的产销关系. A_2 的产量是 5, B_1 的销量是 4,因此从 A_2 运到 B_1 4 吨物品就可以满足 B_1 的销量.我们在表中 A_2 行和 B_1 列对应的交叉格 (A_2,B_1) 中填入数字 4,并划去这一列.这表明从 A_2 运 4 吨物品到 B_1,这时 B_1 已不再需要继续运入物品,见表 4-3a.

表 4-3a

产地＼销地	B_1	B_2	B_3	B_4	产量
A_1	4	12	4	11	8
A_2	2 4	10	3	9	5
A_3	8	5	11	6	11
销量	4 ①	7	6	7	24

第二步,在尚未划去的格中,找出单位运费最小的空格(A_2, B_3),填入数字 1. 这是因为从 A_2 已经运出 4 吨物品给 B_1,还剩 1 吨运给 B_3,这时 A_2 的产量已经运完,划去 A_2 所在的行,见表 4-3b.

表 4-3b

产地＼销地	B_1	B_2	B_3	B_4	产量
A_1	4	12	4	11	8
A_2	2 4	10	3 1	9	5 ②
A_3	8	5	11	6	11
销量	4 ①	7	6	7	24

表 4-3c

产地＼销地	B_1	B_2	B_3	B_4	产量
A_1	4	12	4 5	11	8
A_2	2 4	10	3 1	9	5 ②
A_3	8	5	11	6	11
销量	4 ①	7	6 ③	7	24

表 4-3d

产地＼销地	B_1	B_2	B_3	B_4	产量
A_1	4	12	4 5	11	8
A_2	2 4	10	3 1	9	5 ②
A_3	8	5 7	11	6	11
销量	4 ①	7 ④	6 ③	7	24

第三步,在尚未划去的格中,找出单位运费最小的空格(A_1, B_3),填入 B_3 尚没有满足

的销量 6−1=5,然后划去 B_3 所在的列,见表 4−3c.同样的道理,接下来依次满足空格 (A_3,B_2),划去第二列,见表 4−3d,满足 (A_3,B_4),划去第三行,见表 4−3e.至此,仅剩下空格 (A_1,B_4) 未填,在其中填入数字 3,则 B_4 的销售量和 A_1 的生产量同时得到满足,这时同时划去第一行和第四列,见表 4−3f.现在全部格子均被划去,所有产销平衡要求均已得到满足.

表 4−3e

销地 产地	B_1	B_2	B_3	B_4	产量	
A_1	4	12	4　　5	11	8	
A_2	2　　4	10	3　　1	9	5	②
A_3	8	5　　7	11	6　　4	11	⑤
销量	4	7	6	7	24	
	①	④	③			

表 4−3f

销地 产地	B_1	B_2	B_3	B_4	产量	
A_1	4	12	4　　5	11　　3	8	⑥
A_2	2　　4	10	3　　1	9	5	②
A_3	8	5　　7	11	6　　4	11	⑤
销量	4	7	6	7	24	
	①	④	③	⑥		

格子中填入的数字(即 x_{ij} 的值)给出了一个初始调运方案:

由 A_1 运 5 吨至 B_3,运 3 吨至 B_4;

由 A_2 运 4 吨至 B_1,运 1 吨至 B_3;

由 A_3 运 7 吨至 B_2,运 4 吨至 B_4.

即 $x_{13}=5, x_{14}=3, x_{21}=4, x_{23}=1, x_{32}=7, x_{34}=4$,其他变量全等于零.这个初始方案满足所有约束条件,而且其非零变量的个数等于独立约束方程的个数,即 $m+n-1=3+4-1=6$.也就是说填有数字的格(基变量)有 6 个,没有填数字的格(非基变量)有 $m \times n - (m+n-1)$ 个,为 6 个.此时目标函数值(总运费)为:

$$Z = 5 \times 4 + 3 \times 11 + 4 \times 2 + 1 \times 3 + 7 \times 5 + 4 \times 6 = 123 \text{ 元}$$

表 4−3a 至表 4−3f 下部和右部小圆圈内的数字,指出了各行各列划去的顺序,表明了得出这个初始调运方案的步骤.

2. 西北角法

西北角法与最小元素法不同,它不是优先考虑具有最小单位运价的产销关系,而是优先满足运输表中西北角(左上角)上空格的产销需求.

用例 1 说明西北角法,具体步骤见表 4—4. 按以上方法进行下去,最后可得到初始方案. 满足所有产销平衡要求时的初始调运方案为:

由 A_1 运 4 吨至 B_1,运 4 吨至 B_2;

由 A_2 运 3 吨至 B_2,运 2 吨至 B_3;

由 A_3 运 4 吨至 B_3,运 7 吨至 B_4.

即 $x_{11}=4, x_{12}=4, x_{22}=3, x_{23}=2, x_{33}=4, x_{34}=7$,此时目标函数值(总运费)为:

$$Z=4\times4+4\times12+3\times10+2\times3+4\times11+7\times6=186 \text{ 元}$$

表 4—4

产地＼销地	B_1	B_2	B_3	B_4	产量
A_1	4 / 4	12 / 4	4	11	8 ②
A_2	2	10 / 3	3 / 2	9	5 ④
A_3	8	5	11 / 4	6 / 7	11 ⑥
销量	4 ①	7 ③	6 ⑤	7 ⑥	24

用西北角法确定初始可行解方法简单,不会出现回路,一般情况下基变量的个数恰为 $m+n-1$ 个(退化的情况基变量可能少于 $m+n-1$),而且基变量位于每一行每一列. 西北角法的缺点是在安排运量时不考虑运价,因而得到的初始解可能离最优解较远. 例 1 中用西北角法确定的初始方案显然比最小元素法确定的初始调运方案差.

3. 沃格尔法

最小元素法初看很合适,但有时为了优先考虑某一最小运价的调运量,可能使其他产销点的运输费用大大增加. 事实上,如不能按照最小运价运输,就应考虑次小运价,当最小运价与次小运价差额很大,说明该处不按照最小运价产销的损失就越大. 考虑这种情况,沃格尔法就先计算每一行及每一列中单位运价最小和次小之间的差值(称为罚数),从罚数最大的行或列中找出单位运价最小者满足其产销关系.

仍就例 1 来说,先计算表 4—2 中每一行和每一列中最小和次小单位运价的差值,并依次填入表 4—5 中行罚数栏的第一列和列罚数栏的第一行中. 例如,A_1 行中最小和次小单位运价都等于 4,其罚数为 0;B_1 列中的最小和次小元素分别为 2 和 4,其罚数为 2…… 如此依次计算,将行罚数栏的第一列和列罚数栏的第一行填满,参看表 4—5. 其中最大的罚数等于 5(方括号内),位于 B_2 列. 在 B_2 列中,最小单位运价是 5,因此,在相应的 (A_3, B_2) 格中填入尽可能大的运量 7,此时 B_2 的销售量得到满足,应划去 B_2 列.

在尚未划去的各行、各列中,如上重新计算各行和各列的罚数,填入行罚数栏的第二列和列罚数的第二行. 例如,在 A_3 行中最小和次小单位运价分别为 6 和 8,其罚数为 2;算出的其余罚数均填入表 4-5 中,其中最大者为 3,位于 B_4 列. 在 B_4 列中,最小单位运价为 6,因此,在 (A_3,B_4) 填入尽可能大的运量 4,并划去 A_3 行.

表 4-5

产地\销地	B_1	B_2	B_3	B_4	产量	行	罚	数		
A_1	4	12	4 6	11 2	8	0	0	0	[7]	0
A_2	2 4	10	3	9 1	5	1	1	1	6	0
A_3	8	5 7	11	6 4	11	1	2	-	-	-
销量	4	7	6	7						
列罚数	2 2 [2] - -	[5] - - - -	1 1 1 1 1	3 [3] 2 2 [2]						

继续按上述方法做下去,依次算出每次迭代的行罚数和列罚数,在表中填入一个运输量,划去一行或一列,直至最后在 (A_1,B_4) 中填入数字 2,并同时划去 A_1 行和 B_4 列.

这样得到的初始调运方案为:

由 A_1 运 6 吨至 B_3,运 2 吨至 B_4;

由 A_2 运 4 吨至 B_1,运 1 吨至 B_4;

由 A_3 运 7 吨至 B_2,运 4 吨至 B_4.

此时目标函数值(总运费)为:

$$Z = 6 \times 4 + 2 \times 11 + 4 \times 2 + 1 \times 9 + 7 \times 5 + 4 \times 6 = 122 \text{ 元}$$

由上述结果可见,由沃格尔法得到的初始调运方案比前两种方法得到的总运费低. 一般来讲,沃格尔法给出的初始调运方案质量较好,常用来作为最优运输方案的近似解.

2.2 计算检验数

如一般单纯形法那样,在得出了一个基可行解之后,就应进行检验,判断其是否为最优解. 表上作业法中也需要对初始基可行解(初始调运方案)进行检验,判断是否为最优解(最优调运方案). 计算检验数有两种方法:闭回路法和位势法.

1. 闭回路法(Cycle Method)

一般单纯形法中,对极大化问题的某一基可行解来说,若各非基变量的检验数都小于等于 0,则这个解就是最优解. 否则不是最优解,需要进行解的改进. 而运输问题是目标函数求极小,因此,判断最优解的标准则是所有的非基变量的检验数是否都大于等于 0.

在表上作业法中,填入数字的格对应的变量为基变量,检验数为 0;未填入数字的格(空格)对应的为非基变量,我们只需要计算空格的检验数,判断其检验数是否均大于等于 0.

为了求解某一空格(非基变量)的检验数,需先找出它所对应的闭回路,这个闭回路的顶点除该空格(非基变量)外,其余均为填有数字的格(基变量)组成. 每个顶点的单位运价相加减,如果计算出所有空格的检验数均大于等于 0,则该解为最优解,停止计算;如果有小于 0 的,则需要对解进行调整.

现从最小元素法确定的初始调运方案(表 4-3f)出发,来说明如何用闭回路法计算每个空格的检验数.

先考虑表 4-3f 中的空格 (A_1, B_1). 若改为从产地 A_1 运 1 吨物品给 B_1,为了保持各产地和销地的物品都有去向,各销地的需要量都能得到满足,就要分别将 (A_1, B_3) 处的运量减少 1 吨,(A_2, B_3) 处的运量增加 1 吨,(A_2, B_1) 处的运量减少 1 吨(见表 4-6). 由表 4-6 可见,这四个方格正好处于以它们为顶点的同一条闭回路上. 这样的调整对运费也将产生影响,这可由相应各方格的单位运价看出来,由于 (A_1, B_1),(A_1, B_3),(A_2, B_3) 和 (A_2, B_1) 各方格的单位运价分别为 4 元、4 元、3 元和 2 元,故如此调整 1 吨物品运费的增加量为:

$$c_{11} - c_{13} + c_{23} - c_{21} = 4 - 4 + 3 - 2 = 1 \text{ 元}$$

这正是这个方格的检验数. 检验数为正说明,这样的方案改变使运费增加,因而是不可取的. 也就是说,不应将其对应的变量 x_{11} 作为基变量引入基可行解中.

表 4-6

销地 产地	B_1	B_2	B_3	B_4	产量
A_1	4 (+1)	12	4 5(-1)	11 3	8
A_2	2 4(-1)	10	3 1(+1)	9	5
A_3	8	5 7	11	6 4	11
销量	4	7	6	7	24

由上可知,为了求某一空格的检验数,首先要找到它所对应的闭回路. 这个闭回路的顶点,除这个空格外,其他的顶点均应由填有数字的格组成. 每个空格都存在唯一一条闭回路. 当然闭回路的形状不一定都是简单的矩形. 图 4-1 给出了闭回路的几种可能情况.

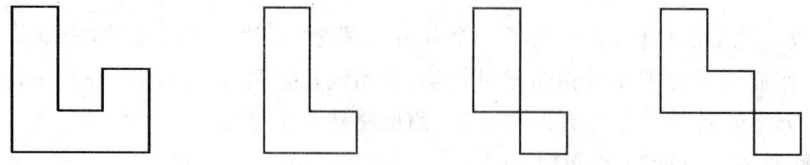

图 4-1

再考虑表空格 (A_3, B_1),它的闭回路由 (A_3, B_1),(A_3, B_4),(A_1, B_4),(A_1, B_3),

(A_2, B_3)，(A_2, B_1) 和 (A_3, B_1) 构成，见表 4-7. 其检验数（单位物品运费的增加）为：
$$8-6+11-4+3-2=10 \text{ 元}$$

表 4-7

产地\销地	B_1	B_2	B_3	B_4	产量
A_1	4	12	4 5(-1)	11 3(+1)	8
A_2	2 4(-1)	10	3 1(+1)	9	5
A_3	8 (+1)	5 7	11	6 4(-1)	11
销量	4	7	6	7	24

按照同样的方法可计算出各个空格的检验数，将其填入空格内，就得到了一张检验数表 4-8.

表 4-8

产地\销地	B_1	B_2	B_3	B_4	产量
A_1	1	2			
A_2		1		-1	
A_3	10		12		
销量					

2. 对偶变量法（Dual Variable Method）（位势法）

在闭回路法中，如果判定某一基可行解（某一调运方案）是否最优，需要找出每个空格（非基变量）的闭回路，计算检验数. 当产地和销地很多时，空格的数目很大，有 $m \times n - (m+n-1)$ 个，工作量就十分繁重. 因此，通常用位势法来计算检验数.

根据前面介绍的运输问题的对偶问题，我们知道对偶变量可表示为：
$$Y = (u_1, u_2, \cdots, u_m, v_1, v_2, \cdots, v_n)^T$$
对于一般线性规划问题，某非基变量的检验数为：
$$\sigma_j = c_j - C_B B^{-1} P_j = c_j - Y^T P_j$$
则运输问题的某一空格的检验数为：
$$\sigma_{ij} = c_{ij} - C_B B^{-1} P_{ij} = c_{ij} - Y^T P_{ij}$$
因为运输问题某一变量的系数列向量为：
$$P_{ij} = (0, \cdots, 0, 1, 0, \cdots, 0, 1, 0, \cdots, 0)^T$$
所以
$$\begin{aligned}\sigma_{ij} &= c_{ij} - Y^T P_{ij} \\ &= c_{ij} - (u_1, u_2, \cdots, u_m, v_1, v_2, \cdots, v_n)(0, \cdots, 0, 1, 0, \cdots, 0, 1, 0, \cdots, 0)^T \\ &= c_{ij} - (u_i + v_j)\end{aligned}$$
现假定得到了运输问题的一个基可行解，基变量为：

$$x_{i_1j_1}, x_{i_2j_2}, \cdots, x_{i_sj_s}$$

其中 $s=m+n-1$. 由于基变量的检验数应等于 0, 故对其基变量有 $m+n-1$ 个方程:

$$\begin{cases} u_{i_1}+v_{j_1}=c_{i_1j_1} \\ u_{i_2}+v_{j_2}=c_{i_2j_2} \\ \cdots \cdots \\ u_{i_s}+v_{j_s}=c_{i_sj_s} \end{cases} \qquad (4-8)$$

运输表中每个产地和销地都对应原运输问题的一个约束条件,从而也对应于各自的一个对偶变量;由于运输表中每行和每列都含有基变量,可知该方程组含有全部 $m+n$ 个对偶变量. 可见对偶变量比方程多一个,故解不唯一,方程组的解称为位势.

若运输问题约束条件方程组的某组解满足其对偶问题的所有约束条件,即对于所有的 i 和 j 都有 $u_i+v_j \leqslant c_{ij}$, 则 $\sigma_{ij}=c_{ij}-(u_i+v_j) \geqslant 0$. 说明这组对偶变量(位势)对偶可行(说明这个运输问题可行),由互补松弛条件:

$$(Y^TA-C)X=0$$

从而可以得到原运输问题及其对偶问题的最优解:

$$X=(X_B, X_N)=(x_{i_1j_1}, x_{i_2j_2}, \cdots, x_{i_sj_s}, 0, \cdots, 0)^T, s=m+n-1$$
$$Y=(u_1, u_2, \cdots, u_m, v_1, v_2, \cdots, v_n)^T$$

若该方程组的解不满足运输问题对偶的约束条件,即非基变量的检验数有负值存在,则上面得到不是运输问题的最优解,需要进行解的调整.

计算位势按照以下步骤:

(1) 作一个新表,表中除标明单位运价外,在表的最下方增加一行位势,右端增加一列位势. 为了表示该运输方案,把填入数字的格(即基变量所在的格)标示出来.

(2) 构造方程组

$$\begin{cases} u_{i_1}+v_{j_1}=c_{i_1j_1} \\ u_{i_2}+v_{j_2}=c_{i_2j_2} \\ \cdots \cdots \\ u_{i_s}+v_{j_s}=c_{i_sj_s} \end{cases}$$

求解各产地和销地的位势.

(3) 计算非基变量的检验数. 由各产地和销地的位势计算相应变量的位势,可以发现,基变量的位势都等于其单位运价.

现仍以前面的例子,说明如何用位势法求解检验数.

首先作一个新表(表 4-9), 表中除标明单位运价外, 在下面增加一位势行, 右侧增加一位势列. 为了指明该运输方案已填入数字的格(基变量所在的格), 在这些格中标以黑色圆点.

表 4—9

产地＼销地	B_1	B_2	B_3	B_4	u_i
A_1	4	12	4 ●	11 ●	1
A_2	2 ●	10	3 ●	9	0
A_3	8	5 ●	11	6 ●	-4
v_j	2	9	3	10	

第二步,计算位势.根据(4—8)构造方程组(4—9),求各行和各列的位势.

本例中 $x_{13}, x_{14}, x_{21}, x_{23}, x_{32}, x_{34}$ 为基变量(参见表 4—3),故应按以下方程组确定各产地和销地的位势：

$$\begin{cases} u_1 + v_3 = 4 \\ u_1 + v_4 = 11 \\ u_2 + v_1 = 2 \\ u_2 + v_3 = 3 \\ u_3 + v_2 = 5 \\ u_3 + v_4 = 6 \end{cases} \quad (4-9)$$

为了计算简单,常常指定某一位势等于 1 或 0. 现任意指定 $u_2 = 0$,则可由方程组 (4—9)推出：

$$v_1 = 2, v_3 = 3, u_1 = 1, v_4 = 10, u_3 = -4, v_2 = 9$$

然后,将这些数据填入表 4—9 中. 在实际计算时,不必列出方程组(4—9),而凭观察(表 4—9)将数据直接填入.

最后一步计算检验数. 先作一个位势表(表 4—10),将各格所在行的行位势和所在列的列位势加起来填入这个格中,称为这个格或相应变量的位势. 例如,在空格 (A_1, B_1) 中填入数字 $u_1 + v_1 = 1 + 2 = 3$；在空格 (A_3, B_1) 中填入数字 $u_3 + v_1 = -4 + 2 = -2$. 对于基变量所在的格 (A_i, B_j),填入的数字正好等于其对应的单位运价 c_{ij}.

表 4—10

产地＼销地	B_1	B_2	B_3	B_4	u_i
A_1	3	10	4	11	1
A_2	2	9	3	10	0
A_3	-2	5	-1	6	-4
v_j	2	9	3	10	

用各格的单位运价减去它的位势,就得到了各格的检验数,见检验数表 4-11. 显然,基变量所在格的检验数等于零,为了简便,常不作位势表,可将检验数表并入表 4-10 中.

表 4-11

销地 产地	B_1	B_2	B_3	B_4	产量
A_1	1	2			
A_2		1		-1	
A_3	10		12		
销量					

与表 4-8 比较,发现这个结果与用闭回路法得到的结果完全相同.

2.3 解的改进

对运输问题的某个解进行最优性检验时,如果非基变量 x_{ij} 的检验数为负,说明运费还可以减少,则需要对该运输方案进行调整. 首先找出 x_{ij} 对应的闭回路,在满足所有约束条件的前提下,使 x_{ij} 尽量增大并相应调整闭回路上其他顶点的运量,得到一个新的基可行解.

具体步骤如下:

(1) 以 x_{ij} 为换入变量,找出它在运输表中的闭回路;

(2) 以 (A_i, B_j) 为第一奇数顶点,沿闭回路的顺(逆)时针方向给闭回路上的顶点依次编号(奇偶奇偶);

(3) 在闭回路中所有的偶数顶点中,找出运量最小的顶点,以该格中的变量为换出变量;

(4) 以换出变量的运量为调整量,将该闭回路上所有奇数顶点处的运量都增加这一调整量,所有偶数顶点减少这一调整量,得出新的运输方案.

从表 4-8 和表 4-11 可以发现,(A_2, B_4) 对应的检验数为负,说明运费还可以减少,这个方案不是最优方案. 为了在这个方案的基础上经调整得到一个更好的新方案,应选这个方格对应的变量 x_{24} 为换入变量. 当有几个负检验数时,通常以绝对值最大者对应的变量为换入变量. 有了换入变量之后,就用上面所讲的方法,对其闭回路上各顶点的运量做调整,使其中某个数字格的运量变为零,这个格就是换出变量. 当同时有几个变量均变成零时,就发生了退化. 这时,除选定其中一个为换出变量外,需在其他格子中填入"0",以保持填有数字的格数为 $m+n-1$ 个,以便继续进行表上作业法迭代.

表 4-12

销地 产地	B_1	B_2	B_3	B_4	产量/t
A_1	4	12	4 5(+1)	11 3(-1)	8
A_2	2 4	10	3 1(-1)	9 (+1)	5
A_3	8	5 7	11	6 4(-1)	11
销量/t	4	7	6	7	24

表 4-13

销地 产地	B_1	B_2	B_3	B_4	产量
A_1	4	12	4 6	11 2	8
A_2	2 4	10	3	9 1	5
A_3	8	5 7	11	6 4	11
销量	4	7	6	7	24

在例 1 中,空格 (A_2,B_4) 对应的检验数为负,首先找出它所对应的闭回路(见表 4-12),并对其顶点进行编号,其中奇数顶点为 (A_2,B_4) 和 (A_1,B_3),偶数顶点为 (A_1,B_4) 和 (A_2,B_3).找出偶数顶点中的最小运量,(A_2,B_3) 对应的 1,在 (A_2,B_4) 和 (A_1,B_3) 对应的数字上加 1,在 (A_1,B_4) 和 (A_2,B_3) 对应的数字上减 1(见表 4-12),这时 (A_2,B_4),(A_1,B_3),(A_1,B_4) 和 (A_2,B_3) 的运量分别变为 1,2,6 和无数字,该闭回路上各顶点以外各格的数字不变.调整后得到的新解示于表 4-13.新方案的总运费为:

$$Z=6\times4+2\times11+4\times2+1\times9+7\times5+4\times6=122 \text{ 元}$$

比原方案减少 1 元.

表 4-14

销地 产地	B_1	B_2	B_3	B_4	产量
A_1	0	2			
A_2		2	1		
A_3	9		12		
销量					

重新计算这个新方案的检验数(表 4-14),由于所有非基变量的检验数均非负,可知这个解为最优解,相应的运输方案为最优调运方案.

2.4 表上作业法的步骤

(1)先按某种规则找出一个初始解(初始调运方案).
(2)对现行解作最优性判别.
(3)若是最优解,结束;否则在运输表上对这个解进行调整,得出一个新解.
(4)再进行判别,再改进,直到得到运输问题的最优解.

2.5 需要说明的几个问题

(1)若运输问题某一基可行解中,存在多个检验数为负的非基变量,在继续进行迭代的时候,取它们中的任一变量为换入变量均可使目标函数值得到改善,通常取其中最小的.

(2)当迭代到运输问题的最优解时,若有某非基变量的检验数等于零,则说明该运输问题有多重最优解.

(3)当运输问题某部分产地的产量和与某部分销地的销量和相等时,迭代过程中会出现:在某个格填入一个运量时需同时划去运输表的一行和一列,这时候解就出现了退化.在运输问题中,退化解时常发生.为了使表上作业法可以继续,退化时,应该在划去的这行或一列中的某个格填入数字 0,表示这个格中对应的也为基变量,且取值为 0,这是为了保证在迭代过程中基可行解分量的个数为 $m+n-1$.

第三节 产销不平衡的运输问题

上面所说的关于运输问题的算法,是以产销平衡为前提的.在实际问题中,往往还会碰到产销不平衡的问题.这时,为了利用表上作业法来求解,需设法把产销的运输不平衡问题化为产销平衡的运输问题.

3.1 总产量大于总销量

当总产量大于总销量,即

$$\sum_{i=1}^{m} a_i > \sum_{j=1}^{n} b_j$$

时,运输问题的数学模型就变成了

$$\min Z = \sum_{i=1}^{m}\sum_{j=1}^{n} c_{ij} x_{ij}$$

$$\text{s.t.} \begin{cases} \sum_{j=1}^{n} x_{ij} \leqslant a_i, i=1,2,\cdots,m \\ \sum_{i=1}^{m} x_{ij} = b_j, j=1,2,\cdots,n \\ x_{ij} \geqslant 0, i=1,\cdots,m; j=1,\cdots,n \end{cases} \quad (4-10)$$

为仍能使用前面所讲的方法求解,可增加一个假想的销地 B_{n+1}。但这个销地实际上并不存在,因而由产地 A_i 调运到这个假想销地的物品数量 $x_{i,n+1}$ 实际上就是存储在 A_i 的物品数量。就地存储的物品不经运输,故其单位运价 $c_{i,n+1}=0$。

这样一来,模型(4-10)中的第一组约束就变成:

$$\sum_{j=1}^{n} x_{ij} + x_{i,n+1} = \sum_{j=1}^{n+1} x_{ij} = a_i, i=1,2,\cdots,m$$

令

$$b_{n+1} = \sum_{i=1}^{m} a_i - \sum_{j=1}^{n} b_j \quad (4-11)$$

数学模型则变为:

$$\min Z = \sum_{i=1}^{m}\sum_{j=1}^{n+1} c_{ij} x_{ij}$$

$$\text{s.t.} \begin{cases} \sum_{j=1}^{n+1} x_{ij} = a_i, i=1,2,\cdots,m \\ \sum_{i=1}^{m} x_{ij} = b_j, j=1,2,\cdots,n+1 \\ x_{ij} \geqslant 0, i=1,\cdots,m; j=1,\cdots,n+1 \end{cases} \quad (4-12)$$

表 4-15

销地 产地	B_1	B_2	...	B_n	B_{n+1}	产量
A_1	c_{11} x_{11}	c_{12} x_{12}	...	c_{1n} x_{1n}	0 $x_{1,n+1}$	a_1
A_2	c_{21} x_{21}	c_{22} x_{22}	...	c_{2n} x_{2n}	0 $x_{2,n+1}$	a_2
...	...	...	...	...	0	...
A_m	c_{m1} x_{m1}	c_{m2} x_{m2}	...	c_{mn} x_{mn}	0 $x_{m,n+1}$	a_m
销量	b_1	b_2	...	b_n	$\sum_{i=1}^{m} a_i - \sum_{j=1}^{n} b_j$	

这时,其运输表增加了一列 B_{n+1}(见表 4-15).

3.2 总销量大于总产量

当总销量大于总产量时,即
$$\sum_{i=1}^{m}a_i < \sum_{j=1}^{n}b_j$$

数学模型为:
$$\min Z = \sum_{i=1}^{m}\sum_{j=1}^{n}c_{ij}x_{ij}$$

$$\text{s.t.}\begin{cases}\sum_{j=1}^{n}x_{ij} = a_i, i=1,2,\cdots,m\\ \sum_{i=1}^{m}x_{ij} \leqslant b_j, j=1,2,\cdots,n\\ x_{ij} \geqslant 0, i=1,2,\cdots,m; j=1,2,\cdots,n\end{cases} \tag{4-13}$$

为借助于产销平衡的表上作业法求解,可增加一个假想的产地 A_{m+1}. 但这个产地实际上并不存在,因而由它发往各个销地的物品数量 $x_{m+1,j}$ 实际是各销地 B_j 的物品欠缺额,显然相应的单位运价也应等于零,即 $c_{m+1,j}=0$. 产地 A_{m+1} 的产量等于

$$a_{m+1} = \sum_{j=1}^{n}b_j - \sum_{i=1}^{m}a_i \tag{4-14}$$

这时数学模型变为:
$$\min Z = \sum_{i=1}^{m+1}\sum_{j=1}^{n}c_{ij}x_{ij}$$

$$\text{s.t.}\begin{cases}\sum_{j=1}^{n}x_{ij} = a_i, i=1,2,\cdots,m+1\\ \sum_{i=1}^{m+1}x_{ij} = b_j, j=1,2,\cdots,n\\ x_{ij} \geqslant 0, i=1,2,\cdots,m+1; j=1,2,\cdots,n\end{cases} \tag{4-15}$$

运输表见表 4-16.

表 4−16

销地\产地	B_1	B_2	...	B_n	产量
A_1	x_{11} c_{11}	x_{12} c_{12}	...	x_{1n} c_{1n}	a_1
...	...	...	...	...	...
A_m	x_{m1} c_{m1}	x_{m2} c_{m2}	...	x_{mn} c_{mn}	a_m
A_{m+1}	$x_{m+1,1}$ 0	$x_{m+1,2}$ 0	...	$x_{m+1,n}$ 0	$\sum_{j=1}^{n}b_j - \sum_{i=1}^{m}a_i$
销量	b_1	b_2	...	b_n	

例 2 设某城市有三个造纸厂 A_1,A_2 和 A_3，其纸的产量分别为 9,5 和 10 个单位。市内有四个用户 B_1,B_2,B_3 和 B_4，其需要量分别为 4,3,6 和 7 个单位。由各造纸厂到各用户的单位运价如表 4−17 所示，试确定最优调运方案。

表 4−17

销地\产地	B_1	B_2	B_3	B_4	产量
A_1	4	11	3	5	9
A_2	10	2	6	9	5
A_3	8	7	1	6	10
销量	4	3	6	7	24-20=4

解：因总产量等于 24，总销量等于 20，产量大于销量，故是个产销不平衡运输问题。为用表上作业法求解，需增加一个假想的销地 B_5。从而可将表 4−17 改写成表 4−18，可用前面讲的表上作业法求解，过程略。

表 4−18

销地\产地	B_1	B_2	B_3	B_4	B_5	产量
A_1	4	11	3	5	0	9
A_2	10	2	6	9	0	5
A_3	8	7	1	6	0	10
销量	4	3	6	7	24-20=4	

第四节　有转运的运输问题

在上面的讨论中,我们假定物品由产地直接运到销地,不经过中间转运.但是,实际中经常遇到这样的问题:物品需先由产地运到某中间转运站(可能是另外的产地、别的销地或中间转运仓库),然后再转运到销售地.有时转运比直接运到目的地更为经济,这时,在决定运输方案时就需要把转运也考虑进去.显然,考虑转运会使问题变得更为复杂.

假定 m 个产地 A_i 和 n 个销地 $B_j(i=1,2,\cdots,m;j=m+1,\cdots,m+n)$ 都可以作为中间转运站使用,从而发送物品的地点和接受物品的地点都有 $m+n$ 个,这样我们就得到一个扩大的运输问题.

令:

a_i 第 i 个产地的产量(净供应量);

b_j 第 j 个销地的销量(净需求量);

x_{ij} 由第 i 个发送地运到第 j 个接受地的物品数量;

c_{ij} 由第 i 个发送地运到第 j 个接受地的单位运价;

t_i 第 i 个地点转运物品的数量;

c_i 第 i 个地点转运单位物品的费用.

现将产地和销地统一编号,并把产地排在前面,销地排在后面,从而

$$a_{m+1}=a_{m+2}=\cdots=a_{m+n}=0$$
$$b_1=b_2=\cdots=b_m=0$$

假定为产销平衡运输问题,即有:

$$\sum_{i=1}^{m}a_i=\sum_{j=m+1}^{m+n}b_j=Q$$

根据前面的讨论,则可得到扩大了的运输问题的数学模型:

$$\min Z = \sum_{\substack{i=1\\i\neq j}}^{m+n}\sum_{\substack{j=1\\j\neq i}}^{m+n}c_{ij}x_{ij} + \sum_{i=1}^{m+n}c_i t_i$$

$$\text{s.t.}\begin{cases} x_{i1}+x_{i2}+\cdots+x_{i,i-1}+x_{i,i+1}+\cdots+x_{i,m+n}=a_i+t_i, i=1,2,\cdots,m \\ x_{i1}+x_{i2}+\cdots+x_{i,i-1}+x_{i,i+1}+\cdots+x_{i,m+n}=t_i, i=m+1,m+2,\cdots,m+n \\ x_{1j}+x_{2j}+\cdots+x_{j-1,j}+x_{j+1,j}+\cdots+x_{m+n,j}=t_j, j=1,2,\cdots,m \\ x_{1j}+x_{2j}+\cdots+x_{j-1,j}+x_{j+1,j}+\cdots+x_{m+n,j}=b_j+t_j, j=m+1,m+2,\cdots,m+n \\ x_{ij}\geqslant 0, i,j=1,2,\cdots,m+n(i\neq j) \end{cases} \quad (4-16)$$

(4-16)中的第一组约束条件指的是,由第 i 个产地发送到各个地方的物品数量之和,等于该产地的产量加上经它转运的物品数量.第二组约束条件的意义同上,但由于它们原为销地,不生产物品,故右侧常数等于该地的转运量.第三组约束条件的意义为经该产地转运的物品数量,第四组约束条件的意义为由各地运到第 j 地的物品数量之和,等于其净需要量加上转运量.

将(4-16)中约束条件第一、二组等式右侧的 t_i 移到等式左侧,然后在等式两端加上

Q,令
$$x_{ii} = Q - t_i$$
则第一组约束条件变为：
$$x_{i1} + x_{i2} + \cdots + x_{i,i-1} + Q - t_i + x_{i,i+1} + \cdots + x_{i,m+n} = Q + a_i, i = 1, 2, \cdots, m$$
$$\sum_{j=1}^{m+n} x_{ij} = Q + a_i, i = 1, 2, \cdots, m$$
第二组约束条件变为：
$$x_{i1} + x_{i2} + \cdots + x_{i,i-1} + Q - t_i + x_{i,i+1} + \cdots + x_{i,m+n} = Q, i = m+1, \cdots, m+n$$
$$\sum_{j=1}^{m+n} x_{ij} = Q, i = m+1, \cdots, m+n$$

将上述约束条件第三、四组等式右侧的 t_j 移到等式左侧，然后在等式两端加上 Q，令
$$x_{jj} = Q - t_j$$
则第三组约束条件变为：
$$x_{1j} + x_{2j} + \cdots + x_{j-1,j} + Q - t_j + x_{j+1,j} + \cdots + x_{m+n,j} = Q, j = 1, 2, \cdots, m$$
$$\sum_{i=1}^{m+n} x_{ij} = Q, j = 1, 2, \cdots, m$$
第四组约束条件变为：
$$x_{1j} + x_{2j} + \cdots + x_{j-1,j} + Q - t_j + x_{j+1,j} + \cdots + x_{m+n,j} = Q + b_j, j = m+1, \cdots, m+n$$
$$\sum_{i=1}^{m+n} x_{ij} = Q + b_j, j = m+1, \cdots, m+n$$

此时运输问题的目标函数为：
$$\begin{aligned}
\min Z &= \sum_{\substack{i=1 \\ i \neq j}}^{m+n} \sum_{\substack{j=1 \\ j \neq i}}^{m+n} c_{ij} x_{ij} + \sum_{i=1}^{m+n} c_i t_i \\
&= \sum_{\substack{i=1 \\ i \neq j}}^{m+n} \sum_{\substack{j=1 \\ j \neq i}}^{m+n} c_{ij} x_{ij} + \sum_{\substack{i=1 \\ i=j}}^{m+n} c_{ij} x_{ij} + \sum_{\substack{j=m+1 \\ j=i}}^{m+n} c_{ij} x_{ij} - \sum_{\substack{i=1 \\ i=j}}^{m} c_{ij} x_{ij} - \sum_{\substack{j=m+1 \\ j=i}}^{m+n} c_{ij} x_{ij} + \sum_{i=1}^{m+n} c_i t_i \\
&= \sum_{i=1}^{m+n} \sum_{j=1}^{m+n} c_{ij} x_{ij} + \sum_{i=1}^{m} c_i x_{ii} + \sum_{j=m+1}^{m+n} c_j x_{jj} + \sum_{i=1}^{m+n} c_i t_i \\
&= \sum_{i=1}^{m+n} \sum_{j=1}^{m+n} c_{ij} x_{ij} + \sum_{i=1}^{m+n} c_i (x_{ii} + t_i) \\
&= \sum_{i=1}^{m+n} \sum_{j=1}^{m+n} c_{ij} x_{ij} + \sum_{i=1}^{m+n} c_i Q
\end{aligned}$$

特别需要注意的是，所有的 $i = j, c_{ij} = -c_i$，则数学模型变为：
$$\min Z = \sum_{i=1}^{m+n} \sum_{j=1}^{m+n} c_{ij} x_{ij} + \sum_{i=1}^{m+n} c_i Q$$

$$\text{s. t.} \begin{cases} \sum_{j=1}^{m+n} x_{ij} = Q + a_i, i = 1, 2, \cdots, m \\ \sum_{j=1}^{m+n} x_{ij} = Q, i = m+1, m+2, \cdots, m+n \\ \sum_{i=1}^{m+n} x_{ij} = Q, j = 1, 2, \cdots, m \\ \sum_{i=1}^{m+n} x_{ij} = Q + b_j, j = m+1, m+2, \cdots, m+n \\ x_{ij} \geqslant 0, i, j = 1, 2, \cdots, m+n \end{cases} \quad (4-17)$$

由于目标函数中 $\sum_{i=1}^{m+n} c_i Q$ 这项为常数,故在求问题的最优解时可不予考虑. 该模型的运输量表和运价表分别示于表 4-19 和表 4-20. 当不考虑转运费时,可令 $c_i = 0, i = 1, 2, \cdots, m+n$.

表 4-19

发送 \ 接收		产地			销地			发送量
		1	...	m	$m+1$	...	$m+n$	
产地	1	x_{11}	...	x_{1m}	$x_{1,m+1}$	...	$x_{1,m+n}$	$Q+a_1$
	...	...	...	...	...	...	...	...
	m	x_{m1}	...	x_{mm}	$x_{m,m+1}$	...	$x_{m,m+n}$	$Q+a_m$
销地	$m+1$	$x_{m+1,1}$	...	$x_{m+1,m}$	$x_{m+1,m+1}$	...	$x_{m+1,m+n}$	Q
	...	...	...	...	...	...	...	...
	$m+n$	$x_{m+n,1}$	...	$x_{m+n,m}$	$x_{m+n,m+1}$	...	$x_{m+n,m+n}$	Q
接收量		Q	...	Q	$Q+b_{m+1}$	...	$Q+b_{m+n}$	

表 4-20

发送 \ 接收		产地			销地		
		1	...	m	$m+1$	...	$m+n$
产地	1	$-c_1$	...	c_{1m}	$c_{1,m+1}$	...	$c_{1,m+n}$
	...	...	...	...	...	...	...
	m	c_{m1}	...	$-c_m$	$c_{m,m+1}$	...	$c_{m,m+n}$
销地	$m+1$	$c_{m+1,1}$	...	$c_{m+1,m}$	$-c_{m+1}$	...	$c_{m+1,m+n}$
	...	...	...	...	...	...	...
	$m+n$	$c_{m+n,1}$	...	$c_{m+n,m}$	$c_{m+n,m+1}$	...	$-c_{m+n}$

例 3 图 4-2 给出了一个运输系统,它包括两个产地(①和②)、两个销地(④和⑤)以及一个中间转运站(③). 各产地的产量和各销地的销量用相应节点旁边箭头上的数字表示,节点连线上的数字表示其间的运输单价,节点旁边的数字为该地的转运单价. 试求

最优运输方案.

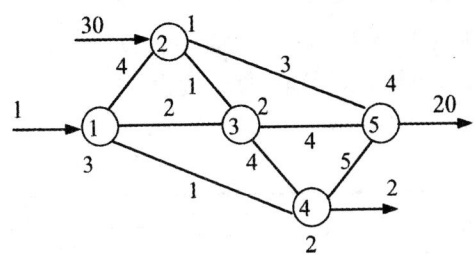

图 4—2

解：例中：

$$a_1=10, a_2=30, a_3=a_4=a_5=0$$
$$b_1=b_2=b_3=0, b_4=20, b_5=20$$
$$Q=10+30=20+20=40$$
$$c_1=3, c_2=1, c_3=2, c_4=2, c_5=4$$

现以 M 表示足够大的正数，则可将该问题的运输表列出，见表 4—21.

表 4—21

产地＼销地		产地		转运	销地		发送量
		1	2	3	4	5	
产地	1	-3	4	2	1	M	50
产地	2	4	-1	1	M	3	70
转运	3	2	1	-2	4	4	40
销地	4	1	M	4	-2	5	40
销地	5	M	3	4	5	-4	40
接收量		40	40	40	60	60	

表 4—22

产地＼销地		产地		转运	销地		发送量
		1	2	3	4	5	
产地	1	-3 40	4	2	1 10	M	50
产地	2	4	-1 40	1	M 10	3 20	70
转运	3	2	1	-2 40	4	4 0	40
销地	4	1	M	4	-2 40	5	40
销地	5	M	3	4	5	-4 40	40
接受量		40	40	40	60	60	

用最小元素法得出初始方案(表 4-22),经两次迭代(表 4-23 和表 4-24)得最优解.其运输方案是:由①地运 10 单位物品到④地;由②地运 20 单位物品到⑤地;由②地运 10 单位物品到③地;再由③地转运到④地.总运费为:

$$Z = 10 \times 1 + 20 \times 3 + 10 \times 1 + 10 \times 2 + 10 \times 4 = 140 \text{ 元}$$

表 4-23

产地＼销地		产地		转运	销地		发送量
		1	2	3	4	5	
产地	1	-3 40	4	2	1 10	M	50
	2	4	-1 40	1	M 10	3 20	70
转运	3	2	1	-2 40	4 0	4	40
销地	4	1	M	4	-2 40	5	40
	5	M	3	4	5 40	-4	40
接受量		40	40	40	60	60	

表 4-24

产地＼销地		产地		转运	销地		发送量
		1	2	3	4	5	
产地	1	-3 40	4	2	1 10	M	50
	2	4	-1 40	1 10	M	3 20	70
转运	3	2	1	-2 30	4 10	4	40
销地	4	1	M	4	-2 40	5	40
	5	M	3	4	5	-4 40	40
接收量		40	40	40	60	60	

习 题

4.1 某公司从三个产地 A_1, A_2, A_3 将物品运往四个销地 B_1, B_2, B_3, B_4,各产地的产量、各销地的销量和各产地运往各销地每件物品的运费如下表所示.问应如何调运,可使得总运输费最小.

产地＼销地	B_1	B_2	B_3	B_4	产量
A_1	3	11	3	10	7
A_2	1	9	2	8	4
A_3	7	4	10	5	9
销量	3	6	5	6	

4.2 用表上作业法求解下面表格所示的运输问题.

(1) 表 1

销地 产地	B_1	B_2	B_3	B_4	产量
A_1	8	4	7	2	90
A_2	5	8	3	5	100
A_3	7	7	2	9	120
销量	70	50	110	80	

(2) 表 2

销地 产地	B_1	B_2	B_3	B_4	产量
A_1	18	14	17	12	100
A_2	5	8	13	15	100
A_3	17	7	12	9	150
销量	50	70	60	80	

(3) 表 3

销地 产地	B_1	B_2	B_3	B_4	产量
A_1	8	13	5	11	50
A_2	4	11	8	8	40
A_3	12	6	12	6	60
销量	60	40	20	30	

(4) 表 4

销地 产地	B_1	B_2	B_3	B_4	B_5	产量
A_1	8	6	3	7	5	20
A_2	5	—	8	4	7	30
A_3	6	3	9	6	8	30
销量	25	25	20	10	20	

(5) 表 5

销地 产地	B_1	B_2	B_3	B_4	产量
A_1	3	11	3	7	8
A_2	1	9	2	8	5
A_3	7	4	10	5	10
销量	3	6	5	6	

4.3 判断下表给出的调运方案是否为表上作业法迭代时的基本可行解？为什么？

(1) 表 1

销地 产地	B_1	B_2	B_3	B_4	产量
A_1		5	0	10	15
A_2		10	15		25
A_3	5				5
销量	5	15	15	10	

(2) 表 2

销地 产地	B_1	B_2	B_3	B_4	产量
A_1	25		20	5	50
A_2	35			5	40
A_3		40		20	60
销量	60	40	20	30	

4.4 某设备加工厂要制订今后四个月的生产计划，已知今后四个月的生产能力、订货量、单位生产成本如下表所示：

月份	生产能力/台	交货量/台	单位成本/万元
1	40	35	9.4
2	35	20	9.6
3	50	40	9.5
4	30	15	9.8

若生产出的设备当月不交货,每台设备每季度需支付保管费 0.15 万元.问在保证完成合同交货任务的前提下,企业如何安排各月生产计划才能使四个月的生产费用最低.

(1)建立该问题的运输表;

(2)用表上作业法求最优生产计划.

4.5 某公司有三个工厂 A,B,C 生产某种产品,产量分别为 200 台、300 台、400 台,供应四个地区的需要,需要量分别为 100 台、250 台、200 台、350 台.由于行情不同,各地区销售价分别为 20 百元、15 百元、18 百元、13 百元,从各厂运往各个销售地区的运价(运价:元/台)如下表.试确定使该公司获利最大的产品调运方案.

产地＼销地	甲	乙	丙	丁	产量/台
A	5	3	4	2	200
B	3	6	8	1	300
C	7	4	5	6	400
销量/台	100	250	200	350	

4.6 某公司要将 A,B,C 三种产品运往 Ⅰ,Ⅱ,Ⅲ,Ⅳ 四个地区,三种产品的产量分别为 200 件、300 件、400 件,四个地区的需要量分别为 100 件、250 件、200 件、350 件.由于各个地区的市场行情不同,各个产品在不同地区预计获得的利润各不相同,如下表(利润:百元/件).试确定使该公司获利最大的产品调运方案.

产地＼销地	Ⅰ	Ⅱ	Ⅲ	Ⅳ	产量/件
A	12	7	8	9	300
B	10	4	9	8	200
C	11	5	6	10	500
销量/件	150	200	300	350	

4.7 某公司生产某种产品由三个产地 A_1,A_2,A_3,将产品运往四个销地 B_1,B_2,B_3, B_4 销售.各产地的产量、各销地的销量和各产地运往各销地每吨产品的运费(百元)的具体数据如下表.

产地＼销地	B_1	B_2	B_3	B_4	产量
A_1	5	11	8	6	750
A_2	10	19	7	10	210
A_3	9	14	13	15	600
销量	350	420	530	260	

问应如何调运,可使得总运输费最小.

(1)分别用西北角法和最小元素法求初始基本可行解;

(2)在上面最小元素法求得的初始基本可行解基础上,用两种方法求出各非基变量的检验数;

(3)进一步求解这个问题.

4.8 某公司经营的一种产品有四个客户,由公司所辖三个工厂生产.三个工厂每月生产产品分别为 3000 件、5000 件、4000 件.该公司已承诺下月出售 4000 件给客户 1,出售 3000 件给客户 2 以及至少 1000 件给客户 3.客户 3 与客户 4 都想尽可能多购剩下的件数.已知各厂运销一件产品给客户可得到的净利润如下表所示.问该公司应如何拟定运销方案,才能在履行诺言的前提下获利最多.

工厂 \ 客户	1	2	3	4
1	65	63	62	64
2	68	67	65	62
3	63	60	59	60

第五章 目标规划

第一节 目标规划及其数学模型

1.1 目标规划的意义

在现实社会和经济活动中,人们决策时会面临多个目标.例如:在生产活动中既要使利润最大,又要使产值尽量高,又要求资源消耗尽量少,产品质量可靠.在地区经济规划和活动中,一方面要求增加总产量、净产值、提高劳动生产率、提高国民收入和利税水平;另一方面又要求扩大就业面,改善人民生活水平,增加社会安定因素.这些目标,有些是一致的,可以相互替代,但在很多情况下,它们是不一致的,甚至是矛盾的,相互冲突,用以往的线性规划方法只能解决单一目标问题.在多目标情况下,除非其中有特别重要的目标,其他目标可以不考虑,否则用单目标的处理方法就无法解决多目标规划问题.

线性规划有最优解的必要条件是可行域非空,即约束条件彼此相容.但是实际问题有时不能满足这样的要求,例如在生产计划中,由于资金的限制,原材料的最大供应量不能满足计划产量的需要时,供给和需求两方面的约束条件彼此就不相容;或者,由于设备维修、能源供应、其他产品生产需要等原因,计划期内可以提供的设备工时不能满足计划生产时,也会产生彼此不相容的情况.线性规划求出的最优解有时在实际中并不合适,决策者在进行决策的时候,往往还需要对最优解做出某种调整和修改,当然有时也会因为条件的变化,出现对模型进行修改的情况.因此在实际中,我们常常要求的解决方案不是严格意义(数学)上的最优解,而是满意解.

通过以上分析,可以发现线性规划解决实际问题并不一定是最完美的,它存在一定的局限性,而目标规划(Goal Programming)在一定程度上弥补了线性规划的局限性,被认为是一种较线性规划更接近于实际决策过程的决策工具.

目标规划是对每一个目标确定一个预期的目标值,并根据各个目标的重要程度赋予其一个优先权重,分层次依次满足要求,以求得最接近于现实预定目标的方案.有些目标虽然不能实现,但也可以指出实现的程度,通过变更多目标的重要程度、预定目标值及其他相关数据,可以找出使决策者满意的方案.和线性规划相比,目标规划更为灵活,能为决策者提供更大的方便.

目标规划的概念和数学模型最早由美国运筹学家 A. Charnes 和 W. Cooper 在 1961

年提出,后经过不少人的改进,如日本学者 Ijiri 和韩国学者 Sang. M. Lee.

目标规划是在线性规划的基础上发展起来的,求解时可借助于线性规划的单纯形法.它由于在实际中便于决策者决策,有易于求解,故应用非常广泛.在资源最优分配、计划制订(财政计划、生产计划等)、经济规划等很多重要领域都有应用成果.

1.2 目标规划的数学模型

例 1 某工厂生产两种产品,受到原材料供应和设备工时的限制.在单位利润等有关数据已知的条件下,要求制订一个获利最大的生产计划.具体条件如表 5-1.

表 5-1

产品	Ⅰ	Ⅱ	限量
原材料(公斤/件)	5	10	60
设备工时(小时/件)	4	4	40
利润(元/件)	6	8	

解:设产品Ⅰ,Ⅱ的产量分别 x_1 和 x_2,当用一般的线性规划来描述和解决这个问题时,其数学模型为:

$$\max Z = 6x_1 + 8x_2$$
$$\text{s.t.} \begin{cases} 5x_1 + 10x_2 \leq 60 \\ 4x_1 + 4x_2 \leq 40 \\ x_1, x_2 \geq 0 \end{cases} \tag{5-1}$$

其最优解,即最优生产计划为 $x_1 = 8$ 件,$x_2 = 2$ 件,$Z = 64$ 元.

从线性规划的角度来看,问题似乎已经得到解决.但实际上,除了上述限制,计划人员还需要考虑:

(1) 原材料严重短缺,生产中应避免过量消耗;
(2) 由于产品Ⅱ销售疲软,故希望产品Ⅱ的产量不超过产品Ⅰ的一半;
(3) 最好能节约 4 小时设备工时;
(4) 计划利润不少于 48 元.

面对这些意见,计划人员需协调后达成一致意见:原材料使用限额不得突破;产品Ⅱ产量要求必须优先考虑;设备工时问题其次考虑;最后考虑计划利润的要求.

类似这样的多目标决策问题是典型的目标规划问题.

例 2 某厂生产 A, B 两种产品,生产 A 需要 8 小时,生产 B 需要 10 小时,假定每天可用的工时数为 40 小时,且希望不雇用临时工,也不加班生产.这两种产品每一件均可获利 100 元,此外,有顾客要求每日供应给他 B 产品 6 件.问应该如何安排生产计划.

解:设生产 A, B 两种产品的数量各为 x_1, x_2 件,如果以利润最大为目标,则该问题的数学模型为:

$$\max Z = 100x_1 + 100x_2$$
$$\text{s. t.} \begin{cases} 8x_1 + 10x_2 \leqslant 40 \\ x_2 \geqslant 6 \\ x_1, x_2 \geqslant 0 \end{cases} \tag{5-2}$$

显然,这个问题无可行域,如果用线性规划求解结果为无解.但是实际中我们确实要解决这样的问题,所以也应该存在解决办法.造成上述结果的原因有两个:顾客对产品 B 的需求量过大,该工厂供应不了;人力少了,不加班不雇用临时工完成不了任务.

为了解决这个实际问题,需要寻求能使产品 B 的产量尽量增大和消耗人力尽量少的方案,这样,原来的线性规划问题变为:

$$\begin{cases} \min Z_1 = 8x_1 + 10x_2 \\ \max Z_2 = 100x_1 + 100x_2 \\ \max Z_3 = x_2 \\ 8x_1 + 10x_2 \leqslant 40 \\ x_2 \geqslant 6 \\ x_1, x_2 \geqslant 0 \end{cases} \tag{5-3}$$

这是一个多目标(三个目标)规划问题,其第一个目标和第三个目标明显矛盾.为此,必须分出轻重缓急,排出层次,决定哪个目标是第一位的,必须首先满足,哪一个是次要的,应在前一个目标允许的基础上尽量满足.为了解决这个问题,需用目标规划求解.

在用目标规划描述该问题前,首先介绍目标规划的一系列基本概念.

1. 偏差变量

对每一个决策目标,引入正、负偏差变量 d^+ 和 d^-,分别表示决策值超过或不足目标值的部分,按定义应该有 $d^+ \geqslant 0, d^- \geqslant 0$,且 $d^+ \cdot d^- = 0$.

2. 绝对约束和目标约束

绝对约束是指必须严格满足的约束条件,如线性规划中的约束条件都是绝对约束,是一种硬约束,对它的满足与否决定了解的可行性;目标约束是目标规划特有的概念,是一种软约束,目标约束中的决策值和目标值之间的差异就用偏差变量表示.

3. 优先因子和权系数

不同目标的主次轻重有两种差别,一种差别是绝对的,可用优先因子 P_l 表示.只有在高级优先因子对应的目标已满足的基础上,才能考虑较低级别优先因子对应的目标;在考虑低级优先因子对应的目标时,绝不允许违背已满足的高级优先因子对应的目标.优先因子间的关系为 $P_l \gg P_{l+1}$,即 P_l 所对应的目标比 P_{l+1} 对应的目标有绝对的优先性.另一种差别是相对的,即在相同优先因子的条件下,用权系数表示不同目标的重要程度.

4. 目标规划的目标函数

目标规划的目标函数(达成函数、准则函数)由各目标约束的偏差变量及相应的优先因子和权系数构成.由于目标规划追求的是尽可能接近各既定目标值,也就是使各有关偏差变量尽可能小,所以目标函数只能是极小化.有以下三种情况:

(1)要求恰好达到目标值.这时,决策值超过或不足目标值都是不希望的,因此有:

$$\min\{f(d^+ + d^-)\}$$

(2) 要求不超过目标值,但允许不足目标值. 这时,不希望决策值超过目标值,因此有:
$$\min\{f(d^+)\}$$

(3) 要求不低于目标值,但允许超过目标值. 这时,不希望决策值低于目标值,因此有:
$$\min\{f(d^-)\}$$

设有 n 个决策变量 $x_j(j=1,2,\cdots,n)$,m 个约束方程(包括目标约束),K 个优先级,则目标规划的数学模型为:

$$\min F = \{P_k \sum_{i=1}^{m}(w_{ki}^- d_i^- + w_{ki}^+ d_i^+)\}, k = 1, 2, \cdots, K$$

$$\text{s.t.} \begin{cases} \sum_{j=1}^{n} a_{ij} x_j + d_i^- - d_i^+ = b_i, i = 1, 2, \cdots, m \\ x_j \geq 0, j = 1, 2, \cdots, n \\ d_i^-, d_i^+ \geq 0, i = 1, 2, \cdots, m \end{cases} \tag{5-4}$$

如果采用矩阵向量表示,则模型为:

$$\min F = P(W^- D^- + W^+ D^+)$$

$$\text{s.t.} \begin{cases} AX + D^- - D^+ = b \\ X, D^-, D^+ \geq 0 \end{cases} \tag{5-5}$$

其中:

$P = (p_k)_{1 \times K}$ 表示目标函数向量,k 维行向量;

$W^- = (w_{ki}^-)_{K \times m}$ 表示负偏差变量权系数矩阵;

$W^+ = (w_{ki}^+)_{K \times m}$ 表示正偏差变量权系数矩阵;

$D^- = (d_i^-)_{m \times 1}$ 表示负偏差变量,m 维列向量;

$D^+ = (d_i^+)_{m \times 1}$ 表示正偏差变量,m 维列向量;

$b = (b_i)_{m \times 1}$ 表示约束条件右侧常数向量(期望值或估计值);

$A = (a_{ij})_{m \times n}$ 约束条件系数矩阵;

$X = (x_j)_{n \times 1}$ 决策变量,n 维列向量.

且有

$$(D^+)^T \cdot D^- = 0$$

需要注意的是:

(1) 由于达成函数中不同优先级之间不能抵消和彼此补偿,在计算时要分级算出达成函数的值,即分别确定其各个分量.

(2) 建立目标规划模型时,应选好优先级和权重,即将必须完成的目标或必须遵守的条件列入第一优先级,然后按重要程度依次列入第二、第三…第 K 优先级. 此外,可把若干个重要程度相仿的目标列入同一优先级,根据其重要性,分别乘以不同的权系数.

(3) 同一优先级中的各个目标应该有统一的度量单位,但若在第一优先级,且能完全满足时,不同目标也可不具有相同的度量单位.

在第二个例子中引入正、负偏差变量和优先因子：

P_1：获利尽量多；

P_2：用人尽量少；

P_3：产品 B 的产量尽量多.

则问题(5-3)转化为目标规划：

$$\min F=\{P_1(d_2^-),P_2(d_1^+),P_3(d_3^-)\}$$

$$\text{s.t.}\begin{cases} 8x_1+10x_2+d_1^--d_1^+=40 \\ 100x_1+100x_2+d_2^--d_2^+=800 \\ x_2+d_3^--d_3^+=6 \\ x_1,x_2\geqslant 0 \\ d_i^-,d_i^+\geqslant 0,i=1,2,3 \end{cases} \tag{5-6}$$

回头看第一个例子，计划人员需要分四个层次考虑：

第一层：原材料严重短缺，生产中应避免过量消耗；

第二层：由于产品Ⅱ销售疲软，故希望产品Ⅱ的产量不超过产品Ⅰ的一半；

第三层：最好能节约 4 小时设备工时；

第四层：计划利润不少于 48 元.

因此，目标规划的数学模型为：

$$\min F=\{P_1(d_1^-),P_2(d_2^+),P_3(d_3^-)\}$$

$$\text{s.t.}\begin{cases} 5x_1+10x_2\leqslant 60 \\ x_1-2x_2+d_1^--d_1^+=0 \\ 4x_1+4x_2+d_2^--d_2^+=36 \\ 6x_1+8x_2+d_3^--d_3^+=48 \\ x_1,x_2,d_i^-,d_i^+\geqslant 0,i=1,2,3 \end{cases} \tag{5-7}$$

例 3 某工厂因生产需要欲采购一种原材料，市场上的这种原材料有两个等级，甲级原材料 2 元/千克，乙级原材料 1 元/千克. 要求所花总费用不超过 200 元，购得原材料总量不少于 100 千克，其中甲级原材料不少于 50 千克. 问如何确定最好的采购方案.

解：设 x_1 和 x_2 分别为采购甲级和乙级原材料的数量（千克），用一般的线性规划来描述这个问题时，其数学模型为：

$$\min Z_1=2x_1+x_2\text{（采购费用尽量少）}$$
$$\max Z_2=x_1+x_2\text{（采购总重量尽量多）}$$
$$\max Z_3=x_1\text{（采购甲级原料尽量多）}$$

$$\begin{cases} 2x_1+x_2\leqslant 200 \\ x_1+x_2\geqslant 100 \\ x_1\geqslant 50 \\ x_1,x_2\geqslant 0 \end{cases} \tag{5-8}$$

如果用目标规划来描述问题,需先引入正负偏差变量和优先因子:

P_1:采购费用尽量少;

P_2:采购总重量尽量多;

P_3:采购甲级原材料尽量多.

则目标规划模型为:

$$\min F = \{P_1(d_1^+), P_2(d_2^-), P_3(d_3^-)\}$$

$$\text{s.t.} \begin{cases} 2x_1 + x_2 + d_1^- - d_1^+ = 200 \\ x_1 + x_2 + d_2^- - d_2^+ = 100 \\ x_1 + d_3^- - d_3^+ = 50 \\ x_1, x_2 \geq 0 \\ d_i^-, d_i^+ \geq 0, i = 1, 2, 3 \end{cases} \quad (5-9)$$

例4 某厂装配黑白与彩色两种电视机,每装配一台电视机需占用装配线 1 小时,装配线每周开动 40 小时.预计市场每周彩电销量为 24 台,每台可获利 80 元;黑白电视机销量为 30 台,每台可获利 40 元.该厂的目标是:

P_1:充分利用装配线每周开动 40 小时;

P_2:允许装配线加班,但每周加班时间不超过 10 小时;

P_3:装配电视机数量尽量满足市场需要,但因彩电利润高,彩电权因子取 2.

建立目标规划模型.

解:设 x_1 和 x_2 分别为彩电及黑白电视机产量,则目标规划模型为:

$$\min Z = p_1 d_1^- + p_2 d_2^+ + p_3(2d_3^- + d_4^-)$$

$$\begin{cases} x_1 + x_2 + d_1^- - d_1^+ = 40 \\ x_1 + x_2 + d_2^- - d_2^+ = 50 \\ x_1 + d_3^- - d_3^+ = 24 \\ x_2 + d_4^- - d_4^+ = 30 \\ x_1, x_2, d_i^-, d_i^+ \geq 0, i = 1, 2, 3, 4 \end{cases} \quad (5-10)$$

第二节 目标规划的图解法

2.1 图解法

当决策变量只有两个时,可用图解法.图解法有利于了解目标规划的性质和解法的基本思想.下面通过例子说明.

考虑模型(5-6),即

$$\min F = \{P_1(d_2^-), P_2(d_1^+), P_3(d_3^-)\}$$

$$\text{s.t.} \begin{cases} 8x_1 + 10x_2 + d_1^- - d_1^+ = 40 & (1) \\ 100x_1 + 100x_2 + d_2^- - d_2^+ = 800 & (2) \\ x_2 + d_3^- - d_3^+ = 6 & (3) \\ x_1, x_2 \geq 0 \\ d_i^-, d_i^+ \geq 0, i = 1, 2, 3 \end{cases}$$

令偏差变量 $d_i^-, d_i^+ (i=1,2,3)$ 等于零,仅考虑决策变量,将各个约束画于图 5-1. 然后以箭头表示偏差变量增大时对约束边界的影响,并用圆圈把达成函数中的偏差变量圈起来.

先考虑第一优先级目标,即使 d_2^- 极小化. 因为是第一优先级,可置 $d_2^- = 0$. 满足这一目标的点的集合为直线(2)之上部区域(第Ⅰ象限).

再考虑第二优先级目标,本级欲使 d_1^+ 极小化. 仅满足这一条件时,决策变量的点应在图中(1)之下方(第Ⅰ象限). 但由于这些点不在满足第一优先级目标的区域

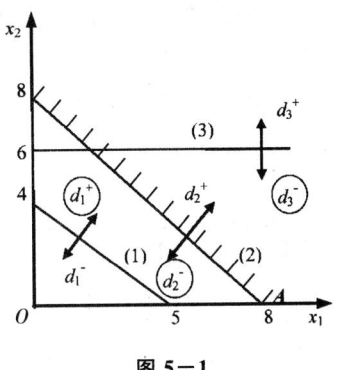

图 5-1

中,为不使第一优先级目标的函数值变差,需在直线(2)上选取距直线(1)最近的点,这一点为 A,即 $(x_1, x_2)^T = (8, 0)^T$,此时,$d_2^+ = d_2^- = 0; d_1^+ = (8 \times 8 + 0) - 40 = 24, d_1^- = 0; d_3^+ = 0, d_3^- = 6 - x_2 = 6$.

最后转向第三优先级目标. 由于在考虑前两个优先级时,仅得到一个解,为了不使前面优先级的目标函数值变差,只能取这个解,而不必再进行优化. 如此即得最终解为:

$$X^* = (x_1, x_2)^T = (8, 0)^T$$

达成函数向量为:

$$F^* = (f_1, f_2, f_3)^T = (d_2^-, d_1^+, d_3^-)^T = (0, 24, 6)^T$$

即生产 A 种产品 8 件,不生产 B 产品;利润指标达到 800 元;人力不足,少 24 个工时;少提供 6 件 B 产品.

现在,以人力限制为第一级目标,利润为第二级目标,第三级目标不变,则达成函数变为:

$$\min F = \{P_1(d_1^+), P_2(d_2^-), P_3(d_3^-)\}$$

这时的求解过程如图 5-2 所示,结果得到最终解为点 B. 即:

$$X^* = (x_1, x_2)^T = (5, 0)^T$$

这时的达成函数向量为:

$$F^* = (f_1, f_2, f_3)^T = (d_1^+, d_2^-, d_3^-)^T = (0, 300, 6)^T$$

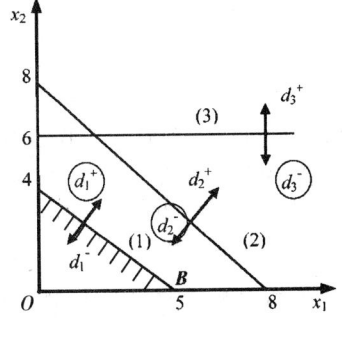

图 5-2

如果以生产尽量多的 B 种产品为第一级目标,利润为第二级目标,人力限制为第三级目标,则达成函数变为:

$$\min F = \{P_1(d_3^-), P_2(d_2^-), P_3(d_1^+)\}$$

这时的求解过程如图 5-3 所示,结果得到最终解为点 C. 即:

$$X^* = (x_1, x_2)^T = (2,6)^T$$

这时的达成函数向量为:

$$F^* = (f_1, f_2, f_3)^T = (d_3^-, d_2^-, d_1^+)^T = (0, 0, 36)^T$$

可见优先级安排的不同,最终答案也会不同. 显然,优先级影响最终解.

上面三种情况下解的比较示于表 5-2 中.

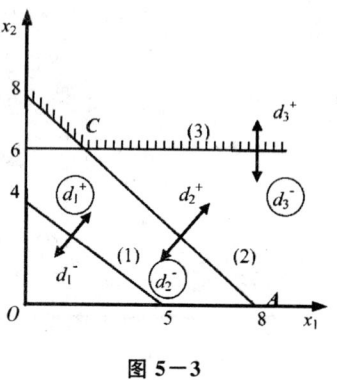

图 5-3

表 5-2

目标		$P_1(d_2^-), P_2(d_1^+), P_3(d_3^-)$	$P_1(d_1^+), P_2(d_2^-), P_3(d_3^-)$	$P_1(d_3^-), P_2(d_2^-), P_3(d_1^+)$
解		$X^* = (8,0)^T$	$X^* = (5,0)^T$	$X^* = (2,6)^T$
达成函数		$F^* = (0, 24, 6)^T$	$F^* = (0, 300, 6)^T$	$F^* = (0, 0, 36)^T$
目标达成情况	利润	800	500(少 300)	800
	人力	64(少 24)	40	76(少 36)
	产品 B	0(少 6)	0(少 6)	6

例 5 用图解法求解下面目标规划.

$$\min F = \{P_1(d_1^+), P_2(d_2^-), P_3(d_3^-)\}$$

$$\text{s. t.} \begin{cases} x_1 + x_2 + d_1^- - d_1^+ = 10 & (1) \\ 2x_1 + x_2 + d_2^- - d_2^+ = 14 & (2) \\ -x_1 + 2x_2 + d_3^- - d_3^+ = 3 & (3) \\ x_1, x_2 \geqslant 0 \\ d_i^-, d_i^+ \geqslant 0, i = 1, 2, 3 \end{cases} \quad (5-11)$$

解:画出各约束的图象,并用小圆圈将达成函数中的偏差变量圈起来,如图 5-4 所示.

满足第一优先级目标的点在直线(1)与 x_1 和 x_2 轴围成的三角形 OCD 中,满足第一及第二优先级目标的点在图中的三角形 ABC 内,全部满足三个优先级目标的点为三角形 $AB'C'$ 中的所有点,它们构成该问题的最优点的集合.

目标规划中约束条件的右侧常数 b_i 对解空间有很大影响. 在本例中,若增大第一个约束条件的右侧常数,减小第二个或第三个约束条件的右侧常数,都会使解域扩大;反之,则使解域变小.

注意,目标规划的最优解(即满足所有目标的解)空

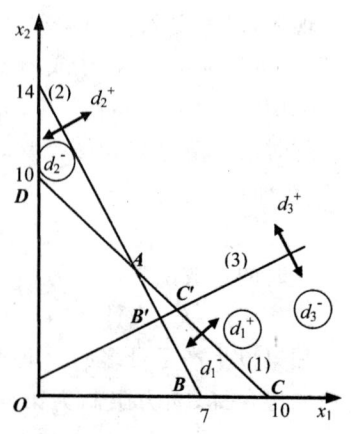

图 5-4

间中,不同最优点满足各个约束的情况并不相同,但都完全满足达成函数中的各级目标. 例如,在本例中下述三个最优点:

A': $X_A = (x_1, x_2)^T = (4,6)^T, d_3^- = 0, d_3^+ = 5, d_1^- = d_1^+ = d_2^- = d_2^+ = 0, F = (0,0,0)^T$

B': $X_{B'} = (x_1, x_2)^T = (5,4)^T, d_1^+ = 0, d_1^- = 1, d_3^- = d_3^+ = d_2^- = d_2^+ = 0, F = (0,0,0)^T$

C': $X_C = (x_1, x_2)^T = (\frac{17}{3}, \frac{13}{3})^T, d_2^- = 0, d_2^+ = \frac{5}{3}, d_1^- = d_1^+ = d_3^- = d_3^+ = 0, F = (0,0,0)^T$

总结目标规划图解法步骤:

(1)先考虑硬约束与决策变量的非负约束,同一般线性规划作图法.

(2)作目标约束,此时,先让偏差变量 d_i^-, d_i^+ 等于零(与作绝对约束时类似).然后标出 d_i^-, d_i^+ 的增加方向(实际上是目标值减少与增加的方向).

(3)按优先级的次序,逐级让目标规划的目标函数(准则函数或达成函数)中极小化偏差变量取零,从而逐步缩小可行域,最后找出问题的解.

2.2 目标规划的特点和作用

1. 目标规划的特点

(1)模型.具有多个目标,且按其重要性划分层次(优先级),先实现第一目标级,在保持前级目标不变差的条件下逐层寻优;常在约束条件中引入正、负偏差变量,从而使约束条件变成软约束;决策变量和正、负偏差变量都要求为非负;每对正、负偏差变量至少有一个为零.

(2)解空间.由于引入正、负偏差变量,在考虑第一目标优化之前,目标规划的初始解空间是整个第Ⅰ象限(如果含有绝对约束或仅引入一个偏差变量情形就不同了),这与一般线性规划不同.随着优化的进展,由于考虑了不同级的目标,使解空间的范围逐步缩小.

(3)最终解.同时满足各级目标的最优解不一定存在,求解目标规划常是寻求尽量好的满意解.从这个角度出发,可知目标规划总是有解的.目标规划的各级最优解集是凸集.目标规划的最终解是使其达成函数分层次依次极小得到的解,并不一定是使各个目标函数值都达到各自最优的解.

(4)目标规划的最终解与各目标的优先级有关,也与各目标(约束)的估计值或期望值有关.

2. 目标规划的作用

(1)能判断出在目前投入资源的情况下,能否实现预期的目标.

(2)能判断出各自目标实现的程度和满足约束条件的程度.

(3)可对各种投入情况、约束条件、预期目标、目标优先级和权重等进行组合、变换,通过多方案模拟分析,选择最佳决策方案.

目标规划比线性规划更为灵活,更能反映实际问题,便于进行决策分析,是辅助决策的一种有力工具.

第三节 目标规划的单纯形法

求解目标规划也可借助于线性规划的一般单纯形表,但考虑到目标规划的特点,形式上略有不同. 此外,由于基变量对应的系数列向量全为单位向量,为简便起见,可将它们略去.

在用单纯形法解目标规划时,检验数是各优先因子的线性组合. 因此,在判别各检验数的正负及大小时,必须注意 $P_1 \gg P_2 \gg P_3 \gg \cdots$. 当所有检验数都已满足最优性条件($c_j - z_j \geq 0$)时,从最终单纯形表上就可以得到目标规划的解.

表 5-3

	C_j		0	0	0	P_1	0	0	P_2	P_3	0
C_B	X_B	b	x_1	x_2	x_3	d_1^-	d_1^+	d_2^-	d_2^+	d_3^-	d_3^+
0	x_3	60	5	10	1	0	0	0	0	0	0
P_1	d_1^-	0	[1]	−2	0	1	−1	0	0	0	0
0	d_2^-	36	4	4	0	0	0	1	−1	0	0
P_3	d_3^-	48	6	8	0	0	0	0	0	1	−1
	P_1		−1	2	0	0	1	0	0	0	0
$\sigma_j = c_j - z_j$	P_2		0	0	0	0	0	0	1	0	0
	P_3		−6	−8	0	0	0	0	0	0	1
0	x_3	60	0	20	1	−5	5	0	0	0	0
0	x_1	0	1	−2	0	1	−1	0	0	0	0
0	d_2^-	36	0	12	0	−4	4	1	−1	0	0
P_3	d_3^-	48	0	[20]	0	−6	6	0	0	1	−1
	P_1		0	0	0	1	0	0	0	0	0
$\sigma_j = c_j - z_j$	P_2		0	0	0	0	0	0	1	0	0
	P_3		0	−20	0	6	−6	0	0	0	1
0	x_3	12	0	0	1	1	−1	0	0	−1	1
0	x_1	24/5	1	0	0	2/5	−2/5	0	0	1/10	−1/10
0	d_2^-	36/5	0	0	0	−2/5	2/5	1	−1	−3/5	3/5
0	x_2	12/5	0	1	0	−3/10	3/10	0	0	1/20	−1/20
	P_1		0	0	0	1	0	0	0	0	0
$\sigma_j = c_j - z_j$	P_2		0	0	0	0	0	0	1	0	0
	P_3		0	0	0	0	0	0	0	1	0

例 6 用单纯形法求解目标规划(5-7).

解: 引入松弛变量 x_3,将(5-7)变为:

$$\min F = \{P_1(d_1^-), P_2(d_2^+), P_3(d_3^-)\}$$

$$\text{s.t.} \begin{cases} 5x_1 + 10x_2 + x_3 = 60 \\ x_1 - 2x_2 + d_1^- - d_1^+ = 0 \\ 4x_1 + 4x_2 + d_2^- - d_2^+ = 36 \\ 6x_1 + 8x_2 + d_3^- - d_3^+ = 48 \\ x_1, x_2, x_3, d_i^-, d_i^+ \geq 0, i = 1, 2, 3 \end{cases} \quad (5-12)$$

用单纯形法解(5-12),具体求解过程见表 5-3.

表 5-3 初始单纯形表中,非基变量 x_1 的检验数 $-P_1-6P_3<0$,其他非基变量检验数均非负,故确定 x_1 为换入变量. 按最小比值规则,确定基变量 d_1^- 为换出变量. 经迭代变换得下一个单纯形表. 如此进行下去,最终单纯形表中所有非基变量的检验数皆非负,因此,该问题的一个满意解为 $X_1 = (x_1, x_2)^T = \left(\dfrac{24}{5}, \dfrac{12}{5}\right)^T$.

经观察,最终单纯形表中非基变量 d_1^+ 和 d_3^+ 的检验数都是零,故知例 6 有多重最优解(满意解). 如以 d_1^+ 为换入变量继续迭代,可得单纯形表 5-4;如以 d_3^+ 为换入变量继续迭代,可得单纯形表 5-5. 从单纯形表 5-4 和表 5-5 中,可分别得到例 6 的另外两个满意解,即 $X_2 = (x_1, x_2)^T = (8, 0)^T$ 和 $X_3 = (x_1, x_2)^T = (6, 3)^T$.

表 5-4

	C_j		0	0	0	P_1	0	0	P_2	P_3	0
C_B	X_B	b	x_1	x_2	x_3	d_1^-	d_1^+	d_2^-	d_2^+	d_3^-	d_3^+
0	x_3	20	0	10/3	1	0	0	0	0	$-5/6$	5/6
0	x_1	8	1	4/3	0	0	0	0	0	1/6	$-1/6$
0	d_2^-	4	0	$-4/3$	0	0	0	1	-1	$-2/3$	2/3
0	d_1^+	8	0	10/3	0	-1	1	0	0	1/6	$-1/6$
		P_1	0	0	0	1	0	0	0	0	0
$\sigma_j = c_j - z_j$		P_2	0	0	0	0	0	0	1	0	0
		P_3	0	0	0	0	0	0	0	1	0

表 5-5

	C_j		0	0	0	P_1	0	0	P_2	P_3	0
C_B	X_B	b	x_1	x_2	x_3	d_1^-	d_1^+	d_2^-	d_2^+	d_3^-	d_3^+
0	d_3^+	12	0	0	1	1	-1	0	0	-1	1
0	x_1	6	1	0	1/10	1/2	$-1/2$	0	0	0	0
0	d_2^-	0	0	0	$-3/5$	-1	1	1	-1	0	0
0	x_2	3	0	1	1/20	$-1/4$	1/4	0	0	0	0
		P_1	0	0	0	1	0	0	0	0	0
$\sigma_j = c_j - z_j$		P_2	0	0	0	0	0	0	1	0	0
		P_3	0	0	0	0	0	0	0	1	0

在单纯形表 5—4 中,非基变量 x_2 和 d_3^+ 的检验数为零;在单纯形表 5—5 中,非基变量 x_3 和 d_1^+ 的检验数也为零. 它们都可以作为换入变量继续进行迭代,但只能得到一个新的满意解 $X_4=(x_1,x_2)^T=(9,0)^T$,见表 5—6.

表 5—6

	C_j		0	0	0	P_1	0	0	P_2	P_3	0
C_B	X_B	b	x_1	x_2	x_3	d_1^-	d_1^+	d_2^-	d_2^+	d_3^-	d_3^+
0	d_3^+	6	0	-2	0	0	0	3/2	$-3/2$	-1	1
0	x_1	9	1	1	0	0	0	1/4	$-1/4$	0	0
0	d_1^+	9	0	3	0	-1	1	1/4	$-1/4$	0	0
0	x_3	15	0	5	1	0	0	$-5/4$	5/4	0	0
$\sigma_j=c_j-z_j$	P_1		0	0	0	1	0	0	0	0	0
	P_2		0	0	0	0	0	0	1	0	0
	P_3		0	0	0	0	0	0	0	1	0

综上所述,该例的解为以上四个满意解 X_1,X_2,X_3 和 X_4 的凸组合. 而且,从单纯形表 5—3 至表 5—6 中可以看出,各非基变量检验数中三个优先因子的系数全部非负,这表示任何一个满意解都能满足所有目标的要求.

目标规划问题的单纯形法的计算步骤总结如下:

(1)建立初始单纯形表,在表中将检验数行按优先因子个数从高到低分别列成 K 行,置 $k=1$.

(2)检查 K 行中是否存在负数,且对应的前 $k-1$ 行的系数是零. 若有取其中最小者对应的变量为换入变量,转第三步;否则转第五步.

(3)按最小比值规则确定换出变量,当存在两个和两个以上相同最小比值时,选取具有较高优先级别的变量为换出变量.

(4)按单纯形法进行基变换运算,建立新的计算表,返回第二步.

(5)当 $k=K$ 时,计算结束,表中的解即为满意解. 否则置 $k=k+1$,返回到第二步.

第四节 目标规划应用举例

例 7 某电子公司生产录音机和收音机两种产品,它们均需经过两个工厂加工. 每一台录音机在第一个工厂加工 2 小时,然后送到第二个工厂装配试验 2.5 小时才变为成品;每一台收音机需在第一个工厂加工 4 小时,在第二个工厂装配试验 1.5 小时才变为成品. 录音机与收音机每台厂内的每月储存成本分别为 8 元和 15 元. 第一个工厂有 12 部制造机器,每部每天工作 8 小时,每月正常工作天数为 25 天,第二个工厂有 7 部装配试验设备,每部每天工作 16 小时,每月正常工作天数仍为 25 天. 每台机器每小时的运转成本是:

第一个工厂为 18 元,第二个工厂为 15 元. 每台录音机的销售利润为 20 元,收音机为 23 元. 依市场预测,下月录音机与收音机的销售量估计分别为 1500 台和 1000 台. 该公司确定下列次序为目标优先次序：

P_1：厂内的储存成本不超过 23000 元.

P_2：录音机销售量必须完成 1500 台.

P_3：第一、第二个工厂的生产设备应全力运转,避免有空闲时间. 两厂运转成本当做它们间的权系数.

P_4：第一个工厂的超时作业时间全月份不宜超过 30 小时.

P_5：收音机销售量必须完成 1000 台.

P_6：两个工厂的超时工作时间总数应予限制,其限制的比率以各厂每小时运转成本为准.

试建立这个问题的目标规划模型.

解：设 x_1 和 x_2 分别表示次月份录音机与收音机的产量,d_i^-,d_i^+ 分别为第 i 个目标的负、正偏差变量.

(1) 第一、第二个工厂设备运转时间约束：

第一个工厂设备总能力：
$$8 \times 12 \times 25 = 2400 (小时)$$

第二个工厂设备总能力：
$$16 \times 7 \times 25 = 2800 (小时)$$

于是
$$2x_1 + 4x_2 + d_1^- - d_1^+ = 2400$$
$$2.5x_1 + 1.5x_2 + d_2^- - d_2^+ = 2800$$

(2) 厂内储存成本约束：
$$8x_1 + 15x_2 + d_3^- - d_3^+ = 23000$$

(3) 销售目标约束：
$$x_1 + d_4^- - d_4^+ = 1500$$
$$x_2 + d_5^- - d_5^+ = 1000$$

(4) 第一个工厂超时作业之约束：
$$d_1^+ + d_{11}^- - d_{11}^+ = 30$$

注意,这里对偏差变量 d_1^+ 引进它的偏差变量,且用 d_{11}^-,d_{11}^+ 分别表示它的负、正偏差变量.

(5) 达成函数为：
$$\min F = \{P_1 d_3^+, P_2 d_4^-, P_3(6d_1^- + 5d_2^-), P_4 d_{11}^+, P_5 d_5^-, P_6(6d_1^+ + 5d_2^+)\}$$

达成函数中 P_3 和 P_6 级目标的权系数是取第一、第二两工厂每小时运转成本比率：
$$18 : 15 = 6 : 5$$

综合上述分析,即得这个问题的目标规划模型如下：

$$\min F=\{P_1d_3^+, P_2d_4^-, P_3(6d_1^-+5d_2^-), P_4d_{11}^+, P_5d_5^-, P_6(6d_1^++5d_2^+)\}$$

$$\text{s.t.}\begin{cases} 2x_1+4x_2+d_1^--d_1^+=2400 \\ 2.5x_1+1.5x_2+d_2^--d_2^+=2800 \\ 8x_1+15x_2+d_3^--d_3^+=23000 \\ x_1+d_4^--d_4^+=1500 \\ x_2+d_5^--d_5^+=1000 \\ d_1^++d_{11}^--d_{11}^+=30 \\ x_1,x_2,d_i^-,d_i^+\geqslant 0, i=1,2,\cdots,5,11 \end{cases}$$

习 题

5.1 某市准备在下一年度预算中购置一批救护车,已知每辆救护车购置价为20万元. 救护车用于所属的两个郊区县,各分配 x_A 和 x_B 台,A县救护站从接到求救电话到救护车出动的响应时间为 $(40-x_A)$ 分钟,B县相应的响应时间为 $(50-x_B)$ 分钟. 该市确定如下优先级目标.

P_1:救护车购置费用不超过400万元;

P_2:A县的响应时间不超过5分钟;

P_3:B县的响应时间不超过5分钟.

要求:

(1)建立目标规划模型.

(2)对优先级目标做出调整,P_2 变 P_1,P_3 变 P_2,P_1 变 P_3,重新建立模型.

5.2 已知某实际问题的线性规划模型为:

$$\max Z=100x_1+50x_2$$

$$\text{s.t.}\begin{cases} 9x_1+26x_2\geqslant 200 \quad \text{资源1} \\ 12x_1+4x_2\geqslant 25 \quad \text{资源2} \\ x_1,x_2\geqslant 0 \end{cases}$$

假设重新确定这个问题的目标为 P_1:Z 的值不低于1900,P_2:资源1必须全部利用. 求将此问题转换为目标规划问题所对应的数学模型.

5.3 用图解法求下面目标规划问题的满意解.

$$\min F=\{P_1(d_1^+), P_2(d_3^+), P_3(d_2^+)\}$$

$$\text{s.t.}\begin{cases} -x_1+2x_2+d_1^--d_1^+=4 \\ x_1-2x_2+d_2^--d_2^+=4 \\ x_1+x_2+d_3^--d_3^+=8 \\ x_1,x_2\geqslant 0 \\ d_i^-,d_i^+\geqslant 0, i=1,2,3 \end{cases}$$

5.4 用单纯形法求下列目标规划问题的满意解.
$$\min F = \{P_1(d_1^-), P_2(d_2^+), P_3(d_3^- + d_3^+)\}$$
$$\text{s.t.} \begin{cases} 3x_1 + x_2 + x_3 + d_1^- - d_1^+ = 60 \\ x_1 - x_2 + 2x_3 + d_2^- - d_2^+ = 10 \\ x_1 + x_2 - x_3 + d_3^- - d_3^+ = 20 \\ x_1, x_2, x_3 \geqslant 0 \\ d_i^-, d_i^+ \geqslant 0, i = 1, 2, 3 \end{cases}$$

5.5 某厂生产两种自行车:3档变速车和10档变速车,其单车利润及工时消耗如下表所示:

	装配/小时	检验包装/小时	利润/元
3档变速车	1	1	15
10档变速车	3	1	25
工时限额/小时	60	40	

假定产品销路不成问题,根据公司的要求设定了两个规划目标:

第一个目标为利润不低于600元;

第二个目标为生产设施超时使用最少.

试求满足这个目标的最优生产计划.

5.6 某企业生产两种产品,单件利润等有关数据如下表所示:

产品	Ⅰ	Ⅱ	每周限量
时间(小时/件)	1	1	40
销量(公斤/件)	24	30	
利润(元/件)	80	40	

在下述目标下:

P_1:允许加班,加班时间每周不超过10小时;

P_2:产品产量满足市场需求.

要求制订一个获利最大的生产计划,试建立目标规划的模型,并求解.

5.7 某纺织厂现有布机数台和一定数量可供利用的纱锭及其他资源,不同机器安排生产不同的产品时,可获得不同的利润、产值及布、纱产品.由于种种原因,对大多数产品的产量都有一定的限制范围.现假定有28种产品,其中21种产品根据机器台数安排生产,7种产品以纱锭数安排生产.根据市场和二级指标要求,对利润、产值、产量以及分品种限制的生产台数,都有一个预定的目标值.现要求制订一个尽量完成各项指标要求的生产计划方案.

具体目标要求:

(1)利润3500万元/年,要求超额完成;

(2)产值17500万元/年,要求超额完成;

(3) 棉纱 24000 千吨/年,要求超额完成;

(4) 棉布 113000 千米/年,要求超额完成;

(5) 用纱量 105160 锭/年,不得超过.

根据上述目标要求和工厂的决策方针,提出按以下五级优先顺序考虑编制计划:

P_1:满足对布机设备、纱锭数、维尼龙原料、中长纤维售纱、中长纤维产量以及分品种开台数的限制要求;

P_2:完成 3500 万元的利润指标,力争超额;

P_3:完成 17500 万元的产值指标,力争超额;

P_4:完成 113000 千米的棉布产量要求,力争超额;

P_5:完成 24000 千吨的棉纱产量指标,力争超额.

试建立目标规划的数学模型.

第六章 整 数 规 划

整数规划(Integer Programming)是数学规划的一个分支,研究的是一类要求其部分或全部变量为整数的最优化问题.若要求全部自变量取整数值,就是全整数规划(All Integer Programming),或称纯整数规划问题;若仅要求一部分自变量取整数值,就是混合整数规划(Mixed Integer Programming);若变量只能取 0 或 1,就是 0－1 规划问题.

整数规划中,要求变量为整数是有其实际背景的.例如,在某一小组中工作的人数,进入市场出售的商品的件数,某一机械设备维修的次数等都应是整数.很多实际问题可以归结为整数规划问题,如生产调度、车间作业时间表、军队后勤、工厂布局、装配线平衡、探矿、资本预算、资源分配、设备布置、计算机设计、系统可靠性、编码和贮能系统设计等都可用整数规划来描述.

线性规划问题:

$$\max Z = CX$$
$$\text{s. t.} \begin{cases} AX = b \\ X \geqslant 0 \end{cases} \tag{6-1}$$

现增加自变量取整数这一要求,就得到:

$$\max Z = CX$$
$$\text{s. t.} \begin{cases} AX = b \\ X \geqslant 0 \text{ 且为整数} \end{cases} \tag{6-2}$$

(6－2)称为整数线性规划,简称整数规划.

本章只研究整数线性规划.

从上面的说明可以看出,整数线性规划是由线性规划增添自变量为整数值这一条件得到的.由此会得出这样的印象,似乎整数规划是线性规划的一种特殊情况,其实不然,二者有着本质的区别.线性规划问题的可行解集是凸集,但整数规划的可行解集通常不是凸集,整数规划问题中的变量取整数,因而只是在离散的整数点处才有定义.在具体求解整数规划时,若先在不考虑整数要求的条件下求解,然后直接把分数或小数"化整",这常常是不行的.原因是化整后得到的整数解不一定是可行解,更不见得是最优解.因此,有必要对整数规划问题的解法进行专门的研究.本章首先介绍求解整数规划问题的一般框架,然后分别介绍几种常用的解法及其应用.

第一节 整数规划及其数学模型

关于整数规划问题的解法,包括对一些特殊情况的变种在内,其数目繁多.然而几乎所有的方法都可以用同一种框架来描述.下面,首先叙述整数规划一般模型及基本概念,然后说明这种求解整数规划问题的框架.

1.1 整数规划数学模型的一般形式

$$\max(\min) Z = \sum_{j=1}^{n} c_j x_j$$

$$\text{s.t.} \begin{cases} \sum_{j=1}^{n} a_{ij} x_j \leqslant (=\geqslant) b_i, (i=1,2,\cdots,m) \\ x_j \geqslant 0, (j=1,2,\cdots,n) \\ x_1, x_2, \cdots, x_n \text{ 中部分或全部为整数} \end{cases} \tag{6-3}$$

1.2 基本概念

1. 分解(Separation)

用 $R(P)$ 表示问题 P 的可行域.若条件

(1) $\bigcup_{i=1}^{m} R(p_i) = R(P)$

(2) $R(p_i) \cap R(p_j) = \varnothing$ $(1 \leqslant i \neq j \leqslant m)$

成立,则称问题 P 被分解为子问题 $p_1, p_2, \cdots, p_m$ 之和.最常用的分解方式是"两分法".例如,设 x_i 是问题 P 的 0—1 变量,则问题 P 可以按照条件 $x_i=0$ 和 $x_i=1$ 分解为两个子问题之和.

解题时,常将问题作适当的分解,以达到"化整为零,化难为易"的目的.

2. 衍生(Derivation)

由原来问题按某种方式产生出来的问题称为原来问题的衍生问题,每个衍生问题都有一个母问题(产生此衍生问题的直接前辈).一个给定问题直接产生的那些衍生问题应具有这样的性质,即这些衍生问题中至少有一个与母问题有相同的最优解.如果母问题具有多个最优解,则应要求其最优解集的某一个非空子集必须组成它的衍生问题之一的最优解集.

通常可用"切割"和"分枝"的方法来产生衍生问题.

3. 松弛(Relaxation)

一部分或全部决策变量必须取整数值的规划问题称为整数规划问题(Integer Programming, IP). 如果不考虑整数条件,由余下的目标函数和约束条件组成的规划问题称为该整数规划问题的松弛问题(Slack Problem). 如果原问题记为 P,则松弛问题记为 $\tilde{P}$. 若松弛问题是一个线性规划,则称该整数规划为整数线性规划(Integer Linear Programming). 之所以要构造并求解松弛问题,是因为松弛问题的解空间是连续的,而解这样的问题要比求解原来的整数规划问题简单得多.

松弛问题的主要特点是它的约束限制较原问题宽,即它的可行解范围更大(至少不更小),亦即 $R(P) \subseteq R(\tilde{P})$. 由此易知松弛问题有如下三个性质.

性质 1 若松弛问题没有可行解,则原问题也一定没有可行解.

性质 2 松弛问题目标函数的最优值给出原问题目标函数最优值的一个上(下)界. 具体来讲就是,对极大(小)化目标函数而言,P 的目标函数的极大(小)值不大(小)于 $\tilde{P}$ 目标函数的极大(小)值.

性质 3 若松弛问题的某个最优解是原问题的可行解,则它也是原问题的一个最优解.

由性质 1 和性质 3 知,只要这两个性质的条件成立,在求解松弛问题的过程中就解决了原问题. 若性质 1 和性质 3 的条件不具备,由性质 2 通过求解松弛问题,至少可以为原问题的最优目标函数值确定一个界.

整数规划及其松弛问题,从解的特点来说,二者之间既有密切的联系,又有本质的区别. 松弛问题作为一个线性规划问题,其可行解是一个凸集,任意两个可行解的凸组合仍为可行解. 整数规划问题的可行解集合是它的松弛问题可行解集合的一个子集,任意两个可行解的凸组合不一定满足整数约束条件,因而不一定仍为可行解. 由于整数规划问题的可行解一定也是它的松弛问题的可行解(反之则不一定),所以,前者最优解的目标函数值不会优于后者最优解的目标函数值.

在一般情况下,松弛问题的最优解不会刚好满足变量的整数约束条件,因而不是整数规划的可行解,自然就不是整数规划的最优解. 此时,若对松弛问题的这个最优解中不符合整数要求的分量简单地取整,所得到的解不一定是整数规划问题的最优解,甚至也不一定是整数规划问题的可行解.

例 1 考虑下面的整数规划问题:

$$\max Z = x_1 + 4x_2$$

$$\text{s. t.} \begin{cases} -2x_1 + 3x_2 \leqslant 3 \\ x_1 + 2x_2 \leqslant 8 \\ x_1, x_2 \geqslant 0 \text{ 且取整数} \end{cases} \tag{6-4}$$

图 6-1 中四边形 $OBPC$ 及其内部为松弛问题的可行域,其中那些整数格点为整数规划问题的可行解. 根据目标函数等值线的优化方向,从直观可知,P 点是其松弛问题的最优解,其中 $x_1 = 18/7, x_2 = 19/7$. 在 P 点附近对 x_1 和 x_2 简单取整,可得四点 A_1, A_2, A_3, A_4. 其中 A_1 和 A_2 为非可行解;A_3 和 A_4

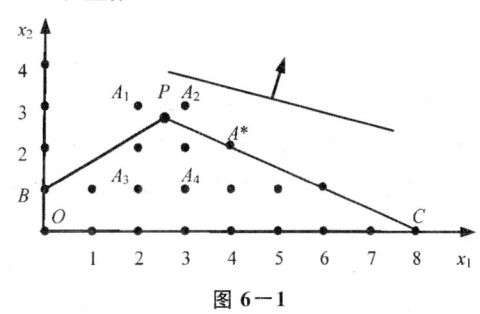

图 6-1

虽然是整数可行解,但不是最优解.本例整数规划的最优解为 A^* 点,其中 $x_1=4, x_2=2$,最优目标函数值为 12.

由于整数规划及其松弛问题之间的上述特殊关系,例 1 中先求出松弛问题的最优解,再用简单取整的方法虽然直观简单,却并不是求解整数规划的有效方法.

1.3 整数线性规划的类型

(1)纯整数线性规划(Pure Integer Linear Programming):全部决策变量都必须取整数值的整数线性规划.

(2)混合整数线性规划(Mixed Integer Linear Programming):决策变量中有一部分必须取整数值,另一部分可以不取整数值的整数线性规划.

(3)0-1 型整数线性规划(Zero-one Integer Linear Programming):决策变量只能取值 0 或 1 的整数线性规划.

例 2 某服务部门各时段(每 2 个小时为一时段)需要的服务员人数见表 6-1,按规定服务员连续工作 8 个小时(即四个时段)为一班,现要求安排服务员的工作时间,使服务部门服务员最少.

表 6-1

时段	1	2	3	4	5	6	7	8
服务员最少	10	8	9	11	13	8	5	3

解:设在第 j 时段开始上班的服务员人数为 x_j.由于第 j 时段开始时上班的服务员将在 $(j+3)$ 时段结束时下班,故决策变量只需考虑 x_1, x_2, x_3, x_4, x_5.

$$\min Z = x_1 + x_2 + x_3 + x_4 + x_5$$

$$\text{s.t.} \begin{cases} x_1 \geq 10 \\ x_1 + x_2 \geq 8 \\ x_1 + x_2 + x_3 \geq 9 \\ x_1 + x_2 + x_3 + x_4 \geq 11 \\ x_2 + x_3 + x_4 + x_5 \geq 13 \\ x_3 + x_4 + x_5 \geq 8 \\ x_4 + x_5 \geq 5 \\ x_5 \geq 3 \\ x_1, x_2, x_3, x_4, x_5 \geq 0 \text{ 且 } x_1, x_2, x_3, x_4, x_5 \text{ 皆为整数} \end{cases} \quad (6-5)$$

例 3 旅游问题.有一旅行团从 v_0 这个城市出发要游遍 $v_1, v_2, \cdots, v_n$ 这 n 个城市,已知从 v_i 到 v_j 的旅费为 c_{ij},问应如何安排行程使总费用最小.

解:假设变量 x_{ij} 表示是否从第 i 个城市到第 j 个城市,则 $x_{ij}=1, 0$.

$$\min \sum_{i=0}^{n} \sum_{j=0}^{n} c_{ij} x_{ij},$$

$$\text{s.t.} \begin{cases} \sum_{j=0}^{n} x_{ij} = 1, i = 1, 2, \cdots, n \\ \sum_{i=0}^{n} x_{ij} = 1; j = 1, 2, \cdots, n \\ u_i - u_j + nx_{ij} \leqslant n-1 \quad 1 \leqslant i \neq j \leqslant n \\ x_{ij} = 1, 0 \quad i = 1, 2, \cdots, n, j = 1, 2, \cdots, n \end{cases} \quad (6-6)$$

1.4 求解整数规划问题的一般框架

求解一个整数规划问题的一般框架是:逐次生成一个原问题的衍生问题,对每个衍生问题又伴随着一个比它更容易求解的松弛问题(该衍生问题称为其松弛问题的原问题).通过松弛问题的解来确定它的归宿,即其原问题已被解决(包括已得整数解或被舍弃),还是要再生成一个或多个它的衍生问题(它们当然也是原问题的衍生问题)来替代它.然后,再选择一个至此尚未被舍弃或得解的原问题的衍生问题.重复以上步骤直至不再剩有未解决的衍生问题为止.

下面两节,我们将在上述框架基础上介绍两种求解整数规划问题的方法:分枝定界法和割平面法.

第二节 分枝定界法

2.1 分枝定界法的基本思想

分枝定界法(Branch and Bound Method)是通过有系统的"分枝"和"定界"步骤来寻求最优解的.这种方法有很强的适应能力,是目前发展较成功的求解整数规划问题的一种方法,如旅行推销问题、工厂设址问题、进度安排问题以及可行解数目有限的许多问题,用它来求解都能得到较好的结果.

下面通过例子说明如何用分枝定界法来求解整数规划问题.

例 4 求解下面整数规划

$$\max Z = 4x_1 + 3x_2$$

$$\text{s.t.} \begin{cases} 4x_1 + x_2 \leqslant 10 \\ 2x_1 + 3x_2 \leqslant 8 \\ x_1, x_2 \geqslant 0 \\ x_1, x_2 \text{ 为整数} \end{cases} \quad (6-7)$$

解:放弃 x_1, x_2 为整数的要求,得(6-7)的松弛问题.用一般线性规划求解方法求出其最优解为 $X^{(0)} = (11/5, 6/5)^T$,最优目标函数值 $Z_0 = 62/5$,从而原问题(6-7)的最优目标值得上界为 62/5. 如图 6-2 所示.

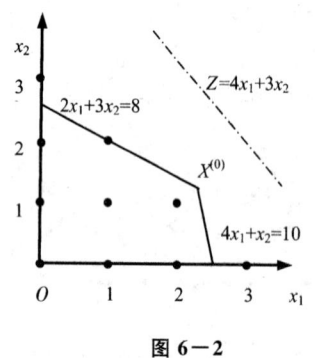
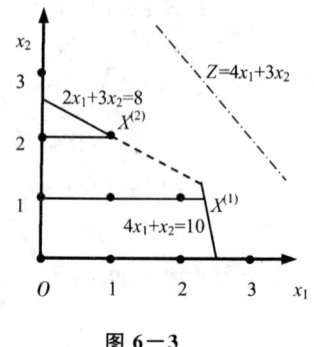

图 6-2　　　　　　　　　　图 6-3

另一方面，$(0,0)^T$ 显然是问题(6-7)的一个可行解，其相应的目标函数值为 0，它可以作为问题(6-7)的最优目标函数值的一个下界.

由于 $x_1=11/5, x_2=6/5$ 都不是整数，下面利用分解手段把其原问题分解成子问题之和.

首先考虑非整数分量 x_2（当然也可以先考虑 x_1），为使其后继的松弛问题的最优解分量 x_2 变为整数，需设法去掉在 $x_2=6/5$ 处引起 x_2 取分数值的这一部分可行域. 由于和 $x_2=6/5$ 最近的两个整数值是 $x_2=1, x_1=2$，故可把原问题(6-7)分解（即所谓进行分枝）为如下两个子问题：

$$\max Z = 4x_1 + 3x_2$$
$$\text{s.t.} \begin{cases} 4x_1 + x_2 \leqslant 10 \\ 2x_1 + 3x_2 \leqslant 8 \\ x_1, x_2 \geqslant 0 \\ x_2 \leqslant 1 \\ x_1, x_2 \text{ 为整数} \end{cases} \quad (6-8)$$

和

$$\max Z = 4x_1 + 3x_2$$
$$\text{s.t.} \begin{cases} 4x_1 + x_2 \leqslant 10 \\ 2x_1 + 3x_2 \leqslant 8 \\ x_1, x_2 \geqslant 0 \\ x_2 \geqslant 2 \\ x_1, x_2 \text{ 为整数} \end{cases} \quad (6-9)$$

现分别求解(6-8)和(6-9)对应的松弛问题（即删去(6-8)和(6-9)的最后一个约束条件后所得的线性规划问题），问题(6-8)对应的松弛问题的最优解：

$$X^{(1)} = (9/4, 1)^T, Z_1 = 12$$

问题(6-9)对应的松弛问题的最优解：

$$X^{(2)} = (1, 2)^T, Z_2 = 10$$

$X^{(2)} = (1,2)^T$ 已是问题(6-9)的可行解，从而也是其最优解，故此解为原问题(6-7)的备选最优解. 由于 $Z_2=10>0$，可知原问题(6-7)目标函数最优值的下界，现应由 0 改为 10.

因为原问题仅有上述两个分枝,且 $Z_2<Z_1<Z_0$,故用 $Z_1=12$ 代替 Z_0 作为原问题(6-7)目标函数最优值的新上界.至此,问题(6-9)已探明,不再向下作下去.如图 6-3 所示.

现继续探查问题(6-8).问题(6-8)的松弛问题的最优解为 $x_1=9/4, x_2=1$.考虑其非整数解分量 $x_1=9/4$,按上面所说的同样方法,将问题(6-8)分解为如下两个子问题:

$$\max Z=4x_1+3x_2$$
$$\text{s.t.} \begin{cases} 4x_1+x_2 \leqslant 10 \\ 2x_1+3x_2 \leqslant 8 \\ 0 \leqslant x_2 \leqslant 1 \\ 0 \leqslant x_1 \leqslant 2 \\ x_1,x_2 \text{ 为整数} \end{cases} \quad (6-10)$$

$$\max Z=4x_1+3x_2$$
$$\text{s.t.} \begin{cases} 4x_1+x_2 \leqslant 10 \\ 2x_1+3x_2 \leqslant 8 \\ 0 \leqslant x_2 \leqslant 1 \\ x_1 \geqslant 3 \\ x_1,x_2 \text{ 为整数} \end{cases} \quad (6-11)$$

首先求解问题(6-11)对应的松弛问题,由于它无可行解,故问题(6-11)也无可行解.至此,这一分枝已探查明白,即可将它删去(也称为剪枝).

现用单纯形法求解问题(6-10)对应的松弛问题,得其最优解为(见图 6-4):

$$X^{(3)}=(2,1)^T; Z_3=11$$

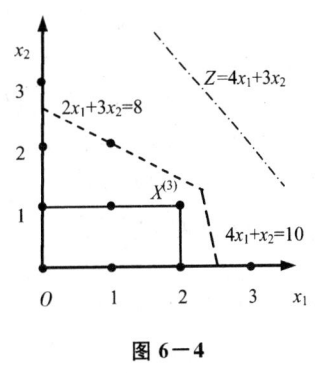

图 6-4

此解已是整数解,故为原问题(6-7)的备选最优解.由于 $Z_3=11>10=Z_2$,故原问题(6-7)的最优目标值的下界应由 10 改为 11.另外,$Z_3=11<12=Z_1$,故取 $Z_3=11$ 作为原问题(6-7)最优目标值的新上界.此时,问题(6-7)的目标函数最优值的上界和下界相等,均为 11,故其最优目标值就是 $Z_3=11$,相应的最优解为:

$$X^*=X^{(3)}=(2,1)^T$$

用分枝定界法进行求解的过程常表示成树状图,并称之为枚举树(Enumeration Tree).此例的枚举树如图 6-5,对已查明的问题,在其节点下划一横线,表示不再由此进行分枝.

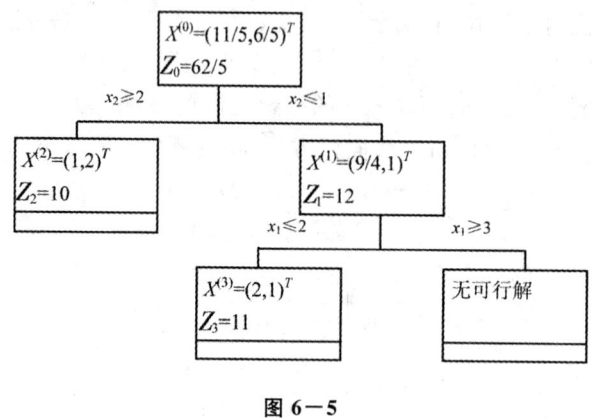

图 6-5

2.2 分枝定界法的计算步骤

由上面的例子可以看出,用分枝定界法解整数规划问题可按以下步骤进行.为便于说明,此处假定要解的是极大化问题.

(1)任找一(整数)可行解,算出其目标函数值,以这个值为目标函数最优值现时的下界$\underline{Z}$.然后,解该整数规划对应的线性规划问题,即其松弛问题(例如用一般单纯形法).若其松弛问题无解,则原整数规划问题也无解;若其松弛问题的最优解满足整数条件,这个解就是原整数规划问题的最优解;若松弛问题的最优解不满足整数条件,则转向下一步.但这时的目标函数值,给出了原整数规划问题最优目标函数值现时的一个上界$\overline{Z}$.至此,第一步的"定界"工作已经完成.显然,最优目标函数值Z^*满足$\underline{Z} \leqslant Z^* \leqslant \overline{Z}$.

(2)将整数规划问题分解为子问题,即进行"分枝".由松弛问题最优解的非整数分量中选一分量,假定它是x_j,其值等于b_j,用下述方法构造两个子问题:在上面整数规划问题中分别增加以下两个约束条件之一:

① $x_j \leqslant [b_j]$

② $x_j \geqslant [b_j]+1$

其中,$[b_j]$为数值不大于b_j的最大整数.

(3)解上述问题的松弛问题(不考虑整数条件),可能出现以下几种情况:

①无解,即该子问题已查明,在其树状图中该节点下面划一横线.

②得出整数最优解.即该子问题同样已查明,不再由此继续分枝.(这个解对应的目标函数值,一方面给出原问题最优目标函数值的一个下界,若这个值比原来的下界大,就以它为新的下界;另一方面,它又是这个分枝目标函数最优值的一个上界,如果它比原来问题此时的上界小,且在各平行分枝中提供的上界最大,就以它为新的上界.)

③得出非整数最优解.即若其目标函数值小于原来问题最优目标函数值现时的下界,说明该子问题不可能含有原问题的最优解,再向下分枝是不必要的,因而认为该子问题已查明(剪枝).若其目标函数值大于现时的下界,就返回步骤 2 继续进行分枝.

(4)如上继续进行分枝,求解松弛问题、修改上下界和剪枝.当求出的目标函数最优值的上界等于其下界时,就达到了最优解.而且,所有子问题此时均已查明,计算结束.

分枝定界法对混合整数规划问题也适用,这时,在分枝时只需考虑那些有整数要求的分量即可.

第三节 割平面法

3.1 割平面法的基本思想

割平面法(Cutting Plane Method)的基本思想是:在求解整数规划问题时,先不考虑整数要求,即把它当做线性规划问题求解,如得到的最优解为整数解,那么这个解也就是整数规划的最优解.否则,设法在问题中增加一个适当的约束条件(称为割平面),把包含这个非整数最优解的一部分可行域从原来的可行域中割去,但不割去任何一个整数可行解.如此进行,直至得到的新可行域的某个有整数坐标的极点恰好是问题的最优解为止.这个方法是由 R.E.Gomory 于 1958 年首先提出的,所以又称为 Gomory 割平面法.

下面通过例子来说明这一方法.

例 5 求解下面整数规划问题

$$\max Z = x_1 + x_2$$
$$\text{s.t.} \begin{cases} -x_1 + x_2 \leq 1 \\ 3x_1 + x_2 \leq 4 \\ x_1, x_2 \geq 0 \\ x_1, x_2 \text{ 为整数} \end{cases} \quad (6-12)$$

表 6-2

C_B	X_B	b	C_j	1	1	0	0
				x_1	x_2	x_3	x_4
1	x_2	7/4		0	1	3/4	1/4
1	x_1	3/4		1	0	−1/4	1/4
	σ_j			0	0	−1/2	−1/2

解:如上所述,为求解这一问题,先不考虑整数条件,即先解(6-12)的对应线性规划问题.用单纯形法,很容易求得其最优解为 $x_1 = 3/4, x_2 = 7/4$.这时的目标函数值等于 5/2.表 6-2 示出了其最终单纯形表,其中 x_3 和 x_4 分别为第一个和第二个约束条件的松弛变量.最优点对应于图 6-6 中的 A 点.

由于问题(6-12)的松弛问题的最优解分量 x_1 和 x_2 均为分数,这个解不是(6-12)的解.为建立割平面,首先考虑 x_2.表 6-2 中基变量 x_2 所在这一行相当于:

$$x_2 + \frac{3}{4}x_3 + \frac{1}{4}x_4 = \frac{7}{4}$$

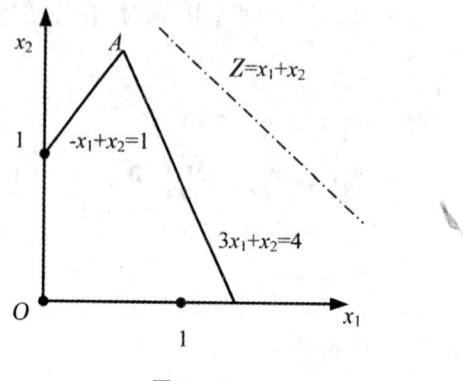

图 6—6

现将这个方程中的系数和右侧常数部分分成整数和非负真分数两部分,可得:

$$(1+0)x_2+(0+\frac{3}{4})x_3+(0+\frac{1}{4})x_4=1+\frac{3}{4}$$

将上式中自变量带整数系数的部分移到等号右侧,得:

$$\frac{3}{4}x_3+\frac{1}{4}x_4=\frac{3}{4}+(1-x_2)$$

如要求得到非负整数解,则上式右侧括号中的值应为整数,而且上式左侧应为非负,从而

$$\frac{3}{4}x_3+\frac{1}{4}x_4=\frac{3}{4}+\text{非负整数}$$

故有

$$\frac{3}{4}x_3+\frac{1}{4}x_4\geqslant\frac{3}{4} \tag{6-13}$$

为了用原来的变量(而不是用松弛变量)表示,现将

$$x_3=1+x_1-x_2$$
$$x_4=4-3x_1-x_2$$

代入式(6—13)中,这就得到:

$$x_2\leqslant 1 \tag{6-14}$$

在问题(6—12)的松弛问题中,增加一个约束条件(6—14),得:

$$\max Z=x_1+x_2$$
$$\text{s. t.}\begin{cases}-x_1+x_2\leqslant 1\\ 3x_1+x_2\leqslant 4\\ x_1,x_2\geqslant 0\\ x_2\leqslant 1\end{cases} \tag{6-15}$$

由于约束条件(6—14)的作用,使问题(6—15)的可行域比问题(6—12)的松弛问题的可行域少了包括 A 点在内的一个三角形,见图 6—7.

现在,求解问题(6—15).为了很方便地利用前面得到的最终单纯形表,在解(6—15)时仍用约束条件(6—13),而不用(6—14).在约束条件(6—13)中引入剩余变量 x_5 和人工变量 x_6,把它加入前面得到的最终单纯形表中,用单纯形法进行迭代,结果得最优整数解

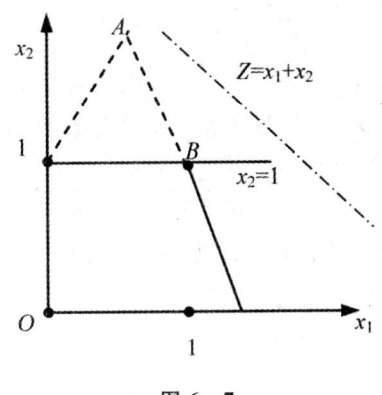

图 6—7

$x_1 = x_2 = 1$，其目标函数值为 2. 这就是原整数规划问题(6—12)的最优解. 迭代过程见表 6—3，最优点为图 6—7 中的 B 点.

根据增加的约束条件的性质，为了计算简单，常不引入人工变量，而使用对偶单纯形法.

表 6—3

C_B	X_B	b	C_j x_1	1 x_2	1 x_3	0 x_4	0 x_5	0 x_6	$-M$
1	x_2	7/4	0	1	3/4	1/4	0	0	
1	x_1	3/4	1	0	$-1/4$	1/4	0	0	
$-M$	x_6	3/4	0	0	[3/4]	1/4	-1	1	
	σ_j		0	0	$3M/4-1/2$	$M/4-1/2$	$-M$	0	
1	x_2	1	0	1	0	0	1	-1	
1	x_1	1	1	0	0	1/3	$-1/3$	1/3	
0	x_3	1	0	0	1	1/3	$-4/3$	4/3	
	σ_j		0	0	0	$-1/3$	$-2/3$	$2/3-M$	

3.2 割平面法的基本原理

现在，我们从理论上对割平面法加以说明.

假定已求出整数线性规划的松弛问题(6—1)的最优解

$$X_B = B^{-1}b - B^{-1}NX_N \tag{6—16}$$

其中，B 为对应的最优基. 如果 $B^{-1}b$ 全部为非负整数，则原整数规划问题(6—2)的最优解为：

$$X_B = B^{-1}b, X_N = 0$$

如果 $B^{-1}b$ 含有非整数分量，不妨设其第 i 个分量 b'_i 不是整数，则基变量 x_i 在其松弛问题的最终单纯形表中对应的方程是：

$$x_i + \sum_{j \in \bar{N}} a'_{ij} x_j = b'_i \qquad (6-17)$$

此处,$\bar{N}$ 为非基变量下标的集合,a'_{ij} 和 b'_i 均取自上述最终单纯形表.

现将系数 a'_{ij} 和右侧常数 b'_i 分为整数和非负真分数两部分,即:

$$\begin{cases} a'_{ij} = [a'_{ij}] + f(a'_{ij}) \\ b'_i = [b'_i] + f(b'_i) \end{cases} \qquad (6-18)$$

其中,符号 $[\cdot]$ 表示不超过数"$\cdot$"的最大整数,$f(\cdot)$ 表示数"$\cdot$"的非负真分数部分.

将式(6-18)代入式(6-17)中,得:

$$\sum_{j \in \bar{N}} f(a'_{ij}) x_j - f(b'_i) = [b'_i] - x_i - \sum_{j \in \bar{N}} [a'_{ij}] x_j \qquad (6-19)$$

当要求解为非负整数时,式(6-19)的右端为整数,注意到 $0 < f(b'_i) < 1$ 且 $f(a'_{ij}) x_j \geq 0$,故上式右端为非负整数,从而应有:

$$\sum_{j \in \bar{N}} f(a'_{ij}) x_j \geq f(b'_i) \qquad (6-20)$$

现引入剩余变量 s_i,得:

$$\sum_{j \in \bar{N}} f(a'_{ij}) x_j - s_i = f(b'_i), s_i \geq 0 \qquad (6-21)$$

式(6-20)和(6-21)为导出的 Gomory 约束,称式(6-21)为 Gomory 切割方程.

由于在切割方程中 s_i 前面为负号,而 $f(b'_i)$ 常常为正,故把它加入松弛问题的最终单纯形表进行求解,大多采用对偶单纯形法. 需要指出的是,由于条件(6-21)仅是得出整数解的必要条件,不能保证一次切割即可达到整数解,往往需要多次迭代. 此外,若松弛问题的某一最优解有多个分数分量,则对每一分数分量均可导出一个切割方程. 这时,我们往往优先使用其中较"强"的一个,以切去可行域较大的部分. 为简单起见,常可直接选用具有较大分数部分的变量所对应的切割方程为割平面. 还要指出一点,切割方程并不是只有式(6-21)这种形式.

下面我们证明切割平面法的两个重要性质.

性质 1 割平面(6-21)割去了整数规划的松弛问题(6-1)的最优基可行解.

证明:假定问题(6-1)的最优解为:

$$X_B = B^{-1} b = (b'_1, b'_2, \cdots, b'_m)^T, X_N = 0$$

将它代入式(6-20)中,得:

$$\sum_{j \in \bar{N}} f(a'_{ij}) \times 0 \geq f(b'_i)$$

即

$$f(b'_i) \leq 0$$

但 $0 < f(b'_i) < 1$,从而产生矛盾. 这说明,问题(6-1)的这一最优基可行解不满足条件(6-20).

性质 1 表明,切割方程(6-21)对可行域进行了切割,它把非整数最优解割去了,这就保证了每次切割都可使可行域的范围有所缩小.

性质 2 割平面(6-21)未割去原整数规划问题(6-2)的任一可行解,即未割去其松弛问题(6-1)的任一整数可行解.

由前面切割方程的导出过程可知,松弛问题(6-1)的任一整数解都满足(6-21),故性质 2 成立.

3.3 割平面法的计算步骤

(1) 解纯整数规划问题 (6-2) 的松弛问题 (6-1). 若 (6-1) 没有可行解,则 (6-2) 的也没有可行解,停止;若 (6-1) 的最优解 X^* 为整数解,则 X^* 即为原问题 (6-2) 的最优解,停止;否则转下一步.

(2) 写出割平面方程. 选取 X^* 的一个非整数分量 x_i (通常取分数部分最大的基变量,也可任选),由单纯形表的最终表得方程:

$$x_i + \sum_{j \in N} a'_{ij} x_j = b'_i$$

并由此写出割平面方程 (6-21).

(3) 把割平面方程 (6-21) 加到最终表中,用对偶单纯形法进行迭代,若得出的最优解为整数解,则它就是问题 (6-2) 的最优解,停止;否则,返回第二步继续迭代.

例 5 用割平面解整数规划问题

$$\max Z = 6x_1 + 4x_2$$

$$\text{s.t.} \begin{cases} 2x_1 + 4x_2 \leq 13 \\ 2x_1 + x_2 \leq 7 \\ x_1, x_2 \geq 0 \\ x_1, x_2 \text{ 为整数} \end{cases} \quad (6-22)$$

解:先不考虑整数条件,解此问题的松弛问题. 为此,在两个约束不等式中分别引入松弛变量 x_3 和 x_4,通过单纯形法迭代,得最终单纯形表 6-4.

表 6-4

	C_j		6	4	0	0
C_B	X_B	b	x_1	x_2	x_3	x_4
4	x_2	2	0	1	1/3	$-1/3$
6	x_1	5/2	1	0	$-1/6$	2/3
	σ_j		0	0	$-1/3$	$-8/3$

由于 $x_1 = 5/2$ 不是整数,为求原问题的最优解,考虑表中的 x_1 行:

$$x_1 - \frac{1}{6}x_3 + \frac{2}{3}x_4 = \frac{5}{2}$$

引入剩余变量 x_5,得 Gomory 切割方程:

$$\frac{5}{6}x_3 + \frac{2}{3}x_4 - x_5 = \frac{1}{2}$$

或

$$-\frac{5}{6}x_3 - \frac{2}{3}x_4 + x_5 = -\frac{1}{2} \quad (6-23)$$

将 (6-23) 加入表 6-4 中,用对偶单纯形法进行迭代,迭代过程见表 6-5. 得到的最优解仍不是整数解,还需用割平面法继续迭代.

表 6-5

C_j			6	4	0	0	0
C_B	X_B	b	x_1	x_2	x_3	x_4	x_5
4	x_2	2	0	1	1/3	−1/3	0
6	x_1	5/2	1	0	−1/6	2/3	0
0	x_5	−1/2	0	0	[−5/6]	−2/3	1
	σ_j		0	0	−1/3	−8/3	0
	σ_j/a_{ij}					2/5	4
4	x_2	9/5	0	1	0	−3/5	2/5
6	x_1	26/10	1	0	0	4/5	−1/5
0	x_3	3/5	0	0	1	4/5	−6/5
	σ_j		0	0	0	−12/5	−2/5

注意到 $b'_i(i=1,2,3)$ 都不是整数,我们取 b'_i 的分数最大者所对应的变量为退出变量,因为 $\max(\frac{4}{5}, \frac{6}{10}, \frac{3}{5}) = \frac{4}{5}$,故取变量 x_2.

表 6-5 最终表中的 x_2 行是:

$$x_2 - \frac{3}{5}x_4 + \frac{2}{5}x_5 = \frac{9}{5}$$

引入剩余变量 x_6,得 Gomory 切割方程:

$$\frac{2}{5}x_4 + \frac{2}{5}x_5 - x_6 = \frac{4}{5}$$

或

$$-\frac{2}{5}x_4 - \frac{2}{5}x_5 + x_6 = -\frac{4}{5} \qquad (6-24)$$

将割平面方程(6-24)加入表 6-5 的最终表中,再用对偶单纯形法进行迭代,迭代过程及所得最优解如表 6-6 所示.

表 6-6

C_j			6	4	0	0	0	0
C_B	X_B	b	x_1	x_2	x_3	x_4	x_5	x_6
4	x_2	9/5	0	1	0	−3/5	2/5	0
6	x_1	26/10	1	0	0	4/5	−1/5	0
0	x_3	3/5	0	0	1	4/5	−6/5	0
0	x_6	−4/5	0	0	0	−2/5	[−2/5]	1
	σ_j		0	0	0	−12/5	−2/5	0
	σ_j/a_{ij}						6	1
4	x_2	1	0	1	0	−1	0	1
6	x_1	3	1	0	0	1	0	−1/2
0	x_3	3	0	0	1	2	0	−3
0	x_5	2	0	0	0	1	1	−5/2
	σ_j		0	0	0	−2	0	−1

至此,我们已得到了原问题的(整数)最优解 $X^* = (x_1, x_2)^T = (3,1)^T$,最优目标函数值 $Z^* = 22$.

第四节 0-1型整数规划

前面我们提到,对于某些整数规划,如果它的决策变量 x_i 取 0 或 1 这两个数值,将称此规划为 0-1 规划,并称 x_i 为 0-1 变量,或称布尔(Boole)变量,又叫二进制变量(Binary Variable),或叫逻辑变量(Logical Variable).

0-1 规划是整数规划的一种特殊情形. x_i 取值 0 或 1 这个条件可由约束条件 $x_j \geq 0$, $x_j \leq 1$ 且 x_j 为整数来代替,这和一般整数规划的约束条件形式是一致的. 在实际问题中,出现 0-1 变量的情形很多,诸如开与关、取与舍、有与无等逻辑现象都可用 0-1 变量来描述. 利用 0-1 变量,可以把有各种情况需要分别讨论的线性规划问题统一在一个问题中加以讨论,还可以把有界变量的整数规划化为 0-1 规划来处理,甚至用 0-1 变量还可把多种非线性规划问题表示成整数规划问题(在要求)的精度范围内. 正是由于 0-1 规划所具有的普遍性和其特殊的重要性,我们有必要对 0-1 规划问题作一些专门的讨论.

4.1 与 0-1 变量有关的几个实际问题

1. 投资问题

现有总额为 b 的资金可以用于投资,供选择的项目有 n 个,项目 j 所需投资额和预期收益分别为 a_j 和 $c_j (j=1,2,\cdots,n)$,不妨设 b, a_j, c_j 都为整数. 试问应该怎么选择投资项目,才能使总预期收益最大.

先引入 0-1 变量 x_j,令

$$x_j = \begin{cases} 1 & \text{对项目 } j \text{ 投资} \\ 0 & \text{否则} \end{cases}$$

便可得到如下整数规划问题:

$$\max \sum_{j=1}^{n} c_j x_j$$

$$\text{s.t.} \begin{cases} \sum_{j=1}^{n} a_j x_j \leq b \\ x_j = 1, 0 \quad j=1,2,\cdots,n \end{cases} \quad (6-25)$$

上述问题也可以解释为,一位有一定携带能力的旅行者,在出发前考虑他的背包内应装哪些物品最为有利,因而这种问题也被称为 0-1 背包问题.

2. 工厂选址问题

设有 n 个需求点,有 m 个可供选择的厂址,每个厂址只能建一个工厂,在 i 处建厂,生产能力为 D_i,单位时间的固定成本为 a_i,需求点 j 的需求量为 b_j,从厂址 i 到需求点 j 的

单位运费为 c_{ij}. 问应如何选择厂址才能获得经济上总花费最小的方案.

设在单位时间内,从厂址 i 运往需求点 j 的产品数量为 x_{ij}, 引入 0—1 变量

$$y_i = \begin{cases} 1 & \text{若在 } i \text{ 处建厂} \\ 0 & \text{否则} \end{cases}$$

设在单位时间内的总花费为 Z, 则上述问题的数学模型为:

$$\min Z = \sum_{i=1}^{m}\sum_{j=1}^{n} c_{ij} x_{ij} + \sum_{i=1}^{m} a_i y_i$$

$$\text{s.t.} \begin{cases} \sum_{j=1}^{n} x_{ij} \leqslant D_i y_i & i=1,2,\cdots,m \\ \sum_{i=1}^{m} x_{ij} \geqslant b_j & j=1,2,\cdots,n \\ x_{ij} \geqslant 0 & y_i = 0 \text{ 或 } 1 \end{cases} \quad (6-26)$$

3. 多抉择问题

引入适当定义的 0—1 变量后,就可以适应种种"二中选一"或"多抉择"情况.

设有 r 组约束关系如下:

$$A^{(1)} X \leqslant b^{(1)}$$
$$A^{(2)} X \leqslant b^{(2)}$$
$$\cdots$$
$$A^{(r)} X \leqslant b^{(r)}$$

要求其中至少有 q 组约束得到满足,而其他 $r-q$ 组约束可以满足,也可以不满足. 对应于每组的 $b^{(k)}$, 用 $M^{(k)}$ 表示一个维数与它相同(对于不同的 k, 可以不同)的向量, 其分量充分大, 使得 $A^{(k)} X \leqslant b^{(k)} + M^{(k)}$ 对于与所考虑问题有关的全部向量 X 都成立. 设 y_k 是一个 0—1 变量, 则约束:

$$A^{(k)} X \leqslant b^{(k)} + y_k M^{(k)}$$

在 $y_k = 0$ 时相应于约束 $A^{(k)} X \leqslant b^{(k)}$; 在 $y_k = 1$ 时相应于约束 $A^{(k)} X \leqslant b^{(k)} + M^{(k)}$, 注意前面对 $M^{(k)}$ 的约定, 此不等式对 X 不起约束作用. 为了使 $A^{(k)} X \leqslant b^{(k)}$, $(k=1,2,\cdots,r)$ 至少有 q 组成立, 则至少有 q 个 y_k 为零, 用不等式组

$$\begin{cases} A^{(k)} X \leqslant b^{(k)} + y_k M^{(k)} & k=1,2,\cdots,r \\ \sum y_k \leqslant r-q \end{cases} \quad (6-27)$$

就能满足要求.

4. 有界变量的整数规划与 0—1 规划的等价性问题

0—1 规划自然是有界变量的整数规划(0,1 本身就分别是其下界和上界),反过来,我们也可以把一个有界变量的整数规划表示成一个 0—1 规划.

假设要求某个整数变量 x_j 满足 $0 \leqslant x_j \leqslant T_j$, T_j 是它的一个有限的上界. 于是可令

$$x_j = x_{0j} + 2 x_{1j} + 2^2 x_{2j} + \cdots + 2^r x_{rj} \quad (6-28)$$

其中每个 $x_{ij}(i=0,1,\cdots,r)$ 都是 0—1 变量, r 是由不等式 $2^r \leqslant T_j < 2^{r+1}$ 唯一确定的整数. 实际上, 式(6—28)就是 x_j 的一个二进制表达式.

用 0—1 变量 x_{ij} 的加权和来代替整数变量 x_j 并不只有(6—28)这一种形式. 例如,若

取所有的权都为 1,就得到 T_j 个不同 0-1 变量的通常意义之和,这是 x_j 的又一表达形式.

4.2 0-1 规划的解法

1. 枚举法

解 0-1 规划时,一种自然的想法就是枚举法,即检查变量取值为 0 或 1 的每一个组合,比较目标函数值的大小以求得最优解.

例 7 求解 0-1 规划

$$\max Z = 2x_1 + x_2 - x_3$$

$$\text{s.t.} \begin{cases} x_1 + 3x_2 + x_3 \leq 2 & (1) \\ 4x_2 + x_3 \leq 5 & (2) \\ x_1 + 2x_2 - x_3 \leq 2 & (3) \\ x_1 + 4x_2 - x_3 \leq 4 & (4) \\ x_i = 0, 1 \quad i = 1, 2, 3 \end{cases} \quad (6-29)$$

解:(x_1, x_2, x_3) 共有 $2^3 = 8$ 种不同的组合,各种组合下目标函数及各约束条件左端的值列于表 6-7 中.

表 6-7

解	满足条件				满足所有条件	值
	(1)	(2)	(3)	(4)		
(0,0,0)	0	0	0	0	√	0
(0,0,1)	1	1	−1	−1	√	−1
(0,1,0)	3×	4	2	4	×	
(0,1,1)	4×	5	1	3	×	
(1,0,0)	1	0	1	1	√	2
(1,0,1)	2	1	0	0	√	1
(1,1,0)	4×	4	3×	5×	×	
(1,1,1)	5×	5	2	4	×	

上表中用"×"表示相应的组合不满足该约束条件,知可行解 (0,0,0),(0,0,1),(1,0,0),(1,0,1),相应的目标函数值分别为 0,−1,2,1,因此最优目标函数值为 2,最优解为 $X^* = (1,0,0)^T$.

枚举法虽有思路自然、操作方便的特点,但当变量数较大时,却不是一种可行的办法.这是因为 n 个变量取值的组合数为 2^n,它是指数函数,当 n 比较大(例如 $n > 10$)时,2^n 相当大.

下面介绍隐枚举法.

2. 隐枚举法

所谓隐枚举法(Implicit Enumeration)就是只检查变量取值组合的一部分(而不是全部)就能求得问题的最优解的方法.其基本思路是:先找到一组可行解,然后改进目标值,直到不能改进为止.

为下面叙述方便起见,设要解的是极大化问题.求解时,通过试探首先找到一个可行解,算出其目标函数值,并令其为初始过滤值.然后根据目标函数中各变量系数的递增顺序,对目标函数和约束不等式中的变量重新排列.接着考察各变量的可能组合,若产生的目标函数值劣于此时的过滤值,则不予考虑;若优于此时的过滤值,则以它为更好的可行解,并以它的目标函数值为新的过滤值.继续这样进行,一直到不能再改进目标函数值为止.最后的过滤值,就是最优目标函数值,对应的可行解,就是最优解.下面看一个例子.

例 8 求解 0-1 规划

$$\max Z = 3x_1 - 2x_2 + 5x_3$$

$$\text{s.t.} \begin{cases} x_1 + 2x_2 - x_3 \leqslant 2 & (1) \\ x_1 + 4x_2 + x_3 \leqslant 4 & (2) \\ x_1 + x_2 \leqslant 3 & (3) \\ 4x_2 + x_3 \leqslant 6 & (4) \\ x_i = 0, 1 \quad i = 1, 2, 3 \end{cases} \quad (6-30)$$

解:依目标函数中 x_i 的系数为递增(不减)的顺序,重新排列变量的次序,得:

$$\max Z = -2x_2 + 3x_1 + 5x_3$$

$$\text{s.t.} \begin{cases} 2x_2 + x_1 - x_3 \leqslant 2 \\ 4x_2 + x_1 + x_3 \leqslant 4 \\ x_2 + x_1 \leqslant 3 \\ 4x_2 + x_3 \leqslant 6 \\ x_i = 0, 1 \quad i = 1, 2, 3 \end{cases} \quad (6-31)$$

因为 $-2, 3, 5$ 是递增的,变量的组合也以 (x_2, x_1, x_3) 的顺序排列.按上述各变量的递增顺序列出的解有:$(0,0,0), (0,0,1), (0,1,0), (0,1,1), \cdots$ 按这样的顺序寻优,最优解常较早发现.显然 $(0,0,0)$ 是一个可行解,相应的目标函数值 $Z=0$ 可作为初始过滤值.

因为目标函数在 $(x_2, x_1, x_3) = (0,0,1)$ 处的值 $Z=5$,且易知它是一个可行解,而 $5 > 0$,故用 5 取代 0 为新的过滤值.

继续查目标函数在 $(x_2, x_1, x_3) = (0,1,0)$ 处的值,算得 $Z=3$,因为 $3 < 5$,故它不会是最优解,也不必检查 $(0,1,0)$ 是否为可行解.

接下来再查目标函数在 $(x_2, x_1, x_3) = (0,1,1)$ 处的值,算得 $Z=8$,因为 $8 > 5$,所以需查 $(0,1,1)$ 是否为可行解,易知它是可行解,从而以 8 取代 5 为更新的过滤值.注意到

$$Z = -2x_2 + 3x_1 + 5x_3 \leqslant 3x_1 + 5x_3 \leqslant 3 \times 1 + 5 \times 1 = 8$$

可知,目标函数值不会超过 8,即过滤值 8 不能再改进,故 8 就是最后的过滤值,所以目标函数的最优值 $Z=8$,最优解 $X^* = (x_2, x_1, x_3) = (0,1,1)$.解题过程示于表 6-8 中.表中 "√" 表示满足该约束条件, "—" 表示不必要算出结果(不必检查是否满足约束条件).

表 6−8

解 (x_2, x_1, x_3)	满足条件 (1)	(2)	(3)	(4)	Z 值
(0,0,0)	√	√	√	√	0(初始滤值)
(0,0,1)	√	√	√	√	5(新滤值)
(0,1,0)	—	—	—	—	3
(0,1,1)	√	√	√	√	8(最新滤值)
(1,0,0)	—	—	—	—	
(1,0,1)	—	—	—	—	
(1,1,0)	—	—	—	—	
(1,1,1)	—	—	—	—	

第五节 分派问题

有 n 项不同的工作,恰好有 n 个人(或设备)可以分别完成其中一项.但由于任务性质和个人(设备)能力不同,由不同的人完成不同工作的效率(所需资源)也不一样,那么如何分派任务(派哪一个人或设备完成哪一项工作)使总的工作效率最高(所需资源最少)? 这类问题统称分派问题或指派问题(Assignment Problem).

5.1 分派问题的数学模型

例 9 有 5 个工人,要分派他们分别完成 5 项工作,每人做各项工作所消耗的时间如表 6−9 所示.问应分派哪个人去完成哪项工作,可使总的消耗时间为最小.

为了解决这个问题,我们引入 0−1 变量 x_{ij},并令

$$x_{ij} = \begin{cases} 1 & \text{当分派第 } i \text{ 个人完成第 } j \text{ 项工作} \\ 0 & \text{否则} \end{cases}$$

$$i,j=1,2,3,4,5$$

令 Z 表示 5 个人分别完成 5 项工作所消耗的总时间,则该问题的数学模型可表示为:

$$\min Z = 5x_{11} + 6x_{12} + 8x_{13} + 4x_{14} + 5x_{15}$$
$$+ 3x_{21} + 4x_{22} + 6x_{23} + 6x_{24} + x_{25}$$
$$+ 5x_{31} + 5x_{32} + 7x_{33} + 9x_{34} + 8x_{35}$$
$$+ 6x_{41} + 7x_{42} + 5x_{43} + 7x_{44} + 6x_{45}$$
$$+ 7x_{51} + 4x_{52} + 6x_{53} + 2x_{54} + 8x_{55}$$

$$\text{s.t.} \begin{cases} \sum_{i=1}^{5} x_{ij} = 1 & j = 1,2,3,4,5 \quad \text{每项工作只能由一个人去完成} \\ \sum_{j=1}^{5} x_{ij} = 1 & i = 1,2,3,4,5 \quad \text{每人只能完成其中的一项工作} \\ x_{ij} = 0 \text{ 或 } 1 & i,j = 1,2,3,4,5 \end{cases}$$

表 6-9 称为该问题的价值系数表,它给出了这个问题目标函数中的各个系数. 由这些数据构成的矩阵,称其为价值系数矩阵.

表 6-9

工人＼工作	A	B	C	D	E
甲	5	6	8	4	5
乙	3	4	6	6	1
丙	5	5	7	9	8
丁	6	7	5	7	6
戊	7	4	6	2	8

现假定一般分派问题的价值系数矩阵为 $C = (c_{ij})_{n \times n}$,其中矩阵元素 c_{ij} 表示由第 i 个人(n 个人)去完成第 j 项工作(n 项工作)的资源消耗(价值或效率),则一般分派问题的数学模型表示为:

$$\min Z = \sum_{i=1}^{n} \sum_{j=1}^{n} c_{ij} x_{ij}$$

$$\text{s.t.} \begin{cases} \sum_{i=1}^{n} x_{ij} = 1 & j = 1,2,\cdots,n \\ \sum_{j=1}^{n} x_{ij} = 1 & i = 1,2,\cdots,n \\ x_{ij} = 0 \text{ 或 } 1 & i,j = 1,2,\cdots,n \end{cases} \quad (6-32)$$

分派问题既是整数规划又是 0-1 规划,还是运输问题($m = n, a_i = b_j = 1$),当然可以用整数规划、0-1 规划或运输问题的解法去求解,但这就如同用单纯形法求解运输问题一样是不划算的,效果也不好. 这是因为对分派问题来说,其每一可行解的 n^2 个分量中基变量有 $2n-1$ 个,非基变量有 $n^2 - (2n-1)$ 个,而非零变量的个数仅有 n 个,具有高度退化性.

利用分派问题的特点可采用更简便的解法,下面我们介绍解分派问题的一种有效法:匈牙利法.

5.2 匈牙利法

1. 分派问题解的性质

性质 假定 $C = (c_{ij})_{n \times n}$ 为分派问题(6-32)的价值系数矩阵,先将它的某一行(或某一列)的各个元素都减去一个常数 k,得到一个新的矩阵 $C' = (c'_{ij})_{n \times n}$. 若以 C' 代替 C 作为分派问题的价值系数矩阵,而构成一新的分派问题,则这个新分派问题的最优解和原分派问题的最优解相同.

证明:假设将 $C=(c_{ij})_{n \times n}$ 的第 l 列的每个元素都减去一个常数 k,由此得到一个新的矩阵 $C'=(c'_{ij})_{n \times n}$,则这个新分派问题的目标函数为:

$$\begin{aligned} Z' &= \sum_{i=1}^{n} \sum_{j=1}^{n} c'_{ij} x_{ij} \\ &= \sum_{i=1}^{n} \Big[\sum_{\substack{j=1 \\ j \neq l}}^{n} c_{ij} x_{ij} + (c_{il} - k) x_{il} \Big] \\ &= \sum_{i=1}^{n} \Big[\sum_{\substack{j=1 \\ j \neq l}}^{n} c_{ij} x_{ij} + c_{il} x_{il} - k x_{il} \Big] \\ &= \sum_{i=1}^{n} \sum_{j=1}^{n} c_{ij} x_{ij} - k \sum_{i=1}^{n} x_{ij} \\ &= \sum_{i=1}^{n} \sum_{j=1}^{n} c_{ij} x_{ij} - k = Z - k \end{aligned}$$

因为 Z 为原分派问题的目标函数,k 为常数,这就证明了新问题与原问题的最优解相同.

2. 匈牙利法的思路

从分派问题最优解的性质不难看出,若 k 取值合适(取价值系数矩阵每行或每列的最小元素),通过上述变换,可使新矩阵 $C'=(c'_{ij})_{n \times n}$ 的所有元素非负并且出现若干个零元素,反复操作可使得每行每列都出现零元素.如果我们能找出这样的可行解(位于不同行和不同列的零元素为基变量,取值为1),基变量对应的价值系数全为零,非基变量取值为零,从而使目标函数的值也为零.由于 $x_{ij} \geq 0, c_{ij} \geq 0$,则这个可行解必定为该问题的最优解,同时也应该是原问题的最优解.更明白地说,在新的价值系数矩阵中,若存在一组位于不同行不同列的 n 个零元素,令其对应的变量 $x_{ij}=1$,其余的 $x_{ij}=0$,这个解就是最优解.因此问题的关键就在于寻找产生这组位于不同行不同列的零元素的方法.

3. 匈牙利法步骤

匈牙利数学家 Konig 发展并证明了寻找位于不同行不同列的零元素的方法,步骤如下:

(1)找出 $C=(c_{ij})_{n \times n}$ 每行(或每列)的最小元素,将 $C=(c_{ij})_{n \times n}$ 每行(或每列)的所有元素都减去该行(或该列)的最小元素,转下步.

(2)找出 $C=(c_{ij})_{n \times n}$ 每列(或每行)的最小元素,若它们均等于零,转下步;否则,以其每列(或每行)的所有元素减去其最小元素,至此所得价值系数矩阵的各行和各列均含有零元素,并称其为简约化的价值系数矩阵.

(3)以最少的 m 条直线(水平或竖直的)去覆盖(划去)简约化价值系数矩阵中所有零元素.

(4)若 $m=n$,停止.可从上述简约化价值系数矩阵的零元素中找到一组位于不同行且不同列的零元素,令其对应于这组零元素位置的变量 $x_{ij}=1$,就得到了一个最优解.这时,用初始价值系数矩阵中的元素置换相应的零元素并求和,就得到目标函数的最优值.

若 $m<n$,从未被 m 条直线覆盖的元素中找出最小值,从所有未被覆盖的元素中将它减去,并将这个最小元素加在所有位于水平覆盖线和竖直覆盖线相交处的元素上,而其他被覆盖的元素保持不变,这样便得一新的简约价值系数矩阵,然后转回第 3 步.

需要说明的是,当价值系数矩阵较大时,由简约后价值系数矩阵中的零元素确定分配方案的工作,应按照一定步骤进行.如果矩阵的某一行(或列)仅有一个零元素,则取它对应的变量 $x_{ij}=1$,然后将此行(此列)划去;若剩下的各行和各列均含有一个以上的零元素,则可用"分枝"的方法如上进行,直到找出所有(一个或多个)分派方案为止.

现用匈牙利法求解例 9. 已知初始价值系数矩阵为:

$$C_0 = \begin{bmatrix} 5 & 6 & 8 & 4 & 5 \\ 3 & 4 & 6 & 6 & 1 \\ 5 & 5 & 7 & 9 & 8 \\ 6 & 7 & 5 & 7 & 6 \\ 7 & 4 & 6 & 2 & 8 \end{bmatrix}$$

(1)找出价值系数矩阵 C_0 每行的最小元素,各行元素分别减去相应的最小元素后得新的价值系数矩阵 C_1:

$$C_0 = \begin{bmatrix} 5 & 6 & 8 & 4 & 5 \\ 3 & 4 & 6 & 6 & 1 \\ 5 & 5 & 7 & 9 & 8 \\ 6 & 7 & 5 & 7 & 6 \\ 7 & 4 & 6 & 2 & 8 \end{bmatrix} \begin{matrix} -4 \\ -1 \\ -5 \\ -5 \\ -2 \end{matrix} \rightarrow C_1 = \begin{bmatrix} 1 & 2 & 4 & 0 & 1 \\ 2 & 3 & 5 & 5 & 0 \\ 0 & 0 & 2 & 4 & 3 \\ 1 & 2 & 0 & 2 & 1 \\ 5 & 2 & 4 & 0 & 6 \end{bmatrix}$$

注意,由于这时 C_1 每列均已含有零元素,故不必再对列进行简约化.

(2)用最少的直线覆盖矩阵 C_1 中所有零元素:

$$C_1 = \begin{bmatrix} 1 & 2 & 4 & 0 & 1 \\ 2 & 3 & 5 & 5 & 0 \\ 0 & 0 & 2 & 4 & 3 \\ 1 & 2 & 0 & 2 & 1 \\ 5 & 2 & 4 & 0 & 6 \end{bmatrix}$$

此处覆盖所有零元素的最少直线 $m=4<n$,尚未达到最优解.注意,用四条直线覆盖所有零元素的方案不是唯一的,比如说用直线划去第三行和第三、四、五列就是另一种覆盖方案.

(3)C_1 中未被直线覆盖的最小元素等于 1,将第一、二、五行各元素减 1,第四、五列各元素加 1,得新矩阵 C_2:

$$C_1 = \begin{bmatrix} 1 & 2 & 4 & 0 & 1 \\ 2 & 3 & 5 & 5 & 0 \\ 0 & 0 & 2 & 4 & 3 \\ 1 & 2 & 0 & 2 & 1 \\ 5 & 2 & 4 & 0 & 6 \end{bmatrix} \begin{matrix} -1 \\ -1 \\ \\ \\ -1 \end{matrix} \rightarrow C_2 = \begin{bmatrix} 0 & 1 & 3 & 0 & 1 \\ 1 & 2 & 4 & 5 & 0 \\ 0 & 0 & 2 & 5 & 4 \\ 1 & 2 & 0 & 3 & 2 \\ 4 & 1 & 3 & 0 & 6 \end{bmatrix}$$

(4)对矩阵 C_2,覆盖全部零元素的最少直线数为 $m=n=5$,达到最优.

$$C_2 = \begin{bmatrix} 0 & 1 & 3 & 0 & 1 \\ 1 & 2 & 4 & 5 & 0 \\ 0 & 0 & 2 & 5 & 4 \\ 1 & 2 & 0 & 3 & 2 \\ 4 & 1 & 3 & 0 & 6 \end{bmatrix}$$

(5)为了确定位于不同行和不同列的一组零元素,首先从仅含一个零元素的行或列开始,逐步定出位于不同行不同列的零元素的位置.在本例中找零元素的一种顺序标号用括号中的数字示出.注意,这种顺序不是唯一的.

$$\begin{bmatrix} 0^{(5)} & 1 & 3 & 0 & 1 \\ 1 & 2 & 4 & 5 & 0^{(1)} \\ 0 & 0^{(4)} & 2 & 5 & 4 \\ 1 & 2 & 0^{(2)} & 3 & 2 \\ 4 & 1 & 3 & 0^{(3)} & 6 \end{bmatrix}$$

相应的最优解为:
$$x_{11}=x_{25}=x_{32}=x_{43}=x_{54}=1,\text{其他 } x_{ij}=0$$

最后回到原问题中,找到其对应的元素:

$$\begin{bmatrix} 5^* & 6 & 8 & 4 & 5 \\ 3 & 4 & 6 & 6 & 1^* \\ 5 & 5^* & 7 & 9 & 8 \\ 6 & 7 & 5^* & 7 & 6 \\ 7 & 4 & 6 & 2^* & 8 \end{bmatrix}$$

其最优目标函数值为 $5+1+5+5+2=18$,即让甲去干工作 A,乙去干工作 E,丙去干工作 B,丁去干工作 C,戊去干工作 D,这样可使消耗的总时间最少,最少总时间等于 18.

三、特殊分派问题

分派问题除极小化问题外,也有极大化问题.此外,并非被分配的每个成员什么工作都可以承担,工作数和能胜任工作的人数也未必相等.这些问题统称为特殊分派问题.

对于一个极大化分派问题

$$\max Z = \sum_{i=1}^{n}\sum_{j=1}^{n} c_{ij} x_{ij}$$

$$\text{s.t.} \begin{cases} \sum_{i=1}^{n} x_{ij} = 1 & j=1,2,\cdots,n \\ \sum_{j=1}^{n} x_{ij} = 1 & i=1,2,\cdots,n \\ x_{ij}=0 \text{ 或 } 1 & i,j=1,2,\cdots,n \end{cases} \qquad (6-33)$$

可令 $c'_{ij} = M - c_{ij}$，其中 M 是足够大的常数（如选 c_{ij} 中最大元素为 M 即可），显然 $c'_{ij} \geq 0$，且极小化分派问题

$$\min Z' = \sum_{i=1}^{n} \sum_{j=1}^{n} c'_{ij} x_{ij}$$

$$\text{s.t.} \begin{cases} \sum_{i=1}^{n} x_{ij} = 1 & j = 1, 2, \cdots, n \\ \sum_{j=1}^{n} x_{ij} = 1 & i = 1, 2, \cdots, n \\ x_{ij} = 0 \text{ 或 } 1 & i, j = 1, 2, \cdots, n \end{cases} \quad (6-34)$$

的最小解就是极大化分派问题(6-33)的最大解. 事实上

$$\sum_i \sum_j c'_{ij} x_{ij} = \sum_i \sum_j (M - c_{ij}) x_{ij}$$
$$= \sum_i \sum_j M x_{ij} - \sum_i \sum_j c_{ij} x_{ij}$$
$$= M \sum_i \sum_j x_{ij} - \sum_i \sum_j c_{ij} x_{ij}$$
$$= M \sum_i 1 - \sum_i \sum_j c_{ij} x_{ij}$$
$$= nM - \sum_i \sum_j c_{ij} x_{ij}$$

因 nM 为常数，故当 $\sum_i \sum_j c'_{ij} x_{ij}$ 取最小时，$\sum_i \sum_j c_{ij} x_{ij}$ 便为最大.

这样，我们就把求解极大化分派问题(6-33)转化为求解极小化分派问题(6-34)，而所得最优解是一致的.

对于工作数 n 和能胜任工作的人数 m 不相等的情形，若 $m<n$，虚设 $n-m$ 个人，使人数和工作数相等，虚设的人的价值系数为0，目标函数保持不变；若 $m>n$，虚设 $m-n$ 项工作，使工作数和人数相等，工作是虚设的，因此其效率或价值为0，目标函数保持不变.

例10 某设备公司有三台设备可租给 A, B, C, D 四项工程，各设备用于各工程创造的利润如表6-10. 问将哪一台设备租给哪一项工程，才能使创造的总利润最高.

解：如前面那样设 0-1 变量 $x_{ij}(i=1,2,3; j=1,2,3,4)$，其意义同前. 现按以下步骤进行求解.

表 6-10

工作 设备	A	B	C	D
M_1	4	10	8	5
M_2	9	8	0	2
M_3	12	3	7	4

(1) 先把极大化问题变为极小化问题. 方法是用某一足够大的常数（此处取表6-10中的最大元素12）减去原价值系数矩阵的各元素，从而得一新的价值系数矩阵如下：

$$\begin{matrix} M_1 \\ M_2 \\ M_3 \end{matrix} \begin{bmatrix} 8 & 2 & 4 & 7 \\ 3 & 4 & 12 & 10 \\ 0 & 9 & 5 & 8 \end{bmatrix}$$

(2)因设备台数比工程数少了一个,故增加一虚拟设备 M_4,价值系数矩阵改为

$$\begin{matrix} M_1 \\ M_2 \\ M_3 \\ M_4 \end{matrix} \begin{bmatrix} 8 & 2 & 4 & 7 \\ 3 & 4 & 12 & 10 \\ 0 & 9 & 5 & 8 \\ 0 & 0 & 0 & 0 \end{bmatrix}$$

(3)用匈牙利法求解得到的这个分派问题:

$$\begin{bmatrix} 8 & 2 & 4 & 7 \\ 3 & 4 & 12 & 10 \\ 0 & 9 & 5 & 8 \\ 0 & 0 & 0 & 0 \end{bmatrix} \begin{matrix} -2 \\ -3 \\ \\ \end{matrix} \rightarrow \begin{bmatrix} 6 & 0 & 2 & 5 \\ 0 & 1 & 9 & 7 \\ 0 & 9 & 5 & 8 \\ 0 & 0 & 0 & 0 \end{bmatrix} \begin{matrix} +1 \\ -1 \\ -1 \\ \end{matrix} \rightarrow$$

$$\begin{bmatrix} 7 & 0 & 2 & 5 \\ 0 & 0 & 8 & 6 \\ 0 & 8 & 4 & 7 \\ 0 & 0 & 0 & 0 \end{bmatrix} \begin{matrix} \\ \\ \\ +2 \end{matrix} \rightarrow \begin{bmatrix} 7 & 0 & 0^* & 3 \\ 0 & 0^* & 6 & 4 \\ 0^* & 8 & 2 & 5 \\ 3 & 2 & 0 & 0^* \end{bmatrix}$$

从而得最优解如下:

$$x_{13}=x_{22}=x_{31}=x_{44}=1,其他\ x_{ij}=0$$

(4)返回原问题,可知分派方案为:

M_1 用于工程 C,M_2 用于工程 B,M_3 用于工程 A,不给工程 D 提供设备. 其问题的最优目标函数值,即创造的最高利润等于 $12+8+8=28$.

习 题

6.1 某服务部门各时段需要的服务人数如下表,服务员连续工作 8 小时为一班,现要求安排服务员的工作时间,使该服务部门服务员总数最少. 试建立数学模型.

时段	始末时间	最少服务员数目
1	8:00~10:00	10
2	10:00~12:00	8
3	12:00~14:00	9
4	14:00~16:00	11
5	16:00~18:00	13
6	18:00~20:00	8
7	20:00~22:00	5
8	22:00~24:00	3

6.2 某服装厂可生产三种服装,生产不同类型的服装要租用不同的设备,设备租金和其他经济数据见下表.假定市场需求不成问题,服装厂每月可用人工工时 2000 小时,该厂如何安排生产可使每月的利润最大.试建立数学模型.

序号	服装种类	设备租金（元）	生产成本（元/件）	销售价格（元/件）	人工工时（小时/件）	设备工时（小时/件）	设备可用工时（小时）
1	西服	5000	280	400	5	3	300
2	衬衫	2000	30	40	1	0.5	480
3	羽绒服	3000	200	300	4	2	600

6.3 用图解法求解下面整数规划问题.

$$\max Z = 3x_1 + 2x_2$$
$$\text{s.t.} \begin{cases} 2x_1 + 3x_2 \leq 14 \\ 2x_1 + x_2 \leq 9 \\ x_1, x_2 \geq 0, \text{且为整数} \end{cases}$$

6.4 用分枝定界法和割平面法求解下列整数规划.

(1) $\max Z = 3x_1 + 2x_2$
$$\text{s.t.} \begin{cases} 2x_1 + 3x_2 \leq 14.5 \\ 4x_1 + x_2 \leq 16.5 \\ x_1, x_2 \geq 0, \text{且为整数} \end{cases}$$

(2) $\max Z = 4x_1 + 3x_2$
$$\text{s.t.} \begin{cases} 3x_1 + 4x_2 \leq 12 \\ 4x_1 + 2x_2 \leq 9 \\ x_1, x_2 \geq 0, \text{且为整数} \end{cases}$$

(3) $\max Z = 2x_1 + 3x_2$
$$\text{s.t.} \begin{cases} -x_1 + x_2 \leq 2 \\ 47x_1 + 8x_2 \leq 188 \\ 3x_1 + 2x_2 \leq 19 \\ x_1, x_2 \geq 0, \text{且为整数} \end{cases}$$

(4) $\min Z = x_1 + 4x_2$
$$\text{s.t.} \begin{cases} 2x_1 + x_2 \leq 8 \\ x_1 + 2x_2 \geq 6 \\ x_1, x_2 \geq 0, \text{且为整数} \end{cases}$$

6.5 求解 0-1 规划.

(1) $\min Z = 4x_1 + 3x_2 + 2x_3$

$$\text{s.t.} \begin{cases} 2x_1 - 5x_2 + 3x_3 \leq 4 \\ 4x_1 + x_2 + 3x_3 \geq 3 \\ x_2 + x_3 \geq 1 \\ x_1, x_2, x_3 = 0, 1 \end{cases}$$

(2) $\min Z = 2x_1 + 5x_2 + 3x_3 + 4x_4$

$$\text{s.t.} \begin{cases} -4x_1 + x_2 + x_3 + x_4 \geq 0 \\ -2x_1 + 4x_2 + 2x_3 + x_4 \geq 4 \\ x_1 + x_2 - x_3 + x_4 \geq 1 \\ x_1, x_2, x_3, x_4 = 0, 1 \end{cases}$$

(3) $\min Z = 6x_1 + 8x_2 + 10x_3 + 4x_4$

$$\text{s.t.} \begin{cases} x_1 - 3x_2 + 5x_3 + x_4 \geq 2 \\ -3x_1 + 7x_2 - 4x_3 - x_4 \geq 0 \\ -3x_1 + 3x_2 - 2x_3 - 2x_4 \geq 1 \\ x_1, x_2, x_3, x_4 = 0, 1 \end{cases}$$

6.6 已知下面效率矩阵,用匈牙利法分别求出最优解.

$$(1) C = \begin{bmatrix} 7 & 12 & 6 & 13 & 7 \\ 12 & 11 & 6 & 13 & 11 \\ 10 & 8 & 6 & 11 & 9 \\ 12 & 8 & 6 & 7 & 9 \\ 13 & 13 & 10 & 13 & 12 \end{bmatrix} \quad (2) C = \begin{bmatrix} 4 & 10 & 3 & 4 & 8 \\ 8 & 3 & 7 & 8 & 8 \\ 10 & 5 & 8 & 11 & 4 \\ 4 & 7 & 6 & 4 & 3 \\ 10 & 7 & 3 & 5 & 7 \end{bmatrix}$$

$$(3) C = \begin{bmatrix} 8 & 4 & 2 & 6 & 1 \\ 0 & 9 & 5 & 5 & 4 \\ 3 & 8 & 9 & 2 & 6 \\ 4 & 3 & 1 & 0 & 3 \\ 9 & 5 & 8 & 9 & 5 \end{bmatrix} \quad (4) C = \begin{bmatrix} 10 & 11 & 4 & 2 & 8 \\ 7 & 11 & 10 & 14 & 12 \\ 5 & 6 & 9 & 12 & 14 \\ 13 & 15 & 11 & 10 & 7 \end{bmatrix}$$

6.7 某工厂有四个工人 A_1, A_2, A_3, A_4,分别均能操作 B_1, B_2, B_3, B_4 四台车床中的一台,每小时的产值如下表.求产值最大的分配方案.

工人	车床 B_1	车床 B_2	车床 B_3	车床 B_4
A_1	10	9	8	7
A_2	3	4	5	6
A_3	2	1	1	2
A_4	4	3	5	6

6.8 分配甲、乙、丙、丁四人去完成五项任务,每人完成各项任务的时间如下表所示.由于任务数多于人数,故规定其中有一个人可兼完成两项任务,其余三人每人完成一项任务,试确定花费时间最少的指派方案.

人 \ 任务	A	B	C	D	E
甲	27	31	33	44	39
乙	41	40	28	22	35
丙	36	29	30	42	34
丁	26	44	38	25	47

第七章 动 态 规 划

动态规划(Dynamic Programming)是运筹学的一个分支,是求解多阶段决策过程(Multistep Decision Process)最优化的一种数学方法.20世纪50年代初美国数学家贝尔曼(R. Bellman)等人,根据多阶段决策问题的特性,提出了解决这类问题的"最优化原理",创立了解决这类过程优化问题的新方法——动态规划,通过把多阶段决策过程转化为一系列单阶段问题,利用各阶段之间的关系,逐个求解.他的著作《动态规划》于1957年出版,这是该领域的第一本著作.

动态规划与"时间"关系很密切,随着时间过程的发展而决定各时段的决策,产生一个决策序列,这就是"动态"的意思.当然动态规划也可以处理某些与时间无关的问题,但只需要在问题中人为地引入"时段"因素,将问题看成是多阶段决策过程即可.最初动态规划指的是随机线性规划或不确定性线性规划问题.今天,动态规划已发展成为解决工程技术、经济、工业、军事等多方面问题的定量技术,尤其是在现代企业管理方面,如资源分配问题、设备更新问题、生产库存问题、可靠性问题、装载问题、排序问题等,都可以通过动态规划的方法来处理,通常比线性规划或非线性规划更有效.特别是对于一些离散型问题,由于解析数学求解困难,动态规划的方法就成为非常有用的工具.需要注意的是,动态规划是求解某类问题的一种方法,或考察问题的一种途径,而不是一种特殊算法(如线性规划是一种算法).因而,它不像线性规划那样有一个标准的数学表达式和明确定义的一组规则,而必须对具体问题具体分析.

动态规划模型的分类,根据多阶段决策过程的时间参量是离散的还是连续的,过程分为离散决策过程和连续决策过程.根据决策过程的演变是确定性的还是随机性的,过程又可以分为确定性决策过程和随机性决策过程.组合起来就包括离散确定性、离散随机性、连续确定性和连续随机性这四种决策过程模型.

第一节 多阶段决策过程

多阶段决策过程是指这样一类特殊的活动过程:它们可以按照时间顺序分解成若干相互联系的阶段,称为"时段",在每一个时段都要作出决策,从而使整个过程达到最好的效果.因此,每个阶段的决策都不是任意确定的,它依赖于当前阶段的状态,又影响以后阶段的发展.当各个阶段的决策确定后,就组成了一个决策序列,所以多阶段决策过程又称为序贯决策过程.

多阶段决策问题很多,现举例如下.

例1 最短路径问题. 图 7-1 表示从起点 A 到终点 E 之间各点的距离. 求从 A 到 E 的最短路径.

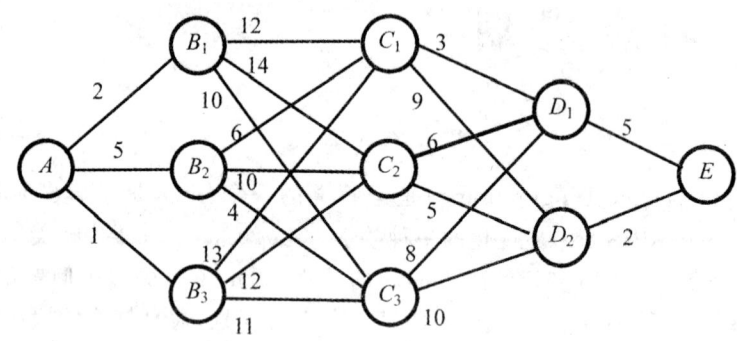

图 7-1

为解决这一问题,显然可以用穷举法,即列出从 A 到 E 的所有路线,分别计算出这些路线的长度,经比较选出其中的最短者. 可以看出一共有 $3\times 3\times 2=18$ 条不同的路径,逐个计算每条路径的长度,总共需要进行 $4\times 18=72$ 次加法计算;对 18 条路径的长度作两两比较,找出其中最短的一条,总共要进行 $18-1=17$ 次比较. 如果从 A 到 C 的站点有 k 个,则总共有 $3^{k-1}\times 2$ 条路径,用穷举法求最短路径总共要进行 $(k+1)3^{k-1}\times 2$ 次加法,及 $3^{k-1}\times 2-1$ 次比较. 当 k 的值增加时,需要进行的加法和比较的次数将迅速增加. 例如当 $k=10$ 时,加法次数为 433026 次,比较 39365 次.

该例求从 A 到 E 的最短路径问题,首先可以转化为三个性质完全相同,但规模较小的子问题,即分别从 B_1,B_2,B_3 到 E 的最短路径问题.

记从 $B_i(i=1,2,3)$ 到 E 的最短路径为 $f(B_i)$,则从 A 到 E 的最短距离 $f(A)$ 可以表示为:

$$f(A)=\min\begin{Bmatrix}AB_1+f(B_1)\\ AB_2+f(B_2)\\ AB_3+f(B_3)\end{Bmatrix}=\min\begin{Bmatrix}2+f(B_1)\\ 5+f(B_2)\\ 1+f(B_3)\end{Bmatrix}$$

同样,计算 $f(B_1)$ 又可以归结为性质完全相同,但规模更小的问题,即分别求 C_1,C_2,C_3 到 E 的最短路径问题 $f(C_i)(i=1,2,3)$,而求 $f(C_i)$ 又可以归结为求 $f(D_1)$ 和 $f(D_2)$ 这两个子问题. 从图 7-1 可以看出,在这个问题中,$f(D_1)$ 和 $f(D_2)$ 是已知的,它们分别为 $f(D_1)=5, f(D_2)=2$.

因而,可以从这两个值开始,逆向递归计算 $f(A)$ 的值. 计算过程如下:

$$f(C_1)=\min\begin{Bmatrix}C_1D_1+f(D_1)\\ C_1D_2+f(D_2)\end{Bmatrix}=\min\begin{Bmatrix}3+f(D_1)\\ 9+f(D_2)\end{Bmatrix}=\min\begin{Bmatrix}3+5\\ 9+2\end{Bmatrix}=8$$

$$f(C_2)=\min\begin{Bmatrix}C_2D_1+f(D_1)\\ C_2D_2+f(D_2)\end{Bmatrix}=\min\begin{Bmatrix}6+f(D_1)\\ 5+f(D_2)\end{Bmatrix}=\min\begin{Bmatrix}6+5\\ 5+2\end{Bmatrix}=7$$

$$f(C_3)=\min\begin{Bmatrix}C_3D_1+f(D_1)\\ C_3D_2+f(D_2)\end{Bmatrix}=\min\begin{Bmatrix}8+f(D_1)\\ 10+f(D_2)\end{Bmatrix}=\min\begin{Bmatrix}8+5\\ 10+2\end{Bmatrix}=12$$

$f(C_1)=8$,即如果到达 C_1,则下一站应通过 D_1 到达终点;$f(C_2)=7$,即如果到达 C_2,则下

一站应到达 D_2 再到达终点;$f(C_3)=12$,即如果到达 C_3,则下一站应到达 D_2 再到达终点.

由此,可以计算 $f(B_i)$：

$$f(B_1)=\min\begin{Bmatrix}B_1C_1+f(C_1)\\B_1C_2+f(C_2)\\B_1C_3+f(C_3)\end{Bmatrix}=\min\begin{Bmatrix}12+f(C_1)\\14+f(C_2)\\10+f(C_3)\end{Bmatrix}=\min\begin{Bmatrix}12+8\\14+7\\10+12\end{Bmatrix}=20$$

$$f(B_2)=\min\begin{Bmatrix}B_2C_1+f(C_1)\\B_2C_2+f(C_2)\\B_2C_3+f(C_3)\end{Bmatrix}=\min\begin{Bmatrix}6+f(C_1)\\10+f(C_2)\\4+f(C_3)\end{Bmatrix}=\min\begin{Bmatrix}6+8\\10+7\\4+12\end{Bmatrix}=14$$

$$f(B_3)=\min\begin{Bmatrix}B_3C_1+f(C_1)\\B_3C_2+f(C_2)\\B_3C_3+f(C_3)\end{Bmatrix}=\min\begin{Bmatrix}13+f(C_1)\\12+f(C_2)\\11+f(C_3)\end{Bmatrix}=\min\begin{Bmatrix}13+8\\12+7\\11+12\end{Bmatrix}=19$$

$f(B_1)=20$,即如果到达 B_1,则下一站应到达 C_1;$f(B_2)=14$,即如果到达 B_2,则下一站应到达 C_1;$f(B_3)=19$,即如果到达 B_3,则下一站应到达 C_2.

由此,可以计算：

$$f(A)=\min\begin{Bmatrix}AB_1+f(B_1)\\AB_2+f(B_2)\\AB_3+f(B_3)\end{Bmatrix}=\min\begin{Bmatrix}2+f(B_1)\\5+f(B_2)\\1+f(B_1)\end{Bmatrix}=\min\begin{Bmatrix}2+20\\5+14\\1+19\end{Bmatrix}=19$$

最后,可以得到从 A 到 E 的最短路径为 $A\rightarrow B_2\rightarrow C_1\rightarrow D_1\rightarrow E$.

计算过程及结果如图 7-2 表示,图中每个节点上方括号内的数表示该点到 E 点的最短距离.可以看出以上方法不仅得到了从 A 到 E 的最短路径,同时,也得到了从图中任一点到 E 的最短路径.

以上过程,仅用了 18 次加法和 11 次比较,计算效率远高于穷举法.

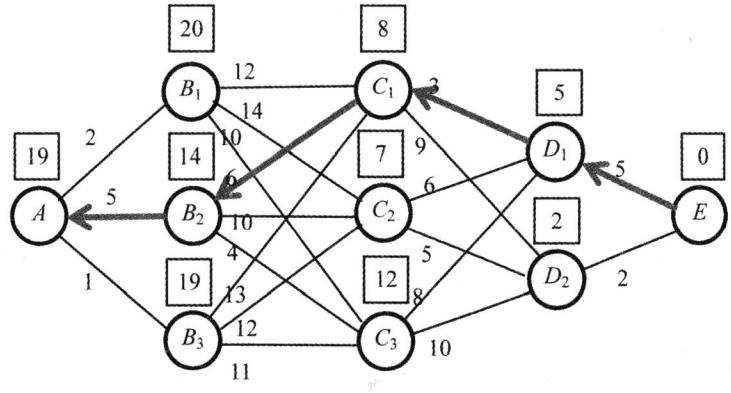

图 7-2

第二节 动态规划的基本概念

2.1 动态规划的基本特征

由例1可以看出,动态规划问题具有以下基本特征.
(1)问题具有多阶段决策的特征,阶段可以按时间划分,也可以按空间划分.
(2)每一阶段都有相应的"状态"与之对应,描述状态的量称为"状态变量".
(3)每一阶段都面临一个决策,选择不同的决策将会导致下一阶段不同的状态,同时,不同的决策将会导致这一阶段不同的目标函数值.
(4)每一阶段的最优解问题可以递推归结为下一阶段各个可能状态的最优解问题,各子问题与原问题具有完全相同的结构.能否构造这样的递推归结,是解决动态规划问题的关键.这种递推归结的过程,称为"不变嵌入".

2.2 动态规划的基本概念

用动态规划方法解决多阶段决策问题,首先需要将以上特征形式化,因此需要用到动态规划的基本概念.

1. 阶段

把所研究的决策问题,按先后顺序划分为若干相互联系的决策步骤,以便按一定的次序进行求解.描述阶段的变量称为阶段变量,常用 k 表示.问题包含的阶段,一般是根据时间和空间的自然特征来划分,但要便于把问题的过程能转化为多阶段决策的过程.如例1中,从 A 到 E 可以分成从 A 到 B(B 有三种选择 B_1,B_2 和 B_3),从 B 到 C(C 有三种选择 C_1,C_2 和 C_3),从 C 到 D(D 有两种选择 D_1 和 D_2),再从 D 到 E 四个阶段,因此可取 $k=1,2,3,4$.

2. 状态

状态表示每个阶段开始时所处的自然状况或客观条件,它描述了影响决策的因素随决策进程的变化情况,它既是前面阶段所作决策的结果,又是本阶段做出决策的出发点和依据.描述状态的变量称为状态变量,第 k 阶段的状态变量常用 s_k 表示.通常,第一阶段状态变量 s_1 是确定的,称初始状态.状态变量 s_k 取值集合称为状态集合,用 S_k 表示.

动态规划中的状态应具有如下的性质:当某阶段状态给定以后,在这阶段以后过程的发展不受这段以前各阶段状态的影响.也就是说,当前的状态是过去历史的一个完整总结,过程的过去历史只能通过当前状态去影响它未来的发展,这称为后无效性.如果所选定的变量不具备后无效性,就不能作为状态变量来构造动态规划模型.

在例1中,第一阶段状态为 A,状态变量 s_1 的集合 $S_1=\{A\}$,后面各段的状态集合分

别是
$$S_2 = \{B_1, B_2, B_3\}$$
$$S_3 = \{C_1, C_2, C_3\}$$
$$S_4 = \{D_1, D_2\}$$

当某阶段的初始状态已选定某个点时,从这个点以后的路线只与该点有关,不受以前路线影响,所以满足后无效性.

3. 决策

决策表示在某一阶段处于某种状态时,决策者在若干种方案中做出的选择决定.描述采取不同决策的变量称决策变量,第 k 阶段的决策变量常用 u_k 表示,常用 $u_k(s_k)$ 表示第 k 阶段当状态为 s_k 时的决策变量.在实际问题中,决策变量的取值往往限制在一定的范围内,我们称此范围为允许决策集合,常用 $D_k(S_k)$ 表示第 k 阶段从状态 s_k 出发的允许决策集合,显然有 $u_k(s_k) \in D_k(s_k)$.决策变量的取值会受到状态变量的制约,被限制在某一范围之内.

例 1 中,从第二阶段的状态 B_2 出发,可选择下一阶段的 C_1, C_2, C_3,即其允许决策集合为
$$D_2(B_2) = \{C_1, C_2, C_3\}.$$

如决定选择 C_1,则可表示为
$$u_2(B_2) = C_1.$$

4. 策略

把从第一阶段开始到最后阶段终止的整个决策过程,称为问题的全过程;而把从第 k 阶段开始到最后阶段终止的决策过程,称为 k 子过程.在全过程上,各阶段决策按照顺序排列组成的决策序列
$$P_{1,n} = \{u_1(s_1), u_2(s_2), \cdots, u_n(s_n)\}$$
称为全过程策略,简称策略;而在 k 子过程上的决策序列
$$P_{k,n} = \{u_k(s_k), u_{k+1}(s_{k+1}), \cdots, u_n(s_n)\}$$
称为 k 子过程策略,也简称子策略.

例 1 中 $p_{1,4} = \{u_1(s_1), u_2(s_2), u_3(s_3), u_4(s_4)\} = \{B_2, C_1, D_1, E\}$.

在实际问题中,可供选择的策略有一定的范围,此范围称为允许策略集合,用 P 表示.从允许策略集合中找出达到最优效果的策略称为最优策略.

5. 状态转移方程

若第 k 阶段的状态变量值为 s_k,当决策变量 u_k 的取值决定后,下一阶段状态变量 s_{k+1} 的值也就完全确定,即 s_{k+1} 的值对应于 s_k 和 u_k 的值.这种对应关系记为
$$s_{k+1} = T_k(s_k, u_k)$$
称为状态转移方程.状态转移方程描述了由一个阶段的状态到下一阶段的状态的演变规律. T_k 称为状态转移函数.

例 1 中状态转移方程为 $s_{k+1} = u_k(s_k)$.

6. 指标函数和目标函数

用于衡量所选定策略优劣的数量指标称为指标函数.一个 n 阶段决策过程,从 1 到 n

叫做问题的原过程,对任意给定的 $k(1 \leqslant k \leqslant n)$,从第 k 段到第 n 段的过程成为原过程的后部子过程. 指标函数分为阶段指标函数和过程指标函数. 阶段指标函数是对某一阶段的状态和决策产生的效益值的度量,用 $v_k(s_k, u_k)$ 表示. 过程指标函数是指过程所包含的各阶段的状态和决策所产生的总的效益值,记为

$$V_{k,n} = V_{k,n}(s_k, u_k, s_{k+1}, u_{k+1}, \cdots, s_n, u_n)$$

定义在全过程上的准则函数相当于目标函数,一般记为

$$V_{1,n} = V_{1,n}(s_1, u_1, s_2, u_2, \cdots, s_n, u_n)$$

或简记为 $V_{1,n}$.

动态规划所要求的过程指标函数应具有可分离性,可表达为它所包含的各阶段指标函数的函数形式,且满足递推关系,即 $V_{k,n}$ 可以表示为 s_k, u_k 的函数.

常见的两种过程指标函数形式是:

(1) 过程和它的任一子过程的指标是它所包含的各阶段指标函数的和,即

$$V_{k,n} = \sum_{j=k}^{n} v_j(s_j, u_j)$$

其中 $v_j(s_j, u_j)$ 表示第 j 阶段的阶段指标函数.

(2) 过程和它的任一子过程的指标是它所包含的各阶段指标函数的乘积,即

$$V_{k,n} = \prod_{j=k}^{n} v_j(s_j, u_j)$$

把过程指标函数 $V_{k,n}$ 对 k 子过程策略 $p_{k,n}^*$ 求最优,得到一个关于状态 s_k 的函数,称为最优值函数,记为 $f_k(s_k)$,即

$$f_k(s_k) = V_{k,n}(s_k, p_{k,n}^*) = \underset{p_{k,n} \in P_{k,n}}{\text{opt}} V_{k,n}(s_k, p_{k,n}),$$

式中的"opt"(optimization)可根据具体问题的题意而取 min 或 max,当 $k=1$ 时,$f_1(s_1)$ 就是从初始状态 s_1 到全过程结束的整体最优函数.

例 1 中,指标函数是距离. 如第二阶段,状态为 B_2 时,$d(B_2, C_1)$ 表示由 B_2 出发,采用决策到下一阶段 C_1 的两点间距离,$V_{2,4}(B_2)$ 表示从 B_2 到 E 的距离,而 $f_2(B_2)$ 则表示从 B_2 到 E 的最短距离. 例 1 的总目标是求 $f_1(A)$,即从 A 到终点 E 的最短距离.

第三节 动态规划的基本原理

3.1 动态规划的基本思想

结合例 1 最短路径问题,介绍动态规划的基本思想. 例 1 是从最后一阶段开始,利用逆序递推方法求解,逐步求出各段各点到终点 E 的最短路线,最后求得从 A 点到 E 点的最短路线.

上面我们已经规定了本例的阶段数、状态变量、决策变量,给出了转移方程、指标函数

等.

第一步，从 $k=4$ 开始，状态变量 s_4 可以取两种状态 D_1,D_2，它们到 E 点的距离分别为 $5,2$. 即
$$f_4(D_1)=d(D_1,E)=5$$
$$f_4(D_2)=d(D_2,E)=2$$

第二步，$k=3$，状态变量 s_3 可以取三种状态 C_1,C_2,C_3，这是一个经过一个中途点到达终点 E 的两级决策问题，从 C_1 到 E 有两条路线，取其中距离短的，即
$$f_3(C_1)=\min\begin{Bmatrix}d(C_1,D_1)+f_4(D_1)\\d(C_1,D_2)+f_4(D_2)\end{Bmatrix}=\min\begin{Bmatrix}3+5\\9-2\end{Bmatrix}=8$$

这说明由 C_1 到终点 E 最短距离为 8，其路径为 $C_1\rightarrow D_1\rightarrow E$. 相应决策为 $u_3^*(C_1)=D_1$.

$$f_3(C_2)=\min\begin{Bmatrix}d(C_2,D_1)+f_4(D_1)\\d(C_2,D_2)+f_4(D_2)\end{Bmatrix}=\min\begin{Bmatrix}6+5\\5+2\end{Bmatrix}=7$$

即 C_2 到终点 E 最短距离为 7，其路径为 $C_2\rightarrow D_2\rightarrow E$. 相应决策为 $u_3^*(C_2)=D_2$.

$$f_3(C_3)=\min\begin{Bmatrix}d(C_3,D_1)+f_4(D_1)\\d(C_3,D_2)+f_4(D_2)\end{Bmatrix}=\min\begin{Bmatrix}8+5\\10+2\end{Bmatrix}=12$$

即 C_3 到终点 E 最短距离为 12，其路径为 $C_3\rightarrow D_2\rightarrow E$. 相应决策为 $u_3^*(C_3)=D_2$.

第三步，$k=2$，状态变量 s_2 可以取三种状态，这是一个经过两个中途点到达终点 E 的三级决策问题，从 B 经过 C,D 到达 E，从 C 到达 E 的最短路径已经由第二步求出，因此有

$$f_2(B_1)=\min\begin{Bmatrix}d(B_1,C_1)+f_3(C_1)\\d(B_1,C_2)+f_3(C_2)\\d(B_1,C_3)+f_3(C_3)\end{Bmatrix}=\min\begin{Bmatrix}12+8\\14+7\\10+12\end{Bmatrix}=20$$
$$u_2^*(B_1)=C_1$$

$$f_2(B_2)=\min\begin{Bmatrix}d(B_2,C_1)+f_3(C_1)\\d(B_2,C_2)+f_3(C_2)\\d(B_2,C_3)+f_3(C_3)\end{Bmatrix}=\min\begin{Bmatrix}6+8\\10+7\\4+12\end{Bmatrix}=14$$
$$u_2^*(B_2)=C_1$$

$$f_2(B_3)=\min\begin{Bmatrix}d(B_3,C_1)+f_3(C_1)\\d(B_3,C_2)+f_3(C_2)\\d(B_3,C_3)+f_3(C_3)\end{Bmatrix}=\min\begin{Bmatrix}13+8\\12+7\\11+12\end{Bmatrix}19$$
$$u_2^*(B_3)=C_2$$

第四步，$k=1$，状态变量 s_1 只有一种状态 A，这是一个经过三个中途点到达终点 E 的四级决策问题，从 A 经过 B,C,D 到达 E，从 B 到达 E 的最短路径已经由第三步求出，因此有

$$f_1(A)=\min\begin{Bmatrix}d(A,B_1)+f_2(B_1)\\d(A,B_2)+f_2(B_2)\\d(A,B_3)+f_2(B_3)\end{Bmatrix}=\min\begin{Bmatrix}2+20\\5+14\\1+19\end{Bmatrix}=19$$

即从 A 到 E 的最短距离为 19. 本阶段决策为 $u_1^*(A)=B_2$.

再按计算顺序反推可得最优决策序列 $\{u_k\}$，即 $u_1^*(A)=B_2$，$u_2^*(B_2)=C_1$，$u_3^*(C_3)=D_1$，$u_4^*(D_1)=E$. 所以最短路径为 $A\to B_2\to C_1\to D_1\to E$.

通过例 1 的计算过程，现将动态规划方法的基本思想总结如下.

(1) 将多阶段决策过程划分阶段，恰当选取状态变量、决策变量及定义最优指标函数，从而把问题化成一族同类型的子问题，然后逐个求解.

(2) 求解时从边界条件开始，逆（或顺）过程求解，逐段递推寻优. 在每一个子问题求解时，都要使用它前面已求出的子问题的最优结果，最后一个子问题的最优解，就是整个问题的最优解.

(3) 动态规划方法是既把当前段与未来各段分开，又把当前效益和未来效益结合起来考虑的一种最优化方法，因此每段的最优决策选取是从全局考虑的，与该段的最优选择一般是不同的.

3.2 动态规划的基本原理

例 1 中从 A 到 E 的最短路径为 $A\to B_2\to C_1\to D_1\to E$. 可以看出，在最短路径上的任一点，它到终点的最短路也在这条路上. 例如点 C_1 到终点 E 的最短路线是 $C_1\to D_1\to E$，而不是别的. 如不然，$A\to B_2\to C_1\to D_1\to E$ 就不会是 A 到 E 的最短路径. 这就说明，从起点到终点的最短路线具有这种性质：它不仅是起点到终点的最短距离，也是其上任一点到终点的最短路线. 因此，无论从哪一段的某状态出发到终点 E 的最短路径，只与此状态有关，而与这点以前的状态、路线无关，即不受 A 点是如何达到这点的决策影响.

动态规划方法基于贝尔曼等人提出的最优化原理，它表述为："一个过程的最优策略具有这样的性质，即无论初始状态及初始决策如何，对于先前决策所形成的状态而言，其以后的所有决策应构成最优策略."

最优化原理是动态规划的核心，它说明最优策略的任一后部子策略也是最优的. 根据这个原理，在用动态规划方法求解多阶段决策问题时，各状态前面的状态和决策，对其后面的子问题来说，只不过相当于其初始条件而已，并不影响后面过程的最优决策.

3.3 动态规划的基本方程

从例 1 计算过程看出，在求解的各阶段都利用了第 k 段和第 $k+1$ 段的如下关系：

$$\begin{cases} f_k(s_k)=\min\limits_{u_k}\{v_k(s_k,u_k)+f_{k+1}(s_{s+1})\} & k=1,2,3,4 \\ f_5(s_5)=0 \end{cases} \quad (7-1)$$

这种递推关系称为动态规划的基本方程，其中 $f_5(s_5)=0$ 为边界条件.

动态规划的基本方程是递推逐段求解的依据，一般的动态规划基本方程可表示为：

$$\begin{cases} f_k(s_k)=\mathop{\mathrm{opt}}\limits_{u_k\in D_k(s_k)}\{V_k(s_k,u_k)+f_{k+1}(s_{s+1})\} & k=n,n-1,\cdots,1 \\ f_{n+1}(s_{n+1})=0 \end{cases} \quad (7-2)$$

式中 opt 可根据题意取 min 或 max，$v_k(s_k, u_k)$ 为状态 s_k、决策 u_k 时对应的第 k 阶段的指标函数值.

若已知第 k 阶段的状态，则当该阶段的决策确定后，就完全确定了 $k+1$ 阶段的状态，故 s_{k+1} 应是 s_k 和 u_k 的函数，即

$$s_{k+1} = T_k(s_k, u_k) \tag{7-3}$$

上式也称为状态转移方程.

第四节 动态规划模型的建立与求解

4.1 建立动态规划的数学模型

为了用动态规划的方法解决实际问题，首先必须建立动态规划的数学模型. 这需要解决以下几个问题.

1. 划分阶段

划分阶段是用多阶段决策过程描述一个实际问题的第一步，通常可根据问题的性质，按照时间、空间、变量等进行划分.

2. 确定状态变量和状态集合

多阶段决策过程的进展，可用各阶段的状态演变来描述. 因而，选取的状态变量应能反映过程的演变特征，并要满足无后效性的要求. 在建立实际问题的动态规划模型时，若选取的状态变量不能使它描述的过程具有无后效性，就不能把它作为动态规划模型的状态变量. 这时，需要适当改变状态的规定方法，以实现无后效性的要求.

决定了状态变量后，还需要对实际问题的情况进行分析，以确定状态集合，即各个阶段状态变量的可能取值范围.

3. 确定决策变量及允许决策集合

决策变量是决策者对系统实施控制的手段，它应能体现决策者对系统发展的能控作用. 在确定允许决策集合时，应考虑到一切可能情况，它通常是由系统状态和最优化的目标所决定的.

4. 建立状态转移方程

状态转移方程如式 7-3 所示，它给出了状态转移的规律. 当 k 阶段的状态变量和决策变量的取值确定时，如果第 $k+1$ 阶段的状态变量 s_{k+1} 的值也随之确定，称这种多阶段决策过程为确定性多阶段决策过程；如果对于确定的 s_k 和 u_k，相应的 s_{k+1} 不确定，而是具有某种概率分布的随机变量，则称这种多阶段决策过程就是随机性的多阶段决策过程.

5. 确定各阶段指标函数，建立动态规划的基本方程

在动态规划中要求指标函数按阶段可分，同时随阶段的推移单调变化，以便将指标函

数写成动态规划基本方程所要求的递推关系. $V_{k,n} \sum_{j=k}^{n} v_j(s_j, u_j)$ 和 $V_{k,n} = \prod_{j=k}^{n} v_j(s_j, u_j)$ 都满足这一要求.

6. 确定边界条件

边界条件是指过程开始和结束时的状况,包括过程的初始状态、终止状态、起始时状态的值、终止时状态的值.

初步建立了动态规划的模型之后,还要进一步检查是否正确表达了原来问题的要求和各项限制条件. 上面指出的是建立动态规划模型需要考虑的一般问题,实际建模需要经验与技巧,关键是灵活运用最优化原理.

下面以资源分配问题为例介绍动态规划的建模条件及解法. 资源分配问题是动态规划的典型应用之一,资源可以是资金、原材料、设备、劳力等,资源分配就是将数量一定的一种或若干种资源,恰当地分配给若干个使用者,以获取最大利润.

例 2 某公司有资金 10 万元,若投资于项目 $i(i=1,2,3)$ 的投资额为 x_i 时,其收益分别为 $g_1(x_1)=4x_1, g_2(x_2)=9x_2, g_3(x_3)=2x_3^2$,问如何分配投资数额才能使总收益最大.

这是一个与时间无明显关系的静态最优化问题,可列出其静态模型:

求 x_1, x_2, x_3,使

$$\max Z = 4x_1 + 9x_2 + 2x_3^2$$
$$\text{s. t.} \begin{cases} x_1 + x_2 + x_3 = 10 \\ x_i \geq 0, i=1,2,3 \end{cases} \tag{7-4}$$

为了应用动态规划方法求解,可以人为赋予它"时段"的概念,将投资项目排序. 首先考虑对项目 1 投资,然后考虑对项目 2 投资,最后考虑对项目 3 投资,即把问题分为 3 个阶段,每个阶段只决定对一个项目应投资的金额. 这样问题转化为一个三段决策过程. 下面的关键问题是如何正确选择状态变量,使后部子过程之间具有递推关系.

可以把决策变量 u_i 定为原静态模型中的 x_i,即设

$$u_i = x_i \quad i=1,2,3$$

状态变量和决策变量有密切关系,状态变量一般表示为累计量或随递推过程变化的量. 这里可以把每阶段可供使用的资金定为状态变量 x_k,初始状态 $s_1 = 10$. u_1 为可分配于第一种项目的最大资金,则当第一阶段($k=1$)时,有

$$\begin{cases} s_1 = 10 \\ u_1 = x_1 \end{cases}$$

当第二阶段($k=2$)时,状态变量 s_2 为余下投资于其余两个项目的资金,即

$$\begin{cases} s_2 = s_1 - u_1 \\ u_2 = x_2 \end{cases}$$

一般情况下,当第 k 阶段时

$$\begin{cases} s_k = s_{k-1} - u_{k-1} \\ u_k = x_k \end{cases}$$

于是有:

阶段 k:本例中 k 取 1,2,3;

状态变量 s_k：第 k 阶段可以投资于第 k 项到第三个项目的资金；

决策变量 x_k：决定给第 k 个项目投资的资金；

状态转移方程：$s_{k+1}=s_k-x_k$；

指标函数：$V_{k,3}=\sum_{i=k}^{3}g_i(x_i)$；

最优指标函数 $f_k(s_k)$：当可投资金为 s_k 时，投资第 k 个项目到第三个项目所得的最大收益；

基本方程为：

$$\begin{cases} f_k(s_k)=\max_{0\leqslant x_k\leqslant s_k}\{g_k(x_k)+f_{k+1}(s_{k+1})\} & k=3,2,1 \\ f_4(s_4)=0 \end{cases} \tag{7-5}$$

用动态规划方法逐段求解，便可以得到各项目最佳投资金额，$f_1(10)$ 就是所求的最大收益.

4.2 逆序解法和顺序解法

动态规划的求解有两种基本方法：逆序解法（向后动态规划方法）、顺序解法（向前动态规划方法）.

现用顺序解法求解例 1.

由于此问题的始点 A 和终点 E 都是固定的，计算由 A 点到 E 点的最短路线与由 E 点到 A 点的最短路线没有什么不同，所以若设 $f_k(s_{k+1})$ 表示从起点 A 到第 k 阶段状态 s_{k+1} 的最短距离，就可以由前向后逐步求出起点 A 到各阶段起点的最短距离，最后求出 A 点到 E 点的最短距离及路径. 计算步骤如下：

$k=0$ 时，$f_0(s_1)=f_0(A)=0$，这是边界条件；

$k=1$ 时，按 $f_1(s_2)$ 的定义有：

$$\begin{cases} f_1(B_1)=2 \\ u_1(B_1)=A \end{cases}$$
$$\begin{cases} f_1(B_2)=5 \\ u_1(B_2)=A \end{cases}$$
$$\begin{cases} f_1(B_3)=1 \\ u_1(B_3)=A \end{cases}$$

$k=2$ 时，按 $f_2(s_3)$ 的定义有：

$$\begin{cases} f_2(C_1)=\min\begin{Bmatrix} d(B_1,C_1)+f_1(B_1) \\ d(B_2,C_1)+f_1(B_2) \\ d(B_3,C_1)+f_1(B_3) \end{Bmatrix}=\min\begin{Bmatrix} 12+2 \\ 6+5 \\ 13+1 \end{Bmatrix}=11 \\ u_2(C_1)=B_2 \end{cases}$$

$$\begin{cases} f_2(C_2)=\min\begin{Bmatrix} d(B_1,C_2)+f_2(B_1) \\ d(B_2,C_2)+f_1(B_2) \\ d(B_3,C_2)+f_1(B_3) \end{Bmatrix}=\min\begin{Bmatrix} 14+2 \\ 10+5 \\ 12+1 \end{Bmatrix}=13 \\ u_2(C_2)=B_3 \end{cases}$$

$$\begin{cases} f_2(C_3) = \min \begin{cases} d(B_1,C_3)+f_1(B_1) \\ d(B_2,C_3)+f_1(B_2) \\ d(B_3,C_3)+f_1(B_3) \end{cases} = \min \begin{cases} 10+2 \\ 4+5 \\ 11+1 \end{cases} = 9 \\ u_2(C_3) = B_2 \end{cases}$$

$k=3$ 时,按 $f_3(s_4)$ 的定义有:

$$\begin{cases} f_3(D_1) = \min \begin{cases} d(C_1,D_1)+f_2(C_1) \\ d(C_2,D_1)+f_2(C_2) \\ d(C_3,D_1)+f_2(C_3) \end{cases} = \min \begin{cases} 3+11 \\ 6+13 \\ 8+9 \end{cases} = 14 \\ u_3(D_1) = C_1 \end{cases}$$

$$\begin{cases} f_3(D_2) = \min \begin{cases} d(C_1,D_2)+f_2(C_1) \\ d(C_2,D_2)+f_2(C_2) \\ d(C_3,D_2)+f_2(C_3) \end{cases} = \min \begin{cases} 9+11 \\ 5+13 \\ 10+9 \end{cases} = 18 \\ u_3(D_2) = C_2 \end{cases}$$

$k=4$ 时,按 $f_4(s_5)$ 的定义有:

$$\begin{cases} f_4(E) = \min \begin{cases} d(D_1,E)+f_3(D_1) \\ d(D_2,E)+f_3(D_2) \end{cases} = \min \begin{cases} 5+14 \\ 2+18 \end{cases} = 19 \\ u_4(E) = D_1 \end{cases}$$

按定义知为所求最短路线,而路径为 $A \to B_2 \to C_1 \to D_1 \to E$,与前面逆序法结论相同. 全部计算过程见图 7-3. 图中每个节点上方括号内的数表示该点到 A 点的最短距离.

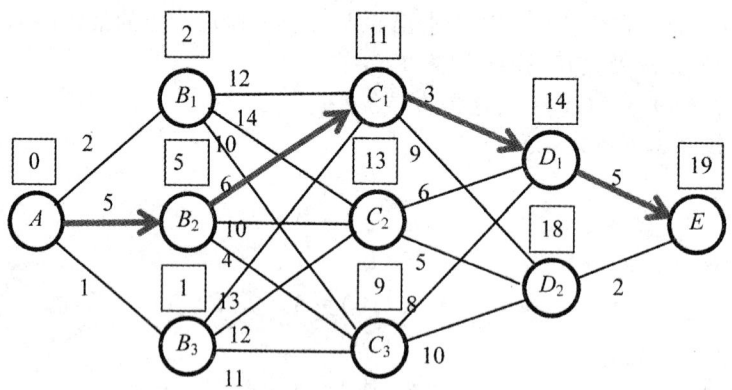

图 7-3

类似于逆序解法,可以把上述解法写成如下的递推方程:

$$\begin{cases} f_k(s_{k+1}) = \min_{u_k} \{v_k(s_{k+1},u_k)+f_{k-1}(s_k)\} \quad k=1,2,3,4 \\ f_0(s_1) = 0 \end{cases} \tag{7-6}$$

这里状态转移方程为:

$$s_k = T_k(s_{k+1},u_k) \tag{7-7}$$

顺序解法与逆序解法本质上并无区别,一般而言,当初始状态给定时可用逆序法求解,当终止状态给定时可用顺序法求解. 若问题给定了一个初始状态与一个终止状态,则两种方法均可使用,如例 1. 若初始状态虽已给定,终点状态有多个,需比较到达不同终点状态的各个路径及最优指标函数值,以选取总效益最佳的终点状态时,使用顺序解法比较简便. 总之,针对问题的不同特点,灵活地选用这两种方法之一,可以使求解过程简化.

使用顺序法和逆序法求解时,除了求解的行进方向不同,在建模时还需要注意以下区别.

1. 状态转移方式不同

如图 7—4 所示,逆序解法中第 k 段的输入状态为 s_k,决策为 u_k,由此确定输出为 s_{k-1},即第 $k+1$ 段的状态,阶段指标函数为 $v_k(s_k,u_k)$,状态转移方程为(7—3)式.

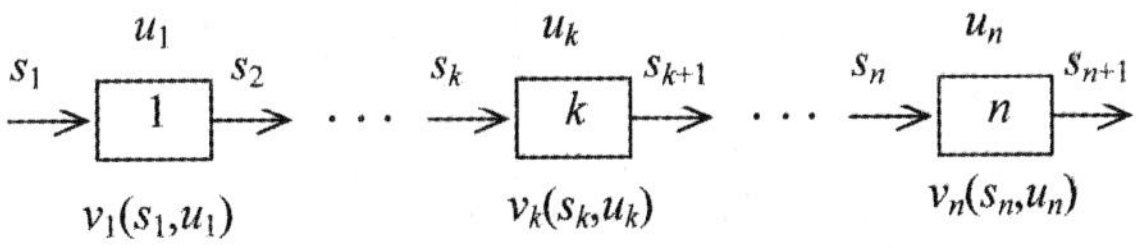

图 7—4

如图 7—5 所示,顺序解法中第 k 段的输入状态为 s_{k+1},决策为 u_k,由此确定输出为 s_k,阶段指标为 $v_k(s_{k+1},u_k)$,状态转移方程为 7—7 式.

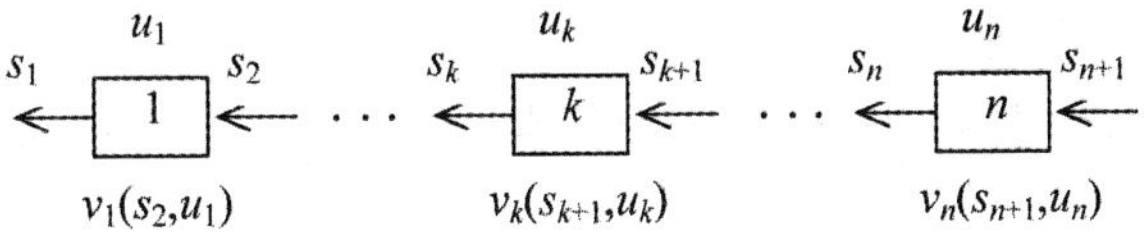

图 7—5

2. 指标函数的定义不同

逆序解法中,定义的最优指标函数 $f_k(s_k)$ 表示第 k 段从状态出发,到终点后部子过程最优效益值,$f_1(s_1)$ 是整体最优函数值.

顺序解法中,定义的最优指标函数 $f_k(s_{k+1})$ 表示第 k 段时从起点到状态 s_{k+1} 的前部子过程最优效益值,是整体最优函数值.

3. 基本方程形式不同

(1) 当指标函数为各阶段指标函数之和的形式时,逆序解法中

$$V_{k,n} = \sum_{j=k}^{n} v_j(s_j, u_j)$$

基本方程为:

$$\begin{cases} f_k(s_k) = \underset{u_k \in D_k}{\text{opt}} \{v_k(s_k, u_k) + f_{k+1}(s_{k+1})\} & k=n, n-1, \cdots, 2, 1 \\ f_{n+1}(s_{n+1}) = 0 \end{cases}$$

顺序解法中

$$V_{1,k} = \sum_{j=1}^{k} v_j(s_{j+1}, u_j),$$

基本方程为:

$$\begin{cases} f_k(s_{k+1}) = \underset{u_k \in D_k}{\text{opt}} \{v_k(s_{k+1}, u_k) + f_{k-1}(s_k)\} & k=1, 2, \cdots, n \\ f_0(s_1) = 0 \end{cases}$$

(2) 当指标函数为各阶段指标函数之积的形式时,逆序解法中

$$V_{k,n} = \prod_{j=k}^{n} v_j(s_j, u_j)$$

基本方程为:

$$\begin{cases} f_k(s_k) = \operatorname*{opt}_{u_k \in D_k} \{v_k(s_k, u_k) \cdot f_{k+1}(s_{k+1})\} & k = n, n-1, \cdots, 2, 1 \\ f_{n+1}(s_{n+1}) = 1 \end{cases}$$

顺序解法中

$$V_{1,k} = \prod_{j=1}^{k} v_j(s_{j+1}, u_j)$$

基本方程为:

$$\begin{cases} f_k(s_{k+1}) = \operatorname*{opt}_{u_k \in D_k} \{v_k(s_{k+1}, u_k) \cdot f_{k-1}(s_k)\} & k = 1, 2, \cdots, n \\ f_0(s_1) = 1 \end{cases}$$

应指出的是,这里有关顺序解法的表达式,是在原来状态变量符号不变条件下得出的,若将状态变量记法改为 $s_0, s_1, \cdots, s_n$,则最优指标函数也可以表示为 $f_k(s_k)$,即符号等同于逆序解法,但含义不同.

现用逆序解法来求解例 2. 根据例 2 的基本方程(7-5)式可得以下递推过程.

当 $k=3$ 时

$$f_3(s_3) = \max_{0 \leqslant x_3 \leqslant s_3} \{2x_3^2\}$$

这是一个简单的函数求极值问题,易知当 $x_3^* = s_3$ 时,取得极大值 $2s_3^2$,

$$f_3(s_3) = \max_{0 \leqslant x_3 \leqslant s_3} \{2x_3^2\} = 2s_3^2$$

当 $k=2$ 时,

$$f_2(s_2) = \max_{0 \leqslant x_2 \leqslant s_2} \{9x_2 + f_3(s_3)\}$$
$$= \max_{0 \leqslant x_2 \leqslant s_2} \{9x_2 + 2(s_2 - x_2)^2\}$$

令

$$h_2(s_2, x_2) = 9x_2 + 2(s_2 - x_2)^2$$

由

$$\frac{\mathrm{d}h_2}{\mathrm{d}x_2} = 9 + 4(s_2 - x_2) \cdot (-1) = 0$$

解得

$$x_2 = s_2 - \frac{9}{4}$$

而

$$\frac{\mathrm{d}^2 h_2}{\mathrm{d}x_2^2} = 4 > 0$$

所以 $x_2 = s_2 - \frac{9}{4}$ 是极小点. 极大值只能在 $[0, s_2]$ 端点取得,有

$$f_2(0) = 2s_2^2 \quad f_2(s_2) = 9s_2$$

当 $f_2(0) = f_2(s_2)$ 时,解得 $s_2 = 9/2$.

当 $s_2 > 9/2$ 时,$f_2(0) > f_2(s_2)$,此时 $x_2^* = 0$;

当 $s_2 < 9/2$ 时,$f_2(0) < f_2(s_2)$,此时 $x_2^* = s_2$.

当 $k=1$ 时,
$$f_1(s_1) = \max_{0 \leq x_1 \leq s_1} \{4x_1 + f_2(s_2)\}$$

当 $f_2(s_2) = 9s_2$ 时,
$$f_1(10) = \max_{0 \leq x_1 \leq 10} \{4x_1 + 9s_1 - 9x_1\}$$
$$= \max_{0 \leq x_1 \leq 10} \{9s_1 - 5x_1\} = 9s_1$$
$$x_1^* $$

但此时 $s_2 = s_1 - x_1 = 10 - 0 = 10 > 9/2$,与 $s_2 < 9/2$ 矛盾,所以舍去.

当 $f_2(s_2) = 2s_2^2$ 时,
$$f_1(10) = \max_{0 \leq x_1 \leq 10} \{4x_1 + 2(s_1 - x_1)^2\}$$

令
$$h_1(s_1, x_1) = 4x_1 + 2(s_1 - x_1)^2$$

由
$$\frac{dh_1}{dx_1} = 4 + 4(s_1 - x_1) \cdot (-1) = 0$$

解得
$$x_1 = s_1 - 1$$

而
$$\frac{d^2 h_1}{dx_1^2} = 4 > 0$$

所以 $x_1 = s_1 - 1$ 是极小点.

比较 $[0, 10]$ 两个端点.

当 $x_1 = 0$ 时,$f_1(10) = 200$;

当 $x_1 = 10$ 时,$f_1(10) = 40$.

所以 $x_1^* = 0$.

再由状态转移方程顺推
$$s_2 = s_1 - x_1^* = 10 - 0 = 10$$

因为 $s_2 > 9/2$,所以 $x_2^* = 0$,$s_3 = s_2 - x_2^* = 10 - 0 = 10$,故而 $x_3^* = s_3 = 10$.

最优投资方案为全部资金投资于第 3 个项目,可得最大收益 200 万元.

下面用顺序解法求解例 2.

阶段的划分和决策变量的设置同逆序解法,令状态变量 s_{k+1} 表示可用于第 1 到第 k 个项目投资的金额,则有
$$s_4 = 10 \quad s_3 = s_4 - x_3 \quad s_2 = s_3 - x_2 \quad s_1 = s_2 - x_1$$

即状态转移方程为:
$$s_k = s_{k+1} - x_k$$

令最优指标函数 $f_k(s_{k+1})$ 表示第 k 阶段投资额为 s_{k+1} 时第 1 到第 k 个项目所获的最大收益,此时顺序解法的基本方程为:
$$\begin{cases} f_k(s_{k+1}) = \max_{0 \leq x_k \leq s_{k+1}} \{g_k(x_k) + f_{k-1}(s_s)\} \quad k=1,2,3 \\ f_0(s_1) = 0 \end{cases} \tag{7-8}$$

当 $k=1$ 时,
$$f_1(s_2) = \max_{0 \leq x_1 \leq s_2} \{g_1(x_1) + f_0(s_1)\}$$
$$= \max_{0 \leq x_1 \leq s_2} \{4x_1\}$$

当 $k=2$ 时,
$$x_1^* = s_2$$
$$f_2(s_3) = \max_{0 \leqslant x_2 \leqslant s_3} \{9x_2 + f_1(s_2)\}$$
$$= \max_{0 \leqslant x_2 \leqslant s_3} \{9x_2 + 4(s_3 - x_2)\}$$
$$= \max_{0 \leqslant x_2 \leqslant s_3} \{5x_2 + 4s_3\}$$
$$= 9s_3$$
$$x_2^* = s_3$$

当 $k=3$ 时,
$$f_3(s_4) = \max_{0 \leqslant x_3 \leqslant s_4} \{2x_3^2 + f_2(s_3)\}$$
$$= \max_{0 \leqslant x_3 \leqslant s_4} \{2x_3^2 + 9(s_4 - x_3)\}$$

令
$$h_3(s_4, x_3) = 2x_3^2 + 9(s_4 - x_3)$$

由
$$\frac{\mathrm{d}h_3}{\mathrm{d}x_3} = 4x_3 - 9 = 0$$

解得
$$x_3 = \frac{9}{4}$$

因为
$$\frac{\mathrm{d}^2 h_3}{\mathrm{d}x_3^2} = 4 > 0$$

所以,此点为极小点.

极大值应在 $[0, s_4] = [0, 10]$ 端点取得.
当 $x_3 = 0$ 时,$f_3(10) = 90$;
当 $x_3 = 10$ 时,$f_3(10) = 200$.
所以 $x_3^* = 10$.
再由状态转移方程逆推
$$s_3 = 10 - x_3^* = 0 \quad x_2^* = 0$$
$$s_2 = s_3 - x_2^* = 0 \quad x_1^* = 0$$

所以最优投资方案与逆序解法结果相同,只投资于项目 3,最大收益为 200 万元. 比较两种解法的过程,可以发现,对于例 2,顺序解法比逆序解法简单.

第五节 动态规划应用举例

5.1 资源分配问题

所谓资源分配问题,就是将数量一定的一种或若干种资源(例如原材料、资金、机器设备、劳动力、食品等),恰当地分配给若干个使用者,且使目标函数最优.

设有某种原材料，总数量为 a，用于生产 n 种产品。若分配数量 x_i 用于生产第 i 种产品，其收益为 $g_i(x_i)$。问应如何分配，才能使 n 种产品的总收入最大。

此问题的静态规划模型如下：

$$\max Z = g_1(x_1) + g_2(x_2) + \cdots + g_n(x_n)$$
$$\text{s.t.} \begin{cases} x_1 + x_2 + \cdots + x_n = a \\ x_i \geq 0 \quad i = 1, 2, \cdots, n \end{cases} \tag{7-9}$$

当 $g_i(x_i)$ 都是线性函数时，上面的规划问题是个线性规划问题；当 $g_i(x_i)$ 是非线性函数时，它是一个非线性规划问题。当 n 比较大时，具体求解比较麻烦。然而，由于这类问题的结构特殊，可以适当地把它转化为一个多阶段决策问题，利用动态规划的递推关系来求解。

在应用动态规划方法处理这类"静态规划"问题时，通常需要选择适当的"时间因素"把它转化成一个"动态规划"问题。可以把资源分配给一个或几个使用者的过程作为一个阶段，把问题中的变量 x_i 选为决策变量，将累计的量或随递推过程变化的量选为状态变量。

设分配原材料给第 k 种产品的决策过程为第 k 个决策阶段，$k=i$。

状态变量 s_k 表示分配于生产第 k 种产品至第 n 种产品的原料数量。

决策变量 u_k 表示分配给生产第 k 种产品的原料数量，即 $u_k = x_k$。

状态转移方程为

$$s_{k+1} = s_k - u_k = s_k - x_k$$

允许决策集合为

$$D_k(s_k) = \{u_k \mid 0 \leq u_k = x_k \leq s_k\}$$

令最优值函数 $f_k(s_k)$ 表示以数量为 s_k 的原料分配给第 k 种产品至第 n 种产品所得到的最大总收入。该问题的动态规划的逆推关系方程为

$$\begin{cases} f_k(s_k) = \max_{1 \leq x_k \leq s_k} \{g_k(x_k) + f_{k+1}(s_{k+1})\} & k = n-1, \cdots, 2, \\ f_n(s_n) = \max_{x_n = s_n} g_n(x_n) \end{cases} \tag{7-10}$$

利用这个递推方程的关系式进行逐段计算，最后求得 $f_1(a)$ 即为所求问题的最大总收入。

例 3 有资金 4 万元，投资 A, B, C 三个项目，每个项目的投资效益与投入该项目的资金有关。三个项目 A, B, C 的投资效益（万吨）和投入资金（万元）的关系见表 7-1，求对三个项目的最优投资分配，使总投资效益最大。

表 7-1

项目 投入资金	A	B	C
1 万元	15 万吨	13 万吨	11 万吨
2 万元	28 万吨	29 万吨	30 万吨
3 万元	40 万吨	43 万吨	45 万吨
4 万元	51 万吨	55 万吨	58 万吨

解：将这个问题按项目分为三个阶段，每投资一个项目作为一个阶段，A,B,C 三个项目分别编号 $1,2,3$，$k=1,2,3$.

设状态变量 s_k 表示投资于第 k 个项目至第 3 个项目的资金数.

决策变量 u_k 表示投资到第 k 个项目的资金数.

状态转移方程为

$$s_{k+1}=s_k-u_k=s_k-x_k.$$

阶段指标 $g_k(x_k)$ 见表 7-1 中所示.

最优值函数 $f_k(s_k)$ 表示为资金数投资到第 k 个项目至第 3 个项目的总最大收益.

因而，可写出逆推关系方程为

$$\begin{cases} f_k(s_k)=\max\limits_{1\leqslant x_k\leqslant s_k}\{g_k(x_k)+f_{k+1}(s_{k+1})\} & k=3,2,1 \\ f_4(s_4)=0 \end{cases} \quad (7-11)$$

下面从最后一个阶段开始向前逆推计算.

当 $k=3$ 时，设将 $s_3(s_3=0,1,2,3,4)$ 万元的资金全部投资给 C 项目，则最大收益为：

$$f_3(s_3)=\max\limits_{x_3}\{g_3(x_3)+f_4(s_4)\}=\max\limits_{x_3}\{g_3(x_3)\}$$

其中 $x_3=0,1,2,3,4$.

因为，这一阶段只有一个项目 C，因此资金全部投到这个项目上，故它的收益就是该阶段的最大收益. 其数值计算见表 7-2.

表 7-2

s_3 \ x_3	$g_3(x_3)+f_4(s_4)$					$f_3(s_3)$	x_3^*
	0	1	2	3	4		
0	0					0	0
1		11				11	1
2			30			30	2
3				45		45	3
4					58	58	4

表中 x_3^* 表示使 $f_3(s_3)$ 为最大值时的最优决策.

当 $k=2$ 时，将 $s_2(s_2=0,1,2,3,4)$ 万元的资金全部投资给 B 项目和 C 项目时，则最大收益为：

$$f_2(s_2)=\max\limits_{x_2}\{g_2(x_2)+f_3(s_3)\}=\max\limits_{x_2}\{g_2(x_2)+f_3(s_2-x_2)\}.$$

其中 $x_2=0,1,2,3,4$.

因为给 B 项目投资数额为 x_2 万元，其盈利为 $g_2(x_2)$，余下的 s_2-x_2 万元投资给 C 项目，则最大收益为 $f_3(s_2-x_2)$. 现要选择 x_2 的值，使 $g_2(x_2)+f_3(s_2-x_2)$ 取最大值. 其数值计算如表 7-3.

表 7－3

s_2 \ x_2	\multicolumn{5}{c}{$g_2(x_2)+f_3(s_2-x_2)$}	$f_2(s_2)$	x_2^*
	0	1	2	3	4		
0	0					0	0
1	0+11	13+0				13	1
2	0+30	13+11	29+0			30	0
3	0+45	13+30	29+11	43+0		45	0
4	0+58	13+45	29+30	43+11	55+0	59	2

当 $k=1$ 时,将 s_1(这里只有 $s_1=4$ 的情况)万元的资金分别投资给 A 项目、B 项目和 C 项目时,则最大收益为:

$$f_1(4)=\max_{x_1}\{g_1(x_1)+f_2(4-x_1)\}$$

其中 $x_1=0,1,2,3,4$.

因为给 A 项目投资数额为 x_1 万元,其盈利为 $g_1(x_1)$,余下的 $4-x_1$ 万元投资给 B 项目和 C 项目,则最大收益为 $f_2(4-x_1)$. 现要选择 x_1 的值,使 $g_1(x_1)+f_2(4-x_1)$ 取最大值,它就是所求总收益的最大值. 其数值计算如表 7－4.

表 7－4

s_1 \ x_1	\multicolumn{5}{c}{$g_1(x_1)+f_2(4-x_1)$}	$f_1(4)$	x_1^*
	0	1	2	3	4		
4	0+59	15+45	28+30	40+13	51+0	60	1

然后按计算表格的顺序反推算,可知最优分配方案为:

由于 $x_1^*=1$,根据 $s_2=4-x_1=4-1=3$,查表 7－3 知 $x_2^*=0$,由 $x_3=s_2-x_2=3-0=3$,故查表 7－2 知 $x_3^*=3$. 即项目 A 投资 1 万元,项目 B 投资 0 万元,项目 C 投资 3 万元,最大效益为 60 万吨.

在这个问题中,如果资金不是 4 万元,而是 3 万元,用其他方法求解时,往往需要重头再算,但是用动态规划求解时,这些列出的表格仍旧有用,只需要修改最后的表格即可. 计算过程留给读者完成.

这个例子是决策变量取离散值的一类分配问题. 在实际中,货物分配问题、机器设备分配问题及销售店分配问题等,均属于这类分配问题. 这种只将资源合理分配不考虑回收问题,又被称为资源平行分配问题.

在资源分配问题中,还有一种要考虑资源回收利用的问题,这里决策变量为连续值,故被称为资源连续分配问题. 这类问题一般描述如下:

设有数量为 s_1 的某种资源,可投入 A 和 B 两种产品的生产. 第一年若以数量 u_1 投入生产产品 A,可获得收入 $g(u_1)$,剩下的 s_1-u_1 就投入产品 B 的生产,可获得收入 $h(s_1-u_1)$,则总收入为 $g(u_1)+h(s_1-u_1)$,其中 $g(x)$ 和 $h(x)$ 是已知函数,且 $g(0)=h(0)=0$. 这种资源在投入 A,B 种产品生产后,年终还可回收再投入生产. 设 A,B 的年回收率分别为 $0<a<1$ 和 $0<b<1$,则一年后,回收的资源量合计为 $s_2=au_1+b(s_1-u_1)$. 第二年再将资源数量 s_2 中的 u_2 和 s_2-u_2 分别再投入到 A 和 B 两种产品的生产中,则第二年又

可得到的收入为 $g(u_2)+h(s_2-u_2)$. 如此继续进行 n 年，试问：应当如何决策每年投入到 A 生产的资源量 $u_1, u_2, \cdots, u_n$，才能使总收入最大？

此问题的静态规划模型如下

$$\max Z = \{g(u_1)+h(s_1-u_1)+g(u_2)+h(s_2-u_2)+\cdots+g(u_n)+h(s_n-u_n)\},$$

$$\text{s.t.} \begin{cases} s_2 = au_1 + b(s_1-u_1) \\ s_3 = au_2 + b(s_2-u_2) \\ \cdots\cdots \\ s_{n+1} = au_n + b(s_n-u_n) \\ 0 \leqslant u_i \leqslant s_i \quad i=1,2,\cdots,n \end{cases} \quad (7-12)$$

下面用动态规划方法来处理．

设 s_k 为状态变量，表示在第 k 阶段（第 k 年）可投入 A, B 两种产品生产的资源量．

u_k 为决策变量，表示在第 k 阶段（第 k 年）投入 A 种产品生产的资源量，则 $s_k - u_k$ 表示用于 B 生产的资源量．

状态转移方程为 $s_{k+1} = au_k + b(s_k-u_k)$．

最优值函数 $f_k(s_k)$ 表示有资源量 s_k，从第 k 阶段至第 n 阶段采取最优分配方案进行生产后所得到的最大总收入．

因此，该问题的动态规划的逆推关系方程为：

$$\begin{cases} f_k(s_k) = \max_{0 \leqslant u_k \leqslant s_k} \{g(u_k)+h(s_k-u_k)+f_{k+1}[au_k+b(s_k-u_k)]\} \quad k=n-1,\cdots,2,1 \\ f_n(s_n) = \max_{0 \leqslant u_n \leqslant s_n} \{g(u_n)+h(s_n-u_n)\} \end{cases}$$

$$(7-13)$$

最后求出 $f_1(s_1)$ 即为所求问题的最大收入．

例 4 机器负荷分配问题．某种机器可在高低两种不同的负荷下进行生产，设机器在高负荷下生产的产量函数为 $g=8x$，其中为投入高负荷生产的机器数量，年完好率为 $a=0.7$；在低负荷下生产的产量函数为 $h=5y$，其中 y 为投入低负荷生产的机器数量，年完好率为 $b=0.9$. 假定开始生产时完好的机器数量 $s_1=1000$ 台，试问每年如何安排机器在高低负荷下的生产，使在 5 年内生产的产品总产量最高．

解：设阶段序数 k 表示年度．

状态变量 s_k 为第 k 年度初拥有的完好机器数量，同时也是第 $k-1$ 年度末的完好机器数量．

决策变量 u_k 为第 k 年度中分配给高负荷下生产的机器数量，于是 s_k-u_k 为该年度中分配给低负荷下生产的机器数量．

这里 s_k 和 u_k 均取连续变量，它们的非整数值可以这样理解：如 $s_k=0.6$，表示一台机器在第 k 年度中正常工作的时间只占 60%；$u_k=0.6$，表示一台机器在第 k 年度中 60% 的时间用于高负荷的生产．

状态转移方程为

$$s_{k+1} = au_k + b(s_k-u_k) = 0.7u_k + 0.9(s_k-u_k), k=1,2,3,4,5$$

第 k 年度的允许决策集合为 $D_k(s_k) = \{u_k | 0 \leqslant u_k \leqslant s_k\}$．

最优值函数 $f_k(s_k)$ 表示由资源量 s_k 出发,从第 k 年开始到第 5 年结束时所产生的产品总产量的最大值. 逆推关系方程为

$$\begin{cases} f_k(s_k) = \max_{0 \leqslant u_k \leqslant s_k} \{8u_k + 5(s_k - u_k) + f_{k+1}[0.7u_k + 0.9(s_k - u_k)]\} & k = 1,2,3,4,5 \\ f_6(s_6) = 0 \end{cases}$$

(7-14)

从第 5 年度开始,向前逆推计算.

当 $k=5$ 时,有

$$\begin{aligned} f_5(s_5) &= \max_{0 \leqslant u_5 \leqslant s_5} \{8u_5 + 5(s_5 - u_5) + f_6[0.7u_5 + 0.9(s_5 - u_5)]\} \\ &= \max_{0 \leqslant u_5 \leqslant s_5} \{8u_5 + 5(s_5 - u_5)\} \\ &= \max_{0 \leqslant u_5 \leqslant s_5} \{3u_5 + 5s_5\}, \end{aligned}$$

因 f_5 是 u_5 的线性单调增函数,故得最大解 $u_5^* = s_5$,相应地有 $f_5(s_5) = 8s_5$.

当 $k=4$ 时,有

$$\begin{aligned} f_4(s_5) &= \max_{0 \leqslant u_4 \leqslant s_4} \{8u_4 + 5(s_4 - u_4) + f_5[0.7u_4 + 0.9(s_4 - u_4)]\} \\ &= \max_{0 \leqslant u_4 \leqslant s_4} \{8u_4 + 5(s_4 - u_4) + 8[0.7u_4 + 0.9(s_4 - u_4)]\} \\ &= \max_{0 \leqslant u_4 \leqslant s_4} \{13.6u_4 + 12.2(s_4 - u_4)\} \\ &= \max_{0 \leqslant u_4 \leqslant s_4} \{1.4u_4 + 12.2s_4\}. \end{aligned}$$

故得最大解 $u_4^* = s_4$,相应地有 $f_4(s_4) = 13.6s_4$. 依此类推:

当 $k=3$ 时,$u_3^* = s_3$,相应地 $f_3(s_3) = 17.7s_3$;

当 $k=2$ 时,$u_2^* = 0$,相应地 $f_2(s_2) = 20.8s_2$;

当 $k=1$ 时,$u_1^* = 0$,相应地 $f_1(s_1) = 23.7s_1$;

因为 $s_1 = 1000$,故 $f_1(s_1) = 23700$ 台.

计算结果显示,最优策略为 $u_1^* = 0, u_2^* = 0, u_3^* = s_3, u_4^* = s_4, u_5^* = s_5$,即前两年应把年初全部完好机器投入低负荷生产,后三年应把年初全部完好机器投入高负荷生产. 这样所得的产量最高,其最高产量为 23700 台.

在得到整个问题的最优指标函数值和最优策略后,还需反过来确定每年年初的状态,即从始端向终端递推计算出每年年初完好的机器数. 已知 $s_1 = 1000$ 台,于是得到:

$$\begin{aligned} s_2 &= 0.7u_1^* + 0.9(s_1 - u_1^*) = 900(台), \\ s_3 &= 0.7u_2^* + 0.9(s_2 - u_2^*) = 810(台), \\ s_4 &= 0.7u_3^* + 0.9(s_3 - u_3^*) = 567(台), \\ s_5 &= 0.7u_4^* + 0.9(s_4 - u_4^*) = 397(台), \\ s_6 &= 0.7u_5^* + 0.9(s_5 - u_5^*) = 278(台). \end{aligned}$$

例 4 讨论的最优策略过程,始端状态 s_1 是固定的,终端状态 s_6 是自由的. 由此所得出的最优策略称为始端固定终端自由的最优策略,实现的目标函数是五年里的产品总产量最高.

如果在终端也附加上一定的约束条件,如规定在第五年年度结束的时候,完好的机器

数量为 500 台(例 2 只有 278 台),问应该如何安排生产,才能在满足这一终端要求的情况下产量最高. 请读者作为练习自己计算.

上例还可以推广到一般情况. 设高负荷生产时机器的完好率为 a,单台产量为 g;低负荷完好率为 b,单台产量为 h. 若有 t 满足

$$\sum_{i=0}^{n-(t+1)} a_i \leqslant \frac{g-h}{g(b-a)} \leqslant \sum_{i=0}^{n-t} a^i \tag{7-15}$$

则从 $1 \sim t-1$ 年,年初将全部完好机器投入低负荷运行;从 $t \sim n$ 年,年初将全部完好机器投入高负荷运行. 这样的决策,将使总产量达到最大.

5.2 生产库存问题

在生产和经营管理中,经常遇到要合理安排生产(或采购)与库存的问题,达到既要满足需求,又要尽量降低成本费用. 因此,正确制定生产(或采购)策略,确定不同时期的生产量(或采购量)和库存量,以使总的生产成本费用和库存费用之和最小,这就是生产库存问题的最优化目标.

设某公司对某种产品要制定一项 n 个阶段的生产(或采购)计划. 已知它的初始库存量为零,每阶段生产(或采购)该产品的数量有上限的限制;每阶段对该产品的需求量是已知的,公司保证供应;在 n 阶段末的终结库存量为零. 问该公司如何制订每个阶段的生产(或采购)计划,从而使总成本最小.

设 d_k 为第 k 阶段对产品的需求量,u_k 为第 k 阶段该产品的生产量(或采购量),s_k 为第 k 阶段结束时该产品的库存量. 则 $s_k = s_{k-1} + u_k - d_k$.

$c_k(u_k)$ 表示第 k 阶段生产产品 u_k 时的成本费用,它包括生产准备成本 K 和产品成本 au_k(其中 a 是单位产品成本)两项费用. 即

$$c_k(u_k) = \begin{cases} 0 & u_k = 0 \\ K + au_k & u_k = 1, 2, \cdots, m \\ \infty & u_k > m \end{cases} \tag{7-16}$$

$h_k(s_k)$ 表示在第 k 阶段结束时有库存量 s_k 所需要的存储费用.

故第 k 阶段的成本费用为 $c_k(u_k) + h_k(s_k)$.

m 表示每阶段最多能生产该产品的上限数.

因而,上述问题的数学规划模型为

$$\min W = \sum_{k=1}^{n} [c_k(u_k) + h_k(s_k)]$$

$$\text{s.t.} \begin{cases} s_0 = s_n = 0 \\ s_k = \sum_{j=1}^{k}(u_j - d_j) \geqslant 0 & k = 2, \cdots, n-1 \\ 0 \leqslant u_k \leqslant m & k = 1, 2, \cdots, n \\ u_k \text{ 为整数} & k = 1, 2, \cdots, n \end{cases} \tag{7-17}$$

用动态规划方法求解,可以把它看做一个 n 阶段决策问题. 令

s_k 为状态变量,表示第 k 阶段结束时的库存量.

u_k 为决策变量,表示第 k 阶段的生产量.

状态转移方程为
$$s_k = s_{k-1} + u_k - d_k \quad k=1,2,\cdots,n.$$

最优值函数 $f_k(s_k)$ 表示从第 1 阶段初始库存量为 0 到第 k 阶段末库存量为 s_k 时的最小总费用.该问题的顺序递推关系方程为

$$\begin{cases} f_k(s_k) = \min_{0 \leq u_k \leq \sigma_k} [c_k(u_k) + h_k(s_k) + f_{k-1}(s_{k-1})] \quad k=1,2,\cdots,n \\ f_0(s_0) = 0 \end{cases} \tag{7-18}$$

其中 $\sigma_k = \min(s_k + d_k, m)$.这是因为一方面每阶段生产的上限为 m;另一方面由于保证供应,故第 $k-1$ 阶段末的库存量 $s_{k-1} = s_k + d_k - u_k$ 必须非负,即 $s_k + d_k - u_k \geq 0$,所以 $u_k \leq s_k + d_k$.

边界条件 $f_0(s_0) = 0$(或 $f_1(s_1) = \min_{u_1 = \sigma_1}[c_1(u_1) + h_1(s_1)]$),从边界条件出发,利用上面的递推公式,对每个 k,计算出 $f_k(s_k)$ 中的 s_k 在 0 和 $\min[\sum_{j=k+1}^{n} d_j, m - d_k]$ 之间的值,最后求得的 $f_n(0)$ 即为所求的最小总费用.

例 5 某工厂要对一种产品制订今后四个时期的生产计划,据估计在今后四个时期内,市场对于该产品的需求量如表 7-5 所示.

表 7-5

时期(k)	1	2	3	4
需求量(d_k)	2	3	2	4

假定该厂生产每批产品的固定成本为 3 千元,若不生产就为零;每单位产品成本为 1 千元;每个时期生产能力所允许的最大生产批量不超过 6 个单位;每个时期期末未售出的产品,每单位需付存储费 0.5 千元.还假定在第一个时期的初始库存量为零,第四个时期期末的库存量也为零.试问该厂应如何安排各个时期的生产和库存,才能在满足市场需求的条件下,使总成本最小.

解:用动态规划方法求解,符号定义与上面相同.

按 4 个时期将问题划分为 4 个阶段.由题意可知,在第 k 时期内的生产成本为

$$c_k(u_k) = \begin{cases} 0 & u_k = 0 \\ 3 + u_k & u_k = 1, 2, \cdots, m \\ \infty & u_k > m \end{cases}$$

第 k 时期期末库存量为 s_k 时的存储费用为
$$h_k(s_k) = 0.5 s_k$$

故第 k 时期内的总成本为 $c_k(u_k) + h_k(s_k)$.

动态规划的顺序递推关系方程为

$$\begin{cases} f_k(s_k) = \min_{0 \leq u_k \leq \sigma_k} [c_k(u_k) + h_k(s_k) + f_{k-1}(s_{k-1})] \quad k=2,\cdots,n \\ f_1(s_1) = \min_{u_1 = \sigma_1} [c_1(u_1) + h_1(s)] \end{cases} \tag{7-19}$$

其中 $\sigma_k = \min(s_k + d_k, m)$.

当 $k=1$ 时,由
$$f_1(s_1) = \min_{u_1 = \min(s_1+2, 6)} [c_1(u_1) + h_1(s_1)]$$

对 s_1 在 0 至 $\min[\sum_{j=2}^{4} d_j, m - d_1] = \min[9, 6-2] = 4$ 之间的值分别进行计算:

$s_1 = 0$ 时, $f_1(0) = \min_{u_1 = 2}[3 + u_1 + 0.5 \times 0] = 5$, 所以 $u_1 = 2$;

$s_1 = 1$ 时, $f_1(1) = \min_{u_1 = 3}[3 + u_1 + 0.5 \times 1] = 6.5$, 所以 $u_1 = 3$;

$s_1 = 2$ 时, $f_1(2) = \min_{u_1 = 4}[3 + u_1 + 0.5 \times 2] = 8$, 所以 $u_1 = 4$;

$s_1 = 3$ 时, $f_1(3) = \min_{u_1 = 5}[3 + u_1 + 0.5 \times 3] = 9.5$, 所以 $u_1 = 5$;

$s_1 = 4$ 时, $f_1(4) = \min_{u_1 = 6}[3 + u_1 + 0.5 \times 4] = 11$, 所以 $u_1 = 6$.

当 $k=2$ 时,由
$$f_2(s_2) = \min_{0 \leq u_2 \leq \sigma_2} [c_2(u_2) + h_2(s_2) + f_1(s_2 + 3 - u_2)]$$

其中 $\sigma_2 = \min(s_2 + 3, 6)$, 对 s_2 在 0 至 $\min[\sum_{j=3}^{4} d_j, m - d_2] = \min[6, 6-3] = 3$ 之间的值分别进行计算. 从而有

$s_2 = 0$ 时, $f_2(0) = \min_{0 \leq u_2 \leq 3} [c_2(u_2) + h_2(0) + f_1(3 - u_2)]$

$$= \min \begin{bmatrix} c_2(0) + h_2(0) + f_1(3-0) \\ c_2(1) + h_2(0) + f_1(3-1) \\ c_2(2) + h_2(0) + f_1(3-2) \\ c_2(3) + h_2(0) + f_1(3-3) \end{bmatrix} = \min \begin{bmatrix} 0 + 9.5 \\ 4 + 8 \\ 5 + 6.5 \\ 6 + 5 \end{bmatrix} = 9.5$$

所以 $u_2 = 0$;

$s_2 = 1$ 时, $f_2(1) = \min_{0 \leq u_2 \leq 4} [c_2(u_2) + h_2(1) + f_1(4 - u_2)]$

$$= \min \begin{bmatrix} c_2(0) + h_2(1) + f_1(4-0) \\ c_2(1) + h_2(1) + f_1(4-1) \\ c_2(2) + h_2(1) + f_1(4-2) \\ c_2(3) + h_2(1) + f_1(4-3) \\ c_2(4) + h_2(1) + f_1(4-4) \end{bmatrix} = \min \begin{bmatrix} 0.5 + 11 \\ 4.5 + 9.5 \\ 5.5 + 8 \\ 6.5 + 6.5 \\ 7.5 + 5 \end{bmatrix} = 11.5$$

所以 $u_2 = 0$;

$s_2 = 2$ 时, $f_2(2) = \min_{0 \leq u_2 \leq 5} [c_2(u_2) + h_2(2) + f_1(5 - u_2)] = 14$, 所以 $u_2 = 5$;

$s_2 = 3$ 时, $f_2(3) = \min_{0 \leq u_2 \leq 6} [c_2(u_2) + h_2(3) + f_1(6 - u_2)] = 15.5$, 所以 $u_2 = 6$.

其中,在计算 $f_2(2)$ 和 $f_2(3)$ 时,由于每个时期的最大生产批量为 6 单位, 故 $f_1(5)$ 和 $f_1(6)$ 是没有意义的,就取 $f_1(5) = f_1(6) = \infty$. 其余类推.

当 $k=3$ 时,由
$$f_3(s_3) = \min_{0 \leq u_3 \leq \sigma_3} [c_3(u_3) + h_3(s_3) + f_2(s_3 + 2 - u_3)]$$

其中 $\sigma_3 = \min(s_3+2, 6)$,对 s_3 在 0 至 $\min[4, 6-2]$ 之间的值分别进行计算。从而有

$$s_3 = 0 \text{ 时}, f_3(0) = \min_{0 \leq u_3 \leq 2} [c_3(u_3) + h_3(0) + f_2(2-u_3)]$$

$$= \min \begin{bmatrix} c_3(0) + h_3(0) + f_2(2-0) \\ c_1(3) + h_3(0) + f_2(2-1) \\ c_3(2) + h_3(0) + f_2(2-2) \end{bmatrix} = \min \begin{bmatrix} 0+14 \\ 4+11.5 \\ 5+9.5 \end{bmatrix} = 14$$

所以 $u_3 = 0$;

$s_3 = 1$ 时, $f_3(1) = 16$, 所以 $u_3 = 0$ 或 3;

$s_3 = 2$ 时, $f_3(2) = 17.5$, 所以 $u_3 = 4$;

$s_3 = 3$ 时, $f_3(3) = 19$, 所以 $u_3 = 5$;

$s_3 = 4$ 时, $f_3(4) = 20.5$, 所以 $u_3 = 6$.

当 $k = 4$ 时,因要求第 4 期期末的库存量为 0,即 $s_4 = 0$,故有

$$f_4(0) = \min_{0 \leq u_4 \leq 4} [c_4(u_4) + h_4(0) + f_3(4-u_4)]$$

$$= \min \begin{bmatrix} c_4(0) + h_4(0) + f_3(4-0) \\ c_4(1) + h_4(0) + f_3(4-1) \\ c_4(2) + h_4(0) + f_3(4-2) \\ c_4(3) + h_4(0) + f_3(4-3) \\ c_4(4) + h_4(0) + f_4(4-4) \end{bmatrix} = \min \begin{bmatrix} 0+20.5 \\ 4+19 \\ 5+17.5 \\ 6+16 \\ 7+14 \end{bmatrix} = 20.5$$

所以 $u_4 = 0$。再按计算的顺序反推算,可找出每个时期的最优生产决策为 $u_1^* = 5, u^* = 0$, $u_3^* = 6, u_4^* = 0$,其相应的最小总成本为 20.5 千元.

例 6 一个工厂生产某种产品,1~7 月份生产成本和产品需求量的变化情况如表 7-6,为了调节生产和需求,工厂设有一个产品仓库,库容量 $m = 9$。已知期初库存量为 2,要求期末(7 月底)库存量为 0. 每个月生产的产品在月末入库,月初根据当月需求发货. 求 7 个月的生产量,使能满足各月的需求,并使生产成本最低.

表 7-6

月份(k)	1	2	3	4	5	6	7
生产成本(c_k)元	11	18	13	17	20	10	15
需求量(d_k)	0	8	5	3	2	7	4

解: 按 7 个月将问题划分为 7 个阶段.

状态变量 s_k 表示第 k 个月初(发货以前)的库存量.

决策变量 u_k 表示第 k 个月的生产量.

状态转移方程为 $s_{k+1} = s_k - d_k + u_k$.

允许决策集合为 $D_k(s_k) = \{u_k | u_k \geq 0, d_{k+1} \leq s_{k+1} \leq m\} = \{u_k | u_k \geq 0, d_{k+1} \leq s_k - d_k + u_k \leq m\}$.

该问题的逆序递推关系方程为

$$\begin{cases} f_k(s_k) = \min_{u_k \in D_k(s_k)} \{c_k u_k + f_{k+1}(s_k - d_k + u_k)\} & k = 1, 2, \cdots, 7 \\ f_8(s_8) = 0, s_8 = 0 \end{cases} \quad (7-20)$$

当 $k = 7$ 时,因要求 7 月末库存量为 0,即 $s_8 = 0$. 每月的生产是供应下个月的需求,因此第 7 个月不用生产,即 $u_7 = 0$,则 $s_7 = 4$. 因此有

$$f_7(s_7) = \min_{u_7=0}\{c_7 u_7 + f_8(s_8)\} = 0$$

当 $k=6$ 时,因 $u_7=0$,所以 $s_7 = s_6 - d_6 + u_6 = 4$,则 $u_6 = 11 - s_6$,有

$$f_6(s_6) = \min_{u_6=11-s_6}\{c_6 u_6 + f_7(s_7)\} = 10 u_6 = 110 - 10 s_6$$

及最优决策 $u_6 = 11 - s_6$。

当 $k=5$ 时,u_5 的允许决策集合为

$$\begin{aligned}D_5(s_5) &= \{u_5 \mid u_5 \geqslant 0, d_6 \leqslant s_5 - d_5 + u_5 \leqslant m\} \\ &= \{u_5 \mid u_5 \geqslant 0, d_6 + d_5 - s_5 \leqslant u_5 \leqslant m + d_5 - s_5\} \\ &= \{u_5 \mid u_5 \geqslant 0, 9 - s_5 \leqslant u_5 \leqslant 11 - s_5\}\end{aligned}$$

又因为 $s_5 \leqslant m = 9$,所以 $9 - s_5 \geqslant 0$,u_5 允许决策集合简化为

$$D_5(s_5) = \{u_5 \mid 9 - s_5 \leqslant u_5 \leqslant 11 - s_5\}$$

递推方程为

$$\begin{aligned}f_5(s_5) &= \min_{u_5 \in D_5(s_5)}\{c_5 u_5 + f_6(s_6)\} \\ &= \min_{u_5 \in D_5(s_5)}\{20 u_5 + 110 - 10 s_6\} \\ &= \min_{u_5 \in D_5(s_5)}\{20 u_5 + 110 - 10(s_5 - d_5 + u_5)\} \\ &= \min_{u_5 \in D_5(s_5)}\{20 u_5 + 110 - 10(s_5 - 2 + u_5)\} \\ &= \min_{u_5 \in D_5(s_5)}\{10 u_5 - 10 s_5 + 130\} \\ &= \min_{9-s_5 \leqslant u_5 \leqslant 11-s_5}\{10 u_5 - 10 s_5 + 130\} \\ &= 10(9 - s_5) - 10 s_5 + 130 \\ &= 220 - 20 s_5\end{aligned}$$

及最优决策 $u_5^* = 9 - s_5$。

当 $k=4$ 时,u_4 的允许决策集合为

$$\begin{aligned}D_4(s_4) &= \{u_4 \mid u_4 \geqslant 0, d_5 \leqslant s_4 - d_4 + u_4 \leqslant m\} \\ &= \{u_4 \mid u_4 \geqslant 0, d_5 + d_4 - s_4 \leqslant u_4 \leqslant m + d_4 - s_4\} \\ &= \{u_4 \mid u_4 \geqslant 0, 5 - s_4 \leqslant u_4 \leqslant 12 - s_4\} \\ &= \{u_4 \mid \max[0, 5 - s_4] \leqslant u_4 \leqslant 12 - s_4\}\end{aligned}$$

递推方程为

$$\begin{aligned}f_4(s_4) &= \min_{u_4 \in D_4(s_4)}\{c_4 u_4 + f_5(s_5)\} \\ &= \min_{u_4 \in D_4(s_4)}\{17 u_4 + 220 - 20 s_5\} \\ &= \min_{u_4 \in D_4(s_4)}\{17 u_4 + 220 - 20(s_4 - 3 + u_4)\} \\ &= \min_{u_4 \in D_4(s_4)}\{-3 u_4 - 20 s_4 + 280\} \\ &= -3(12 - s_4) - 20 s_4 + 280 \\ &= -17 s_4 + 244\end{aligned}$$

及最优决策 $u_4^* = 12 - s_4$。

当 $k=3$ 时,u_3 的允许决策集合为

第七章 动态规划

$$D_3(s_3) = \{u_3 \mid u_3 \geq 0, d_4 \leq s_3 - d_3 + u_3 \leq m\}$$
$$= \{u_3 \mid u_3 \geq 0, d_4 + d_3 - s_3 \leq u_3 \leq m + d_3 - s_3\}$$
$$= \{u_3 \mid u_3 \geq 0, 8 - s_3 \leq u_3 \leq 14 - s_3\}$$
$$= \{u_3 \mid \max[0, 8 - s_3] \leq u_3 \leq 14 - s_3\}$$

递推方程为

$$f_3(s_3) = \min_{u_3 \in D_3(s_3)} \{c_3 u_3 + f_4(s_4)\}$$
$$= \min_{u_3 \in D_3(s_3)} \{13 u_3 + 244 - 17 s_4\}$$
$$= \min_{u_3 \in D_3(s_3)} \{-4 u_3 - 17 s_3 + 329\}$$
$$= -4(14 - s_3) - 17 s_3 + 329$$
$$= -13 s_3 + 273$$

及最优决策 $u_3^* = 14 - s_3$。

当 $k=2$ 时，u_2 的允许决策集合为

$$D_2(s_2) = \{u_2 \mid u_2 \geq 0, d_3 \leq s_2 - d_2 + u_2 \leq m\}$$
$$= \{u_2 \mid u_2 \geq 0, d_3 + d_2 - s_2 \leq u_2 \leq m + d_2 - s_2\}$$
$$= \{u_2 \mid u_2 \geq 0, 13 - s_2 \leq u_2 \leq 17 - s_2\}$$

因为 $13 - s_2 > 0$，所以 $D_2(s_2) = \{u_2 \mid 13 - s_2 \leq u_2 \leq 17 - s_2\}$。

递推方程为

$$f_2(s_2) = \min_{u_2 \in D_2(s_2)} \{c_2 u_2 + f_3(s_3)\}$$
$$= \min_{u_2 \in D_2(s_2)} \{18 u_2 + 273 - 13 s_3\}$$
$$= \min_{u_2 \in D_2(s_2)} \{18 u_2 + 273 - 13(s_2 - 8 + u_2)\}$$
$$= \min_{u_2 \in D_2(s_2)} \{5 u_2 - 13 s_2 + 377\}$$
$$= 5(13 - s_2) - 13 s_2 + 337$$
$$= -18 s_2 + 442$$

及最优决策 $u_2^* = 13 - s_2$。

当 $k=1$ 时，u_1 的允许决策集合为

$$D_1(s_1) = \{u_1 \mid u_1 \geq 0, d_2 \leq s_1 - d_1 + u_1 \leq m\}$$
$$= \{u_1 \mid u_1 \geq 0, d_2 + d_1 - s_1 \leq u_1 \leq m + d_1 - s_1\}$$
$$= \{u_1 \mid u_1 \geq 0, 8 - s_1 \leq u_1 \leq 9 - s_1\}$$

根据题意 $s_1 = 2$，$D_1(s_1) = \{u_1 \mid 6 \leq u_1 \leq 7\}$。

递推方程为

$$f_1(s_1) = \min_{u_1 \in D_1(s_1)} \{c_1 u_1 + f_2(s_2)\}$$
$$= \min_{u_1 \in D_1(s_1)} \{11 u_1 + 442 - 18 s_2\}$$
$$= \min_{u_1 \in D_1(s_1)} \{11 u_1 + 442 - 18(s_1 - 0 + u_1)\}$$
$$= \min_{u_1 \in D_1(s_1)} \{-7 u_1 - 18 s_1 + 442\}$$

$$= -7u_1 - 18s_1 + 442 = 357$$

及最优决策 $u_1^* = 7$.

再按计算顺序反推之,各阶段的最优决策为 $u_1^* = 7, u_2^* = 4, u_3^* = 9, u_4^* = 3, u_5^* = 0$, $u_6^* = 4, u_7^* = 0$,相应的最小总成本为 357 元.

将以上结果总结成表 7-7.

表 7-7

k	1	2	3	4	5	6	7
c_k	11	18	13	17	20	10	15
d_k	0	8	5	3	2	7	4
s_k	2	9	5	9	9	7	4
u_k	7	$13-s_2=4$	$14-s_3=9$	$12-s_4=3$	$9-s_5=0$	$11-s_6=4$	0

在实际问题中,还会遇到某些多阶段决策过程,不像前面所讨论的确定性那样,状态转移是完全确定的,而是出现了随机因素,状态转移不能完全确定,它是按照某种已知的概率分布取值的,具有这种性质的多阶段决策过程就称为随机性的决策过程.同处理确定性问题类似,用动态规划的方法也可以处理这种随机性问题,有的又称此为随机性动态规划.

例 7 采购问题.某工厂的生产需要在近 5 周内采购一批原材料,估计在未来五周内的价格会有波动,其浮动价格和概率见表 7-8.试求在哪一周以什么价格购入,使其采购价格的数学期望值最小,并求出期望值.

表 7-8

单价	概率
500	0.3
600	0.3
700	0.4

解:这里价格是一个随机变量,是按照某种已知的概率分布取值的.用动态规划方法处理,按采购期限 5 周分为 5 个阶段.

s_k 是状态变量,表示第 k 周的实际价格.

u_k 是决策变量,当 $u_k = 1$ 时表示第 k 周决定购买;当 $u_k = 0$ 时表示第 k 周决定等待.

s_{kE} 表示第 k 周决定等待,而在以后采取最优决策时采购价格的期望值.

最优值函数 $f_k(s_k)$ 表示第 k 周实际价格为 s_k 时,从第 k 周至第 5 周采取最优决策所得的最小期望值.

逆序递推关系方程为

$$\begin{cases} f_k(s_k) = \min\{s_k, s_{kE}\} & s_k \in D_k \\ f_5(s_6) = s_5 & s_k \in D_5 \end{cases} \quad (7-21)$$

其中 $D_k = \{500, 600, 700\}, k = 1, 2, 3, 4, 5$.

由 s_k 和 s_{kE} 的定义可知

$$s_{kE} = Ef_{k+1}(s_{k+1}) = 0.3 \times f_{k+1}(500) + 0.3 \times f_{k+1}(600) + 0.4 \times f_{k+1}(700)$$

并且得出最优决策为

$$u_k = \begin{cases} =1(采购) & f_k(s_k)=s_k \\ =0(等待) & f_k(s_k)=s_{kE} \end{cases}$$

从最后一周开始,逐步向前递推计算,具体过程如下.

当 $k=5$ 时,因 $f_5(s_5)=s_5, s_5 \in D_5$,故有

$$f_5(500)=500, f_5(600)=600, f_5(700)=700$$

即在第 5 周时,所需要的原料尚未买入,则无论市场价格如何,都必须采购,不能再等.

当 $k=4$ 时,有

$$s_{4E}=0.3 \times f_5(500)+0.3 \times f_5(600)+0.4 \times f_5(700)$$
$$=0.3 \times 500+0.3 \times 600+0.4 \times 700=610$$

于是,得到

$$f_4(s_4) = \min_{s_4 \in D_4}\{s_4, s_{4E}\} = \min_{x_4 \in D_4}\{s_4, 610\}$$
$$= \begin{cases} 500 & 若 s_4=500 \\ 600 & 若 s_4=600 \\ 610 & 若 s_4=700 \end{cases}$$

则第 4 周的最优决策为

$$u_4 = \begin{cases} =1(采购) & 若 s_4=500 或 600 \\ =0(等待) & 若 s_4=700 \end{cases}$$

当 $k=3$ 时,有

$$s_{3E}=0.3 \times f_4(500)+0.3 \times f_4(600)+0.4 \times f_4(700)=574$$

于是,得到

$$f_3(s_3) = \min_{x_3 \in D_3}\{s_3, s_{3E}\} = \min_{s_3 \in D_3}\{s_3, 574\}$$
$$= \begin{cases} 500 & 若 s_3=500 \\ 574 & 若 S_3=600 \\ 574 & 若 S_3=700 \end{cases}$$

则第 3 周的最优决策为

$$u_3 = \begin{cases} =1(采购) & 若 s_3=500 \\ =0(等待) & 若 s_3=600 或 700 \end{cases}$$

当 $k=2$ 时,有

$$s_{2E}=0.3 \times f_3(500)+0.3 \times f_3(600)+0.4 \times f_3(700)=551.8$$

于是,得到

$$f_2(s_2) = \min_{s_2 \in D_2}\{s_2, s_{2E}\} = \min_{s_2 \in D_2}\{s_2, 551.8\}$$
$$= \begin{cases} 500 & 若 s_2=500 \\ 551.8 & 若 s_2=600 \\ 551.8 & 若 s_2=700 \end{cases}$$

则第 2 周的最优决策为

$$u_2 = \begin{cases} =1(采购) & 若 s_2=500 \\ =0(等待) & 若 s_2=600 或 700 \end{cases}$$

当 $k=1$ 时,有
$$s_{1E}=0.3\times f_2(500)+0.3\times f_2(600)+0.4\times f_2(700)=536.26$$
于是,得到
$$f_1(s_1)=\min_{s_1\in D_1}\{s_1,s_{1E}\}=\min_{s_1\in D_1}\{s_1,536.26\}$$
$$=\begin{cases}500 & 若\ S_1=500\\ 536.26 & 若\ s_1=600\\ 536.26 & 若\ s_1=700\end{cases}$$

则第 1 周的最优决策为
$$u_1=\begin{cases}=1(采购) & 若\ s_1=500\\ =0(等待) & 若\ s_1=600\ 或\ 700\end{cases}$$

由上可知,最优采购策略为:在第 1、2、3 周时,若价格为 500 就采购,否则应该等待;在第 4 周时,价格为 500 或 600 时应采购,否则就等待;在第 5 周时,无论什么价格都要采购.依照最优采购策略进行采购时,价格的数学期望为

$$500\times[0.3+0.3\times 0.7+0.3\times 0.7^2+0.3\times 0.7^3+0.3\times 0.7^3\times 0.4]+$$
$$600\times[0.3\times 0.7^3+0.3\times 0.4\times 0.7^3]+700\times 0.4^2\times 0.7^3$$
$$=500\times 0.80106+600\times 0.14406+700\times 0.05488$$
$$=525.382\approx 525$$

且
$$0.80106+0.14406+0.05488=1$$

5.3 背包问题

一位旅行者携带背包去登山,已知他所能承受的背包重量限度为 a 公斤.现有 n 种物品可供他选择装入背包,第 i 种物品每件重量为 w_i 公斤,在上山的过程中的作用(价值)是携带数量 u_i 的函数 $c_i(u_i)$(表明本物品对登山的重要性的数量指标).问旅行者应如何选择携带各种物品的件数,以使总价值最大.这就是著名的背包问题.背包问题等同于车、船、飞机、潜艇、人造卫星等工具的最优装载问题,还可以解决机床加工中零件最优加工、下料问题、投资决策问题等,有广泛的实用意义.

设第 i 种物品取 u_i 件($i=1,2,\cdots,n$,为非负整数),背包中物品的价值为 Z,则背包问题的数学模型为

$$\max Z=\sum_{i=1}^{n}c_i(u_i)$$
$$\text{s.t.}\begin{cases}\sum_{i=1}^{n}w_iu_i\leqslant a\\ u_i\geqslant 0\ 且为整数\quad i=1,2,\cdots,n\end{cases} \quad (7-22)$$

它是一个整数规划问题.如果 u_i 只取 0 或 1,又称为 0-1 背包问题.下面用动态规划方法来求解.

阶段 k 表示按照装入物品的顺序 $1,2,\cdots,n$ 排序,每段装一种物品,共划分 n 个阶段,

即第 k 次装载第 k 种物品 $(k=1,2,\cdots,n)$.

状态变量 s_{k+1} 表示在第 k 段开始时,背包中允许装入前 k 种物品的总重量.

决策变量 u_k 表示装入第 k 种物品的件数.

状态转移方程为 $s_k = s_{k+1} - w_k u_k$.

决策允许集合 $D_k(s_{k+1})$ 为
$$D_k(s_{k+1}) = \{u_k | 0 \leq u_k \leq [s_{k+1}/w_k], u_k \text{ 为整数}\}$$

其中 $[s_{k+1}/w_k]$ 表示不超过 s_{k+1}/w_k 的最大整数.

最优指标函数 $f_k(s_{k+1})$ 表示在背包中允许装入物品的总重量不超过 s_{k+1} 公斤,采用最优策略只装前 k 种物品时的最大使用价值.

顺序递推关系方程为
$$\begin{cases} f_k(s_{k+1}) = \max_{u_k = 0, 1, \cdots, [s_{k+1}/w_k]} \{c_k u_k + f_{k-1}(s_{k+1} - u_k)\} & k=1,2,\cdots,n \\ f_0(s_1) = 0 \end{cases} \quad (7-23)$$

用向前动态规划方法逐步计算出 $f_1(s_2), f_2(s_3), f_n(s_{n+1})$,最后得到的 $f_n(a)$ 即为所求的最大价值,相应的决策函数 $u_1(s_2), u_2(s_3), u_n(s_{n+1})$ 由反推计算得出.

当 u_i 仅表示装入和不装第 i 种物品,则模型就是 0-1 背包问题.

例 8 有一辆最大货运量为 10 吨的卡车,用以装载 3 种货物,每种货物的单位重量及相应单位价值如表 7-9 所示.问应如何装载可使总价值最大.

表 7-9

货物编号 i	1	2	3
单位重量(t)	3	4	5
单位价值 w_i	4	5	6

解:按前述建立动态规划模型,决策变量 u_i 取离散值,求 $f_3(10)$.

当 $k=1$ 时, $f_1(s_2) = \max\limits_{\substack{0 \leq u_1 \leq s_2/3 \\ u_1 \text{ 为整数}}} \{4u_1\} = 4[s_2/3]$,计算结果见表 7-10.

表 7-10

s_2	0	1	2	3	4	5	6	7	8	9	10
$f_1(s_2)$	0	0	0	4	4	4	8	8	8	12	12
u_1^*	0	0	0	1	1	1	2	2	2	3	3

当 $k=2$ 时, $f_2(s_3) = \max\limits_{\substack{0 \leq u_2 \leq s_3/4 \\ u_2 \text{ 为整数}}} \{5u_2 + f_1(s_3 - 4u_2)\}$,计算结果见表 7-11.

表 7-11

s_3	0	1	2	3	4	5	6	7	8			9			10		
u_2	0	0	0	0	0	1	0	1	0	1	2	0	1	2	0	1	2
$w_2 + f_2$	0	0	0	4	4	5	4	5	8	5	9	8	9	10	12	9	10	12	13	10
$f_2(s_3)$	0	0	0	4	5	5	8	9			10			12			13
u_2^*	0	0	0	0	1	1	0	1			2			0			1

当 $k=3$ 时, $f_3(10) = \max\limits_{\substack{0 \leq u_3 \leq 2 \\ u_3 \text{ 为整数}}} \{6u_3 + f_2(10 - 5u_3)\}$

$$= \max_{u_3=0,1,2} \{6u_3 + f_2(10-5_3)\}$$
$$= \max\{f_2(10), 6+f_2(5), 12+f_2(0)\}$$
$$= \max\{13, 6+5, 12+0\} = 13$$

此时 $u_3^* = 0$,逆推可得最优策略为 $u_2^* = 1, u_1^* = 2$,最大价值为 13.

上面例子只考虑了背包重量的限制,它称为"一维背包问题". 如果再增加背包体积的限制 b,并假设第 i 种物品每件的体积为 v_i 立方米,问应如何装使得总价值最大,这就是"二维背包问题",它的数学模型为

$$\max Z = \sum_{i=1}^{n} c_i(u_i)$$

$$\text{s.t.} \begin{cases} \sum_{i=1}^{n} w_i u_i \leqslant a \\ \sum_{i=1}^{n} v_i u_i \leqslant b \\ u_i \geqslant 0 \text{ 且为整数} \quad i=1,2,\cdots,n \end{cases} \quad (7-24)$$

用动态规划方法来求解,其思想方法与一维背包问题完全类似. 只是这时的状态变量是两个:重量和体积的限制,决策变量仍是一个,物品的件数.

5.4 设备更新问题

企业经常会遇到因设备陈旧或损坏需要更新的问题. 从经济上分析,一台设备应该使用多少年更新最合算,这就是设备更新问题. 一般来说,一台设备在比较新时,年运转量大,经济收入高,故障少,维修费用少. 但是随着使用年限的增加,年运转量减少,因而收入减少,故障变多,维修费用增加. 如果更新可提高年收入,但是当年要支出一笔数额较大的购买费,为了比较不同决策的优势,常常要在一个较长的时间内考虑更新决策问题.

在已知一台设备的效益函数 $r(t)$、维修费用函数 $w(t)$ 及更新费用函数 $c(t)$ 后,要求在 n 年内的每年初作出决策,是继续使用旧设备还是更换一台新的,使 n 年总效益最大.

设 $r_k(t)$ 表示第 k 年设备已使用过 t 年(或称役龄为 t 年),再使用一年时的效益.

$w_k(t)$ 表示第 k 年设备役龄为 t 年,再使用一年的维修费用.

$c_k(t)$ 表示第 k 年卖掉一台役龄为 t 年的设备,买进一台新设备的更新净费用.

α 为折扣因子($0 \leqslant \alpha \leqslant 1$),表示一年以后的单位收入价值相当于现年的 α 单位.

下面建立动态规划模型.

阶段 $k(k=1,2,\cdots,n)$ 表示计划使用该设备的年限数.

状态变量 s_k 表示第 k 年初,设备已使用过的年数(即役龄).

决策变量 u_k 表示第 k 年初更新设备(Replacement),还是保留使用(Keep)旧设备,分别用 R 与 K 代表.

状态转移方程为:

$$s_{k+1} = \begin{cases} s_k + 1 & u_k = K \\ 1 & u_k = R \end{cases}$$

阶段指标函数为：

$$v_j(s_k, u_k) = \begin{cases} r_k(s_k) - w_k(s_k) & u_k = K \\ r_k(0) - w_k(0) - c_k(s_k) & u_k = R \end{cases}$$

过程指标函数为：

$$V_{k,n} = \sum_{j=k}^{n} v_j(s_k, u_k) \quad k = 1, 2, \cdots, n$$

最优指标函数 $f_k(s_k)$ 表示第 k 年初，一台已经用了 s_k 年的设备，到第 n 年末的最大收益，则逆序递推关系方程为：

$$\begin{cases} f_k(s_k) = \max_{u_k = K, R} \{v_j(s_k, u_k) + \alpha f_{k+1}(s_{k+1})\} & k = n, n-1, \cdots, 1 \\ f_{n+1}(s_{n+1}) = 0 \end{cases} \quad (7-25)$$

其中

$$f_k(s_k) = \max \begin{cases} r_k(s_k) - w_k(s_k) + \alpha f_{k+1}(s_k + 1) & u_k = K \\ r_k(0) - w_k(0) - c_k(s_k) + \alpha f_{k+1}(1) & u_k = R \end{cases}$$

例 9 设某台设备的年效益及年均维修费、更新净费用如表 7—12 所示．试确定今后五年内的更新策略，使总收益最大．

表 7—12

役龄 项目	0	1	2	3	4	5
效益 $r_k(t)$	5	4.5	4	3.75	3	2.5
维修费 $w_k(t)$	0.5	1	1.5	2	2.5	3
更新费 $c_k(t)$	0.5	1.5	2.2	2.5	3	3.5

解：按前述建立动态规划模型，$n = 5$．

当 $k = 5$ 时，

$$f_5(s_5) = \max \begin{cases} r_5(s_5) - w_5(s_5) & u_5 = K \\ r_5(0) - w_5(0) - c_5(s_5) & u_5 = R \end{cases}$$

状态变量 s_5 可取 $1, 2, 3, 4$．

$$f_5(1) = \max \begin{cases} r_5(1) - w_5(1) & u_4 = K \\ r_5(0) - w_5(0) - c_5(1) & u_5 = R \end{cases}$$

$$= \max \begin{cases} 4.5 - 1 \\ 5 - 0.5 - 1.5 \end{cases} = 3.5 \quad u_5(1) = K$$

$$f_5(2) = \max \begin{cases} 4 - 1.5 \\ 5 - 0.5 - 2.2 \end{cases} = 2.5 \quad u_5(2) = K$$

$$f_5(3) = \max \begin{cases} 3.75 - 2 \\ 5 - 0.5 - 2.5 \end{cases} = 2 \quad u_5(3) = R$$

$$f_5(4) = \max \begin{cases} 3 - 2.5 \\ 5 - 0.5 - 3 \end{cases} = 1.5 \quad u_5(4) = R$$

当 $k = 4$ 时，

$$f_4(s_4) = \max \begin{cases} r_4(s_4) - w_4(s_4) + f_5(s_4+1) & u_4 = K \\ r_4(0) - w_4(0) - c_4(s_4) + f_5(1) & u_4 = R \end{cases}$$

状态变量 s_4 可取 1,2,3.

$$f_4(1) = \max \begin{cases} 4.5 - 1 + 2.5 \\ 5 - 0.5 - 1.5 + 3.5 \end{cases} = 6.5 \qquad u_4(1) = R$$

$$f_4(2) = \max \begin{cases} 4 - 1.5 + 2 \\ 5 - 0.5 - 2.2 + 3.5 \end{cases} = 5.8 \qquad u_4(2) = R$$

$$f_4(3) = \max \begin{cases} 3.75 - 2 + 1.5 \\ 5 - 0.8 - 2.5 + 3.5 \end{cases} = 5.5 \qquad u_4(3) = R$$

当 $k=3$ 时,

$$f_3(s_3) = \max \begin{cases} r_3(s_3) - w_3(s_3) + f_4(s_3+1) & u_3 = K \\ r_3(0) - w_3(0) - c_3(s_3) + f_4(1) & u_3 = R \end{cases}$$

状态变量 s_3 可取 1,2.

$$f_3(1) = \max \begin{cases} 4.5 - 1 + 5.8 \\ 5 - 0.5 - 1.5 + 6.5 \end{cases} = 9.5 \qquad u_3(1) = R$$

$$f_3(2) = \max \begin{cases} 4 - 1.5 + 5.5 \\ 5 - 0.5 - 2.2 + 6.5 \end{cases} = 8.8 \qquad u_3(2) = R$$

当 $k=2$ 时,

$$f_2(s_2) = \max \begin{cases} r_2(s_2) - w_2(s_2) + f_3(s_2+1) & u_2 = K \\ r_2(0) - w_2(0) - c_2(s_2) + f_3(1) & u_2 = R \end{cases}$$

状态变量 s_2 只能取 1,所以

$$f_2(1) = \max \begin{cases} 4.5 - 1 + 8.8 \\ 5 - 0.5 - 1.5 + 9.5 \end{cases} = 12.5 \qquad u_2(1) = R$$

当 $k=1$ 时,

$$f_1(s_1) = \max \begin{cases} r_1(s_1) - w_1(s_1) + f_2(s_1+1) & u_1 = K \\ r_1(0) - w_1(0) - c_1(s_1) + f_2(1) & u_1 = R \end{cases}$$

状态变量 s_1 只能取 0.

$$f_1(0) = \max \begin{cases} 5 - 0.5 + 12.5 \\ 5 - 0.5 - 0.5 + 12.5 \end{cases} = 17 \qquad u_1(0) = K$$

上述计算过程递推回去,当 $u_1(0) = K$ 时,由状态转移方程

$$s_2 = \begin{cases} s_1 + 1 & u_1 = K \\ 1 & u_1 = R \end{cases}$$

知 $s_2 = 1$,查 $f_2(1)$ 得 $u_2^* = R$,则

$$s_3 = \begin{cases} s_2 + 1 & u_2 = K \\ 1 & u_2 = R \end{cases}$$

查 $f_3(1)$ 得 $u_3^* = R$,推出 $s_4 = 1$;查 $f_4(1)$ 得 $u_4^* = R$,推出 $s_5 = 1$;查 $f_5(1)$ 得 $u_5^* = K$. 因此,最优策略为 $\{K, R, R, R, K\}$,即第一年初购买的设备到第二、三、四年初各更新一次,用到第五年末,其总效益为 17 万元.

5.5 复合系统工作可靠性问题

若某种机器的工作系统由 n 个部件串联组成,只要有一个部件失灵,整个系统就不能工作. 为提高系统工作的可靠性,在每一个部件上均装有主要元件的备用件,并且设计了备用元件自动投入装置. 显然,备用元件越多,整个系统正常工作的可靠性越大,但备用元件多了,整个系统的成本、重量、体积均相应增大,工作精度也降低. 因此,最优化问题是在考虑上述限制条件下,应如何选择各部件的备用元件数,使整个系统的工作可靠性最大.

设部件 $k(k=1,2,\cdots,n)$ 上装有 u_k 个备用件时,它正常工作的概率为 $p_k(u_k)$. 因此,整个系统正常工作的可靠性,可用它正常工作的概率来衡量. 即

$$P = \prod_{k=1}^{n} p_k(u_k)$$

设装一个部件 k 备用元件费用为 c_k,重量为 w_k,要求总费用不超过 c,总重量不超过 w,则这个问题的静态模型为:

$$\max P = \prod_{k=1}^{n} P_k(u_k)$$

$$\text{s.t.} \begin{cases} \sum_{k=1}^{n} c_k u_k \leqslant c \\ \sum_{k=1}^{n} w_k u_k \leqslant w \\ u_k \geqslant 0 \text{ 且为整数} \quad k=1,2,\cdots,n \end{cases} \tag{7-26}$$

u_k 要求为整数,且目标函数是非线性的,因此这是一个非线性整数规划问题. 非线性整数规划是个较为复杂的问题,但是用动态规划方法求解是比较容易的.

为了构造动态规划模型,根据两个约束条件,取二维状态变量,采用两个状态变量符号 x_k, y_k 来表示,其中

x_k 表示由第 k 个到第 n 个部件所容许使用的总费用.

y_k 表示由第 k 个到第 n 个部件所容许具有的总重量.

决策变量 u_k 为部件 k 上装的备用元件数,这里决策变量是一维的.

状态转移方程为:

$$x_{k+1} = x_k - u_k c_k$$
$$y_{k+1} = y_k - u_k w_k$$

允许决策集合为:

$$D_k(x_k, y_k) = \{u_k \mid 0 \leqslant u_k \leqslant \min([x_k/c_k], [y_k/w_k])\}$$

最优指标函数 $f_k(x_k, y_k)$ 为由状态变量 x_k 和 y_k 出发,从第 k 个到第 n 个部件的系统最大可靠性. 因此,整个系统的动态规划基本方程为:

$$\begin{cases} f_k(x_k, y_k) = \max_{u_k \in D_k(x_k, y_k)} [P_k(u_k) f_{k+1}(x_k - c_k u_k, y_k - u_k w_k)] & k=n, n-1, \cdots, 1 \\ f_{n+1}(x_{n+1}, y_{n+1}) = 1 \end{cases}$$

$$(7-27)$$

边界条件为1,这是因为 x_{n+1} 和 y_{n+1} 均为0,装置根本不工作,故可靠性为1.最后计算得 $f_1(c,w)$ 即为所求问题的最大可靠性.

这个问题的特点是指标函数为连乘积形式,而不是连加形式,但仍满足可分离性和递推关系;边界条件为1而不是0,它们是由研究对象的特性决定的.另外,这里可靠性 $p_k(u_k)$ 是 u_k 的严格单调上升函数,且 $p_k(u_k) \leqslant 1$.

在这个问题中,如果静态模型的约束条件增加为三个,例如要求总体积不许超过 v,则状态变量就要取三维的 (x_k,y_k,z_k).它说明静态规划问题的约束条件增加时,对应的动态规划的状态变量维数也需要增加,而决策变量维数可以不变.

例10 某厂设计一种电子设备,由三种元件 D_1,D_2,D_3 组成.已知这三种元件的价格和可靠性如表 7-13 所示,要求在设计中所使用元件的费用不超过 105 元.试问应如何设计使设备的可靠性达到最大(不考虑重量的限制).

表 7-13

元件	单位/元	可靠性
D_1	30	0.9
D_2	15	0.8
D_3	20	0.5

解:按元件种类划分为三个阶段,设状态变量 x_k 表示能容许 D_k 元件至 D_3 元件的总费用;决策变量 u_k 表示在 D_k 元件上的并联个数;p_k 表示一个 D_k 元件正常工作的概率,则 $(1-p_k)^{u_k}$ 为 u_k 个 D_k 元件不正常工作的概率.令最优指标函数 $f_k(x_k)$ 表示由状态 x_k 开始从 D_k 元件至 D_3 元件组成的系统最大可靠性.因而有

$$f_3(x_3) = \max_{1 \leqslant u_3 \leqslant [x_3/20]} [1-(0.5)^{u_3}]$$

$$f_2(x_2) = \max_{1 \leqslant u_2 \leqslant [x_2/15]} \{[1-(1-0.8)^{u_2}]f_3(x_2-15u_2)\}$$

$$f_1(x_1) = \max_{1 \leqslant u_1 \leqslant [x_1/30]} \{[1-(1-0.9)^{u_1}]f_2(x_1-30u_1)\}$$

由于 $x_1=105$,故此问题为求出 $f_1(105)$ 即可.而

$$f_1(105) = \max_{1 \leqslant u_1 \leqslant 3} \{[1-(1-0.9)^{u_1}]f_2(105-30u_1)\}$$

$$= \max\{0.9f_2(75), 0.99f_2(45), 0.999f_2(15)\}$$

但

$$f_2(75) = \max_{1 \leqslant u_2 \leqslant 4} \{[1-(1-0.8)^{u_2}]f_3(75-15u_2)\}$$

$$= \max\{0.8f_3(60), 0.96f_3(45), 0.992f_3(30), 0.9984f_3(15)\}$$

$$f_2(45) = \max_{1 \leqslant u_2 \leqslant 3} \{[1-(1-0.8)^{u_2}]f_3(45-15u_2)\}$$

$$= \max\{0.8f_3(30), 0.96f_3(15), 0.992f_3(0)\}$$

$$f_2(15) = \max_{u_2=1} \{[1-(1-0.8)^{u_2}]f_3(15-15u_2)\} = 0.$$

有

$$f_3(60) = \max_{1 \leqslant u_3 \leqslant 3} \{[1-(1-0.5)^{u_3}]\} = \max\{0.5, 0.75, 0.875\} = 0.875$$

$$f_3(45) = \max_{1 \leqslant u_3 \leqslant 2} \{[1-(1-0.5)^{u_3}]\} = \max\{0.5, 0.75\} = 0.75$$

$$f_3(30)=0.5$$
$$f_3(15)=0.$$

所以
$$f_2(75)=\max\{0.8\times 0.875, 0.96\times 0.75, 0.992\times 0.5, 0.9984\times 0\}$$
$$=\max\{0.7, 0.72, 0.496\}=0.72.$$

同理 $f_2(45)=0.4, f_2(15)=0.$ 故 $f_1(105)=\max\{0.9\times 0.72, 0.99\times 0.4, 0.999\times 0\}$
$=0.648.$

从而求得 $u_1=1, u_2=2, u_3=2$ 为最优方案,即 D_1 元件用 1 个,D_2 元件用 2 个,D_3 元件用 2 个,其总费用为 100 元,可靠性为 0.648.

5.6 货郎担问题

货郎担问题是指一个货郎从某城市出发,经过若干个城市一次,且仅一次,最后仍回到原出发的城市,问应如何选择行走路线可使总路程最短. 这是运筹学中一个著名问题. 实际中很多问题,如旅行路线问题等,都可以归结为这类问题.

设 $v_1, v_2, \cdots, v_n$ 是已知的 n 个城市,城市 v_i 到城市 v_j 的距离为 d_{ij},先求从 v_1 出发,经各城市一次且仅一次返回 v_1 的最短路程. 若对 n 个城市进行排列,有 $(n-1)!/2$ 种方案,所以穷举法是不现实的. 当 n 不太大的时候,这里介绍一种动态规划方法.

货郎担问题也是求最短路径问题,但与前面介绍的最短路径问题有很大不同. 建动态规划模型时,虽然也可按城市数目 n 将问题分为 n 个阶段,但是状态变量不好选择,很难满足后无效性,为保持状态间相互独立,可按以下方法建立动态规划模型.

设 S 表示从 v_1 到 v_i 中所有可能经过的城市集合,S 实际上是包含除 v_1 和 v_i 两个点之外其余点的集合,但 S 中点的个数随阶段数的改变而改变.

状态变量 (i,S) 表示从 v_1 点出发,经过 S 集合中所有点一次最后到达.

决策变量 $P_k(i,S)$ 表示从 v_1 点出发经由 k 个城市的 S 集合到 v_i 城市的最短路线上邻接 v_i 的前一个城市.

最优指标函数 $f_k(i,S)$ 表示从 v_1 点出发经由 k 个城市的 S 集合到 v_i 的最短距离.

该问题动态规划的顺序递推关系方程为:

$$\begin{cases} f_k(i,S)=\min\{f_{k-1}(j,S\setminus\{j\})+d_{ij}\} \\ f_0(i,\varnothing)=d_{ij} \quad k=1,2,\cdots,n-1; \quad i=2,3,\cdots,n \end{cases} \quad (7-28)$$

例 11 已知 4 个城市间距离如表 7-14,求从 v_1 出发,经其余城市一次且仅一次最后返回 v_1 的最短路经与距离.

表 7-14

v_i \ v_j 距离	1	2	3	4
1	0	6	7	9
2	8	0	9	7
3	5	8	0	8
4	6	5	5	0

解：由递推关系方程(7-28)知：

$$f_0(2,\varnothing)=d_{12}=6, f_0(3,\varnothing)=d_{13}=7, f_0(4,\varnothing)=d_{14}=9$$

当 $k=1$ 时，从城市 v_1 出发，经过 1 个城市到达的最短距离为：

$$f_1(2,\{3\})=f_0(3,\varnothing)+d_{32}=7+8=15$$
$$f_1(2,\{4\})=f_0(4,\varnothing)+d_{42}=9+5=14$$
$$f_1(3,\{2\})=f_0(2,\varnothing)+d_{23}=6+9=15$$
$$f_1(3,\{4\})=f_0(4,\varnothing)+d_{43}=9+5=14$$
$$f_1(4,\{2\})=f_0(2,\varnothing)+d_{24}=6+7=13$$
$$f_1(4,\{3\})=f_0(3,\varnothing)+d_{34}=7+8=15$$

当 $k=2$ 时，计算从城市 v_1 出发，经过 2 个城市到达 v_i 的最短距离为

$$f_2(2,\{3,4\})=\min[f_1(3,\{4\})+d_{32}, f_1(3,\{3\})+d_{42}]$$
$$=\min[14+8,15+5]=20$$

因此，$P_2(2,\{3,4\})=4$，即从城市 v_1 出发，经过 2 个城市到达 v_2 的最短路径上邻接 v_2 的城市是 v_4.

$$f_2(3,\{2,4\})=\min[14+9,13+5]=18$$

因此，$P_2(3,\{2,4\})=4$. 同理，从城市 v_1 出发，经过 2 个城市到达 v_2 的最短路径上邻接 v_2 的城市是 v_4.

$$f_2(4,\{2,3\})=\min[15+7,15+8]=22$$

因此，$P_2(4,\{2,3\})=2$，即从城市 v_1 出发，经过 2 个城市到达 v_4 的最短路径上邻接 v_4 的城市是 v_2.

当 $k=3$ 时，计算从城市 v_1 出发，经过 3 个城市回到 v_1 的最短距离为

$$f_3(1,\{2,3,4\})=\min[f_2(2,\{3,4\})+d_{21}, f_2(3,\{2,4\})+d_{31}, f_2(4,\{2,3\})+d_{41}]$$
$$=\min[20+8,18+5,22+6]=23.$$

因此，$P_3(1,\{2,3,4\})=3$，即从城市 v_1 出发，经过 3 个城市回到 v_1 的最短路径上邻接 v_1 的城市是 v_3. 这样，逆推回去，货郎的最短路线是 1→2→4→3→1，最短距离为 23.

求解货郎担问题时，当城市数目增大，用动态规划方法求解，无论是计算量还是存贮量都会大大增加，所以本方法只适合于 n 较小的情况.

实际中很多问题都可以归结为货郎担这类问题. 如物资运输路线中，汽车应走怎样的路线使总路程最短；工厂里在钢板上要挖小孔，自动焊机的割嘴应怎样走使路线最短；城市里在一些地方铺设管道时，应走怎样的路线使管子耗费最少等.

5.7 具有转向费用的最短路径问题

假设城市的道路结构如图 7-1 所示,两个路口之间标的数字表示通过这一段道路所需的费用(元).该城市有一项奇怪的交通规则:车辆经过每个路口时,向左或向右转弯一次,要收取"转弯费"3 元.现有一辆汽车从 A 点出发到 P 点,求包括转弯费用在内,费用最小的行驶路线.

该问题与前面提到的最短路线问题不同,由于考虑转弯费用,从任一路口出发到达终点的最优路线不仅取决于当前的位置,而且与如何到达当前位置有关.如果仍旧用当前所在位置作为状态变量,用行进的方向作为决策变量,这样,从某一状态出发的最优决策,不仅与当前状态有关,还与这一状态以前的决策有关,就不满足动态规划"状态的无后效性"的要求.为了满足动态规划的这一要求,必须重新构造状态变量.

现将这个问题的动态规划模型构造如下.

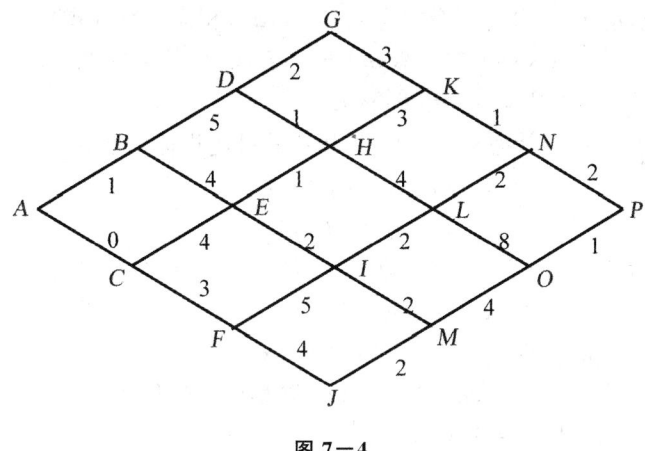

图 7-4

阶段 k:设起点 A 为第一阶段,到达 B 或 C 为第二阶段,如此等等.到达终点 P 为第七阶段.

状态变量:(s_k, r_k),$(k=1,2,\cdots,6)$ 其中 s_k 为第 k 阶段所在位置,r_k 为从 s_k 出发行进的方向:

$$r_k = \begin{cases} u(\text{up}) & \text{上行} \\ d(\text{down}) & \text{下行} \end{cases}$$

终点 P 的状态变量为 $(P, \varnothing)$,$\varnothing$ 表示行进方向为空集.由图可见,点 G,J,K,M,N,O,P 只有一个状态,其余的点都有两个状态.

由于状态变量包括所在位置和行进方向两个因素,决策变量也就已经包含在状态变量之中了.

最优指标函数:$f_k(s_k, r_k)$ 表示从 s_k 出发,按 r_k 方向前进一步,最终到达 P 的最小费用(包括转弯费用).

阶段指标函数:$u_k(s_k)$ 表示从 s_k 出发上行一步的路程费用(不包括转弯费用);$d_k(s_k)$ 表示从 s_k 出发下行一步的路程费用(不包括转弯费用).

逆序动态递推方程为：

$$f_k(s_k,u) = \min\begin{Bmatrix} u_k(s_k)+f_{k+1}(s_{k+1},u) \\ u_k(s_k)+f_{k+1}(s_{k+1},d)+3 \end{Bmatrix}$$

$$= u_k(s_k) + \min\begin{Bmatrix} f_{k+1}(s_{k+1},u) \\ f_{k+1}(s_{k+1},d)+3 \end{Bmatrix} \quad (7-29)$$

$$f_k(s_k,d) = \min\begin{Bmatrix} d_k(s_k)+f_{k+1}(s_{k+1},u)+3 \\ d_k(s_k)+f_{k+1}(s_{k+1},d) \end{Bmatrix}$$

$$= d_k(s_k) + \min\begin{Bmatrix} f_{k+1}(s_{k+1},u)+3 \\ f_{k+1}(s_{k+1},d) \end{Bmatrix} \quad (7-30)$$

终端条件：$f_7(P,\varnothing)=0$.

利用上面的动态规划模型求解该问题.

当 $k=7$ 时，对应于 P 只有一个状态 $s_7=(P,\varnothing)$，相应的最优指标函数为：
$$f_7(s_7)=f_7(P,\varnothing)=0.$$

当 $k=6$ 时，对应于 N 只有一个状态 $s_6=(N,d)$，相应的最优指标函数为：
$$f_6(N,d)=d_6(N,d)+f_7(P,\varnothing)=2+0=2.$$

最优路线上的下一状态为 $s_7^*=(P,\varnothing)$.

对应于点 O 只有一个状态 $s_6=(O,u)$，相应的最优指标函数为：
$$f_6(O,u)=u_6(O,u)+f_7(P,\varnothing)=1+0=1$$
$$s_7^*=(P,\varnothing).$$

当 $k=5$ 时，对应于 K 只有一个状态 $s_5=(K,d)$，相应的最优指标函数为：
$$f_5(K,d)=d_5(K,d)+f_6(N,d)=1+2=3$$
$$s_6^*=(N,d)$$

对应于 L 有两个状态 $s_5=(L,u), s_5=(L,d)$ 相应的最优指标函数分别为：
$$f_5(L,u)=u_5(L,u)+f_6(N,d)+3=2+2+3=7$$
$$s_6^*=(N,d)$$
$$f_5(L,d)=d_5(L,d)+f_6(O,u)+3=8+1+3=12$$
$$S_6^*=(O,u)$$

对应于 M 只有一个状态 $s_5=(M,u)$，相应的最优指标函数为：
$$f_5(M,u)=u_5(M,u)+f_6(O,u)=4+1=5$$
$$s_6^*=(O,u)$$

当 $k=4$ 时，对应于 G 只有一个状态 $s_4(G,d)$，相应的最优指标函数为：
$$f_4(G,d)=d_4(G,d)+f_5(K,d)=3+3=6$$
$$s_5^*=(K,d)$$

对应于 H 有两个状态 $s_4=(H,u), s_4=(H,d)$，相应的最优指标函数分别为：
$$f_4(H,u)=u_4(H,u)+f_5(K,d)+3=3+3+3=9$$
$$s_5^*=(K,d)$$
$$f_4(H,d)=d_4(H,d)+\min\begin{Bmatrix} f_5(L,u)+3 \\ f_5(L,d) \end{Bmatrix}=4+min\begin{Bmatrix} 7+3 \\ 12 \end{Bmatrix}=4+10=14$$

$$s_5^* = (L,u)$$

对应于 I 有两个状态 $s_4=(I,u), s_4=(I,d)$，相应的最优指标函数分别为：

$$f_4(I,u)=d_4(I,u)+\min\begin{Bmatrix}f_5(L,u)\\f_5(L,d)+3\end{Bmatrix}=2+\min\begin{Bmatrix}7\\12+3\end{Bmatrix}=2+7=9$$

$$s_5^*=(L,u)$$

$$f_4(I,d)=d_4(I,d)+f_5(M,u)+3=2+5+3=10$$

$$s_5^*=(M,u)$$

对应于 J 只有一个状态 $s_4=(J,u)$，相应的最优指标函数为：

$$f_4(J,u)=u_4(J,u)+f_5(M,u)=2+5=7$$

$$s_5^*=(M,u)$$

当 $k=3$ 时，对应于 D 有两个状态 $s_3=(D,u), s_3=(D,d)$，相应的最优指标函数分别为：

$$f_3(D,u)=u_3(D,u)+f_4(G,d)+3=2+6+3=11$$

$$s_4^*=(G,d)$$

$$f_3(D,d)=d_3(D,d)+\min\begin{Bmatrix}f_4(H,u)+3\\f_4(H,d)\end{Bmatrix}=1+\min\begin{Bmatrix}9+3\\14\end{Bmatrix}=1+12=12$$

$$s_4^*=(H,u)$$

对应于 E 有两个状态 $s_3=(E,u), s_3=(E,d)$，相应的最优指标函数分别为：

$$f_3(E,u)=u_3(E,u)+\min\begin{Bmatrix}f_4(H,u)\\f_4(H,d)+3\end{Bmatrix}=1+\min\begin{Bmatrix}9\\14+3\end{Bmatrix}=1+9=10$$

$$s_4^*=(H,u)$$

$$f_3(D,d)=d_3(E,d)+\min\begin{Bmatrix}f_4(I,u)+3\\f_4(I,d)\end{Bmatrix}=2+\min\begin{Bmatrix}9+3\\10\end{Bmatrix}=2+10=12$$

$$s_4^*=(I,d)$$

对应于 F 有两个状态 $s_3=(F,u), s_3=(F,d)$，相应的最优指标函数分别为：

$$f_3(F,u)=u_3(F,u)+\min\begin{Bmatrix}f_4(I,u)\\f_4(I,d)+3\end{Bmatrix}=5+\min\begin{Bmatrix}9\\10+3\end{Bmatrix}=5+9=14$$

$$s_4^*=(I,u)$$

$$f_3(F,d)=d_3(D,d)+f_4(J,u)+3=4+7+3=14$$

$$s_4^*=(J,u)$$

当 $k=2$ 时，对于 B 有两个状态 $s_2=(B,u), s_2=(B,d)$，相应的最优指标函数分别为：

$$f_2(B,u)=u_2(B,u)+\min\begin{Bmatrix}f_3(D,u)\\f_3(D,d)+3\end{Bmatrix}=5+\min\begin{Bmatrix}11\\13+3\end{Bmatrix}=5+11=16$$

$$s_3^*=(D,u)$$

$$f_2(B,d)=d_2(B,d)+\min\begin{Bmatrix}f_3(E,u)+3\\f_3(E,d)\end{Bmatrix}=4+\min\begin{Bmatrix}10+3\\12\end{Bmatrix}=4+12=16$$

$$s_3^*=(E,d)$$

对于应 C 有两个状态 $s_2=(C,u)$,$s_2=(C,d)$,相应的最优指标函数分别为：

$$f_2(C,u)=u_2(C,u)+\min\begin{Bmatrix}f_3(E,u)\\f_3(E,d)+3\end{Bmatrix}=4+\min\begin{Bmatrix}10\\12+3\end{Bmatrix}=4+10=14$$

$$s_3^*=(E,u)$$

$$f_2(C,d)=d_2(C,d)+\min\begin{Bmatrix}f_3(F,u)+3\\f_3(F,d)\end{Bmatrix}=3+\min\begin{Bmatrix}14+3\\14\end{Bmatrix}=3+14=17$$

$$s_3^*=(F,d)$$

当 $k=1$ 时,对应于 A 有两个状态 $s_1=(A,u)$,$s_1=(A,d)$,相应的最优指标函分别数为：

$$f_1(A,u)=u_1(A,u)+\min\begin{Bmatrix}f_2(B,u)\\f_2(B,d)+3\end{Bmatrix}=1+\min\begin{Bmatrix}16\\16+3\end{Bmatrix}=1+16=17$$

$$s_2^*=(B,u)$$

$$f_1(A,d)=d_1(A,d)+\min\begin{Bmatrix}f_2(C,u)+3\\f_2(C,d)\end{Bmatrix}=0+\min\begin{Bmatrix}14+3\\17\end{Bmatrix}=0+17=17$$

$$s_2^*=(C,u) \text{ 或者 } s_2^*=(C,d)$$

由于 $f_1(A,u)=f_1(A,d)=17$,因此从 A 出发有两条最优路线。第一条从 A 出发上行,通过对最优指标函数相应的下一状态的回溯,得到相应的最优路线为：

$$(A,u)\to(B,u)\to(D,u)\to(G,d)\to(K,d)\to(N,d)\to(P,\varnothing)$$

路程费用为 14,转弯费用为 3,总费用为 17。

第二条从 A 出发下行的最优路线,由于从 A 出发下行一步到达 C 后,有两个后续最优状态 (C,u) 和 (C,d),因此,从 A 出发下行的最优路线有两条,它们是：

$$(A,d)\to(C,u)\to(E,u)\to(H,u)\to(K,d)\to(N,d)\to(P,\varnothing)$$

路程费用为 11,转弯费用为 6,总费用为 17。或者

$$(A,d)\to(C,d)\to(F,d)\to(J,u)\to(M,u)\to(O,u)\to(P,\varnothing).$$

路程费用为 14,转弯费用为 3,总费用为 17。

习 题

7.1 某工厂自国外进口一部精密机器,由机器制造厂至出口港有三个港口可供选择,而进口港也有三个可供选择,进口后可经由两个城市到达目的地,其间的运输成本如下图所示,试求运费最低的路线。

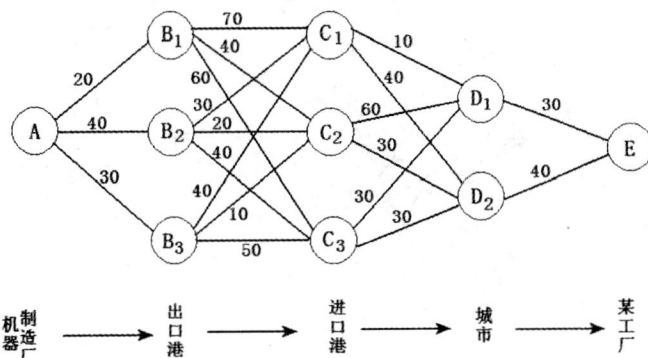

7.2 写出下面动态规划的基本方程.

$$\max Z = \sum_{i=1}^{n} \Phi_i(x_i)$$

$$\text{s.t.} \begin{cases} \sum_{i=1}^{n} x_i = b \quad (b > 0) \\ x_i > 0 \quad i = 1, 2, \cdots, n \end{cases}$$

7.3 计算从 A 到 B, C 和 D 的最短路线. 已知各段路线的长度如下图示.

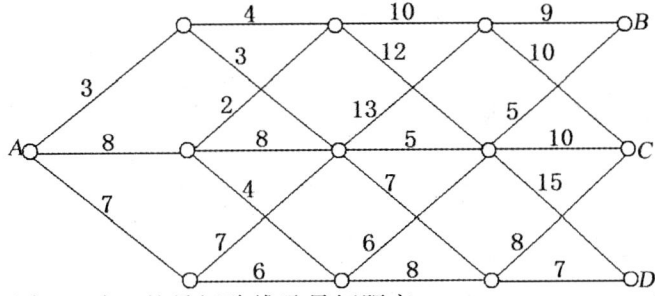

7.4 求下图中 A 到 F 的最短路线及最短距离.

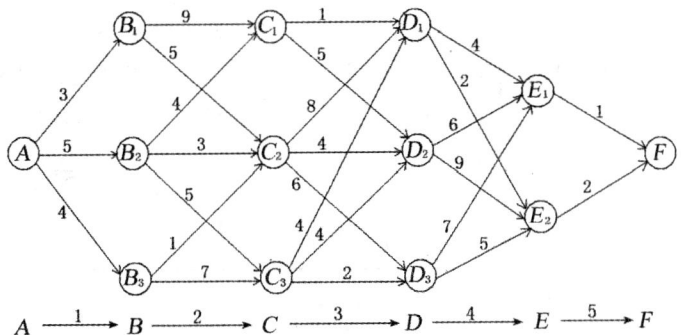

7.5 下图为一个运输网络,两点之间连线上的数字表示两点间的距离,试求一条从 A 到 E 的运输线路,使总距离为最短.

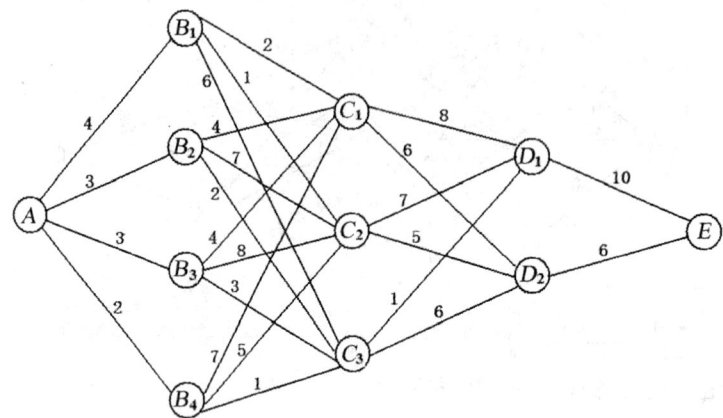

7.6 某公司从银行获得贷款 400 万元,现有 3 个项目 A,B,C 可供投资,投资不同项目所获收益(单位:十万元)不同,如下表所示.试用动态规划决策以下问题:公司如何分配这 400 万元资金用于以下三个项目,才能使总收益最大.

投资(百万) 项目	0	1	2	3	4
A	0	4	7	9	12
B	0	5	10	11	12
C	0	4	6	11	12

7.7 某公司打算在 5 周内采购一批原料,未来 5 周内的原料价格有三种,这些价格出现的概率可以估计,如下表所示.

价格	概率
500	0.3
600	0.3
700	0.4

由于生产需要,必须在 5 周内采购这批原料.如果第 1 周价格高,可以等到第 2 周;同样,第 2 周如果仍对价格不满意,可以等到第 3 周;类似地,未来几周都可能选择购买或等待,但必须保证第 5 周时采购了该原料.那么该选择哪种采购方案,才能使得采购费用最小?

7.8 有一辆最大货运量为 10t 的卡车,用以装载 3 种货物,每种货物的单位重量及相应的单位价值如表下所示.那么应如何装载可使总价值最大?

货物编号 i	1	2	3
单位重量(t)	3	4	5
单位价值 c_i	4	5	6

7.9 某人有 400 万元资金,计划在 4 年内全部用于投资.已知在一年内若投资用去 x 万元就能获得 $\sqrt{x}$ 万元的效益.每年没有用掉的资金,连同利息(年利率 10%)可再用于下一年的投资,而每年已打算用于投资的资金不计利息.试制订资金的使用计划,使 4 年内获得的总效益最大.用动态规划方法求解.

7.10 某施工单位有 500 台挖掘设备.在超负荷施工情况下,年产值为 20 万元/台,但其完好率仅为 0.4；正常负荷下，年产值为 15 万元/台，完好率为 0.8. 在 4 年内合理安排两种不同负荷下施工的挖掘设备数量，使 4 年末仍有 160 台设备保持完好，并使产值最高. 求解 4 年末使其产值最高的施工方案和产值数.

第八章　图与网络分析

图论是运筹学的重要内容之一，它已广泛地应用在控制论、信息论、科学管理、电子计算机等各个领域。在实际生活、生产和科学研究中，有很多问题可以用图论的理论和方法来解决，都很简便。

图论起源很早，瑞士数学家欧拉(Euler)在1736年发表了图论方面的第一篇论文，题为"依据几何位置的解题方法"，解决了著名的哥尼斯堡七桥问题，从而成为图论的创始人。18世纪德国的哥尼斯城堡中有一条河叫普雷格尔河，河上有两个岛和七座桥，如图8—1(a)所示，当时那里的居民热衷于这样的问题：一个散步者能否走过七座桥，且在每座桥上只走一次，最后回到出发点。问题看起来简单，但当时谁也不明白为什么没有人能够成功。

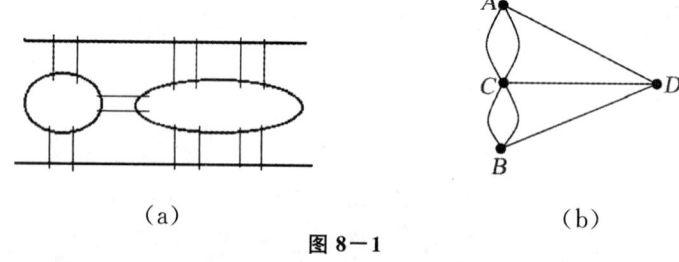

图 8—1

欧拉用 A,B,C,D 四点表示河的两岸和小岛，用两点间的连线表示桥，如图 8—1(b)，该问题可归结为：能否从任何一点出发，通过每条边一次且仅一次，再回到该点？即一笔画问题。欧拉证明了这是不可能的，因为图中每点都只与奇数条线相连。这是古典图论中的一个著名问题。

运筹学中的"中国邮递员问题"：一个邮递员从邮局出发要走遍他所负责的每条街道送信，问应如何选择适当的路线可使所走的总路程最短。这个问题就与欧拉回路有密切的关系。

在19世纪和20世纪的前半期，图论主要研究一些游戏或纯理论问题，诸如迷宫问题、博弈问题、四色问题和哈密尔顿问题等，这些难题曾经吸引了很多学者的关注。1847年基尔霍夫用图论来分析网络，开创了用图论研究工程技术问题的新局面。

图论的第一本专著是匈牙利数学家 O. Konig 著的《有限图和无限图理论》，发表于1936年。随着科学技术的发展及电子计算机的出现和广泛应用，图论得到进一步发展，广泛应用于管理科学、计算机科学、心理学及工程技术管理中，并取得了丰硕的成果。

第一节　图的基本概念

1.1　什么是图

图 8-2 是某地公路交通图，$v_1, v_2, \cdots, v_5$ 表示城镇，城镇间的连线表示公路，例如，连线 $v_1 v_2$ 表示城镇 v_1 和 v_2 之间有公路相通，连线 $v_2 v_3$ 表示城镇 v_2 和 v_3 也有公路相连. 图 8-2 中 $v_1, v_2, \cdots, v_5$ 称为该图的顶点，顶点间的连线称为边.

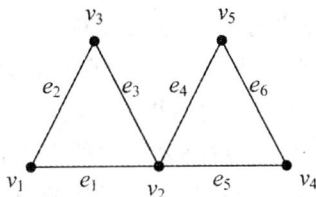

图 8-2

一般地，当图论研究一个实际问题时，常以顶点(Vertex)表示要研究的对象，以它们之间的连线表示某种关系，这种连线称为边(Edge). 若以 G 表示图，以 V 和 E 分别表示该图的顶点和边的集合，则常用表示法 $G(V, E)$ 代表一个图.

在图 8-2 中 $V = \{v_1, v_2, v_3, v_4, v_5\}$，$E = \{e_1, e_2, e_3, e_4, e_5, e_6\}$.

由上述可知，图论中研究的图是由顶点和边构成的. 它和人们平时熟悉的几何图、工程图不同，图论中的图不需按比例绘制，线条的曲直长短以及顶点的位置也无关紧要. 重要的只是它有多少个顶点，在哪些顶点间有边相连，以及整个图所具有的某些特性.

下面以图 8-3 为例，介绍关于图的一些定义.

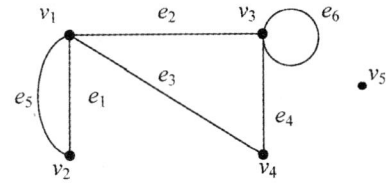

图 8-3

(1) 顶点的个数 n 称为图的阶. 图 8-3 有五个顶点，故称为五阶图.

(2) 若图的某顶点与某边连接，则称它们彼此"关联". 在图 8-3 中，边 e_1, e_2, e_3, e_5 都与顶点 v_1 关联，e_1, e_5 又与 v_2 关联，而 e_4 与 v_1 不关联，也不与 v_2 关联，其他点和边的关联关系依此类推. 图中的点若没有任何边与之关联，则称该点为孤立点，如图 8-3 中的顶点 v_5.

(3) 若图中某两个顶点之间多于一条边，就称为多重边(或平行边). 例如图 8-3 中的 e_1 和 e_5 形成二重边，具有多重边的图，称为多重图，图 8-3 是二重图.

(4) 起点和终点为同一个顶点的边叫环. 如图 8-3 中 e_6 即为环. 如果一个图中既没有多重边也没有环, 这样的图称为简单图. 以后的讨论多限于简单图.

(5) 若顶点 v_i 和 v_j 间至少存在一条边, 则称 v_i 和 v_j 为相邻的顶点. 类似地, 如果边 e_i 和 e_j 至少有一个共同的顶点, 则称边 e_i 和 e_j 相邻. 例如图 8-3 中的顶点 v_1 和 v_2 是相邻顶点, v_1, v_3, v_4 也是相邻的, 但 v_2 和 v_4 不相邻; 同样, e_1 和 e_5 相邻, e_3 和 e_4 相邻, 但 e_5 和 e_4 不相邻.

(6) 与某个顶点相关联的边的数目, 称为该顶点的次数. 例如图 8-3 中顶点 v_1 的次数等于 4, v_2 的次数等于 2.

1.2 有向图与无向图

以上所列举的图都未标明各边的指向, 这种图称为无向图. 例如, 对一般的公路系统及某些电网来讲, 只要其两个顶点 v_i 和 v_j 间有边存在, 则无论从顶点 v_i 到 v_j 或 v_j 从到 v_i, 这两个方向都可使用. 假如图中各条边均指出方向, 规定只能从 $v_i \to v_j$, 而不允许从 $v_j \to v_i$, 这种图就称为有向图. 例如河流, 铁路复线中的上下行线以及某项工程中各工作之间的先后顺序等, 显然这些关系用无向边是无法描述的. 这时, 可用一条带箭头的线 $v_i \to v_j$ 反映 v_i 和 v_j 之间的关系. 这种顶点与顶点之间有方向的连线称为弧 (Arc). 所以, 有向图是由点集 V 和弧 A 组成, 因此, 有向图表示为 $G=(V,A)$.

1.3 子图

设有图 $G_1=(V_1,E_1)$ 和 $G_2=(V_2,E_2)$, 若 $V_1 \subseteq V_2$ 和 $E_1 \subseteq E_2$, 就称 G_1 是 G_2 的子图, 并写为 $G_1 \subseteq G_2$.

当 $V_1=V_2$, 而 $E_1 \subseteq E_2$ 时, 则称图 $G_1=(V_1,E_1)$ 是图 $G_2=(V_2,E_2)$ 的生成子图 (支撑子图). 例如图 8-4(a) 是图 8-3 的子图, 而图 8-4(b) 是图 8-3 的生成子图.

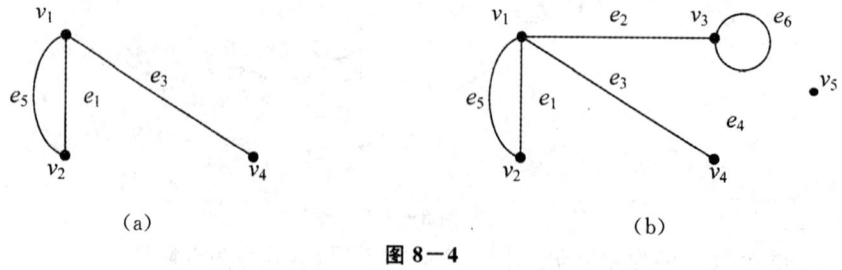

图 8-4

1.4 链、路、圈与回路

在一个图中, 以顶点起到顶点终的顶点和边的非空有限交替序列称为链. 如果某条链是闭的, 即起点和终点合为一点时, 则称其为圈.

当链 (圈) 中的所有边均不相同时, 称其为简单链 (圈); 若各顶点也不相同 (对圈来讲,除第一个顶点和最后一个顶点相同外),则称为初等链(圈).初等链也称为路,路 $v_i,\cdots,v_j$ 记为 $\pi(v_i,v_j)$,初等圈也称为回路.

在图 8-5 中,$v_1,e_1,v_2,e_4,v_4,e_3,v_3,e_6,v_2,e_4,v_4,e_8,v_5$ 是从顶点 v_1 到 v_5 的一条链;$v_1,e_1,v_2,e_4,v_4,e_3,v_3,e_2,v_1,e_5,v_4,e_8,v_5$ 是从顶点 v_1 到 v_5 的另一条链,后一条链中不包含重复出现的边,因而是简单链.而 $v_1,e_1,v_2,e_4,v_4,e_8,v_5$ 中顶点和边均不重复,因而它是 v_1 到 v_5 的一条路.$v_1,e_5,v_4,e_8,v_5,e_7,v_3,e_2,v_1$ 是一个圈,因其顶点(除 v_1 外)和边均不重复,故它也是一个回路.

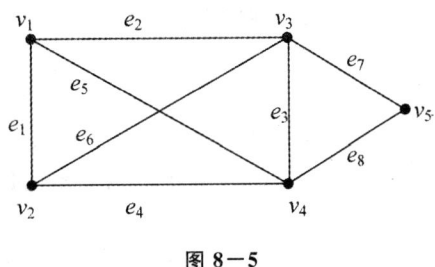

图 8-5

1.5 连通图

若某图的任何两点之间至少存在一条链,这个图就称为连通图.若连通图中包含回路,则移去回路之任一边后,剩下的子图仍是连通的.

图 8-6(a)是一个包含回路的连通图,将回路 v_1,v_2,v_4,v_3 中的任意边(如 e_3)从图中移去,剩下的子图仍是连通的,见图 8-6(b).

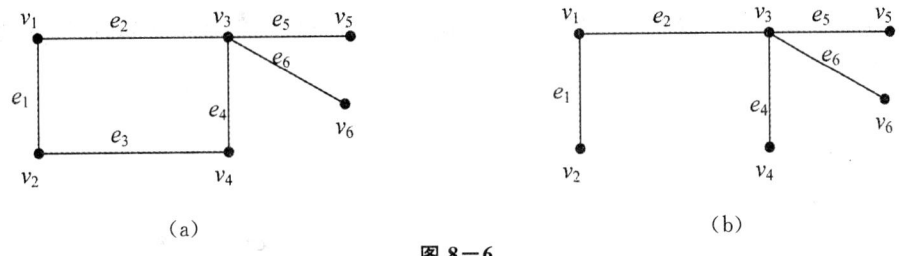

图 8-6

不连通图的最大连通子图称为该图的一个连通部分或分图.一个图若由 k 个分图组成,则称其为 k 部图,图 8-3 即为一个二部图.显然,一个图只有当 $k=1$ 时它才是连通的.

1.6 图的同构

设 $G_1=(V_1,E_1)$ 和 $G_2=(V_2,E_2)$ 是两个无向图,假如这两个图形的顶点集 V_1 和 V_2、边集 E_1 和 E_2 中的元素一一对应,并且一个图形的两顶点间的边对应于另一图形对应顶点间的边,则称这两个图形是同构的,记作 $G_1\cong G_2$.

例如在图 8-7 中,图 G_1 和 G_2 表面看起来是两个不同的图,但若仔细观察不难发现,这两个图不仅顶点个数相同,而且顶点和边的关联关系也是完全相同的,其对应关系如

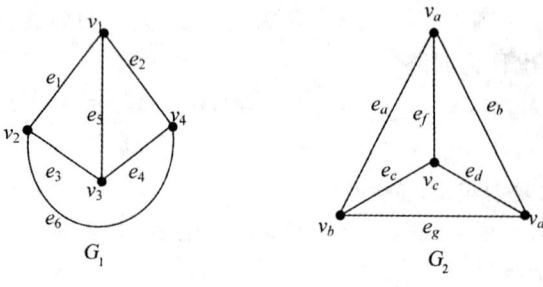

图 8—7

下：

$$v_1 - v_a, v_2 - v_b, v_3 - v_c, v_4 - v_d$$
$$e_1 - e_a, e_2 - e_b, e_3 - e_c, e_4 - e_d, e_5 - e_f, e_6 - e_g$$

由此可知,G_1 和 G_2 是同构的.又如图 8—8 中的两个图也是同构的.

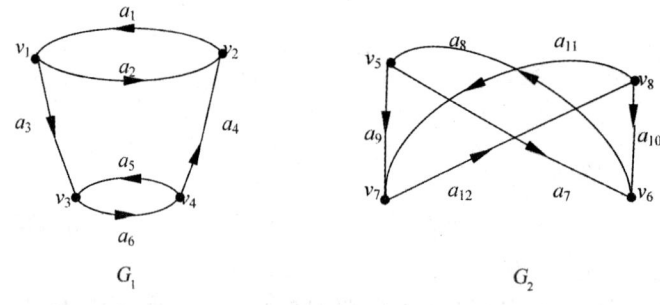

图 8—8

形象地说,若图的顶点可以挪动位置,边是完全弹性的,在不拉断边的条件下,如果一个图可以变成另一个图,则二者同构.同构的图,在图论里被认为是相同的,这给图的分析工作带来了很大的便利.

1.7 加权图

上面讨论到图中各元素之间是否存在某种联系,没有涉及这些联系的强弱程度,这常常是不够的.例如,需要说明一个路段的长度和通行能力,一段管路的允许流量,一个顶点的容量等,这时就要给图的边赋以某一数值(称之为线权),给顶点赋以某一数值(称为点权).若仅给图的边或弧赋权,这种图就称为边权图或弧权图;若仅给图的顶点赋权,就称之为点权图;点权和线权均有的图称为混合图.

赋有权的图称为加权图,或称网络(图).

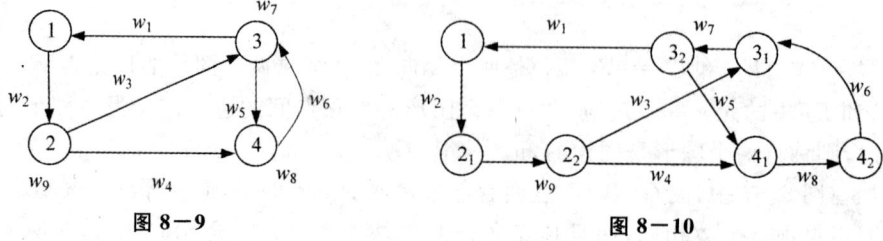

图 8—9　　　　　　　　图 8—10

在处理实际网络时,为便于计算,常将点权化为弧,方法是将有点权的顶点 v_i 分裂成起点 v_{i1} 和终点 v_{i2},给点权加虚拟弧 (v_{i1}, v_{i2}),所有射入 v_i 的弧均指向 v_{i1},所有由 v_i 射出的弧均从 v_{i2} 射出. 图 8-9 是一个混合图的例子,图 8-10 将其转化为弧权图.

1.8 关联矩阵和邻接矩阵

矩阵是研究图的一种有力工具,特别是利用电子计算机来研究有关图的算法时,首先遇到的是如何让计算机来识别图,这就不得不借助于矩阵,现在介绍图的两种矩阵表示法.

1. 关联矩阵

关联矩阵的行对应于图的顶点,列对应于图的边(弧). 当用关联矩阵 A 表达无向图时,其元素 a_{ij} 定义如下:

$$a_{ij} = \begin{cases} 0 & \text{若顶点 } i \text{ 与边 } j \text{ 不关联} \\ 1 & \text{若顶点 } i \text{ 与边 } j \text{ 相关联} \end{cases}$$

当用关联矩阵 A 表达有向图时,其元素 a_{ij} 定义为:

$$a_{ij} = \begin{cases} 1 & \text{若弧 } j \text{ 自顶点 } i \text{ 射出} \\ -1 & \text{若弧 } j \text{ 射向顶点 } i \\ 0 & \text{若弧 } j \text{ 与顶点 } i \text{ 不关联} \end{cases}$$

根据上述定义,图 8-7 之 G_2 和图 8-8 之 G_1 的关联矩阵分别为

$$\begin{array}{c} \\ v_a \\ v_b \\ v_c \\ v_d \end{array} \begin{array}{cccccc} e_a & e_b & e_c & e_d & e_f & e_g \\ \begin{bmatrix} 1 & 1 & 0 & 0 & 1 & 0 \\ 1 & 0 & 1 & 0 & 0 & 1 \\ 0 & 0 & 1 & 1 & 1 & 0 \\ 0 & 1 & 0 & 1 & 0 & 1 \end{bmatrix} \end{array} \qquad \begin{array}{c} \\ v_1 \\ v_2 \\ v_3 \\ v_4 \end{array} \begin{array}{cccccc} a_1 & a_2 & a_3 & a_4 & a_5 & a_6 \\ \begin{bmatrix} -1 & 1 & 1 & 0 & 0 & 0 \\ 1 & -1 & 0 & -1 & 0 & 0 \\ 0 & 0 & -1 & 0 & -1 & 1 \\ 0 & 0 & 0 & 1 & 1 & -1 \end{bmatrix} \end{array}$$

由上述矩阵可知:由于每条边(弧)均有两个顶点,故上述矩阵每列都有两个非零元素. 各行非零元素的个数为与该点相关联的边数.

2. 邻接矩阵

邻接矩阵(或称相邻矩阵)的行和列都与图的顶点相对应. 当用邻接矩阵 B 表达无向图时,其元素 b_{ij} 表示连接顶点 v_i 和 v_j 的边数;用邻接矩阵 B 表达有向图时,其元素 b_{ij} 表示以 v_i 为起点、以 v_j 为终点的弧数.

根据上述定义,图 8-7 之 G_2 和图 8-8 之 G_1 的邻接矩阵分别是

$$\begin{array}{c} \\ v_a \\ v_b \\ v_c \\ v_d \end{array} \begin{array}{cccc} v_a & v_b & v_c & v_d \\ \begin{bmatrix} 0 & 1 & 1 & 1 \\ 1 & 0 & 1 & 1 \\ 1 & 1 & 0 & 1 \\ 1 & 1 & 1 & 0 \end{bmatrix} \end{array} \qquad \begin{array}{c} \\ v_1 \\ v_2 \\ v_3 \\ v_4 \end{array} \begin{array}{cccc} v_1 & v_2 & v_3 & v_4 \\ \begin{bmatrix} 0 & 1 & 1 & 0 \\ 1 & 0 & 0 & 0 \\ 0 & 0 & 0 & 1 \\ 0 & 1 & 1 & 0 \end{bmatrix} \end{array}$$

可知邻接矩阵主对角线上的元素全部为 0,若为简单图,该矩阵的元素全为 0 或 1. 无向图的邻接矩阵为一对称阵,其每一行或每一列元素值之和,等于与相应顶点相关联的边

数.对有向图,其每一行元素值之和等于由该顶点射出的弧数,每列元素之和等于射入该顶点的弧数.

当图的顶点和边(弧)的编号确定之后,关联矩阵和邻接矩阵就与图建立了确定的一一对应关系,因而可用关联矩阵或邻接矩阵来表达图.一般来说,图的邻接矩阵比关联矩阵小,而且还可将矩阵的元素定义为边或弧的权,因而在存贮和计算时用得较多.

第二节 欧拉回路和哈密尔顿回路

2.1 欧拉回路

为了弄清楚哥尼斯堡七桥问题,欧拉将每一块陆地用一个顶点表示,每座桥用连接相应两个顶点的连线(即边)来代替,得到图 8-1(b).这个图使问题变得简洁明了,直观上不难发现,为了能回到原来的陆地,要求与每个顶点(陆地)相关联的边数是偶数,这样才能保证从一条边出去,从另一条边回来.由于在图 8-1(b)中,与四个顶点相连的边数都是奇数,所以不可能自任一顶点出发过每条边一次且仅一次而回到原地.

欧拉并不限于处理这个特殊事例,他推广了这个问题,提出并证明了下述定理.

定义 1 在连通无向图 G 中,若存在经过每条边恰好一次的一个圈或一条链,就称此圈或链为欧拉圈或欧拉链.若存在一条回路,经过每边一次且仅一次,则称这条回路为欧拉回路.

具有欧拉回路的图称为欧拉图.哥尼斯堡七桥问题就是要在图中寻找一条欧拉回路.

显然,欧拉图可"一笔画出";反之,若一个图能一笔画出,则它必然是欧拉图.

定理 1 连通无向图 G 为欧拉图的充要条件是它的全部顶点都是偶次顶点.

事实上,若 G 为欧拉图,C 是其欧拉圈,则由定义,C 包含 G 的所有边,由于图联通,故亦包含所有顶点.C 的任一中间顶点每出现一次,必与两条不同的边相关联,另因 C 的起点也是终点,故所有顶点都是偶次顶点.

定理 2 连通无向图 G 为欧拉图的充要条件是它恰含两个奇次顶点.

上述定理提供了判断一笔画问题的准则:若连通无向图 G 无奇次顶点,则可由任一起点一笔画成并回到起点;若有两个奇次顶点,则由一个奇次顶点起到另一个奇次顶点终可一笔画成.为能将一个图一笔画下去,当去掉已画出部分时,剩下的部分不应成为不连通图.

2.2 哈密尔顿回路

1859 年英国数学家哈密尔顿(Hamilton)提出了一种名为环球旅行的游戏.他用一个正十二面体的二十个顶点代表地球上二十个大城市,见图 8-11,要求沿着棱,从一个城市出发,经过每个城市恰好一次,然后回到出发点.

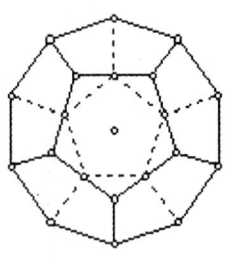
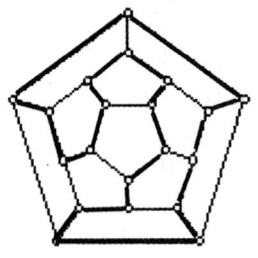

图 8-11　　　　　　　　图 8-12

为了解决这个问题,现绘制图 8-11 的平面图,见图 8-12,它是图 8-11 所示的十二面体的同构图.由图 8-12 中粗线边组成的圈,符合哈密尔顿提出的要求,所以它是这个问题的一个解,需要指出的是这个问题的解还不止一个.如果不要求最后回到出发点,那么,解就更多了.

在一个图中,如果有一条链(圈)经过每个顶点恰好一次,那么这条链(圈)就称为哈密尔顿回链(圈).如果存在一条回路,经过每个顶点恰好一次,则称其为哈密尔顿回路.

表面上,哈密尔顿回路问题与欧拉回路问题很相似,但实际上,两者迥然不同.前者指的是过每个顶点恰好一次的回路,而后者说的是过每边恰好一次的回路.用上述定理很容易判断一个图是否为欧拉图,而求解哈密尔顿回路,迄今还没有比较简单的通用方法.

哈密尔顿回路是图论的重要课题之一,它具有重要的实际意义.著名的旅行推销员问题(或称货郎担问题),就是要求出总路程最短的哈密尔顿回路.

2.3　中国邮路问题

一个邮递员从邮局出发,走过每条街至少一次去投递邮件,最后回到邮局,他应走什么样的路线才能使所走的总路程最短?这个问题是我国管梅谷教授于 1962 年首先研究的,国际上通称为中国邮路问题.

在邮递员服务范围的街道图上表明各条街的路长,就构成了一连通赋权图 G.

若 G 无奇次顶点,根据定理 1,G 就是欧拉图,因每边仅过一次,故总权是最小的.

若 G 有奇次顶点,则它就不是欧拉图,然而题设条件是要求过每边至少一次,并未限制只需一次.故总可以在这些奇次顶点上添加一些与原图的边相重复的边,使这些奇次顶点成为偶次顶点,从而得到一个将重复边看成是另一条新边的欧拉图.现在的问题是这些重复边如何添加,才能得到一个总权(总路长)最小的欧拉图.

定理 3　使图 G 成为总权最小的欧拉图的充要条件如下.

(1)在有奇次顶点的图 G 中,通过加重复边的方法使图不再包含奇次顶点,但原图的每条边最多只能加一条重复边.

(2)在图 G 的每个回路上,重复边之总权不超过该回路总权的一半.

例 1　试为图 8-13(a)构成总权最小的欧拉图,图中线旁的数字为相应边的权.

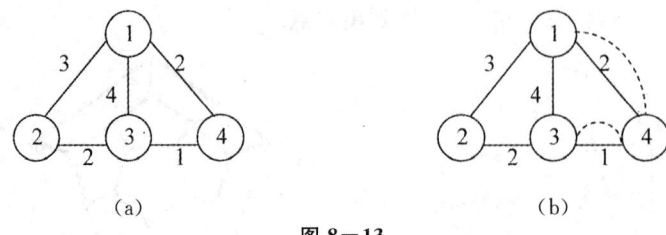

图 8—13

解:因顶点 1 和 3 为奇次,要使图 8—13(a)成为欧拉图,需用加重复边的方法使这两个顶点变为偶次。最容易想到的做法是在边 $e(1,3)$ 上加重复边,即在顶点 1 和 3 之间加重复边,将其变成欧拉图。但由于在回路 $(1,3,4)$ 中 $e(1,3)$ 的权大于该回路总权(等于 7)的一半,故这样得到的欧拉图不是总权最小的欧拉图。如在边 $e(1,4)$ 和 $e(3,4)$ 上加重复边,如图 8—13(b),则可满足定理 3 的要求,从而得总权最小的欧拉图(总权等于 15)。

通常难于一次找到总权最小的欧拉图,这时可通过对欧拉图的逐步调整达到总权极小化,即对每一回路进行检查,不满足定理 3 时就调整重复边,但在该过程中始终保持各项顶点的次数为偶数。

例 2 求解图 8—14 所示的中国邮路问题。

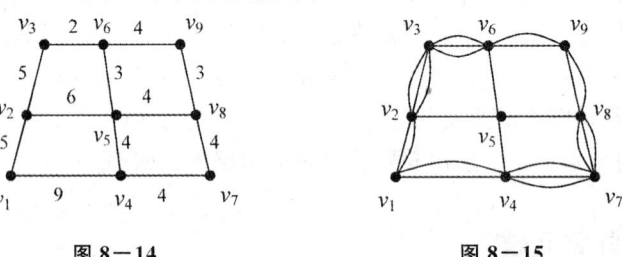

图 8—14 图 8—15

第一步,确定初始可行方案。

先检查图中可否有奇点,如无奇点则已是欧拉图,找出欧拉回路即可。如有奇点,奇点个数必为偶数个,所以可以两两配对。每对点间选一条路,使这条路上均为两重边。

图 8—14 中有四个奇点 v_2, v_4, v_6, v_8,将 v_2 与 v_4,v_6 与 v_8 配对,联结 v_2 与 v_4 的路有好几条,任取一条,如 $\{v_2, v_3, v_6, v_9, v_8, v_7, v_4\}$,类似地,对 v_6 与 v_8 取 $\{v_6, v_3, v_2, v_1, v_4, v_7, v_8\}$,得到图 8—15,已是欧拉图。对应这个可行方案,重复边的总长为

$$2l_{23}+2l_{36}+l_{69}+l_{98}+2l_{87}+2l_{74}+l_{41}+l_{12}=51$$

第二步,调整可行方案,使重复边最多为一次。

去掉 $(v_2,v_3),(v_3,v_6),(v_4,v_7),(v_7,v_8)$ 各两条,得到图 8—16,重复边总长度下降为:

$$l_{69}+l_{98}+l_{41}+l_{12}=21$$

第三步,检查图中每个初等圈是否满足定理 3 的条件 2。如不满足,继续调整,直至满足为止。

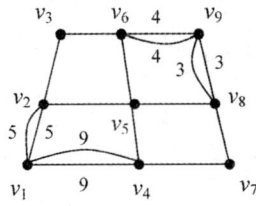
图 8—16

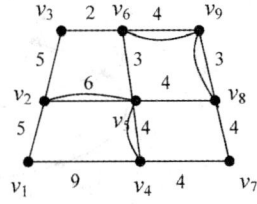
图 8—17

检查图 8—16,发现圈 $\{v_1,v_2,v_5,v_4,v_1\}$ 总长度为 24,而重复边的长为 14,大于该圈总长度的一半,可以做一次调整,以 (v_2,v_5),(v_5,v_4) 代替 (v_1,v_2),(v_1,v_4),得到图 8—17,重复边总长度下降为:

$$l_{69}+l_{98}+l_{25}+l_{45}=17$$

再检查图 8—17,圈 $\{v_2,v_3,v_6,v_9,v_8,v_5,v_2\}$ 总长度为 24,而重复边长为 13.再次调整得到图 8—18,重复边总长度为 15.

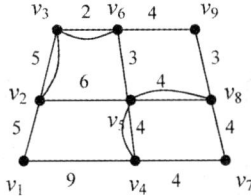
图 8—18

再检查图 8—18,条件 1、2 均满足,得到最优方案.图中任一欧拉回路即为最优邮递路线.

这种方法虽然比较容易,但要检查每个初等圈,当 G 的点数或边数较多时,运算量极大.Edmods 和 Johnson 于 1973 年给出了一种比较有效的算法,即化为最短路及最优匹配问题求解.

2.4 旅行售货员问题

一个旅行售货员想去某些城镇售货,然后再回到他的出发点.各城镇之间的路程是已知的,问应如何安排他的旅行路线,才能使他经过每个城镇恰好一次,且总路程最短.用图论的术语来说,就是在一个加权图中,找出一条总权最小的哈密尔顿回路.

到目前为止,旅行售货员问题还没有有效的通用算法.如果采取枚举法,售货员从城市 v_1 出发,去 $v_1,v_2,\cdots,v_n$ 城市售货,有 $(n-1)!$ 种可能方案.随着 n 的增加,$(n-1)!$ 的值迅速增加,例如当 $n=20$ 时,$(n-1)!=1.216\times10^{17}$,对这么多个方案逐个计算并比较,显然是不可能的.下面介绍一种近似解法.

首先取一条哈密尔顿回路,不失一般性,它经过的顶点序列为

$$v_1,v_2,\cdots,v_i,v_{i+1},\cdots,v_j,v_{j+1},\cdots,v_n$$

若对某一对顶点 v_i 和 v_j,相应边权有如下关系:

$$w(v_i,v_j)+w(v_{i+1},v_{j+1})<w(v_i,v_{i+1})+w(v_j,v_{j+1})$$

则用边 (v_i,v_j) 和边 (v_{i+1},v_{j+1}) 替换边 (v_i,v_{i+1}) 和 (v_j,v_{j+1}),见图 8—19,可得另一哈密尔

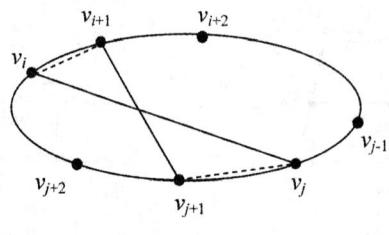

图 8−19

顿回路,其权更小. 用这种方法对哈密尔顿回路进行若干次改进,即可获得比较好的回路.

例 3 用上述近似法对图 8−20(a)中的回路 $(v_1,v_2,v_3,v_4,v_5,v_6,v_1)$ 进行改进.

解:其各次改进方案示于图 8−20(b)、图 8−20(c)和图 8−20(d)中. 图中各边旁的数字为该边的权,粗线表示相应方案的哈密尔顿回路,图右下方括号内的数字为该回路的总权.

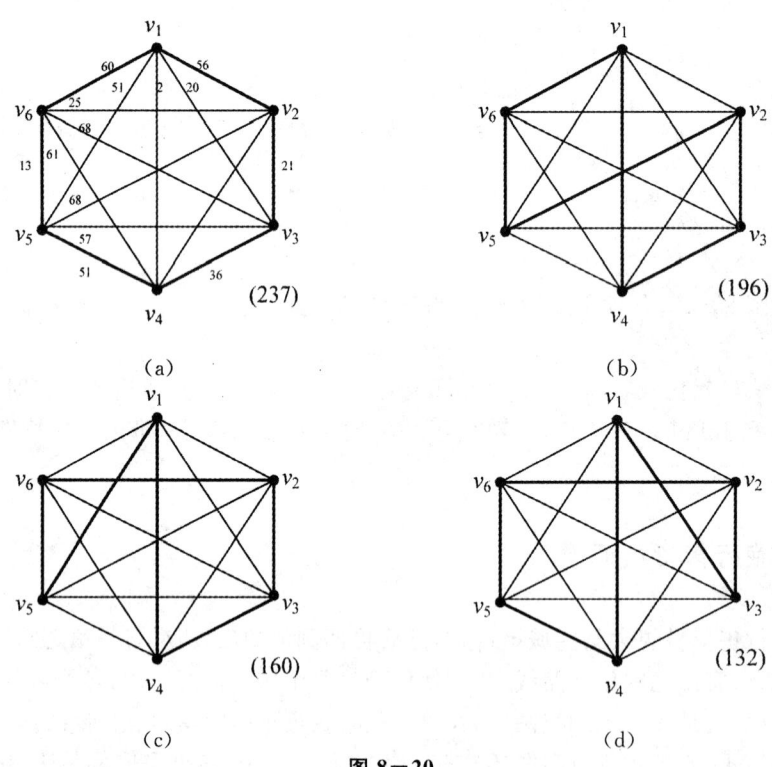

图 8−20

第三节 树

3.1 什么是树

图论中树的概念起着重要作用,这不仅是因为它在许多不同领域中有着广泛的应用,而且对于图论本身的理论研究也占有关键性的地位.由于树的结构及性质有直观、简洁的特征,使人们常从树着手来讨论更为复杂的图结构.

定义 2 没有圈的连通图称为树.通常用字母 T(Tree)表示.

在有机化学中,乙烷(C_2H_6)的结构式如图 8-21(a)所示.如果将 C 和 H 都用顶点来表示,便得到图 8-21(b)所示的树,这棵树有八个顶点.

从图 8-21(b)可以看出,每棵树总有一些次数为 1 的顶点,并定义次数为 1 的顶点为悬挂点.现说明树的以下性质.

(1)如果树 T 的顶点数 $\geqslant 2$,则它至少有两个悬挂点.

(2)如果树 T 的顶点数为 n,那么它的边数 $m=n-1$.

当 $n=1$ 或 2 时,这显然是对的;以后每增加一个顶点,相应增加一条边,从而始终保持 $m=n-1$ 这种关系.

(3)在一棵树中,任意两顶点间必有一条且仅有一条通路.

这由树的定义可知.由此可见,在一个无圈图中,若任意两个顶点间均由唯一一条通路所连接,则这个图就是一棵树.

(4)在一棵树中不相邻的任意两个顶点间添上一条边,则恰好形成一条回路.

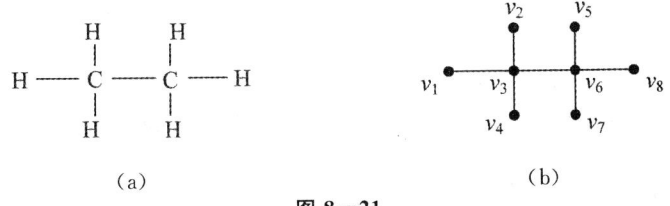

图 8-21

综合以上所述,设树 T 是由 n 个顶点构成的图,则可用下述等价的命题描述树:

① T 连通且无回路;

② T 的每一对顶点间有唯一的一条通路;

③ T 连通且有 $n-1$ 条边;

④ T 有 $n-1$ 条边且无回路;

⑤ T 没有回路,但在 T 中任两个不相邻的顶点间添上一条边则恰好形成一条回路;

⑥ T 连通,但去掉任一条边后就不连通,即 T 为连通且边数最少的图.

3.2 最小生成树

定义 3 如果图 T 是图 G 的一个生成子图而且又是一棵树,则称树 T 是图 G 的一个生成树(支撑树).

例如,图 8-22(a)是一个有四个顶点($n=4$)的连通图,而且又是一个完备图(其每两个顶点间恰好有一条边相关联),它共有 $n^{n-2}=4^2=16$ 个生成树,见图 8-22(b).

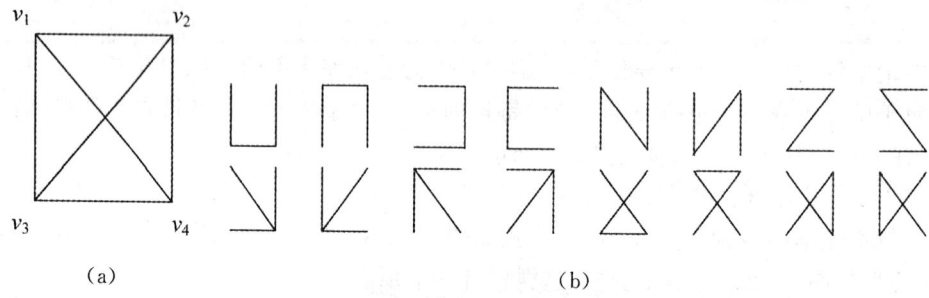

图 8-22

给一连通无向图 $G=(V,E)$,其中 $V=\{v_1,v_2,\cdots,v_n\}$,$E=\{e_1,e_2,\cdots,e_m\}$,其边权 $W=(w_1,w_2,\cdots,w_m)$,T 是 G 的生成树,且记其各边之总权为

$$W(T) = \sum_{e_j \in T} w_j. \tag{8-1}$$

若生成树 $T*$ 的总权 $W(T*)$ 有

$$W(T*) = \min_T W(T). \tag{8-2}$$

则称 $T*$ 为 G 的最小生成树,简称最小树.

常以最短线路连通若干个固定点,例如规划交通路网、铺设煤气管道及架设通信线路等,这实质上都涉及到最小树问题.

求最小树常采用两种方法.

1. 破圈法(丢边法)

在连通无向图 G 中,任取一个圈,将该圈中权最大的一条边(如有两条或两条以上这样的边,可任取其一)去掉;在余下的圈中重复这一步骤,直到不含圈为止,就得到了最小树.

例 4 用破圈法求图 8-23(a)所示赋权图的最小树.

解:顺序考虑回路(v_1,v_2,v_7)、(v_2,v_3,v_7)、(v_3,v_4,v_7)、(v_3,v_4,v_5,v_7)、(v_1,v_6,v_7) 和 $(v_1,v_7,v_3,v_4,v_5,v_6)$,并依次按上述原则丢掉相应回路最长边$(v_1,v_2)$、$(v_2,v_3)$、$(v_4,v_7)$、$(v_5,v_7)$、$(v_6,v_7)$ 和(v_4,v_6),剩下的子图即为其最小生成树,见图 8-23(b).

该树的总权为 69.

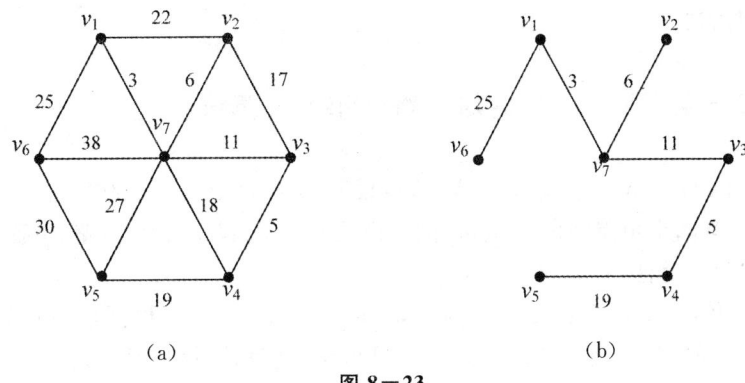

图 8—23

2. 避圈法(加边法,Kruskal 方法)

该方法的做法如下:从所有边中选出一条权最小的边,并把它纳入树中;在余下的未选边中,再选出一条权最小且与已选入树中的边不构成圈的边,将其纳入树中;如此重复,直至树中含有 $n-1$ 条边为止,这就构成了最小树.

例 5 用避圈法求图 8—24(a)所示赋权图的最小树.图中每条边括号内的数字为该边的权.

解:首先把边按其权的递增顺序排列,其顺序是:$e_4(4),e_{15}(4),e_3(5),e_6(5),e_8(5),e_7(6),e_{10}(6),e_{16}(6),e_5(7),e_{11}(7),e_{14}(7),e_{13}(8),e_{12}(9),e_{17}(9),e_1(10),e_9(10),e_2(11)$. 再按边权由小到大的次序,将 e_4,e_{15},e_3 和 e_6 纳入树中;当考虑 e_8 时,由于它与 e_4 和 e_6 构成圈,故舍去不取;因 e_7 与 e_6 和 e_{15} 构成圈也舍去;然后按次序选取 e_{10},e_{16} 和 e_5. 至此,纳入树中的边已有 7 条,正好等于顶点数减 1,知已构成最小树,其总权等于 37.

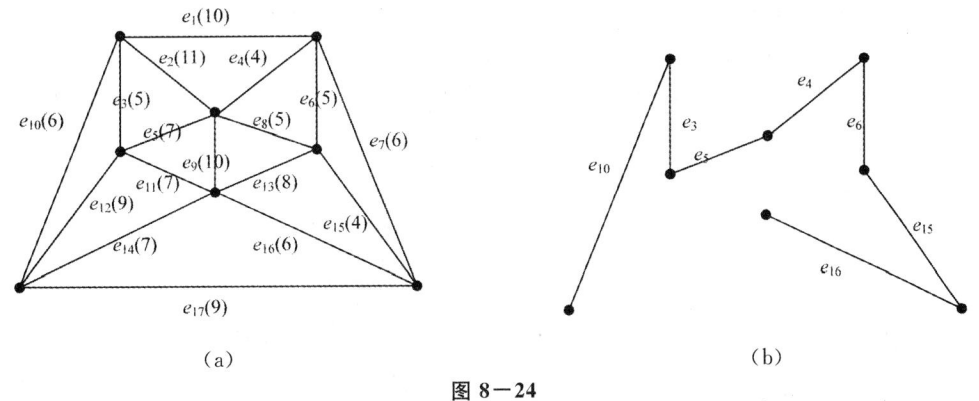

图 8—24

第四节 最短路问题

最短路问题可以直接用来解决许多生产实际问题,例如各种管道铺设、线路安排、厂区布局、设备更新等.另外,如运价最小、运行时间最短、最可靠路等问题,都可以转化为最短路问题加以解决.

4.1 某一点到另一点间的最短路(Dijkstra 算法)

考虑赋权图 $G=(V,E)$ 或 $G=(V,A)$,设其边 $e_{ij}=(v_i,v_j)$ 或弧 $a_{ij}=(v_i,v_j)$ 的权 $w_{ij}\geqslant 0$,先求其某两个顶点间的最短路,例如说从起点 v_s 到 v_t 的最短路.下面介绍目前公认最好的 Dijkstra 算法(1959 年).

设想已求出 v_s 到 v_t 的最短路 P 为 $v_s,\cdots,v_j,\cdots,v_k,\cdots,v_t$,根据最短路的性质,从 v_s 沿 P 到 v_j 或 v_k 的路,就是 v_s 到 v_j 或 v_k 的最短路.这就是说,P 不仅是起点 v_s 到终点 v_t 的最短路,而且由 v_s 到 P 上任意中间点的最短路也在 P 上.由此可以想到,为了求得 v_s 到 v_t 的最短路,可先求 v_s 到中间点的最短路,然后再逐步扩展到终点 v_t.

在计算过程中,需将已求出到起点最短路的点与尚未求出到起点最短路的点区别开来,以正确执行迭代.为此,将顶点分成两个集合 S 和 T,已求出最短路的点置于 S 中,其他点置于 T 中.开始时 S 中仅含 v_s,其他点全在 T 中;随着求最短路迭代工作的进行,S 中点的数目逐步增加,当终点 v_t 也被纳入 S 中时,迭代结束.为便于计算和区分各顶点是否已进入集合 S,给已求出到起点最短路的点 v_k 赋以标号.标号由两部分组成,记为 $[d(v_s,v_k),i]$,其中 i 为 v_k 到起点最短路上的前点,$d(v_s,v_k)$ 为从起点 v_s 到 v_k 的最短路长.因每个标号含有两部分,故称该方法为双标号法.

该方法的步骤如下.

(1)始点 v_s 赋以标号 $(0,\bar{s})$,并置 v_s 于集合 S 中,其他顶点于集合 T 中.

(2)对图 G 里起点在 S 中、终点在 T 中的边 e_{ij} 或弧 a_{ij},计算

$$d(v_s,v_k)=\min\{d(v_s,v_i)+\min_j[w_{ij}]|v_i\in S,v_j\in T\} \quad (8-3)$$

并将 v_k 置于 S 中,同时赋给它标号 $[d(v_s,v_k),i]$.

(3)重复第二步,当 $v_t\in S$ 时计算结束.v_t 的第一个标号给出 v_s 到 v_t 的最短路长,用第二个标号进行反向追踪,可得最短路径.

例 6 求图 8-25(a)中 1 点至 8 点的最短路.

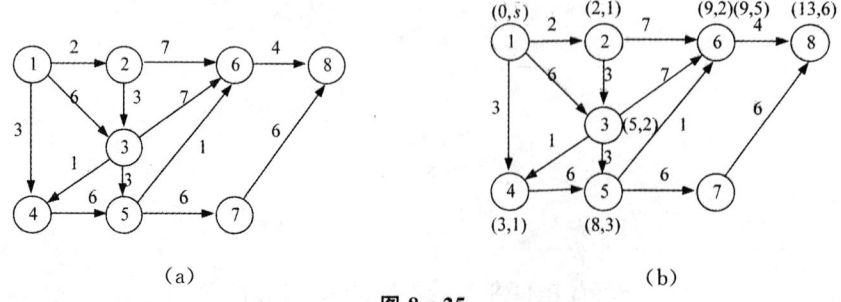

图 8-25

先给起点 1 赋标号 $(0,\bar{s})$,这时 $S=\{1\}$.考虑与 1 点相邻的顶点 2,3 和 4,计算

$$\min\{d(1,1)+\min[w_{12},w_{13},w_{14}]\}=0+\min\{2,6,3\}=2$$

这时给 2 点赋标号 $(2,1)$,$S=\{1,2\}$.

考虑与 1,2 点相邻的顶点 6,3 和 4,计算

$$\min\{d(1,1)+\min[w_{13},w_{14}],d(1,2)+\min[w_{26},w_{23}]\}$$
$$=\min\{0+\min[6,3],2+\min[7,3]\}=3$$

这时给 4 点赋标号 $(3,1)$,$S=\{1,2,4\}$.

考虑顶点 6,3,5,计算
$$\min\{d(1,1)+w_{13},d(1,2)+\min[w_{26},w_{23}],d(1,4)+w_{45}\}$$
$$=\min\{0+6,2+\min[7,3],3+6\}=5$$

给 3 点赋标号 $(5,2)$,$S=\{1,2,4,3\}$.

考虑顶点 6 和 5,计算
$$\min\{d(1,2)+w_{26},d(1,3)+\min[w_{36},w_{35}],d(1,4)+w_{45}\}$$
$$=\min\{2+7,5+\min[7,3],3+6\}=8$$

给 5 点赋标号 $(8,3)$,$S=\{1,2,4,3,5\}$.

考虑顶点 6 和 7,计算
$$\min\{d(1,2)+w_{26},d(1,3)+w_{36},d(1,5)+\min[w_{56},w_{57}]\}$$
$$=\min\{2+7,5+7,8+\min[1,3]\}=9$$

给 6 点赋标号 $(9,2)$ 或 $(9,5)$,$S=\{1,2,4,3,5,6\}$.

考虑顶点 7 和 8,计算
$$\min\{d(1,5)+w_{57},d(1,6)+w_{68}\}$$
$$=\min\{8+6,9+4\}=13,$$

给 8 点赋标号 $(13,6)$,$S=\{1,2,4,3,5,6,8\}$.

至此,集合 S 已含终点 8,计算结束,得到从 1 点到 8 点的最短路长为 13. 由 8 点的第二个标号,知最短路的前点为 6 点,再由 6 点的标号,找出其前点是 2 点或 5 点,如此向前追踪,得到两条最短路径 $1-2-6-8$ 和 $1-2-3-5-6-8$. 标号过程示于图 8-25(b) 中.

由以上论述可知,本算法每一步均能确定一个赋标号的点,因而对 n 个顶点的图来说,至多经 $n-1$ 步即可结束. 此外,该方法不仅可用于有向图,也可用于无向图,只需将无向图中的边看成两条不同方向的弧即可.

4.2 逐次逼近算法

需要指出,Dijkstra 算法不适用于某些权值为负的情形,例如对图 8-26 所示的图,若按前述方法,先赋给 v_1 标号 $(0,\bar{s})$,再赋给 v_2 标号 $(-2,1)$,接下去付给 v_4 标号 $(-1,2)$,即求出的 v_1 到 v_4 的最短路长为 -1,然而实际上却是 -2. 这说明,对含有负权的网络来说,应寻求别的算法. 这里介绍逐次逼近算法,本算法可适用于网络中带有负权的边时,求某指定点到网络中任意点的最短路.

考虑赋权有向图 $G=(V,A)$,不妨假设从其任一点 v_i 到任一点 v_j 都有一条弧,如在图中不存在弧 (v_i,v_j) 时,可添加此弧,并令其权 $w_{ij}=+\infty$,从而起点 v_s 到某一点 v_j 的最短路长(即这条路的总权值,下同)可写成:

$$d(v_s,v_j)=\min_i\{d(v_s,v_i)+w_{ij}\} \qquad (8-4)$$

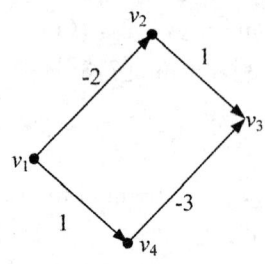

图 8—26

为求得 $d(v_s,v_1),d(v_s,v_2),\cdots,d(v_s,v_t)(j=1,2,\cdots,n)$ 可采用递推方法如下：

$$\begin{cases} d^{(1)}(v_s,v_j)=w_{sj} \\ d^{(i)}(v_s,v_j)=\min_i\{d^{(i-1)}(v_s,v_i)+w_{ij}\} \end{cases} \quad (8-5)$$

即开始迭代时直接取用和起点 v_s 关联的弧的权，然后与线路经过其他点时进行比较，并选用总权最小者．当进行到某一步，例如说第 k 步时，如果对所有点 $j=1,2,\cdots,n$ 均有

$$d^{(k)}(v_s,v_j)=d^{(k-1)}(v_s,v_j)$$

则得到的就是各点最短路的路长（总权值）．

具体迭代步骤如下．

(1) 令 $d^{(1)}(v_s,v_j)=w_{sj},(v_s,v_j)\in A, \quad j=1,2,\cdots,n$．

(2) 第 t 步时，计算

$$d^{(t)}(v_s,v_j)=\min_i\{(D^{(t-1)})_i+w_{ij}\}, \quad i,j=1,2,\cdots,n \quad (8-6)$$

其中，$(D^{(t-1)})_i$ 为 $D^{(t-1)}$ 的第 i 个分量，而

$$D^{(t-1)}=\{d^{(t-1)}(v_s,v_1),d^{(t-1)}(v_s,v_2),\cdots,d^{(t-1)}(v_s,v_n)\}^T.$$

(3) 当 $D^{(t)}=D^{(t-1)}$ 时，迭代结束．

详细计算过程请参看例 7．

若赋权有向图 G 中不含总权值为负的回路（称为负回路），则从 v_s 到任一点的最短路至多含 $n-2$ 个中间点，上述算法最多经 $n-1$ 次迭代必定收敛．如果经 $n-1$ 次迭代，对某个 j 有 $d^{(n)}(v_s,v_j)\neq d^{(n-1)}(v_s,v_j)$，说明图中含有负回路，这时 $d(v_s,v_j)$ 无下界．

例 7 求图 8—27 中 v_1 到各点的最短路，各弧的权如图所示．

按上述公式的迭代过程示于表 8—1 中．表中空格指 $+\infty$，表左半部的 w_{ij} 值可由图 8—27 直接写入．右半部 $D^{(1)}$ 列可由表左半部的 v_1 行直接写入，然后逐列计算．各元素的计算按公式(8—6)进行．

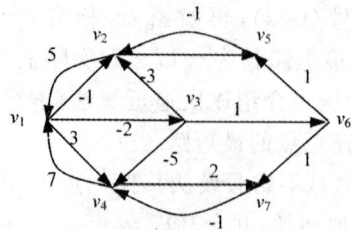

图 8—27

第一步，$d^{(1)}(v_1,v_1)=0,d^{(1)}(v_1,v_2)=-1,d^{(1)}(v_1,v_3)=-2,d^{(1)}(v_1,v_4)=3$，

$$d^{(1)}(v_1,v_5)=d^{(1)}(v_1,v_6)=d^{(1)}(v_1,v_7)=\infty.$$

第二步，$d^{(2)}(v_1,v_1)=\min\{d^{(1)}(v_1,v_1)+w_{11},d^{(1)}(v_1,v_2)+w_{21},d^{(1)}(v_1,v_3)+w_{31},$
$$d^{(1)}(v_1,v_4)+w_{41},d^{(1)}(v_1,v_5)+w_{51},d^{(1)}(v_1,v_6)+w_{61},$$
$$d^{(1)}(v_1,v_7)+w_{71}\}$$
$$=\min\{0+0,-1+5,-2+\infty,3+7,\infty+\infty,\infty+\infty,\infty+\infty\}$$
$$=0,$$
$d^{(2)}(v_1,v_2)=\min\{d^{(1)}(v_1,v_1)+w_{12},d^{(1)}(v_1,v_2)+w_{22},d^{(1)}(v_1,v_3)+w_{32},$
$$d^{(1)}(v_1,v_4)+w_{42},d^{(1)}(v_1,v_5)+w_{52},d^{(1)}(v_1,v_6)+w_{62},$$
$$d^{(1)}(v_1,v_7)+w_{72}\}$$
$$=\min\{0-1,-1+0,-2-3,3+\infty,\infty-1,\infty+\infty,\infty+\infty\}$$
$$=-5.$$

同理可得 $d^{(2)}(v_1,v_3)=-2,d^{(2)}(v_1,v_4)=-7,d^{(2)}(v_1,v_5)=1,d^{(2)}(v_1,v_6)=-1,$ $d^{(2)}(v_1,v_7)=5.$

第三步，$d^{(3)}(v_1,v_1)=\min\{d^{(2)}(v_1,v_1)+w_{11},d^{(2)}(v_1,v_2)+w_{21},d^{(2)}(v_1,v_3)+w_{31},$
$$d^{(2)}(v_1,v_4)+w_{41},d^{(2)}(v_1,v_5)+w_{51},d^{(2)}(v_1,v_6)+w_{61},$$
$$d^{(2)}(v_1,v_7)+w_{71}\}$$
$$=\min\{0+0,-5+5,-2+\infty,-7+7,1+\infty,-1+\infty,5+\infty\}$$
$$=0,$$
$d^{(3)}(v_1,v_2)=\min\{d^{(2)}(v_1,v_1)+w_{12},d^{(2)}(v_1,v_2)+w_{22},d^{(2)}(v_1,v_3)+w_{32},$
$$d^{(2)}(v_1,v_4)+w_{42},d^{(2)}(v_1,v_5)+w_{52},d^{(2)}(v_1,v_6)+w_{62},$$
$$d^{(2)}(v_1,v_7)+w_{72}\}$$
$$=\min\{0-1,-5+0,-2-3,-7+\infty,1-1,-1+\infty,5+\infty\}$$
$$=-5,$$

同理可得 $d^{(3)}(v_1,v_3)=-2,d^{(3)}(v_1,v_4)=-7,d^{(3)}(v_1,v_5)=-3,d^{(3)}(v_1,v_6)=-1,$ $d^{(3)}(v_1,v_7)=-5.$

第四步，$d^{(4)}(v_1,v_1)=\min\{d^{(3)}(v_1,v_1)+w_{11},d^{(3)}(v_1,v_2)+w_{21},d^{(3)}(v_1,v_3)+w_{31},$
$$d^{(3)}(v_1,v_4)+w_{41},d^{(3)}(v_1,v_5)+w_{51},d^{(3)}(v_1,v_6)+w_{61},$$
$$d^{(3)}(v_1,v_7)+w_{71}\}$$
$$=\min\{0+0,-5+5,-2+\infty,-7+7,-3+\infty,-1+\infty,$$
$$-5+\infty\}$$
$$=0,$$
$d^{(4)}(v_1,v_2)=\min\{d^{(3)}(v_1,v_1)+w_{12},d^{(3)}(v_1,v_2)+w_{22},d^{(3)}(v_1,v_3)+w_{32},$
$$d^{(3)}(v_1,v_4)+w_{42},d^{(3)}(v_1,v_5)+w_{52},d^{(3)}(v_1,v_6)+w_{62},$$
$$d^{(3)}(v_1,v_7)+w_{72}\}$$
$$=\min\{0-1,-5+0,-2-3,-7+\infty,-3-1,-1+\infty,$$
$$-5+\infty\}$$
$$=-5,$$

同理可得 $d^{(4)}(v_1,v_3)=-2, d^{(4)}(v_1,v_4)=-7, d^{(4)}(v_1,v_5)=-3, d^{(4)}(v_1,v_6)=-1, d^{(4)}(v_1,v_7)=-5.$

由于 $D^{(4)}$ 列与 $D^{(3)}$ 列全同，计算完 $D^{(4)}$ 列时迭代结束.

表 8-1

j i	w_{ij}							$D^{(t)}$			
	v_1	v_2	v_3	v_4	v_5	v_6	v_7	$t=1$	$t=2$	$t=3$	$t=4$
v_1	0	−1	−2	3				0	0	0	0
v_2	5	0			2			−1	−5	−5	−5
v_3		−3	0	−5		1		−2	−2	−2	−2
v_4	7			0			2	3	−7	−7	−7
v_5		−1			0				1	−3	−3
v_6				1	0	1			−1	−1	−1
v_7				−1			0	5	−5	−5	−5

表 8-1 的最后一列 $D^{(4)}$ 给出了各点到起点 v_1 的最短路长。如果需要知道 v_1 到各点的最短路径，可以采取"反向追踪"的办法。如需求出 v_1 到 v_7 的最短路径，已知 $d^{(4)}(v_1,v_7)=-5$，前点是 v_4，再由 v_4 行找出 v_4 的前点为 v_3，而 v_3 的前点是 v_1，即起点 v_8，可知最短路径是 $v_1-v_3-v_4-v_7$.

4.3 所有点对间的最短路 (Floyd 算法)

有时需要知道图中各点对间的最短路长和路径，这时虽可用上节所述的方法计算，但比较繁琐，下面介绍解决这一问题的 Floyd 方法 (1962 年).

为了计算方便，令网络图的权矩阵为 $D=(d_{ij})_{n\times n}$，w_{ij} 为 v_i 到 v_j 的距离，其中

$$d_{ij}=\begin{cases} w_{ij} & \text{当}(v_i,v_j)\in E \\ \infty & \text{其他} \end{cases}$$

基本步骤如下.

(1) 输入权矩阵 $D^{(0)}=D$.

(2) 计算 $D^{(k)}=(d_{ij}^{(k)})_{n\times n}, k=1,2,\cdots,n$，其中 $d_{ij}^{(k)}=\min[d_{ij}^{(k-1)}, d_{ik}^{(k-1)}+d_{kj}^{(k-1)}]$.

(3) $D^{(n)}=(d_{ij}^{(n)})_{n\times n}$ 中元素 $d_{ij}^{(n)}$ 就是 v_i 到 v_j 的最短路长.

例 8 求图 8-28 所示的图 G 中任意两点间的最短路.

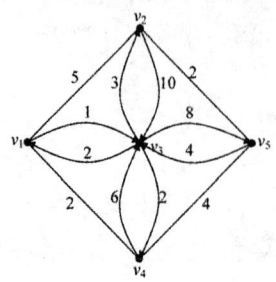

图 8-28

图 8-28 中有四条无向边，每条边可以化为两条方向相反的有向边．则

$$D=D^{(0)}=\begin{bmatrix} 0 & 5 & 1 & 2 & \infty \\ 5 & 0 & 10 & \infty & 2 \\ 2 & 3 & 0 & 2 & 8 \\ 2 & \infty & 6 & 0 & 4 \\ \infty & 2 & 4 & 4 & 0 \end{bmatrix} \qquad D^{(1)}=\begin{bmatrix} 0 & 5 & 1 & 2 & \infty \\ 5 & 0 & \underline{6} & \underline{7} & 2 \\ 2 & 3 & 0 & 2 & 8 \\ 2 & \underline{7} & \underline{3} & 0 & 4 \\ \infty & 2 & 4 & 4 & 0 \end{bmatrix}$$

由于 $d_{ij}^{(1)}=\min[d_{ij}^{(0)},d_{i1}^{(0)}+d_{1j}^{(0)}]$ 表示从 v_i 点到 v_j 点或直接有向边或借 v_1 点为中间点时的最短路长．标有下划线的元素为更新的元素．具体计算如下：

$k=1$ 时，$d_{11}^{(1)}=\min[d_{11}^{(0)},d_{11}^{(0)}+d_{11}^{(0)}]=\min[0,0]=0$

$\qquad d_{12}^{(1)}=\min[d_{12}^{(0)},d_{11}^{(0)}+d_{12}^{(0)}]=\min[5,0+5]=5$

$\qquad d_{13}^{(1)}=\min[d_{13}^{(0)},d_{11}^{(0)}+d_{13}^{(0)}]=\min[1,0+1]=1$

$\qquad d_{14}^{(1)}=\min[d_{14}^{(0)},d_{11}^{(0)}+d_{14}^{(0)}]=\min[2,0+2]=2$

$\qquad d_{15}^{(1)}=\min[d_{15}^{(0)},d_{11}^{(0)}+d_{15}^{(0)}]=\min[\infty,0+\infty]=\infty$

同理，可以计算出其他元素，结果见 $D^{(1)}$．

$$D^{(2)}=\begin{bmatrix} 0 & 5 & 1 & 2 & \underline{7} \\ 5 & 0 & 6 & 7 & 2 \\ 2 & 3 & 0 & 2 & \underline{5} \\ 2 & 7 & 3 & 0 & 4 \\ \underline{7} & 2 & 4 & 4 & 0 \end{bmatrix} \qquad D^{(3)}=\begin{bmatrix} 0 & \underline{4} & 1 & 2 & \underline{6} \\ 5 & 0 & 6 & 7 & 2 \\ 2 & 3 & 0 & 2 & 5 \\ 2 & \underline{6} & 3 & 0 & 4 \\ \underline{6} & 2 & 4 & 4 & 0 \end{bmatrix}$$

$d_{ij}^{(2)}$ 与 $d_{ij}^{(3)}$ 分别表示从 v_i 点到 v_j 点最多经过中间点 v_1,v_2 与 v_1,v_2,v_3 的最短路长．

$$D^{(4)}=\begin{bmatrix} 0 & 4 & 1 & 2 & 6 \\ 5 & 0 & 6 & 7 & 2 \\ 2 & 3 & 0 & 2 & \underline{5} \\ 2 & 6 & 3 & 0 & 4 \\ 6 & 2 & 4 & 4 & 0 \end{bmatrix} \qquad D^{(5)}=\begin{bmatrix} 0 & 4 & 1 & 2 & 6 \\ 5 & 0 & 6 & \underline{6} & 2 \\ 2 & 3 & 0 & 2 & 5 \\ 2 & 6 & 3 & 0 & 4 \\ 6 & 2 & 4 & 4 & 0 \end{bmatrix}$$

d_{ij}^5 表示从点 v_i 到点 v_j 最多经过中间点 v_1,v_2,v_3,v_4,v_5 的所有路中的最短路长，所以 $D^{(5)}$ 就给出了任意两点间不论几步到达的最短路长．

如果希望计算结果不仅给出任意两点的最短路长，而且给出具体的最短路径，则在运算过程中要保留下标信息，即 $d_{ik}+d_{kj}=d_{ikj}$ 等．

如例 8 中 $D^{(1)}$ 的 $d_{23}^{(1)}=6$ 是由 $d_{21}^{(0)}+d_{13}^{(0)}=5+1=6$ 得到的，所以 $d_{23}^{(1)}$ 可写为 6_{213}；$D^{(2)}$ 中的 $d_{35}^{(2)}=5$ 是由 $d_{32}^{(1)}+d_{25}^{(1)}=3+2=5$ 得到的，所以 $d_{35}^{(2)}$ 可写为 5_{325}；$D^{(3)}$ 中的 $d_{15}^{(3)}=6$ 是由 $d_{13}^{(2)}+d_{35}^{(2)}=1+5=6$ 得到的，其中 $d_{35}^{(2)}=5_{325}$，所以 $d_{15}^{(3)}$ 可以写成 6_{1325} 等．

由此

$$D^{(5)}=\begin{bmatrix} 0 & 4_{132} & 1_{13} & 2_{14} & 6_{1325} \\ 5_{21} & 0 & 6_{213} & 6_{254} & 2_{25} \\ 2_{31} & 3_{32} & 0 & 2_{34} & 5_{325} \\ 2_{41} & 6_{4132} & 3_{413} & 0 & 4_{45} \\ 6_{531} & 2_{52} & 4_{53} & 4_{54} & 0 \end{bmatrix}$$

4.4 应用

例9 设备更新问题。某厂要考虑使用的一台设备每年年初是否需要更新，假定只计算下面两种费用：(1)每年年初购置新设备的费用(卖掉旧设备收回的折价)c_i；(2)每年年内的设备使用费(包括维修费)m_i。试作出 5 年内的设备更新计划。上述两种费用的预测值示于表 8-2 中。

表 8-2

第 i 年	1	2	3	4	5
购置新设备费 c_i	10	11	12	13	14
年内使用费 m_i	5	6	8	11	15

本问题可供选择的方案很多。

例如，第一年初购置一台新设备，一直使用到第五年末，其总费用为：

$$w_{16} = c_1 + \sum_{i=1}^{5} m_i = 10 + (5+6+8+11+15) = 55$$

第一年初购置一台新设备，使用到第二年末，然后在第三年初再购置一台新设备，使用到第五年末，其总费用为：

$$w_{13} + w_{36} = c_1 + (m_1 + m_2) + c_3 + (m_1 + m_2 + m_3) = 52$$

每年初都购置一台新设备，其总费用为：

$$w_{11} + w_{23} + w_{34} + w_{45} + w_{36} = c_1 + m_1 + c_2 + m_1 + c_3 + m_1 + c_4 + m_1 + c_5 + m_1 = 85$$

为解决好这一问题，建立下述网络模型，见图 8-29，并用最短路算法求解。

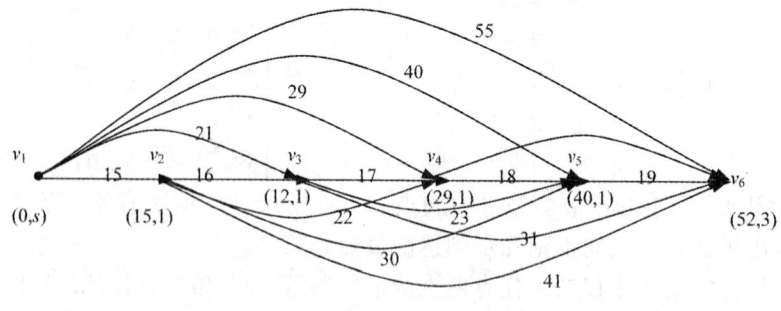

图 8-29

用点 v_i 代表第"第 i 年年初购进一台新设备"这种状态(加设一点 v_6，代表第五年年底)。从 v_i 到 $v_{i+1}, \cdots, v_6$ 各画一条弧。弧(v_i, v_j)表示在第 i 年年初购进的设备一直使用到第 j 年年初(即第年底)。

每条弧的权可按已知资料计算出来。例如(v_1, v_4)是第 1 年年初购进一台新设备(支付购置费 10)，一直使用到第 3 年年底(支付维修费)，故(v_1, v_4)上的权为 29。

这样一来，制订一个最优计划的设备更新问题就等价于寻求从 v_1 到 v_6 的最短路的问题。

该例题用 Dijkstra 标号法求 v_1 到 v_6 的最短路，结果得到最短路径 $v_1 - v_3 - v_6$，最短路长为 52。因此，最优的设备更新计划是：第一年初购置一台新设备，使用到第二年末；第三年初购置一台新设备,一直用到第五年末,总费用为 52.

例 10 消防站定位问题. 某市有 5 个火灾易发点 v_1, v_2, v_3, v_4, v_5, 现需在其中的一个点设置消防站, 问应设在哪个点才能使消防站的最大服务距离最小. 这 5 个点之间的路网和各段路长如图 8-30 所示.

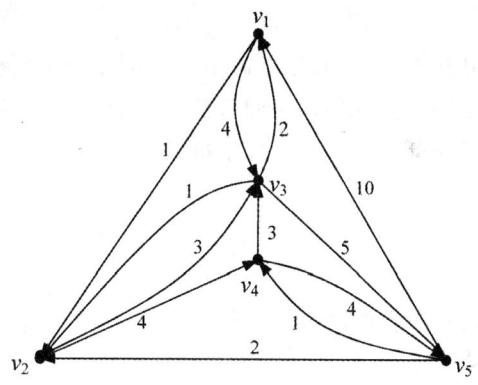

图 8-30

首先按照 Floyd 算法计算出各点对之间的最短路(在紧急救火情况下, 应走的最短路). 具体计算过程如下:

$$D^{(0)} = \begin{bmatrix} 0 & 1 & 4 & \infty & \infty \\ \infty & 0 & 3 & 4 & \infty \\ 2 & 1 & 0 & \infty & 5 \\ \infty & \infty & 3 & 0 & 4 \\ 10 & 2 & \infty & 1 & 0 \end{bmatrix} \quad D^{(1)} = \begin{bmatrix} 0 & 1 & 4 & \infty & \infty \\ \infty & 0 & 3 & 4 & \infty \\ 2 & 1 & 0 & \infty & 5 \\ \infty & \infty & 3 & 0 & 4 \\ 10 & 2 & \underline{14} & 1 & 0 \end{bmatrix}$$

$$D^{(2)} = \begin{bmatrix} 0 & 1 & 4 & \underline{5} & \infty \\ \infty & 0 & 3 & 4 & \infty \\ 2 & 1 & 0 & \underline{5} & 5 \\ \infty & \infty & 3 & 0 & 4 \\ 10 & 2 & \underline{5} & 1 & 0 \end{bmatrix} \quad D^{(3)} = \begin{bmatrix} 0 & 1 & 4 & 5 & \underline{9} \\ \underline{5} & 0 & 3 & 4 & \underline{8} \\ 2 & 1 & 0 & 5 & 5 \\ \underline{5} & \underline{4} & 3 & 0 & 4 \\ \underline{7} & 2 & 5 & 1 & 0 \end{bmatrix}$$

$$D^{(4)} = \begin{bmatrix} 0 & 1 & 4 & 5 & 9 \\ 5 & 0 & 3 & 4 & 8 \\ 2 & 1 & 0 & 5 & 5 \\ 5 & 4 & 3 & 0 & 4 \\ \underline{6} & 2 & \underline{4} & 1 & 0 \end{bmatrix} \quad D^{(5)} = \begin{bmatrix} 0 & 1 & 4 & 5 & 9 \\ 5 & 0 & 3 & 4 & 8 \\ 2 & 1 & 0 & 5 & 5 \\ 5 & 4 & 3 & 0 & 4 \\ 6 & 2 & 4 & 1 & 0 \end{bmatrix}$$

由 $D^{(5)}$ 可知

$$\min_i \{\max_j (d_{ij}^{(5)})\} = \min_i \{9, 8, 5, 5, 6\} = 5$$

即应将消防站设在 v_3 或 v_4 点, 它们到其他火灾易发点的最远距离为 5.

第五节 网络最大流问题

研究网络的流量是很有意义的,例如交通系统中的车流、金融系统中的现金流、控制系统中的信息流、供水系统中的水流等.人们常常需要知道在既定网络中能通过的最大流量,进而判断设备的充分利用程度,这就提出了最大流问题.

5.1 基本概念

如果把图 8-31 看做输油管道网,v_s 为起点,v_t 为终点,v_1,v_2,v_3,v_4 为中转站,边上的数表示该管道的最大输油能力,问应如何安排各管道输油量,才能使从 v_s 到 v_t 的总输油量最大.

管道网络中每边的最大通过能力即容量是有限的,实际流量也不一定等于容量,上述问题就是要讨论如何充分利用装置的能力,以取得最好效果(流量最大),这类问题通常称为网络最大流问题.

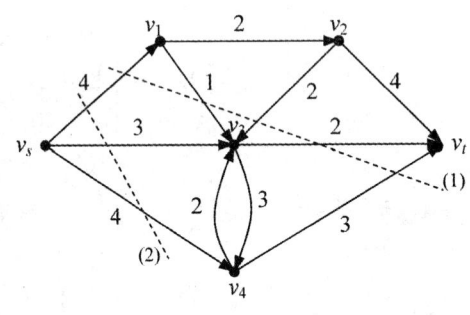

图 8-31

定义 3 设有向连通图 $G=(V,E)$,G 的每条边 (v_i,v_j) 上有非负数 c_{ij} 称为边的容量,仅有一个入次为 0 的点 v_s 称为发点(源),一个出次为 0 的点 v_t 称为收点(汇),其余点为中间点,这样的网络 G 称为容量网络,常记做 $G=(V,E,C)$.

对任一 G 中的边 (v_i,v_j) 有流量 f_{ij},称集合 $f=\{f_{ij}\}$ 为网络 G 上的一个流.称满足下列条件的流 f 为可行流.

(1)容量限制条件:对 G 中每条边 (v_i,v_j),有 $0 \leqslant f_{ij} \leqslant c_{ij}$.

(2)平衡条件:对中间点 v_i,有 $\sum_j f_{ij} = \sum_k f_{ki}$,即中间点 v_i 的物资的输入量和输出量相等.

(3)对收、发点 v_s,v_t,有 $\sum_i f_{si} = \sum_j f_{jt} = W$,即从 v_s 点发出的物资总量等于 v_t 点输入的量,W 为网络流的总流量.

可行流总是存在的,如 $f=\{0\}$ 就是一个流量为 0 的可行流.所谓最大流量问题就是在容量网络中,寻找流量最大的可行流.

一个流 $f=\{f_{ij}\}$,若 $f_{ij}=c_{ij}$,则称流 f 对边 (v_i,v_j) 是饱和的;否则称 f 对 (v_i,v_j) 不饱和. 最大流问题实际是个线性规划问题,但是利用它与图的紧密关系,能更为直观简便地求解.

定义 4 容量网络 $G=(V,E,C)$, v_s,v_t 为收、发点,若有边集 E' 为 E 的子集,将 G 分为两个子图 G_1,G_2,其顶点集合分别记为 $S,\overline{S}$, $S\cup\overline{S}=V$, $S\cap\overline{S}=\varnothing$, v_s,v_t 分属 $S,\overline{S}$,满足:①$G(V,E-E')$ 不连通;②E'' 为 E' 的真子集,而 $G(V,E-E'')$ 仍连通,则称 E' 为 G 的割集,记 $E'=(S,\overline{S})$.

割集 $(S,\overline{S})$ 中所有始点在 S,终点 $\overline{S}$ 的边的容量之和,称为 $(S,\overline{S})$ 的割集容量,记为 $C(S,\overline{S})$. 如图 8-31 中,边集 $\{(v_s,v_1),(v_1,v_3),(v_2,v_3),(v_3,v_t),(v_4,v_t)\}$ 和边集 $\{(v_s,v_1),(v_s,v_3),(v_s,v_4)\}$ 都是 G 的割集,分别见图 8-31 中的虚线(1)和(2),它们的割集容量分别为 9 和 11. 容量网络 G 的割集有多个,其中割集容量最小者称为网络 G 的最小割集容量(简称最小割).

5.2 最大流—最小割定理

由割集的定义不难看出,在容量网络中割集是由 v_s 到 v_t 的必经之路,无论拿掉哪个割集, v_s 到 v_t 便不再相通,所以任何一个可行流的流量不会超过任一割集的容量,也即网络的最大流与最小割容量(最小割)满足下面定理.

定理 4 设 f 为网络 $G=(V,E,C)$ 的任一可行流,流量为 W, $(S,\overline{S})$ 是分离 v_s 和 v_t 的任一割集,则有 $W\leqslant C(S,\overline{S})$. (证明略)

由此可知,若能找到一个可行流 f^*,一个割集 $(S^*,\overline{S}^*)$,使得 f^* 的流量 $W^*=C(S^*,\overline{S}^*)$,则 f^* 一定是最大流,而 $(S^*,\overline{S}^*)$ 就是所有割集中容量最小的一个. 下面证明最大流—最小割定理,定理的证明实际上就是给出了寻求最大流的方法.

定理 5 (最大流—最小割定理)任一个网络 G 中,从 v_s 到 v_t 的最大流的流量等于分离 v_s 和 v_t 的最小割的容量.

证明 设 f^* 是一个最大流,流量为 W,用下面的方法定义点集 S^*:

①令 $v_s\in S^*$;

②若点 $v_i\in S^*$,且 $f_{ij}^*<c_{ij}$,则令 $v_j\in S^*$;

③若点 $v_i\in S^*$,且 $f_{ji}^*>0$,则令 $v_j\in S^*$.

在这种定义下, v_t 一定不属于 S^*,若否, $v_t\in S^*$,则得到一条从 v_s 到 v_t 的链 μ,规定 v_s 到 v_t 为链 μ 的方向,链上与 μ 方向一致的边叫前向边,与 μ 方向相反的边称为后向边. 即如图 8-32 中 (v_1,v_2) 为前向边, (v_3,v_2) 为后向边.

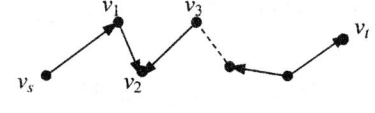

图 8-32

根据 S^* 的定义，μ 中的前向边 (v_i,v_j) 上必有 $f_{ij}^* < c_{ij}$，后向边上必有 $f_{ij}^* > 0$.
令
$$\delta_{ij} = \begin{cases} c_{ij} - f_{ij}^* & \text{当}(v_i,v_j)\text{为前后边} \\ f_{ij}^* & \text{当}(v_i,v_j)\text{为后向边} \end{cases}$$

取 $\delta = \min\{\delta_{ij}\}$，显然 $\delta > 0$.

把 f^* 修改为 f_1^*：
$$f_1^* = \begin{cases} f_{ij}^* + \delta & (v_i,v_j)\text{为}\mu\text{上前向边} \\ f_{ij}^* - \delta & (v_i,v_j)\text{为}\mu\text{上后向边} \\ f_{ij}^* & \text{其他} \end{cases}$$

不难验证 f_1^* 仍为可行流（即满足容量限制条件与平衡条件），但是 f_1^* 的总流量等于 f^* 的流量加 δ，这与 f^* 为最大流矛盾，所以 v_t 不属于 S^*.

令 $\overline{S}^* = V \backslash S^*$，则 $v_t \in \overline{S}^*$.

于是得到一个割集 $(S^*, \overline{S}^*)$，对割集中的边 (v_i,v_j) 显然有
$$f_{ij}^* = \begin{cases} c_{ij} & v_i \in S^* \quad v_j \in \overline{S}^* \\ 0 & v_j \in S^* \quad v_i \in \overline{S}^* \end{cases}$$

但流量 W 又满足
$$W = \sum_{v_i \in S^*, v_j \in \overline{S}^*} [f_{ij}^* - f_{ji}^*] = \sum_{v_i \in S^*, v_j \in \overline{S}^*} c_{ij} = C(S^*, \overline{S}^*)$$

所以，最大流的流量等于最小割的容量，定理得到证明.

例 11 图 8-33 中弧旁的数字为该弧的容量，1 点是起点，4 点为终点. 请指出全部割集及容量，找出最小割示.

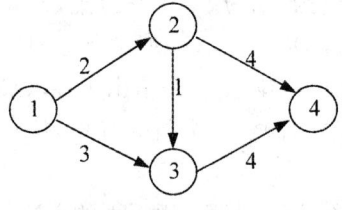

图 8-33

表 8-3

S	$\overline{S}$	割集	割集的容量
$\{1\}$	$\{2,3,4\}$	$\{(1,2),(1,3)\}$	5
$\{1,2\}$	$\{3,4\}$	$\{(1,3),(2,3),(2,4)\}$	8
$\{1,3\}$	$\{2,4\}$	$\{(1,2),(3,4)\}$	6
$\{1,2,3\}$	$\{4\}$	$\{(2,4),(3,4)\}$	8

表 8-3 中有图 8-33 的所有割集及其容量. 根据定理 5，可知图 8-33 的最大流量等于 5.

定义 5 容量网络 G，若 μ 为网络中从到的一条链，给 μ 定向为从 v_s 到 v_t，μ 上的边凡与 μ 同向称为前向边，凡与 μ 反向称为后向边，其集合分别用 μ^+ 和 μ^- 表示，f 是一个可行流，如果满足

$$\begin{cases} 0 \leqslant f_{ij} \leqslant c_{ij} & (v_i, v_j) \in \mu^+ \\ c_{ij} \geqslant f_{ij} \geqslant 0 & (v_i, v_j) \in \mu^- \end{cases}$$

则称 μ 为从 v_s 到 v_t 的(关于 f 的)可增广链.

推论 可行流 f 是最大流的充要条件是不存在从 v_s 到 v_t 的(关于 f 的)可增广链.

可增广链的实际意义是：沿着这条链从 v_s 到 v_t 输送的流，还有潜力可挖，只需按照定理证明中的调整方法，就可以把流量提高，调整后的流，在各点仍满足平衡条件及容量限制条件，即仍为可行流. 这样就得到了一个寻求最大流的方法：从一个可行流开始，寻求关于这个可行流的可增广链，若存在，则可以经过调整，得到一个新的可行流，其流量比原来的可行流要大，重复这个过程，直到不存在关于该流的可增广链时就得到了最大流.

5.3 求最大流的标号算法

此方法由 Ford 和 Fulkerson 于 1956 年提出，具体如下.

设已有一个可行流 f，标号的方法分为两步：第一步是标号过程，通过标号来寻找可增广链；第二步是调整过程，沿可增广链调整 f 以增加流量.

1. 标号过程

(1) 给发点以标号 $(\Delta, +\infty)$.

(2) 选择一个已标号的顶点 v_i，对于 v_i 的所有未标号的邻接点 v_j 按下列规则处理：

若边 $(v_j, v_i) \in E$，且 $f_{ji} > 0$，则令 $\delta_j = \min(f_{ji}, \delta_i)$，并给 v_j 以标号 $(-v_i, \delta_j)$；

若边 $(v_i, v_j) \in E$，且 $f_{ij} < c_{ij}$，则令 $\delta_j = \min(c_{ij} - f_{ij}, \delta_i)$，并给 v_j 以标号 $(+v_i, \delta_j)$.

(3) 重复上一步，直到收点 v_t 被标号或不再有顶点可标号时为止.

若 v_t 得到标号，说明存在一条可增广链，转(第 2 步)调整过程；

若 v_t 未得到标号，标号过程已无法进行时，说明 f 已是最大流.

2. 调整过程

(1) 令

$$f'_{ij} = \begin{cases} f_{ij} + \delta_t & 若 (v_i, v_j) 是可增广链上的前向边 \\ f_{ij} - \delta_t & 若 (v_i, v_j) 为可增广链上的后向边 \\ f_{ij} & 若 (v_i, v_j) 不在可增广链上 \end{cases}$$

(2) 去掉所有标号，回到第 1 步，对可行流 f' 重新标号.

例 12 图 8-34 表明一个网络及其初始可行流，每条边上的有序数表示 (c_{ij}, f_{ij})，求这个网络的最大流.

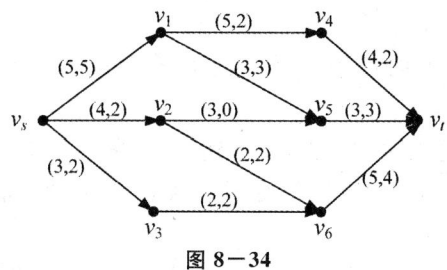

图 8-34

先给 v_s 标以 $(\Delta,+\infty)$.

检查 v_s 的邻接点 v_1,v_2,v_3,发现 v_2 点满足 $(v_s,v_2)\in E$,且 $f_{s2}=2<c_{s2}=4$,令
$$\delta_{v_2}=\min[2,+\infty]=2$$
给 v_2 以标号 $[+v_s,2]$. 同理给 v_3 以标号 $[+v_s,1]$.

检查 v_2 点的尚未标号的邻接点 v_5,v_6,发现 v_5 满足 $(v_2,v_5)\in E$,且 $f_{25}=0<c_{25}=3$,令
$$\delta_{v_5}=\min[3,2]=2$$
给 v_5 以标号 $[+v_2,2]$.

检查与 v_5 点邻接的未标号的点 v_1,v_t,发现 v_1 点满足 $(v_1,v_5)\in E$,且 $f_{25}=3>0$,令
$$\delta_{v_1}=\min[3,2]=2$$
给 v_1 以标号 $[-v_5,2]$.

v_4 点未标号,与 v_1 邻接,边 $(v_1,v_4)\in E$,且 $f_{14}=2<c_{14}=5$,令
$$\delta_{v_4}=\min[3,2]=2$$
给 v_4 以标号 $[+v_1,2]$.

v_t 点未标号,与 v_4 邻接,边 $(v_4,v_t)\in E$,且 $f_{4t}=2<c_{4t}=4$,令
$$\delta_{v_t}=\min[2,2]=2$$
给 v_t 以标号 $[+v_4,2]$.

由于 v_t 已得到标号,说明存在可增广链,所以标号过程结束,见图 8-35.

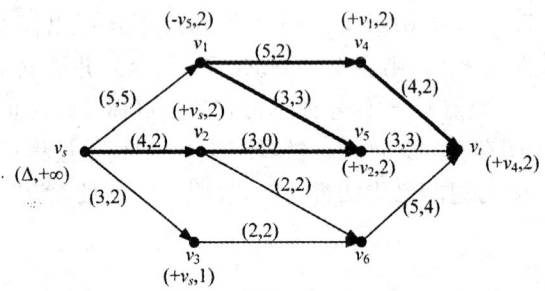

图 8-35

转入调整过程. 令 $\delta=\delta_{v_t}=2$ 为调整量,从 v_t 点开始,由逆可增广链方向按标号 $[+v_4,2]$ 找到点 v_4,令 $f'_{4t}=f_{4t}+2$.

再由 v_4 点标号 $[+v_1,2]$ 找到前一个点 v_1,并令 $f'_{14}=f_{14}+2$. 按 v_1 点标号找到点 v_5,由于标号为 $-v_5$,(v_1,v_5) 为反向边,令 $f'_{15}=f_{15}-2$.

由 v_5 点的标号再找到 v_2,令 $f'_{25}=f_{25}+2$.

由 v_2 点的标号找到 v_s,令 $f'_{s2}=f_{s2}+2$.

调整过程结束,调整中的可增广链见图 8-35 中的粗线边,调整后的可行流见图 8-36.

重新开始标号过程,寻找可增广链,当标到 v_3 点为 $[+v_s,1]$ 以后,与 v_s,v_3 点邻接的 v_1,v_2,v_6 点都不满足标号条件,所以标号过程无法再继续,而 v_t 点并未得到标号,如图 8-36.

这时 $W=f_{s1}+f_{s2}+f_{s3}=f_{4t}+f_{5t}+f_{6t}=11$,即为最大流的流量,算法结束.

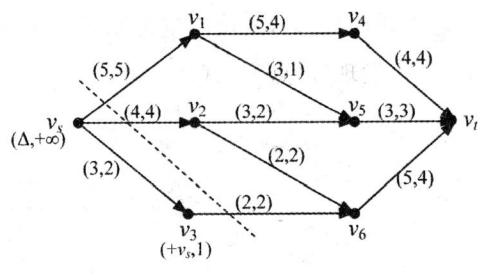

图 8-36

用标号法在得到最大流的同时,可得到一个最小割,即图 8-36 中的虚线所示.

标号点集合为 S,即 $S=\{v_s,v_3\}$,未标号点集合 $\overline{S}=\{v_1,v_2,v_4,v_5,v_6,v_t\}$.

此时割集 $(S,\overline{S})=\{(v_s,v_1),(v_s,v_2),(v_3,v_6)\}$,割集容量 $C(S,\overline{S})=c_{s1}+c_{s2}+c_{36}=11$,与最大流的流量相等.

从该例题可看出最小割的意义,网络从发点到收点的各通路中,由容量决定其通过能力,最小割则是这些路中的咽喉部分,或者叫瓶口,其容量最小,它决定了整个网络的最大通过能力.要提高整个网络的运输能力,必须首先改造这个咽喉部分的通过能力.

求最大流的标号算法还可以用于解决多发点多收点网络的最大流问题.设容量网 G 有若干个发点 $x_1,x_2,\cdots,x_m$,若干个收点 $y_1,y_2,\cdots,y_n$,可以添加两个新点 v_s,v_t,用容量为 ∞ 的有向边分别连接 v_s 与 $x_1,x_2,\cdots,x_m$,v_t 与 $y_1,y_2,\cdots,y_n$,得到新的网络 G',G' 为只有一个发点 v_s,一个收点 v_t 的网络,求解 G' 的最大流问题即可得到 G 的解,如图 8-37.

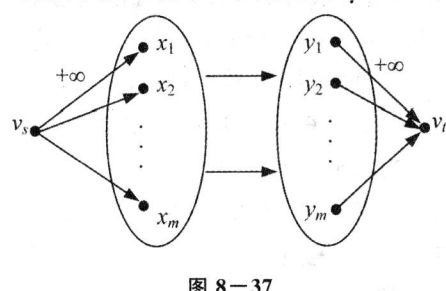

图 8-37

例 13 供应问题.工厂 B_1,B_2 和 B_3 需要从三个地方 A_1,A_2,A_3 供应原料,工厂 B_2 不能缺货,工厂 B_1 和 B_3 缺货时要造成损失,单位运价、材料供应量和需求量等均示于表 8-4 中,试确定使总费用最低的原料分配方案.

表 8-4

供应地 工厂	A_1	A_2	A_3	需要量	缺货损失
B_1	3	2	—	8	1
B_2	2	3	4	14	不允许缺货
B_3	—	4	2	10	2
可供量	10	9	7		

该问题有三个发货点 A_1,A_2 和 A_3,三个收货点 B_1,B_2 和 B_3.总发货量为 26,总收货

量32,为使供需平衡,设一虚拟供应地 A_4,其供应量为6.建立网络模型示于图8-38中.

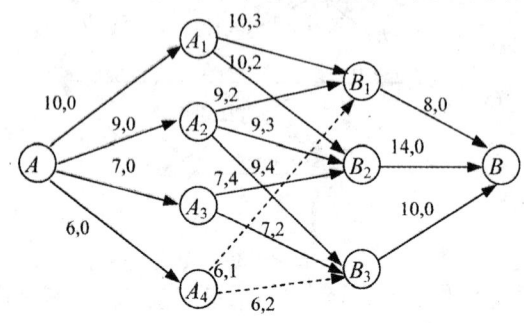

图 8-38

各边旁的第一个数字为弧的容量,第二个数字为单位费用(权).为使网络仅有一个起点和终点,增加了顶点 A 和 B.由于材料供应费和工厂的生产费不在本问题的考虑范围内,故在图8-34中令相应弧的权等于零.此外 A_4 为虚供应点,B_2 不允许缺货,所以它们之间没有弧相连.工厂 B_1 和 B_3 允许缺货,弧 (A_4,B_1) 和 (A_4,B_3) 的权1和2分别是它们短缺单位原材料造成的损失额.

5.4 求最大流的对偶图法

按照最大流—最小割定理求网络的最大流时,可以通过找出网络的所有不同割并算出其割容量,当网络较大较复杂时,这往往很难办到.因此可以利用对偶图法来寻找.

可以把网络图的割 $(S,\bar{S})$ 看成是切割所有弧 (v_i,v_j) 的一条路,其中 $v_i \in S, v_j \in \bar{S}$,$(v_i,v_j) \in E$.这些弧均由 S 指向 $\bar{S}(v_i \in S, v_j \in \bar{S})$,故称为这个割的正向弧.若这条"路"遇到的弧由 $\bar{S}$ 指向 S,就把它称为这个割的反向弧.

现定义网络图 G 的对偶图 G' (称 G 为 G' 的原图).在 G 的每个网络中间任取一点作为 G' 的一个顶点,G 上方图外的任一点作为 G' 的起点 s',G 下方图外的任一点作为 G' 的终点 t',这就得到了 G' 的所有顶点.若 G' 中某两个顶点的连线恰切割原图的一条弧,就将这两个点联结起来作为 G' 的一条弧(称为对偶弧),将原图中的这条弧顺时针旋转与对偶弧重合(转角小于180度),它的指向就是对偶弧的指向.对偶弧的权(弧长),定义为它切割原图中的弧的容量.

图8-39给出了一个有向网络图 G,它的对偶图 G' 用虚线示出,其顶点用小方框表示.图8-39中,弧旁的数字,对原图为弧的容量,对对偶弧而言,是它的弧长.原图中分离起点 s 和终点 t 的割,与对偶图中由 s' 到 t' 的路一一对应.例如割 $\{(s,1),(s,2)\}$ 对应于路 $s'-A-t'$,割 $\{(s,1),(2,1),(2,5)\}$ 对应路 $s'-A-B-D-t'$,割 $\{(3,t),(3,4),(1,4),(5,4),(5,t)\}$ 对应于路 $s'-E-C-B-D-F-t'$.

在对偶图中,由 $s' \to t'$ 的路中有时会含有反向弧,而使从 s' 沿这条路无法到达 t'.为解决这一问题,在对偶图中的反向弧旁,并联上一条与它方向相反的弧,其弧长为零.这样一来,对偶图中某条路的路长就正好等于原图中其对应割的容量.由此可将求原图最小割容量的问题,转化为求对偶图从 s' 到 t' 的最小路长,即将求网络最大流转化为求对偶图的最短路.

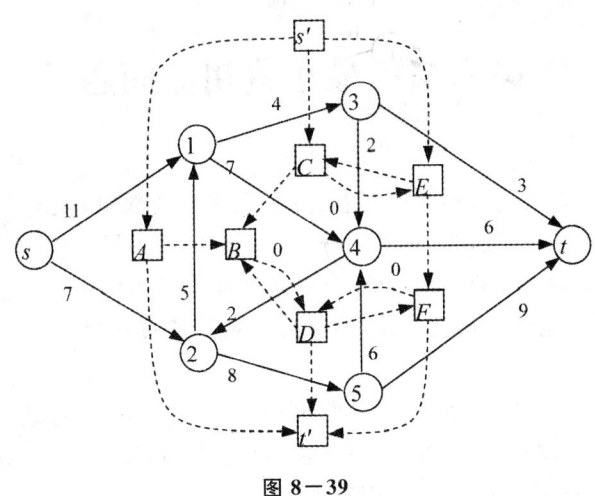

图 8—39

原图与对偶图的关系表示于表 8—5 中.

表 8—5

原图 G	网络	割	弧	弧容量	割容量	切割正向弧	切割反向弧
对偶图 G'	顶点	路	对偶弧	弧长	路长	相应路中的正向弧	相应路中的反向弧

为求对偶图的最短路,可用前面介绍的 Dijkstra 双标号法.

求图 8—39 所示图 G 的最大流. 可以先画出其对偶图,见图 8—39 中的虚线. 为清晰起见,将其重画于图 8—40 中(略去原图). 然后用双标号法求到的最短路. 求出的最短路长为 17,最短路径是 $s'-E-F-D-t'$. 它对应于原图中的最小割 $\{(3,t),(4,t),(2,5)\}$,即该网络的最大流量等于 17.

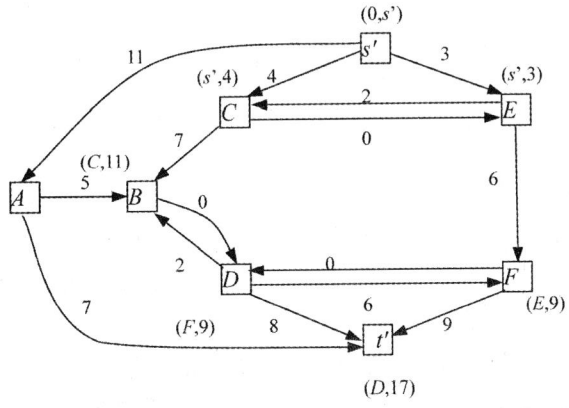

图 8—40

第六节 最小费用流问题

上一节讨论的是寻求网络最大流问题,只考虑了流的数量,没有考虑流的费用.在网络上实现某一输送任务时,流在网络中的分配不同,所花的代价也不同,人们总是希望在完成输送任务的前提下所花的费用最低,这就需要研究最小费用流问题.除了要求费用少之外,还希望发挥既定网络的最大效能,即以最低费用流过尽量大的流,这就是最小费用最大流问题.

最小费用流问题的一般提法:已知容量网络 $G=(V,E,C)$,每条边 (v_i,v_j) 除了已给出容量 c_{ij} 外,还给出了单位流量的费用 $d_{ij}(\geqslant 0)$,记 $G=(V,E,C,d)$.求 G 的一个可行流 $f=\{f_{ij}\}$,使得流量 $W(f)=v$,且总费用最小.

$$d(f) = \sum_{(v_j,v_j)\in E} d_{ij}f_{ij}$$

特别地,当要求 f 为最大流时,此问题即为最小费用最大流问题.

定义 6 已知网络 $G=(V,E,C,d)$, f 是 G 上的一个可行流,μ 为从 v_s 到 v_t 的(关于 f 的)可增广链, $d(\mu) = \sum_{\mu^+} d_{ij} - \sum_{\mu^-} d_{ij}$ 称为链 μ 的费用.

如图 8-41 所示的可增广链 μ 中,

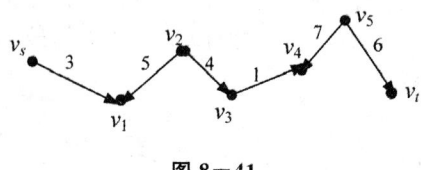

图 8-41

$\mu^+:\{(v_s,v_1),(v_2,v_3),(v_3,v_4),(v_5,v_t)\}$,
$\mu^-:\{(v_2,v_1),(v_5,v_4)\}$.

边上权为费用 d_{ij},则链 μ 的费用 $d(\mu)=(3+4+1+6)-(5+7)=2$.

若 μ^* 是从 v_s 到 v_t 所有增广链中费用最小的链,则称 u^* 为最小费用可增广链.

下面介绍寻找最小费用流的对偶算法.

算法思路:先找一个流量为 $W(f^{(0)})<v$ 的最小费用流 $f^{(0)}$,然后寻找从 v_s 到 v_t 可增广链 u,用最大流方法将 $f^{(0)}$ 调整到 $f^{(1)}$,使 $f^{(1)}$ 流量为 $W(f^{(0)})+\theta$,且保证 $f^{(1)}$ 是在 $W(f^{(0)})+\theta$ 流量下的最小费用流,不断进行到 $W(f^{(k)})=v$ 为止.

定理 6 若 f 是流量为 $W(f)$ 的最小费用流,u 是关于 f 的从 v_s 到 v_t 的一条最小费用可增广链,则 f 经过 u 调整流量 θ 得到新可行流 f'(记为 $f'=f_\mu \theta$),一定是流量为 $W(f)+\theta$ 的可行流中的最小费用流.

由于 $d_{ij}\geqslant 0$, $f=\{0\}$ 就是流量为 0 的最小费用流,所以初始最小费用流可以取 $f^{(0)}=\{0\}$,余下的问题是如何寻找关于 f 的最小费用可增广链.为了计算方便,我们构造长度网络.

定义 7 对网络 $G=(V,E,C,d)$,有可行流 f,保持原网络点,每条边用两条方向相反的有向边代替,各边的权 l_{ij} 按如下规则.

(1) 当边 $(v_i,v_j)\in E$,令 $l_{ij}=\begin{cases} d_{ij} & \text{当 } f_{ij}<c_{ij}, \\ +\infty & \text{当 } f_{ij}=c_{ij}. \end{cases}$

其中,$+\infty$ 的含义是这条边已经饱和,不能再增大流量,否则要花费很高的代价,实际无法实现,因此权为 $+\infty$ 的边可从网络中去掉.

(2) 当边 (v_j,v_i) 为原来 G 中边 (v_i,v_j) 的反向边,令 $l_{ji}=\begin{cases} -d_{ij} & \text{当 } f_{ij}>0, \\ +\infty & \text{当 } f_{ij}=0. \end{cases}$

其中,$+\infty$ 的含义是这条边流量已减少到 0,不能再减少,权为 $+\infty$ 的边也可从网络中去掉.

这样得到的网络 $L(f)$ 称为长度网络(将费用看成长度).

显然在 G 中求关于 f 的最小费用可增广链等价于在长度网络 $L(f)$ 中求从 v_s 到 v_t 的最短路.

对偶算法的基本步骤如下:

(1) 取零流为初始可行流,即 $f^{(0)}=\{0\}$.

(2) 若有 $f^{(k-1)}$,流量为 $W(f^{(k-1)})<v$,构造长度网络 $L(f^{(k-1)})$.

(3) 在长度网络 $L(f^{(k-1)})$ 中求从 v_s 到 v_t 的最短路.若不存在最短路,则 $f^{(k-1)}$ 已为最大流,不存在流量等于 v 的流,停止,否则转(4).

(4) 在 G 中与这条最短路相应的可增广链 u 上,作 $f^{(k)}=f^{(k-1)}_\mu \theta$,其中 $\theta=\min\{\min\limits_{\mu^+}(c_{ij}-f_{ij}^{(k-1)}),\min\limits_{\mu^-}f_{ij}^{(k-1)}\}$,此时 $f^{(k)}$ 的流量为 $W(f^{(k-1)})+\theta$,若 $W(f^{(k-1)})+\theta=v$,则停止,否则令 $f^{(k)}$ 代替 $f^{(k-1)}$ 返回(2).

例 14 在图 8-42(a)所示的运输网络上,求流量 v 为 10 的最小费用流,边上括号内为 (c_{ij},d_{ij}).

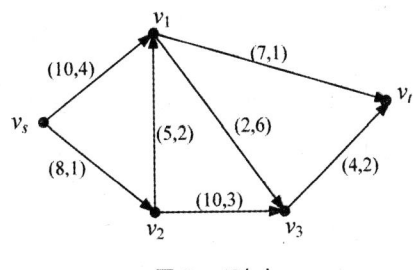

图 8-42(a)

从 $f^{(0)}=\{0\}$ 开始,作 $L(f^{(0)})$ 如图 8-42(b),用 Dijkstra 算法求得 $L(f^{(0)})$ 网络中最短路为 $v_s\to v_2\to v_1\to v_t$,在网络 G 中相应的可增广链 $u_1=\{v_s,v_2,v_1,v_t\}$ 上用最大流算法进行流的调整

$$\mu^+=\{(v_s,v_2),(v_2,v_1),(v_1,v_t)\}$$
$$\mu^-=\varphi$$

$$f^{(1)} = \begin{cases} f_{ij}^{(0)} + 5 & (v_i, v_j) \in \mu^+ \\ f_{ij}^{(0)} & 其他 \end{cases}$$

$W(f^{(1)}) = 5, d(f^{(1)}) = 5 \times 1 + 5 \times 2 + 5 \times 1 = 20$，结果见图 8-42(c)。

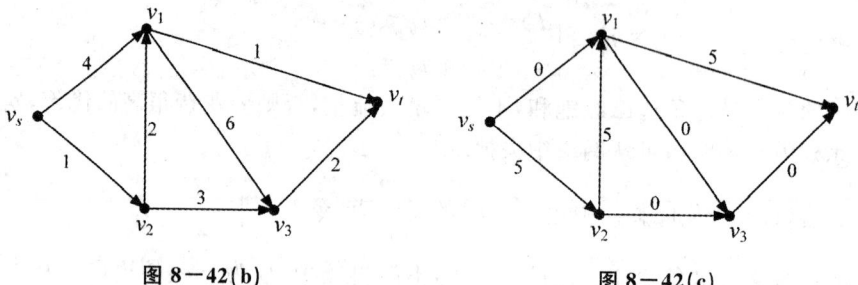

图 8-42(b) 图 8-42(c)

图 8-42(c) 最短路中包括三条边 $(v_s, v_2), (v_2, v_1), (v_1, v_t)$，其中 (v_s, v_2) 和 (v_1, v_t) 的流量均比容量小，即 $f_{s2} < c_{s2}, f_{1t} < c_{1t}$，所以增加正反两条边；而边 (v_2, v_1) 的流量等于其容量，即 $f_{21} = c_{21} = 5$，所以只能有反向边，即 (v_1, v_2)，其流量为 $-2, L(f^{(1)})$ 见图 8-42(d)。

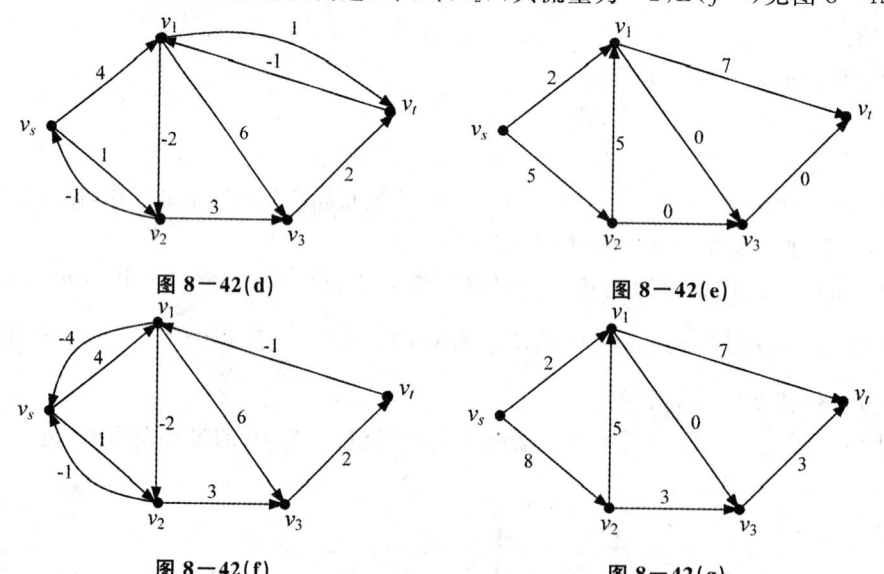

图 8-42(d) 图 8-42(e)

图 8-42(f) 图 8-42(g)

由于图 8-42(d) 中边上有负权，所以求最短路不能用 Dijkstra 算法，可用逐次逼近算法。最短路为 $v_s \to v_1 \to v_t$，在网络 G 内相应的可增广链上进行调整，得流 $f^{(2)}$，如图 8-42(e)。

$$W(f^{(2)}) = 7, d(f^{(2)}) = 4 \times 2 + 5 \times 1 + 5 \times 2 + 5 \times 7 = 30$$

作 $L(f^{(2)})$ 如图 8-42(f)，得到从 v_s 到 v_t 的最短路为 $v_s \to v_2 \to v_3 \to v_t$，在网络 G 内调整得流 $f^{(3)}$，如图 8-42(g)。

$$W(f^{(3)}) = 10 = v, d(f^{(3)}) = 2 \times 4 + 8 \times 1 + 5 \times 2 + 3 \times 3 + 3 \times 2 + 7 \times 1 = 48$$

$f^{(3)}$ 即为所求的最小费用流。

习 题

8.1 对以下网络，请找到一个初始可行的生成树，并求这个网络的最小费用流。

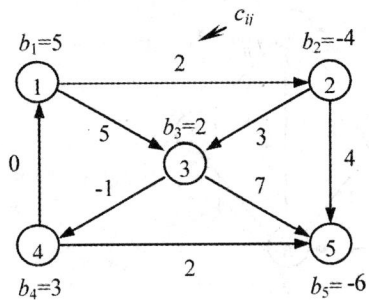

8.2 求解下图所示的最小费用流问题(注意:$\sum b_i \neq 0$).

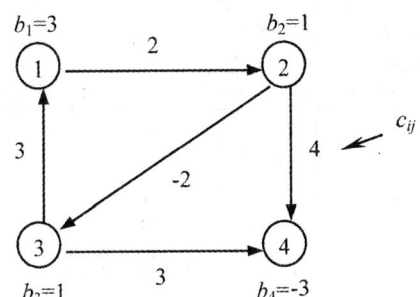

8.3 求解下图所示的具有中转站的运输问题,其中节点 1,2,3 是发地,6,7 是收地,4,5 是中转站.边上的数字是单位运价 c_{ij}.

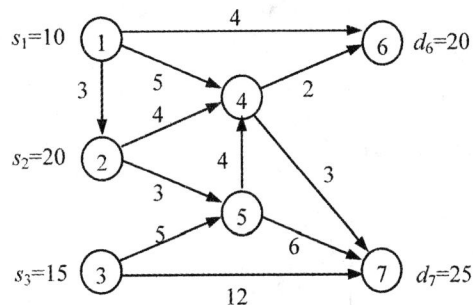

8.4 求解下图所示的网络最小费用流问题.

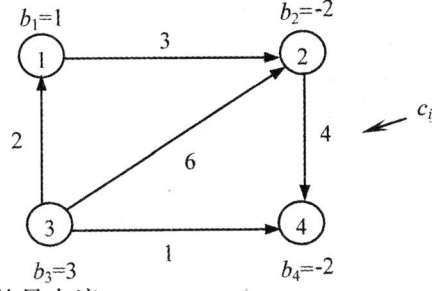

8.5 下图所示网络的最大流.

(1)
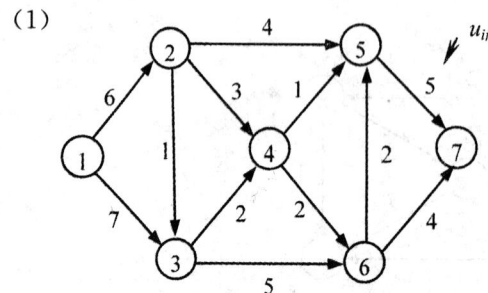

(2)
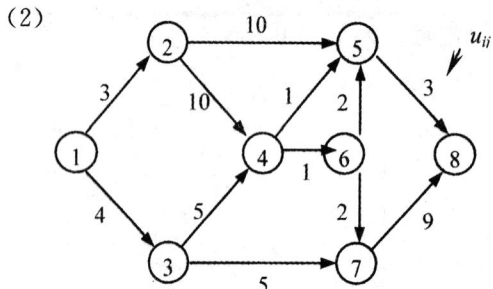

8.6 求以下网络从节点 1 到其余各节点的最短路径.

(1)
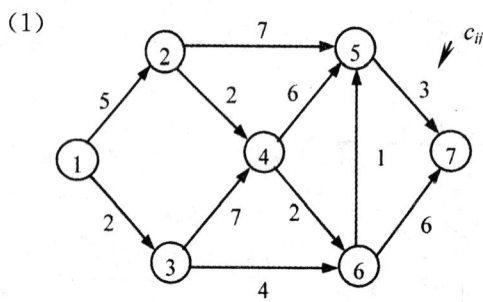

(2)
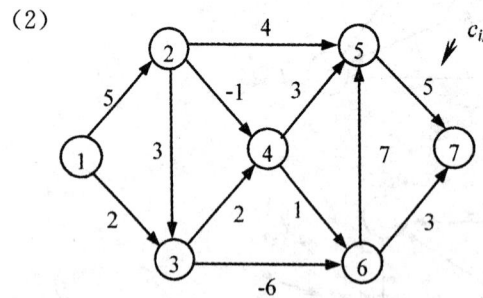

第九章 排 队 论

在日常生活和工作中，人们常常会为了得到某种服务而排队等候．比如顾客到商店购买东西，病人到医院看病，汽车进加油站加油，轮船进港停靠码头等，都会因为拥挤而发生排队等候的现象．这时，商店的售货员和顾客，医院的医生和病人，加油站的加油泵和等待加油的汽车，码头的泊位和停泊的轮船等，形成了各自的排队服务系统，简称排队系统．

在一个排队系统中，通常包括一个或多个"服务设施"，服务设施可以指人，如售货员、医院医生等，也可以是物，如加油泵、码头泊位等．同时还包括许多进入排队系统要求得到服务的"顾客"，这里的顾客是指请求服务的人或物，如到医院看病的病人，或等待加油的汽车等．作为顾客总希望一到系统马上就能得到服务，但客观情况并非如此．由于顾客的到达和服务机构对每个顾客的服务时间具有随机性，因此出现排队现象几乎是不可避免的．当然，为了方便顾客减少排队时间，排队系统可以多开设服务设施，但将会增加系统的投资和运营成本，还可能发生空闲浪费．因此研究排队的目的就是要在顾客需要和服务设施的规模之间进行权衡，使其达到合理的平衡．

排队论由丹麦工程师爱尔朗（A. K. Erlang）1909 年研究电话系统时初创．如今，通信系统仍然是排队论应用的主要领域，同时在运输、港口泊位设计、机器维修、库存控制等领域也获得了广泛的应用．

第一节 排队系统的基本概念

1.1 排队系统的一般表示

一个排队系统可以抽象描述为：为了获得服务的顾客到达服务设施前排队，等候接受服务，服务完毕后就自行离开．其中把要求得到服务的对象称为顾客，而把服务者统称为服务设施或服务台．在排队论中把顾客的到达和离开称为排队系统的输入和输出，而潜在的顾客总体又称为顾客源或输入源．因此任何一个排队系统都是一种输入—输出系统，其基本结构如图 9-1．

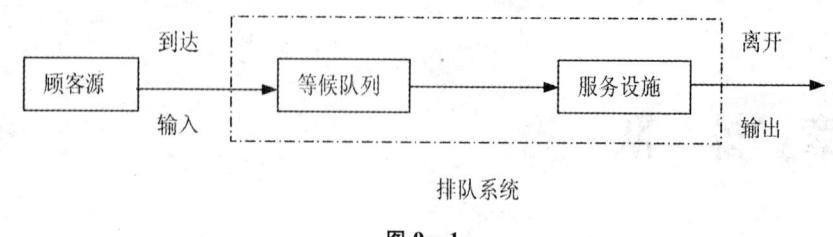

图 9—1

1.2 排队系统的特征

由排队系统的基本结构可知，任何一个排队系统的特征可以从以下几个方面加以描述．

1. 系统输入

系统输入是指顾客到达排队系统的情况，主要内容如下．

(1) 相继到达系统的时间间隔是确定性的还是随机性的．如自动装配线上待装配的部件到达各个工序的间隔时间是确定的，而到银行自动取款机前取款的客户的间隔时间则是随机的．事实上多数排队系统的顾客到达都是随机的．若是随机的，则必须研究顾客相继到达的间隔时间所服从的概率分布，或者研究在一定的时间间隔内到达 $k(k=1,2,\cdots)$ 个顾客的概率有多大．一般来说，顾客相继到达排队系统的间隔时间服从的概率分布有：定长分布、二项分布、负指数分布、爱尔朗分布等．如果间隔时间服从负指数分布，那么在一定的时间间隔内到达的顾客数服从泊松分布，这时称到达系统的顾客流为泊松流(或称最简单流)，这种情况是排队论研究的重点．

(2) 顾客到达系统的方式是单个的，还是成批的．如到达宾馆服务台要求登记住宿的有单个到达的游客，也有成批到达的旅游团体．

(3) 顾客源是有限集还是无限集．如工厂内待修的机器数显然是有限集，而到达某航空售票处购票的顾客源则可以认为是无限的，因为一般并不存在一个最大的限制数．

2. 排队规则

排队规则是指顾客来到排队系统后如何排队等候服务的规则，一般有即时制、等候制和混合制三大类．

(1) 即时制(或称损失制)，指当顾客到达时，如果所有服务台都已被占用，顾客可以随即离开系统．如电话拨号后出现忙音，顾客不愿等候而自动挂断电话，这种排队规则就是即时制．

(2) 等候制，指顾客到达系统时，所有服务台已被占用，顾客就加入排队队列等候服务．对于等候制，最常见的排队规则是 FCFS(又叫 First Come First Serve 先到先服务)．在这种规则下顾客按照到达的先后次序接受服务．一般的服务系统都使用这种排队规则．另一种排队规则是 LCFS(又叫 Last Come First Serve 后到先服务)，乘电梯的顾客经常是后进先出的，货物装卸也是这种情况．还有一种排队规则是 SIRO(Service in Random Order 随机服务)，是指服务者从等待的顾客中随机地取一个进行服务，不管其到达的先后次序如何，例如电话交换台接通呼唤电话就是如此．此外优先权服务 PR(Priority) 也是一种排队规则,如医院对病情严重的病人予以优先治疗,公交车上对老年人予以优先上车就座等.

(3)混合制,是即时制和等候制相结合的一种排队服务规则.主要分为两种情况:一是队长有限制的情况,即当顾客排队等候服务的人数超过规定数量时,后来的顾客就自动离开,另求服务,如某汽车加油站只能容纳三辆待加油的车,第四辆车就会自动离开加油站;二是排队等候时间有限的情况,即当顾客排队等候超过一定时间就会自动离开,不能再等.

3. 服务规则

服务规则是指顾客从接受服务到离开服务机构的情况.由于排队论研究的顾客接受完服务后就自行离开,因此系统的输出主要取决于排队系统对顾客的服务规则.系统的服务规则和系统内服务设施的数量、结构以及为顾客服务时间的分布有关,主要内容有:

(1)服务台数量是单服务台还是多服务台.在一个服务台系统中,一个服务台为所有的顾客服务.例如一个专科医生为所有前来就诊的病人看病.

(2)若是多服务台系统,那么它们的结构是平行排列(并列)的,还是前后排列(串列)的,或者是混合排列的.图9-2(a)为单服务台系统,图9-2(b)为多服务台并列系统,图9-2(c)为多服务台串列系统,图9-2(d)为多服务台混合排列系统.

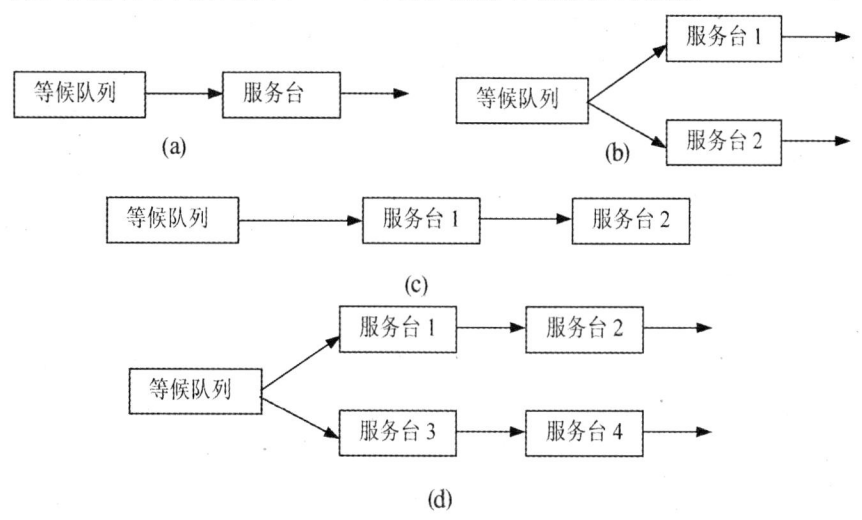

图9-2 服务台设施结构的模式

(3)服务的方式是对单个顾客进行的,还是对成批顾客进行的.公共汽车对在站台等待的顾客是成批进行服务的.排队论主要研究单个服务的方式.

(4)对顾客的服务时间是确定的还是随机的.如自动冲洗汽车的装置对每辆汽车冲洗(服务)时间是确定性的.但大多数情形下服务时间是随机性的.对于随机性的服务时间,需要知道它的概率分布.通常服务时间服从的概率分布有:定长分布、负指数分布、爱尔朗分布.

1.3 排队系统模型的分类

根据排队系统的输入过程、排队规则和服务机构的不同情况对排队系统进行描述和归类,可以给出很多排队模型.英国数学家 D. G. Kendall 在 1953 年提出一种依据排队系统的三个基本特征对排队模型进行分类表示的方法,称为 Kendall 记号:

$$X/Y/Z$$

其中 X 表示顾客相继到达时间间隔的分布,Y 为服务时间的分布,Z 为并列服务台的个数.

表示相继到达的间隔时间和服务对象的分布符号是:

M:负指数分布,因为负指数分布描述的随机现象对于过去的事件具有无记忆性或称马尔可夫性,因此用 Markov 开头字母表示;

D:定长分布,表示事件是以不变的方式发生的(Deterministic);

E_k:k 阶爱尔朗分布(Erlang);

G:一般随机分布.

例如 $M/M/1$ 表示到达间隔时间服从负指数分布,服务时间也服从负指数分布的单服务台排队系统. $M/D/2$ 表示到达间隔时间服从负指数分布,而服务时间为定长分布的双服务台的排队系统.

到 1971 年,在一次关于排队符号标准化会议上决定将 Kendall 记号扩充为:

$$X/Y/Z/N/m$$

前三项定义不变,而 N 用以表示系统的容量限制,m 则表示顾客源的数目.当 N 和 m 为无穷大,即系统容量和顾客源无限制时,可以把这两项略去.

1.4 衡量排队系统运行效率的工作指标

排队系统的模型建立起来之后,系统分析者就需要对排队系统的运行效率和服务质量进行研究和评估,以确定系统的结构是否合理,是否存在可以改进的替代方案等.

一个排队系统开始运行时,系统的运行状态在很大程度上取决于系统的初始状态和运转的时间.但经过一段时间以后,系统的状态将独立于初始状态和运转时间.这时我们称系统处于稳定状态.排队论主要研究系统处于稳定状态时的工作情况.在稳定的状态下,系统的工作情况与时间 t 无关.以下衡量系统运行效率的工作指标也是以稳态系统为前提的.

1. 平均队长 L_s 和平均排队长 L_q

平均队长 L_s 指一个排队系统的顾客平均数(其中包括正在接受服务的顾客),而平均排队长 L_q 则是指系统中等待服务的顾客平均数.

2. 平均逗留时间 W_s 和平均等待时间 W_q

平均逗留时间 W_s 指进入系统的顾客逗留时间的平均值(包括接受服务的时间),而平均等待时间 W_q 则是指进入系统的顾客等待时间的平均值.

以上四个工作指标对顾客或排队系统的管理者都是非常重要的,通常称之为重要的运行指标.这几个运行指标值越小,说明系统队长越短,顾客等候时间越少,因此系统的性能就越好.

为了计算上述运行指标还需要引入其他常用的数量指标.

3. 平均到达率 λ

平均到达率 λ 指单位时间内到达服务系统的平均顾客数.由 λ 的定义可知,$1/\lambda$ 为相邻两个顾客到达系统的平均间隔时间.比如 $\lambda=2$ 人/分钟为平均到达率,那么相邻两个顾客到达的平均间隔时间 $1/\lambda=1/2$ 分钟.

4. 平均服务时间 μ

平均服务时间 μ 指单位时间内被服务完毕后离开系统的平均顾客数,$1/\mu$ 表示每个顾客的平均服务时间.

5. 服务强度 ρ

服务强度 ρ 指每个服务台在单位时间内的平均服务时间,一般有 $\rho=\dfrac{\lambda}{c\mu}$,其中 c 为系统中并列服务台的数目.

6. $P_n=P(N=n)$

P_n 指系统的状态 N(即系统中的顾客数)为 n 的概率.当 $n=0$ 时,P_0 为系统中的顾客数为 0(系统所有服务台全都空闲)的概率.

在对一个排队系统作定量分析时,通常先要计算系统中的顾客数量 N 的概率分布 $P_n(n=1,2,\cdots)$,然后计算系统中其他运行指标.由上述定义可知:

$$L_s = \sum_{n=1}^{\infty} nP_n$$

$$L_q = \sum_{n=c}^{\infty} (n-c)P_n = \sum_{n=0}^{\infty} nP_{c+n}$$

7. 有效到达率 λ_e

有效到达率 λ_e 指单位时间内进入服务系统的平均顾客数.对于即时制的排队系统,顾客到达服务系统时,如果出现服务台已经被占用,或者排队等待服务的人数超过规定数量时,会自动离开不再进入系统,此时到达系统的顾客不一定会全部进入系统,为此引入有效到达率的概念.有效到达率 λ_e 是单位时间内平均进入服务系统的顾客人数,显然对于等候制的排队系统,平均到达率 λ 和有效到达率 λ_e 是一致的.

当系统达到稳态时,如果系统的有效达到率为 λ_e,每个顾客平均服务时间为 $1/\mu$,则有下面的李特尔(Little)公式成立:

$$\boxed{\begin{aligned} L_s &= \lambda_e W_s \\ L_q &= \lambda_e W_q \\ W_s &= W_q + \frac{1}{\mu} \\ L_s &= L_q + \frac{\lambda_e}{\mu} \end{aligned}} \tag{9-1}$$

由以上李特尔公式可知,在 L_s, L_q, W_s, W_q 四个运行指标中只需知道其中的一个,其他三个就可由李特尔公式求得.

1.5 输入和输出

在排队论中,排队规则一般考虑 FCFS,服务台考虑单个和多个两种情况.但是顾客的输入和输出比较复杂,因为它们一般都是随机的.至今为止,研究较多且取得较好结果的排队系统是:顾客输入过程服从泊松分布,而服务时间服从负指数分布的排队系统.

1. 泊松过程

设 $N(t)$ 表示在 $[0,t]$ 时段内到达排队系统的顾客数,则对于每个给定的时刻 t,$N(t)$ 都是一个随机变量,而随机变量族 $\{N(t) | t \in (0, +\infty)\}$ 就称作一个随机过程.若 $\{N(t)\}$ 满足下述三个条件,则称之为泊松过程.

(1) 平稳性:在长度为 t 的时段内恰好到达 k 个顾客的概率 $P_k(t)$ 仅与时段长度 t 有关,而与时段的起点无关.即对任意时刻 $a \in (0, +\infty)$,在时段 $[0,t]$ 或 $[a, a+t]$ 内,$P_k(t)$ 都是一样的,其中 $k = 0, 1, 2, \cdots$.

(2) 后无效性:在不相交的时段内到达的顾客数是相互独立的.即对任意时刻 $a \in (0, +\infty)$,在时段 $[a, a+t]$ 内到达的顾客数与 a 时刻以前来到多少个顾客无关.

(3) 普通性:在充分小的时段内最多到达一个顾客.即不可能有两个以上的顾客同时到达.如果用 $\varphi(t)$ 表示在时段 $[0,t]$ 内有两个或两个以上顾客到达的概率,那么 $\varphi(t) = o(t)$,$o(t)$ 为当 $\Delta t \to 0$ 时比 t 高阶的无穷小.即:

$$\lim_{\Delta t \to 0} \frac{\varphi(\Delta t)}{\Delta t} = 0$$

由于泊松过程具有后无效性,因此它是一种特殊的马尔可夫过程.泊松过程又称泊松流,在排队论中常称之为简单流.

泊松过程具有如下重要的性质.

性质 1 设 $\{N(t) | t \in (0, +\infty)\}$ 为泊松过程,$\lambda > 0$ 为单位时间内顾客的平均到达率,则 $N(t)$ 服从参数为 λt 的泊松分布.即有:

$$P_k(t) = \frac{(\lambda t)^k e^{-\lambda t}}{k!} \quad k = 0, 1, 2, \cdots$$

证明:设将长度为 t 的时段 $[0,t]$ 分为 n 等份,每一个子时段长度 $\Delta t = \frac{t}{n}$ 为充分小.因为 $\{N(t)\}$ 为泊松过程,由平稳性可知,在每一个子时段 Δt 内来到一个顾客的概率 $P_1(\Delta t)$ 都是一样的.易知当 Δt 充分小时,$\lambda \Delta t$ 既是 Δt 内到达排队系统的顾客数,也可以解释为 Δt 内来到一个顾客的概率,因此 $P_1(\Delta t) = \lambda \Delta t = \frac{\lambda t}{n}$.

由泊松过程的普通性可知,当 Δt 充分小时,在 Δt 内有两个或两个以上顾客到达的概率 $\varphi(\Delta t) \approx 0$,因此在 Δt 内没有顾客到达的概率 $P_0(\Delta t) \approx 1 - \lambda \Delta t = 1 - \frac{\lambda t}{n}$.

再由后无效性可知,在 n 个子时段 Δt 内有顾客来到或没有顾客来到可看做 n 次重复独立试验,由二项概率公式可知,在 n 个 Δt,即长为 t 的时段 $[0,t]$ 内有 k 个顾客到达的概率:

$$P_k(t) = C_n^k \left(\frac{\lambda t}{n}\right)^k \left(1 - \frac{\lambda t}{n}\right)^{n-k}$$

当 $n \to \infty$ 时, $\Delta t \to 0$, 且

$$P_k(t) = \lim_{n \to \infty} C_n^k \left(\frac{\lambda t}{n}\right)^k \left(1 - \frac{\lambda t}{n}\right)^{n-k}$$

$$= \lim_{n \to \infty} \frac{n(n-1)\cdots(n-k+1)}{k!} \frac{(\lambda t)^k}{n^k} \frac{(1-\frac{\lambda t}{n})^n}{(1-\frac{\lambda t}{n})^k}$$

$$= \frac{(\lambda t)^k}{k!} \lim_{n \to \infty} \left(1 - \frac{\lambda t}{n}\right)^n$$

$$= \frac{(\lambda t)^k e^{-\lambda t}}{k!}$$

所以 $P_k(t) = \dfrac{(\lambda t)^k e^{-\lambda t}}{k!}, (k=0,1,2,\cdots)$

由泊松分布可知, $E(N(t)) = \lambda t, \lambda = \dfrac{E(N(t))}{t}$ 为单位时间顾客的平均到达率,与 λ 的含义吻合. 其中, E 表示数学期望.

$t=1$ 时, $P_k(1) = \dfrac{\lambda^k e^{-\lambda}}{k!}, (k=0,1,2,\cdots)$

性质 2 若顾客输入过程 $\{N(t)\}$ 是参数为 λ 的泊松流,那么顾客相继到达的间隔时间 T 必须服从负指数分布:

$$F_T(t) = \begin{cases} 1 - e^{-\lambda t}, & t \geqslant 0 \\ 0, & t < 0 \end{cases}$$

证明:因为输入过程是泊松流,因此在 t 时段内至少有一个顾客到达的概率为:

$$P(N(t) \geqslant 1) = 1 - P_0(t) = 1 - e^{-\lambda t}$$

而随机事件 $\{T < t\} = \{N(t) \geqslant 1\}$,因此:

$$F_T(t) = P(T < t) = P(N(t) \geqslant 1) = 1 - e^{-\lambda t}, t \geqslant 0$$

所以顾客相继到达的间隔时间 T 服从负指数分布,其分布函数为:

$$F_T(t) = \begin{cases} 1 - e^{-\lambda t}, & t \geqslant 0 \\ 0, & t < 0 \end{cases}$$

由负指数分布可知, $E(T) = \dfrac{1}{\lambda}$. 因此对某个泊松流 $\{N(t)\}$,若顾客的平均到达率为 λ,那么顾客相继到达的平均间隔时间为 $\dfrac{1}{\lambda}$.

事实上,若顾客相继到达的间隔时间 T 服从负指数分布,同样可以证明顾客的输入必为泊松流. 因此,"顾客流是泊松流"和"顾客到达的间隔时间相互独立且服从相同的负指数分布"是两种等价的描述方法, Kendall 记号中都用 M 表示.

2. 负指数分布的服务时间

下面研究系统的输出,即服务时间的概率分布.

设随机变量 V 表示服务设施对每个顾客服务的时间,若 V 的概率密度是:

$$f_V(t) = \begin{cases} \mu e^{-\mu t}, & t \geq 0 \\ 0, & t < 0 \end{cases}$$

则称 V 服从参数为 μ 的负指数分布.

易知 V 的分布函数为:

$$F_V(t) = \begin{cases} 1 - e^{-\mu t}, & t \geq 0 \\ 0, & t < 0 \end{cases}$$

且 $E(V) = \dfrac{1}{\mu}$ 为每个顾客的平均服务时间. $\mu = \dfrac{1}{E(V)}$ 为单位时间内的平均服务顾客数或单位时间内服务完毕并自动离开系统的平均顾客数.

性质 1 设任一顾客的服务时间 V 服从参数为 μ 的负指数分布,则对任意 $a > 0, t \geq 0$ 都有:

$$P\{V \geq a + t \mid V \geq a\} = P\{V \geq t\}$$

证明:

$$\begin{aligned} P\{V \geq a+t \mid V \geq a\} &= \frac{P\{V \geq a+t, V \geq a\}}{P\{V \geq a\}} \\ &= \frac{P\{V \geq a+t\}}{P\{V \geq a\}} \\ &= \frac{e^{-\mu(a+t)}}{e^{-\mu a}} = e^{-\mu t} = P\{V \geq t\} \end{aligned}$$

性质 1 意味着,如果服务时间 V 服从负指数分布,那么无论为一个顾客服务了多长的时间 a,剩余的服务时间的概率分布独立于已服务过的时间,仍为原来的负指数分布. 称负指数分布的这种性质为无记忆性或马尔可夫性,只有负指数分布才具有这样的性质.

性质 2 若服务机构对顾客的服务时间 V 服从参数为 μ 的负指数分布,那么服务机构的输出,即在长度为 t 的时间内服务完毕并自行离开服务机构的顾客数 $\{L(t) \mid t \in (0, \infty)\}$ 是一个泊松流,且 $L(t)$ 服从参数为 μt 的泊松分布,即有:

$$P_k(t) = \frac{(\mu t)^k e^{-\mu t}}{k!}, \qquad k = 0, 1, 2, \cdots$$

$E(L(t)) = \mu t, \mu = \dfrac{E(L(t))}{t}$ 为单位时间内的平均服务顾客数或单位时间内顾客的平均离去率.

由泊松分布的性质可知,当 Δt 充分小,在 Δt 时段内恰有一个顾客离去的概率为 $\mu \Delta t$,没有顾客离去的概率为 $1 - \mu \Delta t$,而有两个或两个以上顾客离去的概率为 $\varphi(\Delta t) \approx 0$.

3. 爱尔朗分布

设 $V_1, V_2, \cdots, V_k$ 是 k 个相互独立的随机变量,服从相同参数 $k\mu$ 的负指数分布,那么 $V = V_1 + V_2 + \cdots + V_k$ 服从参数为 μ 的 k 阶爱尔朗分布,其概率密度为:

$$f_k(t) = \begin{cases} \dfrac{\mu k(\mu k t)^{k-1}}{(k-1)!} e^{-\mu k t}, & t \geq 0 \\ 0, & t < 0 \end{cases}$$

记作 $V \sim E_k(\mu)$.

易证:$E(V) = \dfrac{1}{\mu}$,$D(V) = \dfrac{1}{k\mu^2}$. 其中,D 表示方差.

爱尔朗分布可以近似以下各种分布:

(1) 当 $k=1$ 时,爱尔朗分布就是负指数分布.

(2) 当 k 变大时,方差 $D(V) = \dfrac{1}{k\mu^2}$ 变小,V 的取值汇集于均值 $\dfrac{1}{\mu}$ 附近,此时爱尔朗分布近似于正态分布.

(3) 当 $k \to \infty$,$D(V) \to 0$,V 趋于常数 $\dfrac{1}{\mu}$,此时爱尔朗分布近似于定长分布.

爱尔朗分布的实际意义是,假设一个排队系统里有 k 个串列服务台,每台服务时间 $V_i(i=1,2,\cdots,k)$ 相互独立,且都服从参数为 $k\mu$ 的负指数分布,那么 k 个服务台全部完成对一个顾客服务的时间 $V = \sum\limits_{i=0}^{k} V_i$ 服从 $E_k(\mu)$ 分布.

第二节 单服务台排队系统

本节讨论输入过程为泊松流,服务时间服从负指数分布的单服务台的排队系统. 其中有:

(1) 标准的 $M/M/1/\infty/\infty$ 系统;
(2) 有限等待空间系统 $M/M/1/N/\infty$;
(3) 顾客为有限源系统 $M/M/1/\infty/m$.

2.1 标准的 $M/M/1/\infty/\infty$ 系统

标准的 $M/M/1/\infty/\infty$ 系统是指顾客源是无限的,按泊松流输入,输入强度为 λ,服务时间服从负指数分布,服务强度为 μ,只有一个服务台的等候制排队系统. 系统按先到先服务的规则进行服务. 当顾客来到系统时,若服务台已被占用,顾客就排队等候,等候空间无限制.

在分析标准的 $M/M/1/\infty/\infty$ 系统时,首先要求系统在任意时刻 t 的状态为 n(即系统中有 n 个顾客)的概率为 $P_n(t)$,它决定了系统运行的特征. 但是要研究系统随时间变化的状态的概率是非常麻烦的,同时也不便于应用,因此我们只研究系统处于稳定状态的情形. 在稳定条件下,系统的工作情况和时间无关,这时 $P_n(t)$ 与 t 无关,可写成 P_n,并称之为系统状态为 n 的概率. 以下讨论的都是以稳态为前提的.

对 $M/M/1/\infty/\infty$ 系统来说,其状态是无限集合,即 $n \in S = \{0,1,2,\cdots\}$. 我们可以用如图 9-3 的状态转移率图来表明系统各状态之间的转移关系.

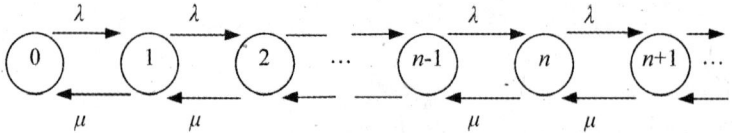

图 9-3

我们知道,在稳态条件下,对于每一个系统状态而言,进入或离开系统的顾客数保持平衡,或称系统的输入率和输出率相等. 由图 9-3 可见,系统状态从 0 转移到 1 的转移率为 λP_0,而系统状态从 1 转移到 0 的转移率为 μP_1. 因此对状态 0 而言,必须满足以下平衡方程:

$$\lambda P_0 = \mu P_1$$

同样,对系统的任何状态 $n \geq 1$,系统状态从 n 转移到 $n+1$ 或 $n-1$ 的转移率为 $\lambda P_n + \mu P_n$,而系统状态从 $n+1$ 或 $n-1$ 转移到 n 的转移率为 $\lambda P_{n-1} + \mu P_{n+1}$. 由平衡条件可得:

$$\lambda P_{n-1} + \mu P_{n+1} = (\lambda + \mu) P_n$$

由此可得关于 P_n 的差分方程:

$$\begin{cases} \lambda P_0 = \mu P_1 \\ \lambda P_{n-1} + \mu P_{n+1} = (\lambda + \mu) P_n, n \geq 1 \end{cases}$$

并可解得

$$P_1 = \frac{\lambda}{\mu} P_0, P_n = \left(\frac{\lambda}{\mu}\right)^n P_0 (n \geq 1)$$

若设 $\rho = \frac{\lambda}{\mu} < 1$,否则队列将排至无限远,则

$$\sum_{n=0}^{\infty} P_n = \sum_{n=0}^{\infty} \rho^n P_0 = P_0 \sum_{n=0}^{\infty} \rho^n = P_0 \frac{1}{1-\rho} = 1$$

可推得:

$$\begin{aligned} P_0 &= 1 - \rho \\ P_n &= (1-\rho)\rho^n, n \geq 1, \rho < 1 \end{aligned} \tag{9-2}$$

(9-2) 式中的 $\rho = \frac{\lambda}{\mu}$ 有其实际意义:

$\rho = \frac{\lambda}{\mu}$ 为平均到达率和平均服务率之比,即在相同时段内顾客达到的平均数和被服务完毕顾客的平均数之比. 如果 $\rho > 1$,则排队等候服务的顾客数将随时间延续而越来越多,因此 $\rho > 1$ 的等待制系统一般不属于讨论之列.

当 ρ 表示为 $\rho = \frac{1/\mu}{1/\lambda}$ 时,ρ 表示顾客的平均服务时间和顾客到达的平均间隔时间之比. 因此 ρ 是衡量整个系统工作强度的一个指标,通常称 ρ 为服务强度. ρ 越接近于 1,说明系统的服务强度越高,服务机构越忙.

在 $\rho < 1$ 的条件下,标准 $M/M/1$ 系统的重要运行指标如下:

(1) P_0:系统空闲(即没有顾客来到系统要求服务)的概率.

由(9-2)式知，$P_0 = 1-\rho$，同时可知系统处于忙期(正为顾客服务)的概率 $P = 1-P_0 = \rho$.

(2) L_s：系统队长(包括等待和接受服务的顾客数)的平均数.

$$L_s = \sum_{n=0}^{\infty} nP_n = \sum_{n=0}^{\infty} n(1-\rho)\rho^n = (1-\rho)\sum_{n=0}^{\infty} n\rho^n$$

$$= (1-\rho)\rho \sum_{n=0}^{\infty} \frac{d}{d\rho}(\rho^n) = (1-\rho)\rho \frac{d}{d\rho}(\sum_{n=0}^{\infty} \rho^n)$$

$$= (1-\rho)\rho \frac{d}{d\rho}(\frac{1}{1-\rho})$$

$$= (1-\rho)\rho \frac{1}{(1-\rho)^2}$$

$$= \frac{\rho}{1-\rho} = \frac{\lambda}{\mu-\lambda}$$

(3) L_q：系统排队长(系统内排队等待的顾客数)的平均数. 由李特尔公式即(9-1)式得：

$$L_q = L_s - \frac{\lambda}{\mu} = \frac{\lambda}{\mu-\lambda} - \frac{\lambda}{\mu} = \frac{\lambda^2}{\mu(\mu-\lambda)}$$

(4) W_s：每个顾客在系统中的平均逗留时间. 由李特尔公式即(9-1)式得：

$$W_s = \frac{L_s}{\lambda} = \frac{1}{\lambda} \frac{\lambda}{\mu-\lambda} = \frac{1}{\mu-\lambda}$$

(5) W_q：每个顾客在系统中的平均等待时间. 仍由李特尔公式即(9-1)式得：

$$W_q = \frac{L_q}{\lambda} = \frac{1}{\lambda} \frac{\lambda^2}{\mu(\mu-\lambda)} = \frac{\lambda}{\mu(\mu-\lambda)}$$

综合以上结果，可得标准 $M/M/1$ 系统的重要运行指标：

$$\boxed{\begin{aligned} &P_0 = 1-\rho \quad P_n = (1-\rho)\rho^n \quad n \geq 1 \\ &L_s = \frac{\lambda}{\mu-\lambda} \quad L_q = \frac{\lambda^2}{\mu(\mu-\lambda)} \\ &W_s = \frac{1}{\mu-\lambda} \quad W_q = \frac{\lambda}{\mu(\mu-\lambda)} \end{aligned}} \quad (9-3)$$

可以证明，在 M/M/1 情形下，顾客在系统中的逗留时间 W 服从参数为 $\mu-\lambda$ 的负指数分布，其分布函数为：

$$F_W(t) = P(W \leq t) = \begin{cases} 1-e^{-(\mu-\lambda)t}, & t \geq 0 \\ 0, & t < 0 \end{cases}$$

由上述分布也可以推得顾客的平均逗留时间 $W_s = E(W) = \frac{1}{\mu-\lambda}$.

例1 某理发店只有一名理发师，来理发的顾客按泊松分布到达，平均每小时 4 人，理发时间服从负指数分布，平均需要 6 分钟. 试求：

(1) 理发店空闲的概率；

(2) 店内有 3 个顾客的概率；

(3) 店内至少有 1 个顾客的概率；

(4)店内顾客的平均数,等待服务的顾客的平均数;
(5)顾客在店内的平均逗留时间和平均等待时间;
(6)顾客必须在店内消耗15分钟以上的概率.

解:此为 $M/M/1$ 系统,已知:

$$\lambda = \frac{4}{60} = \frac{1}{15}(人/分), \mu = \frac{1}{6}(人/分), \rho = \frac{\lambda}{\mu} = \frac{6}{15} = 0.4$$

(1) $P_0 = 1 - \rho = 1 - 0.4 = 0.6$.

(2) $P_3 = (1-\rho)\rho^3 = 0.6 \times 0.4^3 = 0.0384$.

(3) $P(n \geq 1) = 1 - P(n<1) = 1 - P_0 = 1 - 0.6 = 0.4$.

(4) $L_s = \dfrac{\rho}{1-\rho} = \dfrac{0.4}{1-0.4} = 0.667(人)$,

$L_q = L_s - \rho = 0.667 - 0.4 = 0.267(人)$.

(5) $W_s = \dfrac{1}{\mu - \lambda} = \dfrac{1}{1/6 - 1/15} = 10(分)$,

$W_q = W_s - \dfrac{1}{\mu} = 10 - 6 = 4(分)$.

(6)设 W 表示顾客在系统内的逗留时间,则:

$$P(W \geq 15) = 1 - P(W<15) = 1 - e^{-(\mu-\lambda)15}$$
$$= 1 - e^{-(\frac{1}{6} - \frac{1}{15})15} = e^{-1.5} = 0.22$$

在 $M/M/1$ 情形下,顾客在系统中的等候时间 W 也是随机变量,其概率密度为:

$$f_W(t) = \rho(\mu - \lambda)e^{-(\mu-\lambda)t}, t > 0$$

由于等候时间 W 以正概率 $1-\rho$ 取 0 值,即 $P(W=0) = P_0 = 1-\rho$,因此等候时间 W 兼具离散型和连续型随机变量的某些性质.

不难验证:

$$W_q = E(W) = \int_0^\infty t\rho(\mu-\lambda)e^{-(\mu-\lambda)t}dt = \frac{\rho}{\mu(1-\rho)} = \frac{\lambda}{\mu(\mu-\lambda)}$$

例2 汽车平均以每5分钟1辆的到达率去某加油站加油,到达过程为泊松过程,该加油站只有1台加油设备,加油时间服从负指数分布,且平均需要4分钟.求:

(1)加油站内平均汽车数;
(2)每辆汽车平均等待时间;
(3)汽车等待加油时间超过2分钟的概率.

解:此为 $M/M/1$ 系统,已知:

$$\lambda = 0.2(辆/分), \mu = 0.25(辆/分), \rho = \frac{\lambda}{\mu} = 0.8$$

(1)加油站内平均汽车数 $L_s = \dfrac{\rho}{1-\rho} = \dfrac{0.8}{1-0.8} = 4(辆)$.

(2)每辆汽车平均等待时间 $W_q = \dfrac{\rho}{\mu(1-\rho)} = \dfrac{0.8}{0.25(1-0.8)} = 16(分)$.

(3)汽车等待加油时间超过2分钟的概率:

$$P(W \geqslant 2) = \int_2^{+\infty} \rho(\mu-\lambda)e^{-(\mu-\lambda)t}dt = -\rho e^{-(\mu-\lambda)t}\Big|_2^{+\infty}$$
$$= -0.8(-e^{-(0.25-0.2)2}) = 0.72$$

2.3 有限等待空间 $M/M/1/N/\infty$ 系统

假定一排队服务系统可容纳 N 个顾客,当系统中已有 N 个顾客时,第 $N+1$ 个顾客到达后会被拒绝进入系统而自动离去. 这种系统被称为有限等待空间或容量有限的系统,这是一种混合制的排队系统.

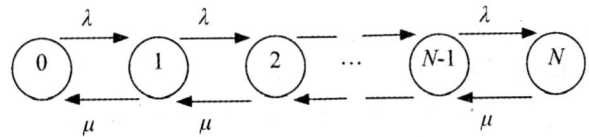

图 9—4

对 $M/M/1/N/\infty$ 系统来说,系统状态是有限集合,即 $n \in S = \{0,1,2,\cdots,N\}$. 可用如图 9—4 的状态转移率图表明系统状态之间的状态关系.

在稳态条件下,可得如下状态平衡方程:
$$\begin{cases} \lambda P_0 = \mu P_1 \\ \lambda P_{n-1} + \mu P_{n+1} = (\lambda+\mu)P_n, 1 \leqslant n \leqslant N-1 \\ \lambda P_{N-1} = \mu P_N \end{cases}$$

求解可得
$$P_1 = \frac{\lambda}{\mu}P_0, P_n = \left(\frac{\lambda}{\mu}\right)^n P_0 (1 \leqslant n \leqslant N)$$

在对等待空间无限的情形下,我们假定 $\rho = \frac{\lambda}{\mu} < 1$,这不仅是实际问题的需要,也是无穷级数收敛所必需的. 但在等待空间有限的情形下,这个条件就没有必要了. 不过当 $\rho > 1$ 时,被拒绝排队的顾客平均数为 λP_N,损失将是很大的.

由于
$$\sum_{n=0}^N P_n = \sum_{n=0}^N (\frac{\lambda}{\mu})^n P_0 = P_0 \sum_{n=0}^N \rho^n = 1$$

所以
$$P_0 = \frac{1}{\sum_{n=0}^N \rho^n} = \frac{1-\rho}{1-\rho^{N+1}}, \rho \neq 1$$

$$P_n = \frac{1-\rho}{1-\rho^{N+1}}\rho^n, 0 \leqslant n \leqslant N \tag{9-4}$$

据此可以计算系统的有关运行指标.

(1)平均队长 L_s.
$$L_s = \sum_{n=0}^N nP_n = \frac{1-\rho}{1-\rho^{N+1}} \sum_{n=0}^N n\rho^n = \frac{1-\rho}{1-\rho^{N+1}}\rho \sum_{n=0}^N \frac{d}{d\rho}(\rho^n)$$
$$= \frac{1-\rho}{1-\rho^{N+1}}\rho \frac{d}{d\rho}(\sum_{n=0}^N \rho^n)$$

$$= \frac{(1-\rho)\rho}{1-\rho^{N+1}} \frac{d}{d\rho}\left(\frac{1-\rho^{N+1}}{1-\rho}\right)$$

$$= \frac{(1-\rho)\rho}{1-\rho^{N+1}} \cdot \frac{-(N+1)\rho^N(1-\rho)+(1-\rho^{N+1})}{(1-\rho)^2}$$

$$= \frac{\rho}{1-\rho} - \frac{(N+1)\rho^{N+1}}{1-\rho^{N+1}}$$

与系统空间无限情况下 $L_s = \frac{\rho}{1-\rho}$ 比较，当等候空间有限，且 $\rho<1$ 时，系统中的平均顾客数明显减少，而且当 $N\to\infty$ 时，$L_s = \frac{\rho}{1-\rho} - \frac{(N+1)\rho^{N+1}}{1-\rho^{N+1}} \to \frac{\rho}{1-\rho}$. 此时系统空间有限的情形就转化为等候空间无限的情形.

我们知道有限等待空间的排队系统是一种混合制的系统，当系统状态等于 N 时，新来的顾客会自动离去，因此真正进入服务系统的顾客平均输入率小于顾客平均到达率 λ 的有效到达率 λ_e.

显然 $\lambda_e = \lambda(1-P_N)$，不难验证 $1-P_0 = \frac{\lambda_e}{\mu}$，因此由李特尔公式(9—1)得：

(2) 平均排队长 $L_q = L_s - \frac{\lambda_e}{\mu} = L_s - (1-P_0)$.

(3) 平均逗留时间 $W_s = \frac{L_s}{\lambda_e} = \frac{L_s}{\mu(1-P_0)}$.

(4) 平均等待时间 $W_q = W_s - \frac{1}{\mu}$.

由此可以把 $M/M/1/N/\infty$ 系统的主要运行指标归纳如下($\rho\neq 1$)：

$$\boxed{\begin{array}{ll} P_0 = \dfrac{1-\rho}{1-\rho^{N+1}} & P_n = \dfrac{1-\rho}{1-\rho^{N+1}}\rho^n, 0\leqslant n\leqslant N \\[2mm] L_s = \dfrac{\rho}{1-\rho} - \dfrac{(N+1)\rho^{N+1}}{1-\rho^{N+1}} & L_q = L_s - (1-P_0) \\[2mm] W_s = \dfrac{L_s}{\mu(1-P_0)} & W_q = W_s - \dfrac{1}{\mu} \quad \lambda_e = \lambda(1-P_N) = \mu(1-P_0) \end{array}} \quad (9-5)$$

例 3 某机关接待室有一位对外接待人员，由于接待室内面积有限，只能安排 3 个座位供来访人员等候，一旦满座，后来者将不再进入等候. 若来访人员按泊松流到达，平均间隔时间为 80 分钟，接待时间服从负指数分布，平均接待时间为 50 分钟. 试求任一来访人员的平均等待时间及该接待室潜在来访人员流失率.

解：这是一个 $M/M/1/N/\infty$ 系统，$N=3+1=4$，已知：

$$\lambda = \frac{1}{80}(\text{人}/\text{分}), \mu = \frac{1}{50}(\text{人}/\text{分}), \rho = \frac{\lambda}{\mu} = 0.625$$

$$P_0 = \frac{1-\rho}{1-\rho^{N+1}} = \frac{1-0.625}{1-0.625^5} = 0.4145$$

$$L_s = \frac{\rho}{1-\rho} - \frac{(N+1)\rho^{N+1}}{1-\rho^{N+1}} = \frac{0.625}{1-0.625} - \frac{5\times 0.625^5}{1-0.625^5} = 1.1396(\text{人})$$

$$L_q = L_s - (1-P_0) = 1.1396 - (1-0.4145) = 0.5541(\text{人})$$

$$\lambda_e = \mu(1-P_0) = \frac{1}{50}(1-0.4145) = 0.0117$$

来访人员的平均等待时间：$W_q = \dfrac{L_q}{\lambda_e} = \dfrac{0.5541}{0.0117} = 47(分)$

潜在来访人员的流失率，即系统满员的概率：
$$P_4 = \rho^4 P_0 = 0.625^4 \times 0.4145 = 0.06 = 6\%$$

2.3 顾客源有限 $M/M/1/\infty/m$ 系统

这种系统在工业生产中应用较多，如一个车间有几十台机器，当个别机器损坏时，再发生一台机器损坏的概率会明显改变。在顾客源为无限集的情况下，平均达到率是按全体顾客考虑的，而有限源的情形则是按每一个顾客来考虑的。

假设系统的顾客数为 m，当有 n 个顾客在排队系统内时，在服务系统以外新的潜在顾客减少为 $m-n$ 个。假定每个顾客在单位时间内来到排队系统的概率或平均次数都是相同的 λ，那么系统外顾客对系统的平均到达率 $\lambda_n = (m-n)\lambda$。显然该平均到达率随系统状态的变化而变化。

顾客源有限的排队系统也可以用状态转移图表示，如图 9-5。

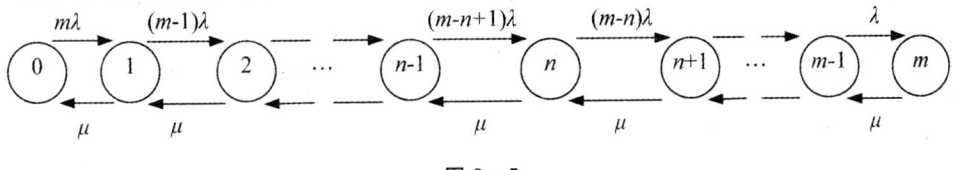

图 9-5

状态平衡方程：
$$\begin{cases} m\lambda P_0 = \mu P_1 \\ (m-n+1)\lambda P_{n-1} + \mu P_{n+1} = [(m-n)\lambda + \mu]P_n, 1 \leq n \leq m-1 \\ \lambda P_{m-1} = \mu P_m \end{cases}$$

求解可得
$$P_1 = \frac{\lambda}{\mu}P_0,\ P_n = \frac{m!}{(m-n)!}\left(\frac{\lambda}{\mu}\right)^n P_0,\ (1 \leq n \leq m)$$

因为 $\sum_{n=0}^{m} P_n = 1$，所以不要求 $\rho = \dfrac{\lambda}{\mu} < 1$。由

$$\sum_{n=0}^{m} P_n = \sum_{n=0}^{m} \frac{m!}{(m-n)!}\left(\frac{\lambda}{\mu}\right)^n P_0 = P_0 \sum_{n=0}^{m} \frac{m!}{(m-n)!}\left(\frac{\lambda}{\mu}\right)^n = 1$$

所以
$$P_0 = \frac{1}{\sum_{n=0}^{m} \dfrac{m!}{(m-n)!}\left(\dfrac{\lambda}{\mu}\right)^n}$$

由此可推导出系统的各项运行指标：

(1) 平均顾客数 L_s。若系统内平均顾客数为 L_s，则系统外潜在平均顾客数为 $m-L_s$。对系统来说，其有效达到率 $\lambda_e = (m-L_s)\lambda$。又因为服务台利用率 $1-P_0 = \dfrac{\lambda_e}{\mu}$，因此 $\mu(1-$

$P_0) = (m - L_s)\lambda$,由此可以推导出系统内平均顾客数 $L_s = m - \frac{\mu}{\lambda}(1 - P_0)$.

再由李特尔公式(9-1),得:

(2)平均排队长 $L_q = L_s - \frac{\lambda_e}{\mu} = L_s - (1 - P_0)$.

(3)平均逗留时间 $W_s = \frac{L_s}{\lambda_e} = \frac{L_s}{\lambda(m - L_s)} = \frac{m - \frac{\mu}{\lambda}(1 - P_0)}{\mu(1 - P_0)} = \frac{m}{\mu(1 - P_0)} - \frac{1}{\lambda}$.

(4)平均等待时间 $W_q = W_s - \frac{1}{\mu}$.

由此可以把 $M/M/1/\infty/m$ 系统的主要运行指标归纳如下:

$$\boxed{\begin{array}{ll} P_0 = \dfrac{1}{\sum_{n=0}^{m} \dfrac{m!}{(m-n)!}\left(\dfrac{\lambda}{\mu}\right)^n} & P_n = \dfrac{m!}{(m-n)!}\left(\dfrac{\lambda}{\mu}\right)^n P_0, (1 \leqslant n \leqslant m) \\ L_s = m - \dfrac{\mu}{\lambda}(1 - P_0) & L_q = L_s - (1 - P_0) \\ W_s = \dfrac{m}{\mu(1 - P_0)} - \dfrac{1}{\lambda} & W_q = W_s - \dfrac{1}{\mu} \qquad \lambda_e = (m - L_s)\lambda = \mu(1 - P_0) \end{array}} \quad (9-6)$$

例 4 设有一名工人负责照管 6 台自动机床,当机床需要加料、发生故障或刀具磨损时就自动停车,等待工人照管.设平均每台机床两次停车的间隔时间为 1 小时,又设平均需要工人照管的时间为 0.1 小时,以上两者均服从负指数分布,试计算:

(1)工人空闲的概率;
(2)6 台机床都出故障的概率;
(3)出故障的平均机床数;
(4)等待修理的平均机床数;
(5)平均停工的时间;
(6)平均等待时间;
(7)机床设备利用率.

解:这是一个 $M/M/1/\infty/m$ 系统, $m = 6$. 已知:

$$\lambda = 1(台/时), \mu = 10(台/时), \rho = \frac{\lambda}{\mu} = 0.1$$

(1) $P_0 = \dfrac{1}{\sum_{n=0}^{m} \dfrac{m!}{(m-n)!}\left(\dfrac{\lambda}{\mu}\right)^n} = \dfrac{1}{\sum_{n=0}^{6} \dfrac{6!}{(6-n)!}(0.1)^n} = 0.4845$.

(2) $P_6 = \dfrac{m!}{(m-n)!}\left(\dfrac{\lambda}{\mu}\right)^n P_0 = \dfrac{6!}{(6-6)!}(0.1)^6 \times 0.4845 = 0.0003$.

(3) $L_s = m - \dfrac{\mu}{\lambda}(1 - P_0) = 6 - \dfrac{10}{1}(1 - 0.4845) = 0.845$(台).

(4) $L_q = L_s - (1 - P_0) = 0.845 - (1 - 0.4845) = 0.3295$(台).

(5) $W_s = \dfrac{m}{\mu(1 - P_0)} - \dfrac{1}{\lambda} = \dfrac{6}{10(1 - 0.4845)} - \dfrac{1}{1} = 0.1639$(时).

(6) $W_q = W_s - \dfrac{1}{\mu} = 0.1639 - \dfrac{1}{10} = 0.0639$(时)$= 3.834$(分).

(7) 机器设备利用率 $\tau = \dfrac{m - L_s}{m} = \dfrac{6 - 0.845}{6} = 85.9\%$.

第三节 多服务台排队系统

本节讨论输入过程为泊松流,服务时间服从负指数分布的多服务台排队系统. 其中有:

(1) 标准 $M/M/c/\infty/\infty$ 系统;
(2) 有限等待空间系统 $M/M/c/N/\infty$;
(3) 顾客为有限源系统 $M/M/c/\infty/m$.

3.1 标准 $M/M/c/\infty/\infty$ 系统

标准 $M/M/c/\infty/\infty$ 系统的各种特征的规定与标准 $M/M/1/\infty/\infty$ 系统的规定相同. 顾客的平均到达率为常数 λ,每个服务台的平均服务率 μ 是相同的,同时规定各服务台的工作是相互独立的,就整个服务机构而言,平均服务率与系统状态有关:

$$\mu_n = \begin{cases} c\mu, & n \geqslant c \\ n\mu, & n < c \end{cases}$$

同时系统的服务强度 $\rho = \dfrac{\lambda}{c\mu} < 1$,这样系统就不会排成无限队列.

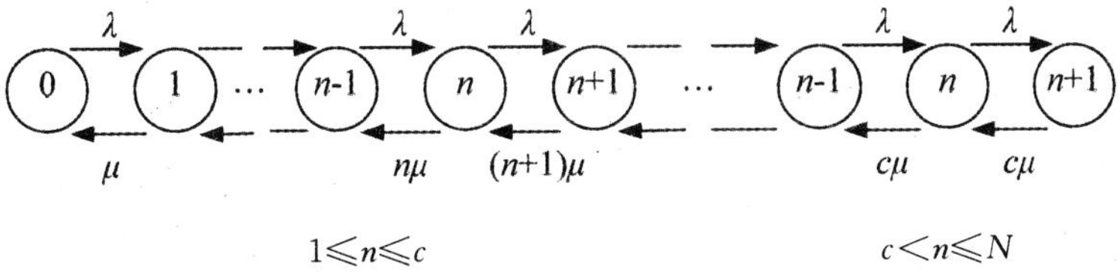

图 9-6

$M/M/c/\infty/\infty$ 系统的状态转移率图如图 9-6. 由图 9-6 可得:

$$\begin{cases} \lambda P_0 = \mu P_1 \\ \lambda P_{n-1} + (n+1)\mu P_{n+1} = (\lambda + n\mu) P_n, & 1 \leqslant n < c \\ c\mu P_{n+1} + \lambda P_{n-1} = (\lambda + c\mu) P_n, & n \geqslant c \end{cases}$$

用递推法求解上述差分方程,得:

$$P_0 = \left[\sum_{n=0}^{c-1} \dfrac{1}{n!} \left(\dfrac{\lambda}{\mu} \right)^n + \dfrac{\left(\dfrac{\lambda}{\mu} \right)^c}{c! \left(1 - \dfrac{\lambda}{c\mu} \right)} \right]^{-1}$$

$$P_n = \begin{cases} \dfrac{1}{n!}\left(\dfrac{\lambda}{\mu}\right)^n P_0, & 1 \leqslant n < c \\ \dfrac{1}{c!\, c^{n-c}}\left(\dfrac{\lambda}{\mu}\right)^n P_0, & n \geqslant c \end{cases}$$

系统的其他运行指标如下：

$$L_q = \sum_{n=c}^{\infty}(n-c)P_n = \sum_{n-c=k}^{\infty} k P_{c+k} = \sum_{k=0}^{\infty} k \dfrac{\left(\dfrac{\lambda}{\mu}\right)^{c+k}}{c!\, c^k} P_0$$

$$= \dfrac{\left(\dfrac{\lambda}{\mu}\right)^c}{c!} P_0 \sum_{k=0}^{\infty} k \left(\dfrac{\lambda}{c\mu}\right)^k = \dfrac{\left(\dfrac{\lambda}{\mu}\right)^c}{c!} P_0 \sum_{k=0}^{\infty} k \rho^k$$

$$= \dfrac{\left(\dfrac{\lambda}{\mu}\right)^c}{c!} P_0 \rho \sum_{k=0}^{\infty} \dfrac{d}{d\rho}(\rho^k) = \dfrac{\left(\dfrac{\lambda}{\mu}\right)^c}{c!} P_0 \rho \dfrac{d}{d\rho}\left(\dfrac{1}{1-\rho}\right)$$

$$= \dfrac{\rho \left(\dfrac{\lambda}{\mu}\right)^c}{c!\,(1-\rho)^2} P_0 = \dfrac{\rho(c\rho)^c}{c!\,(1-\rho)^2} P_0$$

由李特尔公式 9-1 可得下面 2 至 4 的指标：

(2) 平均队长 $L_s = L_q + \dfrac{\lambda}{\mu}$。这是因为系统服务强度 $\rho = \dfrac{\lambda}{c\mu}$ 表示服务系统的平均利用率，或每台服务台平均服务的顾客数，所以 $c\rho = \dfrac{\lambda}{\mu}$ 表示服务系统平均服务的顾客数。

(3) 平均等待时间 $W_q = \dfrac{L_q}{\lambda}$。

(4) 平均逗留时间 $W_s = \dfrac{L_s}{\lambda}$。

综上所述，可得主要公式和运行指标如下：

$$\boxed{\begin{aligned} &P_0 = \left[\sum_{n=0}^{c-1} \dfrac{1}{n!}\left(\dfrac{\lambda}{\mu}\right)^n + \dfrac{\left(\dfrac{\lambda}{\mu}\right)^c}{c!\left(1-\dfrac{\lambda}{c\mu}\right)}\right]^{-1} \qquad P_n = \begin{cases} \dfrac{1}{n!}\left(\dfrac{\lambda}{\mu}\right)^n P_0, & 1 \leqslant n < c \\ \dfrac{1}{c!\, c^{n-c}}\left(\dfrac{\lambda}{\mu}\right)^n P_0, & n \geqslant c \end{cases} \\ &L_q = \dfrac{\rho(c\rho)^c}{c!\,(1-\rho)^2} P_0 \qquad\qquad\qquad\qquad\qquad L_s = L_q + \dfrac{\lambda}{\mu} \\ &W_q = \dfrac{L_q}{\lambda} \qquad\qquad\qquad\qquad\qquad\qquad\qquad W_s = \dfrac{L_s}{\lambda} \end{aligned}} \quad (9-7)$$

例 5 某电话公司有一台电话机，打电话的人按泊松分布到达，平均每小时 24 人，又假定每次打电话的通话时间服从负指数分布，平均 2 分钟。求该系统各项运行指标。又若打电话的人到达和通话时间的概率分布不变，而电话机加到两台时，系统的各项指标有什么变化。

解：本题为 $M/M/c$ 系统。已知：

$$\lambda = 24(\text{人}/\text{时}), \mu = 30(\text{人}/\text{时})$$

(1) 当 $c=1$ 时，$\rho = \dfrac{\lambda}{\mu} = \dfrac{24}{30} = 0.8$.

① $P_0 = 1 - \rho = 1 - 0.8 = 0.2$.

② $L_s = \dfrac{\lambda}{\mu - \lambda} = \dfrac{24}{30 - 24} = 4(人)$.

③ $L_q = \dfrac{\lambda^2}{\mu(\mu - \lambda)} = \rho L_s = 0.8 \times 4 = 3.2(人)$.

④ $W_s = \dfrac{1}{\mu - \lambda} = \dfrac{1}{30 - 24} = \dfrac{1}{6}(时) = 10(分)$.

⑤ $W_q = \dfrac{\lambda}{\mu(\mu - \lambda)} = \rho W_s = 0.8 \times 10 = 8(分)$.

⑥ 打电话需要等待的概率 $= 1 - P_0 = 1 - 0.2 = 0.8$.

(2) 当 $c=2$ 时，$\rho = \dfrac{\lambda}{c\mu} = \dfrac{24}{2 \times 30} = 0.4$.

① $P_0 = \left[\sum\limits_{n=0}^{c-1} \dfrac{1}{n!}\left(\dfrac{\lambda}{\mu}\right)^n + \dfrac{\left(\dfrac{\lambda}{\mu}\right)^c}{c!\left(1 - \dfrac{\lambda}{c\mu}\right)} \right]^{-1} = \left[1 + 0.8 + \dfrac{0.8^2}{2!(1 - 0.4)} \right]^{-1} = 0.4286$.

② $L_q = \dfrac{\rho(c\rho)^c}{c!(1-\rho)^2} P_0 = \dfrac{0.4 \times 0.8^2}{2!(1-0.4)^2} 0.4286 = 0.1524(人)$.

③ $L_s = L_q + \dfrac{\lambda}{\mu} = 0.1524 + 0.8 = 0.9524(人)$

④ $W_q = \dfrac{L_q}{\lambda} = \dfrac{0.1524}{24} = 0.0064(时) = 0.3810(分)$.

⑤ $W_s = \dfrac{L_s}{\lambda} = \dfrac{0.9524}{24} = 0.0397(时) = 2.3810(分)$.

⑥ 打电话需要等待的概率 $= 1 - P_0 - P_1$
$$= 1 - P_0 - \left(\dfrac{\lambda}{\mu}\right)^1 P_0$$
$$= 1 - 0.4286 - 0.8 \times 0.4286 = 0.2285.$$

3.2 有限等待空间 $M/M/c/N/\infty$ 系统

本系统有 c 个服务台，所容纳的顾客逗留的最大容量为 N. 当顾客来到系统而容纳不下时（即排队长已达 $N-c$）就会自动离开，所以这是一个混合制的多服务台排队系统，其状态转移率图如图 9-7.

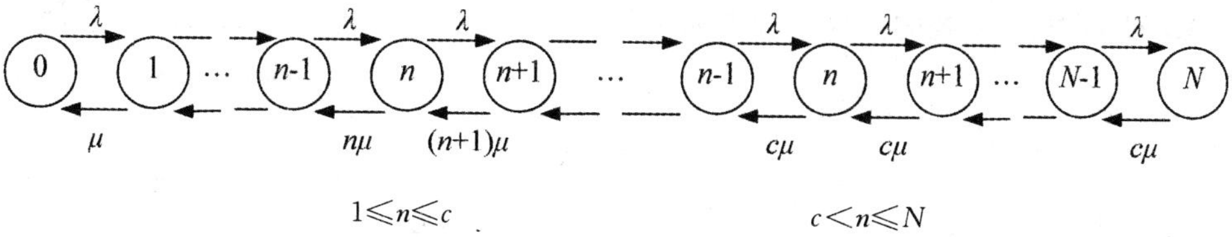

图 9-7

由图 9-7 可得：
$$\begin{cases} \lambda P_0 = \mu P_1 \\ \lambda P_{n-1} + (n+1)\mu P_{n+1} = (\lambda + n\mu) P_n, 1 \leq n < c \\ c\mu P_{n+1} + \lambda P_{n-1} = (\lambda + c\mu) P_n, c \leq n < N \\ c\mu P_N = \lambda P_{N-1} \end{cases}$$

据此可得系统有关状态运行指标如下：

$$P_0 = \left[\sum_{n=0}^{c} \frac{1}{n!}(c\rho)^n + \frac{c^c}{c!} \frac{\rho(\rho^c - \rho^N)}{1-\rho} \right]^{-1}, \rho \neq 1$$

$$P_n = \begin{cases} \dfrac{(c\rho)^n}{n!} P_0, 1 \leq n < c \\ \dfrac{c^c}{c!} \rho^n P_0, c \leq n \leq N \end{cases}$$

其中 $\rho = \dfrac{\lambda}{c\mu}$.

其他运行指标：

(1) $L_q = \sum_{n=c}^{N-c} (n-c) P_n = \dfrac{\rho(c\rho)^c}{c!(1-\rho)^2} [1 - \rho^{N-c} - (N-c)\rho^{N-c}(1-\rho)] P_0$.

(2) $L_s = L_q + \dfrac{\lambda_e}{\mu} = L_q + \dfrac{\lambda(1-P_N)}{\mu} = L_q + c\rho(1-P_N)$.

(3) $W_q = \dfrac{L_q}{\lambda_e} = \dfrac{L_q}{\lambda(1-P_N)}$.

(4) $W_s = W_q + \dfrac{1}{\mu}$.

当 $N=c$，即系统最大容量 N 和服务台数 c 相等时，系统中将不存在可供等候的空位，混合制变成即时制，此时：

$$P_0 = \left[\sum_{n=0}^{c} \frac{1}{n!}(c\rho)^n \right]^{-1}$$

$$P_n = \frac{(c\rho)^n}{n!} P_0, 1 \leq n \leq N$$

$$L_q = 0$$

$$L_s = c\rho(1-P_c)$$

$$W_q = 0$$

$$W_s = \frac{1}{\mu}$$

$M/M/c/N/\infty$ 系统的主要运行指标如下：

$$\begin{cases} P_0 = \left[\sum_{n=0}^{c} \frac{1}{n!}(c\rho)^n + \frac{c^c}{c!}\frac{\rho(\rho^c - \rho^N)}{1-\rho}\right]^{-1}, \rho \neq 1 \\ P_n = \begin{cases} \frac{(c\rho)^n}{n!}P_0, 1 \leq n < c \\ \frac{c^c}{c!}\rho^n P_0, c \leq n \leq N \end{cases} \quad \text{其中} \rho = \frac{\lambda}{c\mu} \\ L_q = \sum_{n=c}^{N-c}(n-c)P_n = \frac{\rho(c\rho)^c}{c!(1-\rho)^2}[1 - \rho^{N-c} - (N-c)\rho^{N-c}(1-\rho)]P_0 \\ L_s = L_q + c\rho(1 - P_N) \\ W_q = \frac{L_q}{\lambda_e} = \frac{L_q}{\lambda(1-P_N)} \quad W_s = W_q + \frac{1}{\mu} \quad \lambda_e = \lambda(1-P_N) \end{cases} \quad (9-8)$$

例6 汽车加油站有 2 台加油泵,需加油的汽车按泊松流来到加油站,平均每分钟来到 2 辆,加油时间服从负指数分布,平均每辆加油时间为 2 分钟,加油站最多能容纳 3 辆汽车等待加油,后来的汽车容纳不下时自动离去.求系统有关运行指标.

解:本题为 $M/M/c/N/\infty$ 系统, $c=2, N=2+3=5$. 已知:

$$\lambda = 2(辆/分), \mu = \frac{1}{2}(辆/分), \rho = \frac{\lambda}{c\mu} = 2, c\rho = 4$$

(1) $P_0 = \left[\sum_{n=0}^{c} \frac{1}{n!}(c\rho)^n + \frac{c^c}{c!}\frac{\rho(\rho^c - \rho^N)}{1-\rho}\right]^{-1}$

$= \left[1 + 4 + \frac{4^2}{2!} + \frac{2^2}{2!}\frac{2(2^2 - 2^5)}{1-2}\right]^{-1} = 0.008.$

(2) $L_q = \sum_{n=c}^{N-c}(n-c)P_n = \frac{\rho(c\rho)^c}{c!(1-\rho)^2}[1 - \rho^{N-c} - (N-c)\rho^{N-c}(1-\rho)]P_0.$

$= \frac{2 \times 4^2}{2!(1-2)^2}[1 - 2^3 - 3 \times 2^3(1-2)]0.008 = 2.176(辆).$

(3) $L_s = L_q + c\rho(1-P_N) = L_q + c\rho\left(1 - \frac{c^c}{c!}\rho^N P_0\right)$

$= 2.176 + 4\left(1 - \frac{2^2}{2!}2^5 \times 0.008\right) = 4.128(辆).$

(4) $W_q = \frac{L_q}{\lambda(1-P_N)} = \frac{2.176}{2(1-0.512)} = 2.23(分).$

(5) $W_s = W_q + \frac{1}{\mu} = 2.23 + 2 = 4.23(分).$

例7 某风景区准备建造旅馆,顾客到达为泊松流,每天平均到 6 人,顾客平均逗留时间为 2 天,若该旅馆有 5 个房间,试分别计算每天客房平均占用数和满员概率.

解:这是一个 $M/M/c/N/\infty$ 系统, $c=N=5$, 为即时制. 已知:

$$\lambda = 6(人/天), \mu = \frac{1}{2}(人/天), c\rho = \frac{\lambda}{\mu} = 12, \rho = 2.4$$

(1) $P_0 = \left[\sum_{n=0}^{c} \frac{1}{n!}(c\rho)^n\right]^{-1} = \left[1 + 12 + \frac{12^2}{2!} + \frac{12^3}{3!} + \frac{12^4}{4!} + \frac{12^5}{5!}\right]^{-1} = 0.0003.$

(2)满员概率 $P_5 = \dfrac{(c\rho)^5}{5!}P_0 = \dfrac{12^5}{5!}0.0003 = 0.6264$.

(3) $L_s = c\rho(1-P_c) = 12(1-0.6264) = 4.483$（间）.

3.3 顾客源有限的 $M/M/c/\infty/m$ 系统

本系统有 c 个服务台，顾客总数为 m 个，同时假定 $c<m$，系统的状态转移图如图 9-8.

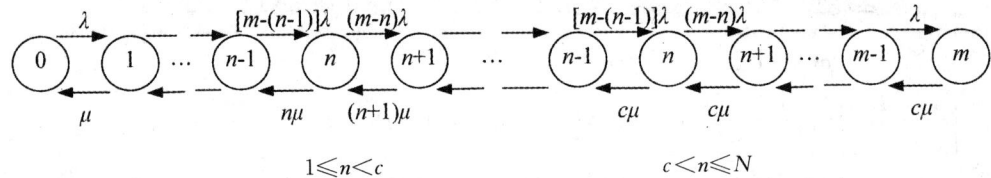

图 9-8

其中顾客到达率 λ 也是按每个顾客来考虑的，即单位时间内每个顾客到达排队系统的概率或平均次数，因此当系统状态为 n 时，系统外顾客对系统的平均到达率 $\lambda_n = (m-n)\lambda$. 同时假定每个服务台工作是相互独立的，且每个服务台的平均服务率 μ 也相同. 就整个服务机构而言，平均服务率也随系统状态变化而变化，即：

$$\mu_n = \begin{cases} c\mu, & c \leqslant n \leqslant m \\ n\mu, & n < c \end{cases}$$

系统的状态概率为：

$$P_0 = \left[\sum_{n=0}^{c}\binom{m}{n}\left(\dfrac{\lambda}{\mu}\right)^n + \sum_{n=c+1}^{m}\binom{m}{n}\dfrac{n!}{c!\,c^{n-c}}\left(\dfrac{\lambda}{\mu}\right)^n\right]^{-1}$$

$$P_n = \begin{cases} \binom{m}{n}\left(\dfrac{\lambda}{\mu}\right)^n P_0, & 1 \leqslant n < c \\ \binom{m}{n}\dfrac{n!}{c!\,c^{n-c}}\left(\dfrac{\lambda}{\mu}\right)^n P_0, & c \leqslant n \leqslant m \end{cases}$$

有效达到率 $\lambda_e = (m-L_s)\lambda$.

其他运行指标：

(1) $L_q = \sum\limits_{n=c+1}^{m}(n-c)P_n$.

(2) $L_s = L_q + \dfrac{\lambda_e}{\mu} = L_q + \left[c - \sum\limits_{n=0}^{c-1}(c-n)P_n\right]$.

(3) $W_s = \dfrac{L_s}{\lambda_e} = \dfrac{L_s}{\lambda(m-L_s)}$.

(4) $W_q = \dfrac{L_q}{\lambda_e} = \dfrac{L_q}{\lambda(m-L_s)}$.

例 8 2 名工人看管 5 台机器，每台机器平均每过 1 小时要修理一次，每次修理平均需要 15 分钟，设机器连续运转时间和修理时间均服从负指数分布，试求相关运行指标.

解：这是一个 $M/M/c/\infty/m$ 系统，其中 $c=2, m=5$. 已知：

$$\lambda = 1(\text{台}/\text{时}), \mu = 4(\text{台}/\text{时}), \frac{\lambda}{\mu} = \frac{1}{4}$$

$$P_0 = \left[\sum_{n=0}^{c}\binom{m}{n}\left(\frac{\lambda}{\mu}\right)^n + \sum_{n=c+1}^{m}\binom{m}{n}\frac{n!}{c!\,c^{n-c}}\left(\frac{\lambda}{\mu}\right)^n\right]^{-1}$$

$$= \left[\sum_{n=0}^{2}\binom{5}{n}\left(\frac{1}{4}\right)^n + \sum_{n=3}^{5}\binom{5}{n}\frac{n!}{2!\,2^{n-2}}\left(\frac{1}{4}\right)^n\right]^{-1} = 0.3149$$

同理 $P_1 = 0.394, P_2 = 0.197, P_3 = 0.074, P_4 = 0.018, P_5 = 0.002$

于是
$$L_q = \sum_{n=c+1}^{m}(n-c)P_n = P_3 + 2P_4 + 3P_5 = 0.118$$

$$L_s = L_q + \left[c - \sum_{n=0}^{c-1}(c-n)P_n\right] = L_q + c - 2P_0 - P_1 = 1.094$$

$$W_s = \frac{L_s}{\lambda(m-L_s)} = \frac{1.094}{5-1.094} = 0.28(\text{时})$$

$$W_q = \frac{L_q}{\lambda(m-L_s)} = \frac{0.118}{5-1.094} = 0.03(\text{时})$$

第四节 一般服务时间系统分析

前两节我们讨论了单服务台和多服务台系统在稳定条件下的运行指标和主要性能指标的计算。在讨论中假设系统的输入过程为泊松流，而服务时间服从负指数分布。下面我们将讨论服务时间服从任意分布的情形。为讨论问题方便，我们主要讨论单服务台的情况，主要有：

(1) 服务时间服从一般分布的 $M/G/1$ 系统；
(2) 服务时间为定长分布的 $M/D/1$ 系统；
(3) 服务时间服从爱尔朗分布的 $M/E_k/1$ 系统。

4.1 服务时间服从一般分布的 $M/G/1$ 系统

$M/G/1$ 系统假设对顾客的服务时间服从一般的概率分布，但其均值的方差都存在，其他的各项条件和标准的 $M/M/1$ 系统相同。

假设系统的平均到达率为 λ，对任一顾客的服务时间 V 服从一般的概率分布，且 $E(V) = \frac{1}{\mu}, D(V) = \sigma^2$。则服务强度 $\rho = \frac{\lambda}{\mu}$，不论 V 服从什么分布，只要 $\rho < 1$，系统就能达到稳态，并有稳态概率 $P_0 = 1 - \rho$。

我们知道，在稳态条件下，李特尔公式(9-1)对任何系统都是成立的，只要求出 L_s，L_q, W_s, W_q 四个运行指标中的一个，其他三个就可由李特尔公式求得。根据波拉切克－欣辛公式(Pollaczek－Khintechine)可以导出：

$$L_q = \frac{\rho^2 + \lambda^2 \sigma^2}{2(1-\rho)}$$

进而可由李特尔公式求出 L_s, W_s, W_q,其中 $\lambda_e = \lambda$.

例9 某储蓄所有一个服务窗口,顾客按泊松流分布平均每小时到达 10 人,为任一顾客办理存款、取款等业务的时间 $V \sim N(0.05, 0.01^2)$. 试求该储蓄所空闲的概率及主要运行指标.

解:由题意知这是一个 $M/G/1$ 系统. 已知:

$$\lambda = 10(人/时), E(V) = \frac{1}{\mu} = 0.05(时/人), D(V) = \sigma^2 = 0.01^2, \rho = \frac{\lambda}{\mu} = 10 \times 0.05 = 0.5.$$

(1) $P_0 = 1 - \rho = 1 - 0.5 = 0.5$.

(2) $L_q = \dfrac{\rho^2 + \lambda^2 \sigma^2}{2(1-\rho)} = \dfrac{0.5^2 + 10^2 \times 0.01^2}{2(1-0.5)} = 0.26(人)$.

(3) $L_s = L_q + \dfrac{\lambda}{\mu} = 0.26 + 0.5 = 0.76(人)$.

(4) $W_q = \dfrac{L_q}{\lambda} = \dfrac{0.26}{10} = 0.026(时) = 1.56(分)$.

(5) $W_s = \dfrac{L_s}{\lambda} = \dfrac{0.76}{10} = 0.076(时) = 4.56(分)$.

4.2 服务时间为定长分布的 $M/D/1$ 系统

本系统对顾客的服务时间是固定的常数,如自动装配线的插件机完成一项工作的时间是固定的常数,自动汽车冲洗台冲洗一辆汽车的时间也是常数. 此时:

$$E(V) = \frac{1}{\mu}, D(V) = 0$$

若服务强度 $\rho = \dfrac{\lambda}{\mu} < 1$,则由波拉切克-欣辛公式得:

$$L_q = \frac{\rho^2}{2(1-\rho)}$$

其他运行指标仍可由李特尔公式求出.

例10 某种试验仪器每次使用时间为 3 分,实验者的来到过程为泊松过程,平均每小时来到 18 人,求此排队系统的运行指标.

解:由题意知这是一个 $M/D/1$ 系统. 已知:

$$\lambda = \frac{18}{60} = 0.3(人/分), E(V) = \frac{1}{\mu} = 3(分/人), \rho = \frac{\lambda}{\mu} = 0.3 \times 3 = 0.1$$

(1) $P_0 = 1 - \rho = 0.1$.

(2) $L_q = \dfrac{\rho^2}{2(1-\rho)} = \dfrac{0.9^2}{2(1-0.9)} = 4.05(人)$.

(3) $L_s = L_q + \dfrac{\lambda}{\mu} = 4.05 + 0.9 = 4.95(人)$.

(4) $W_q = \dfrac{L_q}{\lambda} = \dfrac{4.05}{0.3} = 13.5$(分).

(5) $W_s = \dfrac{L_s}{\lambda} = \dfrac{4.95}{0.3} = 16.5$(分).

4.3 服务时间服从爱尔朗分布的 $M/E_k/1$ 系统

$M/E_k/1$ 系统的服务时间服从爱尔朗分布. 由爱尔朗分布定义可知, 如果某种随机变量 V 可表示为 k 个相互独立的, 服从相同参数 $k\mu$ 的负指数分布的随机变量 $V_i(i=1,2,\cdots,k)$ 的和, 那么 $V = \sum\limits_{i=1}^{k} V_i$ 服从参数为 μ 的 k 阶爱尔朗分布, 且

$$E(V_i) = \frac{1}{k\mu}, D(V_i) = \frac{1}{k^2\mu^2} \quad i=1,2,\cdots,k$$

$$E(V) = \frac{1}{\mu}, D(V) = \frac{1}{k\mu^2}$$

若服务强度 $\rho = \dfrac{\lambda}{\mu} < 1$, 不难由波拉切克-欣辛公式求得:

$$L_q = \frac{\rho^2 + \lambda^2 \dfrac{1}{k\mu^2}}{2(1-\rho)} = \frac{(k+1)\rho^2}{2k(1-\rho)}$$

其他运行指标仍可由李特尔公式求出.

例 11 一个办事员在登记申请表时, 必须依次检查 8 张表格, 核对每张表格需要 1 分钟, 顾客到达率为每小时 6 人, 顾客到达间隔时间和检查每张表格花费的时间服从负指数分布, 求办事员空闲的概率和有关运行指标.

解: 因为办事员核对每位申请者的申请表时必须依次检查 8 张表格, 检查每张表格花费的时间服从负指数分布, 因此总的服务时间服从爱尔朗分布. 此时, 排队系统为 $M/E_k/1$ 系统.

已知: $k = 8, \lambda = 6$(人/时), $E(V_i) = \dfrac{1}{k\mu} = 1$(分/人), $\mu = 7.5$(人/时), 因此 $\rho = \dfrac{\lambda}{\mu} = \dfrac{6}{7.5} = 0.8$.

(1) $P_0 = 1 - \rho = 0.2$.

(2) $L_q = \dfrac{(k+1)\rho^2}{2k(1-\rho)} = \dfrac{(8+1)0.8^2}{2 \times 8(1-0.8)} = 1.8$(人).

(3) $L_s = L_q + \dfrac{\lambda}{\mu} = 1.8 + 0.8 = 2.6$(人).

(4) $W_q = \dfrac{L_q}{\lambda} = \dfrac{1.8}{6} = 0.3$(时) $= 18$(分).

(5) $W_s = \dfrac{L_s}{\lambda} = \dfrac{2.6}{6} = 0.433$(时) $= 26$(分).

习 题

9.1 某修理店只有一个修理工, 来修理的顾客到达的次数服从 Poisson 分布, 平均

每小时 4 人；修理时间服从负指数分布，每次服务平均需要 6 分钟. 求：

(1) 修理店空闲的概率；

(2) 店内有三个顾客的概率；

(3) 店内至少有一个顾客的概率；

(4) 在店内平均顾客数；

(5) 顾客在店内的平均逗留时间；

(6) 等待服务的平均顾客数；

(7) 平均等待修理的时间.

9.2 一个单人理发点，顾客到达的次数服从 Poisson 分布，平均到达时间间隔为 20 分钟；理发时间服从负指数分布，平均理发时间为 15 分钟. 求：

(1) 顾客来店理发不必等待的概率；

(2) 理发店内顾客平均数；

(3) 顾客在理发店内的平均逗留时间；

(4) 当顾客到达速率是多少时，顾客在店内的平均逗留时间将超过 1.25 小时.

9.3 在 9.1 中，如果修理店内已有三个顾客时，店主就拒绝顾客排队. 求：

(1) 店内空闲的概率；

(2) 各运行指标 L, L_q, W_s, W_q.

9.4 在 9.1 中，设顾客到达速率增加到 12 人/时，这时又增加一个同样熟练的修理工，平均修理时间也是 6 分钟. 求：

(1) 店内空闲的概率；

(2) 店内有两个或更多顾客的概率；

(3) 计算运行指标 L_s, L_q, W_s, W_q.

9.5 如果将 9.4 中的两个修理工分别安排在两家修理店里，成为两个单人修理店，每个店顾客到达速率都是 6 人/时，服务速率都是 6 分钟.

(1) 求这两个修理店的运行指标 L_s, L_q, W_s, W_q；

(2) 将以上运行指标与第五题两个修理工的系统比较.

9.6 某机械师维修一台设备的时间服从负指数分布，平均需 4 小时. 如他使用一种专修工具，则可将平均时间缩短为 2 小时. 若规定该机械师能在 2 小时以内维修完一台设备，付报酬 100 元，否则只付给 80 元. 问该机械师使用专用工具较之未使用专用工具时，每维修一台设备预期增加的报酬的值.

9.7 在工厂的一个工具检测部门，要求检测的工具来自该厂各车间，平均每小时 25 件，服从泊松分布. 检测每件工具的时间服从负指数分布，平均每件 2 分钟. 试求：

(1) 该检测部门空闲的概率.

(2) 一件送达的工具到检测完毕其逗留时间超过 20 分钟的概率.

(3) 等待检测的工具的平均数.

(4) 等待检测的工具在 8 到 10 个之间的概率.

(5) 分别求出在下列情况下等待检测的工具的平均数：检测速度提高 20%；送达的检测工具数减少 20%；送达的检测工具数和检测速度增加 20%.

9.8 汽车按泊松分布到达某高速公路收费口,平均每小时 90 辆,每辆车通过收费口平均需时 35 秒,服从负指数分布.由于一些司机抱怨等待缴费时间过长,管理部门拟采用自动收费装置使收费时间缩短到 30 秒,但条件是原收费口平均等待车辆超过 6 辆,且新装置的利用率不低于 75% 才采用.问在上述条件下,新装置应否被采用.

9.9 某火车站有 10 个停车位置.汽车到达辆数服从泊松分布,平均每小时 10 辆,每辆汽车停留时间服从负指数分布,平均 10 分钟,试求:

(1) 停车位置的平均空闲数;

(2) 到达汽车能找到一个空闲停车的概率;

(3) 在该场地停车的汽车占总到达数的比例;

(4) 每天(24 小时)在该停车场找不到空闲位置停放的汽车的平均数.

9.10 某火车站的电话问讯处有 3 部电话,可以视为 $M/M/3/3$ 系统.已知平均每隔 2 分钟有一次问讯电话(包括接通和未接通的),每次通话的平均时间为 3 分钟,试问打来问讯处的电话能接通的概率为多少.

9.11 某航空售票处有 3 台订票电话和 2 名服务员.当 2 名服务员在接电话处理业务时,第 3 台电话的呼叫将处于等待状态.若 3 台电话均占线,新的呼叫因不通(忙音)而转向其他售票处订票.设订票顾客的电话呼叫次数服从泊松分布,$\lambda=15$(人/时),服务员对每名顾客的服务时间服从负指数分布,平均时间为 4 分钟.试求:

(1) 一名顾客呼叫立即得到服务的概率;

(2) 8 小时营业时间内转向其他售票处订票的顾客;

(3) 服务员用于为顾客服务时间占全部工作时间的比例.

9.12 汽车按泊松分布到达一台专用于洗车的设备前,$\lambda=5$(辆/时),分别计算以下服务时间的分布情况下,要洗车的车辆从到达至洗完离开总计需要的时间.

(1) 从 5—10 分钟的均匀分布;

(2) 正态分布 $N(9\min, 4\min^2)$.

9.13 某飞机维修中心专门负责 747 大型客机的定期全面检修.为了使飞机尽快投入运行,原先的方案是每次只检修 4 台发动机中的一台.在这种情况下来检修的时间(不计可能的等待时间)为 0.5 天,服从负指数分布.后来有人提出新的维修方案,即对原来检修的飞机,依次对 4 台发动机均检修一遍(检修组在同一时间内只能对一台发动机进行检修),这样每天到达检修的飞机将减少到原来的 1/4.设对每台发动机检修的时间不变,试比较上述两种检修方案,哪种方案可使飞机因发动机检修耽误的飞行时间更少一些.

第十章 存贮论

在企业的生产经营或人们的日常生活中,通常需要把一定数量的物资、用品或食品暂时贮存起来,以备将来使用和消费,这就是所谓的存贮现象.存贮现象主要由社会经济现象的不确定性造成的,例如考虑产品的供给和需求系统,人们无法确定消费者在今后一个时期内对产品的确切需求,为了应付未来需求的不确定性,就必须要有存贮,否则,企业就会失去盈利机会,消费者的利益也难以保证.同时维护企业正常生产的原材料或在制品的供应也具有不确定性.若供应商不能按时履约或发生了某些不确定事件,就可能导致企业因停工待料而遭受经济损失.为了保证企业的生产持续均衡地进行,也需要有一定数量的存贮.

存贮缓和了供给和需求之间的矛盾.不论是供不应求还是供过于求,都可以通过存贮来缓和矛盾,达到平衡.但是存贮也不是多多益善,存贮是需要支付成本的,存贮过多,不仅占用了大量资金,影响资金的周转,而且长期积压会使存贮物品损坏、变质,造成浪费.因此到底需要多少存贮是一个值得探讨的问题.

存贮论(Inventory Theory)又称库存理论,是管理技术中的一个重要分支,它主要是研究如何用数学方法对企业的存贮系统运营成本进行数量分析,以确定最优的存贮水平,使总的运营费用最小.存贮由于需求(输出)而减少,通过补充(输入)而增加.存贮论研究的基本问题是,对于特定的需求类型,以怎样的方式进行补充,才能最好地实现存贮管理的目标.根据需求和补充中是否包含随机性因素,存贮问题分为确定性和随机性两种.由于存贮论研究中经常以存贮策略的经济性作为存贮管理的目标,所以,费用分析是存贮论研究的基本方法.

第一节 存贮问题的基本概念

1.1 存贮系统

企业为了生产必须存贮一定数量的原材料或在制品,通常把这些贮存物简称为存贮.企业生产时从存贮中取出一部分消耗掉,使存贮减少.随着生产的进行,存贮不断减少,到了一定时刻必须对存贮加以补充,否则,存贮用完了,生产就无法进行.因此企业的存贮系统由补充、存贮和需求三个环节紧密构成,并且以存贮为中心环节.

1. 需求

存贮的目的是满足需求,无论是何种需求都使企业存贮量减少,需求就是存贮的输出,了解需求的各种不同形式非常重要.

(1)间断的或连续的需求.如商业企业的存贮系统中,顾客对某些时令商品的需求是间断的,但对于一般日用消费品的需求则是连续的.

(2)均匀的或非均匀的需求.工厂的自动装配线对零部件的需求是均匀的,即单位时间内的对零部件数量的需求是固定不变的;而一个城市对用电量的需求则是不均匀的,每年冬季和夏季常常是城市的用电高峰期.均匀的需求可以用线性函数表示,而非均匀需要则可以用非线性函数表示.

(3)确定性或随机性的需求.若供应商和用户签订了供货合同,按合同规定每月提供一定数量的产品给用户,那么这种需求是确定的;但是在一般的销售活动中,顾客对商品需求都是随机的.书报亭每天卖出的报纸可能是 1000 份,也可能是 500 份.但是通过大量的统计观察,可能会发现每天售出报纸数量的统计规律,此时称之为具有某种概率分布特征的随机需求.

2. 补充

存贮由于需求而不断减少,必须加以补充,否则,最终将无法满足需求,因此补充就是存贮的输入.对一个存贮系统而言,补充有外部订购和内部生产两种方式.

(1)外部订购.外部订购是指向其他工厂购买.从订购到货物进入"存贮"往往需要一段时间,称这段时间为拖后时间.拖后时间可能是确定性的,也可能是随机性的.为了保证存贮在必要的时刻得到及时补充,必须提前一段时间订货,称这段时间为订货提前期.若拖后时间是确定的常数,那么订货提前期取作拖后时间即可保证货物按时入库;若拖后时间是随机性的,则订货提前期一般可取拖后时间的期望值.因此外部订购必须掌握拖后时间的统计规律性.同时订购多少也是外部订购的重要内容.为了保持最优的存贮水平,一定存在一个最佳的订购数量.所谓最佳是指既能满足需求,又能使存贮系统运营费用达到最小.

(2)内部生产.内部生产是指企业自行生产产品以补充库存.与外部订购的主要不同点在于:①外部订购可以是原材料、在制品或成品的补充,而内部生产则通常是在制品或成品的补充;②外部订购对存贮的补充一般是一次到货,而内部生产对存贮的补充往往是连续和均匀的;③外部订购要确定最佳订购时间和最佳订购数量,而内部生产则需要确定最佳生产时间和最佳生产数量,目的都是为了使运营总费用达到最小;④由于补充的方式不同,因此运营总费用的构成也存在差异,外部订购有一项订购费用,而内部生产则有一项对应的生产准备费用.

为了满足需求,企业内部生产的生产速度 P(即单位时间的生产量),一般不能低于需求速度 R(即单位时间的需求量),否则,存贮必将出现短缺而影响需求.

3. 存贮

企业把补充得到的原料、在制品或成品存入仓库,可以保证企业持续均衡地生产,满足用户的需求,因此存贮是存贮系统的中心环节.企业存贮数量随时间的推移而发生变化,随时间变化的存贮数量也称为存贮状态.存贮状态随需求过程而减少,随补充过程而增加.存贮论研究的目标是确定最合理的存贮水平,使总的运营费用达到最小.由于存贮状态是影响运营费用的主要因素,因此研究和了解存贮状态的变化规律是非常重要的.对一个存贮问题而言,通常首先要画出存贮状态随时间变化的曲线,这是构造存贮模型、确定最佳补充时间和补充数量的前提.

1.2 与存贮有关的费用

在存贮论研究中,常以费用标准来评价和优选存贮策略.为了正确地评价和优选存贮策略,不同存贮策略的费用计算必须符合可比性要求.最重要的可比性要求是时间可比和计算口径可比.所谓时间可比,是指各存贮策略的费用发生时间范围必须一致.实际计算时,常用一个存贮周期内的总费用或单位时间平均费用来衡量.所谓计算口径可比,是指存贮策略的费用统计项目必须一致.经常考虑的费用项目有存贮费、订货费、生产费、缺货费等.在实际计算存贮策略的费用时,对于不同存贮策略都是相同的费用可以省略.

1. 订货费

向外采购物资的费用.其构成有两类:一类是订购费用,如手续费、差旅费等,它与订货次数有关,而和订货数量无关;另一类是物资进货成本,如货款、运费等,它与订货数量有关.

2. 存贮费

存贮物资资金利息、保险以及使用仓库、保管物资、物资损坏变质等支出的费用,一般和物资存贮数量以及时间成比例.

3. 缺货费

存贮不能满足需求而造成的损失,如失去销售机会的损失,停工待料的损失,延期交货的额外支出,对需求的损失赔偿等.当不允许缺货时,可将缺货费作无穷大处理.

4. 生产准备费

自行生产需存贮物资的费用.其构成有两类:一类是装配费用(准备结束费用),如组织或调整生产线的有关费用,它同组织生产的次数有关,而和每次生产的数量无关;另一类是与生产的数量有关的费用,如原材料和零配件成本、直接加工费.

一般来说,在进行存贮系统的费用分析时,是不必考虑所存贮物资的价格的.但有时由于订购的批量大,物资的价格有一定的优惠折扣;在生产企业中,如果生产批量达到一定的数量,产品的单位成本也往往会降低,这时进行费用分析时,就需要考虑物资的价格因素.

1.3 存贮策略

所谓一个存贮策略,是指决定什么情况下对存贮进行补充以及补充数量的多少.下面是一些比较常见的存贮策略.

1. t-循环策略

不论实际的存贮状态如何,总是每隔一个固定的时间 t,补充一个固定的存贮量 Q.这

里 t 称为运营周期，Q 称为补充批量，它们都是重要的决策变量. 本策略也称为经济批量策略，适用于需求确定的存贮系统.

2. (s,S)策略

每当存贮量 $x \geqslant s$ 时不补充，$x<s$ 时补充存贮，补充量 $Q=S-x$. 其中 s 是判断补充与否的临界值，S 是存贮上限，或称最大存贮量. 本策略适用于需求随机的存贮系统，需要随时对存贮状态进行监控，一旦存贮量小于临界点 s 就进货，并将存贮量补充到存贮上限 S. 这里 s 和 S 都是需要决策的变量.

3. (t,s,S)混合策略

每隔一个固定的时间 t 检查存贮量 x，当 $x \geqslant s$ 时不补充，$x<s$ 时补充，补充量 $Q=S-x$. 本策略也适用于需求随机的存贮系统，但无需对存贮状态进行连续监控，只需要每隔一个固定周期检查一次. 固定周期可取作一年、一个月或一周.

一个存贮系统中，存贮量因需求而减少，随补充而增加. 如在直角坐标系中，以时间 T 为横轴，实际存贮量 Q 为纵轴，则描述存贮系统实际存贮量动态变化规律的图像称为存贮状态图. 对于同一个存贮问题，不同存贮策略的存贮状态图是不同的. 存贮状态图是存贮论研究的重要工具.

1.4 存贮模型的分类

存贮模型大致可以分为两类：
(1)确定性模型，即模型中的有关变量都是确定性数值.
(2)随机性模型，即模型中含有随机变量，而不是确定的数值.

第二节 确定性存贮模型

在讨论确定性存贮模型前，首先对一些常用符号的含义作必要的说明：
C：单位时间平均运营费用（或称单位时间平均费用）；
R：单位时间物品需求量（或称需求速度）；
P：单位时间物品生产量（或称生产速度）；
K：物品单价（外部订购）或单位物品成本费用（内部生产）；
Q：订货量（外部订购）或生产量（内部生产）；
C_1：单位物品单位时间保管费用（简称单位保管费用）；
C_2：单位物品单位时间缺货损失（简称单位缺货损失）；
C_3：订购费用（外部订购）或生产准备费用（内部生产）.
以上订货量（生产量）Q 和订购费用（生产准备费用）C_3，都是对应于一次订购（一次生产）而言的.

2.1 模型1:不允许缺货,且一次到货

建立模型前,需要作一些假设:
(1)缺货损失无限大(即不允许缺货);
(2)当存贮量降至零时,可以瞬间得到补充(即一次到货);
(3)需求量是均匀、连续的,单位时间内需求量 R 是常数;
(4)每次订货量(生产量)Q 不变,订购费用(生产准备费用)C_3 不变.

由于是一次到货,所以模型1比较适合于外部订购的情况.确定本模型的决策变量是订购量 Q 和运营周期(或称订购周期)t.在已知拖后时间的条件下还可以确定订货提前期.在内部生产的场合,若供给也是一次到货,那么相应的存贮策略同样成立.

为了进行最优决策,首先必须确定决策变量和运营费用之间的关系,即列出以决策变量 Q 和 t 为自变量的运营费用函数,并利用求函数极值的方法求出最优的订购数量 Q_0 和最佳的订购周期 t_0,使单位时间的平均运营费用达到最小.

模型1存贮状态的变化情况可用图10-1表示.

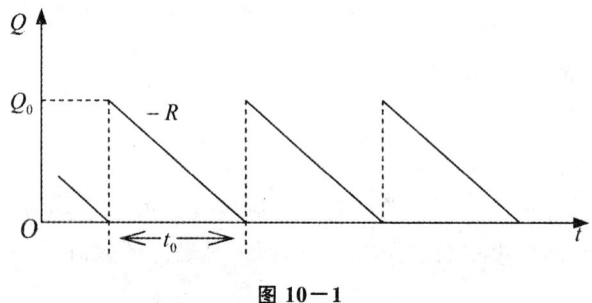

图 10-1

由图10-1可知,在需求速度 R 已知的情况下,订购量 Q 必须和运营周期 t 内的需求量相等,因此有 $Q=Rt$.

由于不允许缺货,因此建立本模型时可以不考虑缺货费用.模型1中的运营费包括保管费用、订购费用和物品成本费用三项.若考虑一个运营周期 t,那么在一个运营周期 t 内:

$$运营费用 = 保管费用 + 订购费用 + 物品成本费用$$

运营周期 t 的时间单位可以取年、季、月或天等.若将上述等式两端都除以运营周期 t,则各项费用成为单位时间的平均费用.即在单位时间内,

平均运营费用 C = 平均保管费用 + 平均订购费用 + 平均物品成本费用

则

$$平均保管费用 = 平均存贮量 \times 单位保管费用 = \frac{1}{t}\int_0^t Rt\,dt \cdot C_1 = \frac{1}{2}RtC_1$$

$$平均订购费用 = \frac{订购量 \times 单价}{t} = \frac{C_3}{t}$$

$$平均物品成本费用 = \frac{QK}{t} = RK$$

由此可以推得模型 1 的单位时间平均运营费用函数：

$$C(t) = \frac{1}{2}RtC_1 + \frac{C_3}{t} + RK \tag{10-1}$$

上述函数为决策变量 t 的函数，其中 R,K,C_1,C_3 都是已知常数.

当 t 取何值时，可使平均运营费用 $C(t)$ 达到最小？利用微积分求极值的方法即可解出.

令 $\dfrac{\mathrm{d}C(t)}{\mathrm{d}t} = \dfrac{1}{2}RC_1 - \dfrac{C_3}{t^2} = 0$，可以推得：

$$t_0 = \sqrt{\frac{2C_3}{C_1 R}} \tag{10-2}$$

即每隔 t_0 订购一次可使平均运营费用最小.

同时可得最佳订购数量：

$$Q_0 = Rt_0 = \sqrt{\frac{2C_3 R}{C_1}} \tag{10-3}$$

(10-3)式称为最优经济批量公式.

由(10-2)式和(10-3)式可知，最佳订购周期 t_0 和最优订购数量 Q_0 与单价 K 无关. 这是因为在公式(10-1)中平均成本费用 RK 为常数，因此在存贮模型的讨论中常常把该项略去. 公式(10-1)可改写成：

$$C(t) = \frac{1}{2}RtC_1 + \frac{C_3}{t} \tag{10-4}$$

公式(10-4)可用图 10-2 表示. 平均运营费用曲线 $C(t)$ 在最佳订购周期 t_0 处达到最小值 C_0. 当 $t < t_0$ 时，平均保管费用小于平均订购费用；当 $t > t_0$ 时，平均保管费用大于平均订购费用；当 $t = t_0$ 时，平均保管费用等于平均订购费用，且使平均存贮费用达到最小.

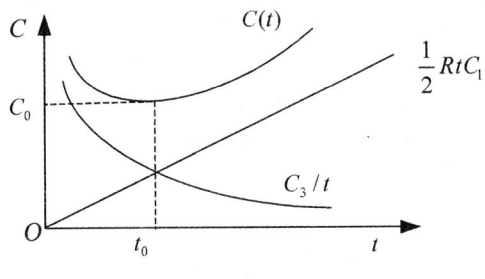

图 10-2

将 t_0 代入(10-4)式，可得：

$$C_0 = \frac{1}{2}RC_1\sqrt{\frac{2C_3}{C_1 R}} + C_3\sqrt{\frac{C_1 R}{2C_3}} = \sqrt{\frac{1}{2}C_1 C_3 R} + \sqrt{\frac{1}{2}C_1 C_3 R} = \sqrt{2C_1 C_3 R}$$

即最低平均运营费用：

$$C_0 = \sqrt{2C_1 C_3 R} \tag{10-5}$$

在平均运营费用函数(10-1)的讨论中，我们把各项费用锁定在一个运营周期 t 内，由此推出以决策变量 t 为自变量的平均运营费用函数 $C(t)$. 如果我们改换一种思路，把各

项费用直接限定在一个单位时间(比如1年或1月等)内,那么在单位时间内:

平均保管费用＝平均存贮量×单位保管费用＝$\frac{1}{2}QC_1$

平均订购费用＝单位时间订购次数×订购费用＝$\frac{R}{Q}C_3$

平均物品成本费用＝单位时间需求量×单价＝RK

由此可以推得单位时间平均运营费用函数:

$$C(Q)=\frac{1}{2}QC_1+\frac{R}{Q}C_3+RK \qquad (10-6)$$

这是以决策变量 Q 为自变量的函数,同样以 R,K,C_1,C_3 为已知常数.

令 $\frac{dC(Q)}{dQ}=\frac{1}{2}C_1-\frac{R}{Q^2}C_3=0$,可以推得最佳订购批量:

$$Q_0=\sqrt{\frac{2C_3R}{C_1}}$$

同时可得最佳订购周期:

$$t_0=\frac{Q_0}{R}=\frac{1}{R}\sqrt{\frac{2C_3R}{C_1}}=\sqrt{\frac{2C_3}{C_1R}}$$

结果与由公式(10-1)得出的相同.

例1 某工厂拟生产某产品30000个,该产品中有个元件需要向元件厂订购.每次订购费用50元,该元件订购价为每只0.5元,全年保管费用为购价的20%.

(1)试求该工厂今年对该元件的最佳存贮策略及费用.

(2)如明年拟将这种产品产量提高一倍,则所需元件的订购批量应比今年增加多少?定购次数又为多少?

解:(1)确定以1年为时间单位,且知:

$R=30000$(只/年);$C_3=50$(元/次);$K=0.5$(元/只);$C_1=0.2K=0.1$(元/只,年)

由此可得最佳经济批量:

$$Q_0=\sqrt{\frac{2C_3R}{C_1}}=\sqrt{\frac{2\times 50\times 30000}{0.1}}=5477(只)$$

最佳订购周期:

$$t_0=\frac{Q_0}{R}=\frac{5477}{30000}=0.183(年)$$

全年最低运营费用:

$$C_0\doteq\sqrt{2C_1C_3R}=\sqrt{2\times 0.1\times 50\times 30000}=548(元)$$

(2)明年工厂产量提高一倍,则 $R=60000$ 只,其他条件不变,可得:

$$Q_0=\sqrt{\frac{2\times 50\times 60000}{0.1}}=7746(只)$$

因此所需元件订购批量比今年增加 $7746-5477=2269$(只).

全年定购次数:

$$n=\frac{R}{Q_0}=\frac{60000}{7746}=7.75(次)$$

$n=7$ 时,订购周期 $t=1/7$,年运营费用:

$$C=\frac{1}{2}RtC_1+\frac{C_3}{t}=\frac{60000\times 0.1}{2\times 7}+50\times 7=779(元)$$

$n=8$ 时,订购周期 $t=1/8$,年运营费用:

$$C=\frac{60000\times 0.1}{2\times 8}+50\times 8=775(元)$$

比较 $n=7$ 和 $n=8$ 时的全年运营费用,取 $n=8$,即全年订购 8 次,每次订购批量 $60000/8=7500$(只).

2.2 模型 2:不允许缺货,且分批到货

模型 1 有一个假设条件是一次到货,即每次进货时间能瞬时全部入库.但实际的存贮系统常常存在这样一种情形,即所需货物分批到货,并按一定的速度入库.因此模型 2 的假设条件与模型 1 相比,只需改写第二条:当存贮量降至零时,以一定的供给率 P 得到补充(或称分批到货).

其他假设条件与模型 1 相同.模型 2 比较适合通过内部生产补充存贮的情况,当企业以内部生产作为补充手段时,通常是按一定的生产速度 P 来补充库存.因此以下的讨论将以内部生产为主.在外部订购的场合,若供给也是连续均匀进行的,那么相应的存贮策略同样适用.

由于不允许缺货,所以模型 2 的供给率(或生产速度)P 一定大于需求速度 R,否则必将出现供不应求而造成重大损失.若仍以 t 为运营周期,以 T 为进货周期(或称入库期),那么生产批量 $Q=T\times P$,且 $T\times P=t\times R$.由于 $P>R$,所以 $T<t$.考虑一个运营周期 t,从入库期 T 结束为止,存贮量达到最大值 $S_0=(P-R)\times T$.此时进货过程结束,但需求过程则仍将持续下去,因此存贮量开始以需求速度 R 连续均匀地减少,直至库存为零,完成一个运营周期.模型 2 存贮状态的变化规律如图 10-3 所示.

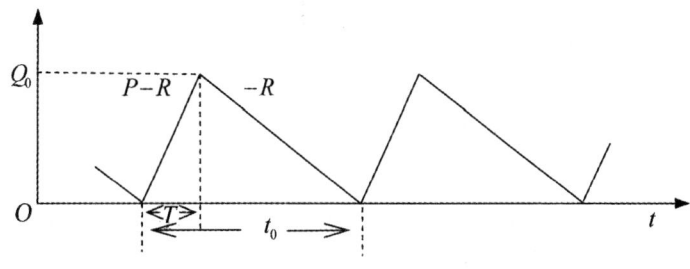

图 10-3

仍以一个运营周期 t 内各项费用为研究对象(略去物品成本费用),则在单位时间内,平均运营费用:

$$C=平均保管费用+平均生产准备费用$$

即

$$C(t)=\frac{1}{2}(P-R)TC_1+\frac{C_3}{t}$$

其中 $\frac{1}{2}(P-R)T$ 为运营周期 t 内的平均存贮量.

由 $TP=tR$,可以推出:

$$C(t)=\frac{1}{2}(P-R)\frac{Rt}{P}C_1+\frac{C_3}{t} \tag{10-7}$$

此即模型2的单位时间平均运营费用函数.

令 $\frac{\mathrm{d}C(t)}{\mathrm{d}t}=\frac{1}{2}(P-R)\frac{R}{P}C_1-\frac{C_3}{t^2}=0, t^2=\frac{2C_3}{C_1R}\frac{P}{P-R}$,可以推得最佳运营周期:

$$t_0=\sqrt{\frac{2C_3}{C_1R}}\sqrt{\frac{P}{P-R}} \tag{10-8}$$

最佳生产批量:

$$Q_0=Rt_0=\sqrt{\frac{2C_3R}{C_1}}\sqrt{\frac{P}{P-R}} \tag{10-9}$$

将 t_0 代入(10-7)式可得最低运营费用:

$$C_0=\sqrt{2C_1C_3R}\sqrt{\frac{P-R}{P}} \tag{10-10}$$

与模型1的最优存贮策略公式(10-2)、(10-3)相比,模型2的(10-8)、(10-9)式多了一个 $\sqrt{\frac{P}{P-R}}$ 因子. 当供给率很快,即 $P\to+\infty$ 时,$\frac{P}{P-R}\to 1$,此时模型2拓变成模型1,两组公式完全相同. 因此模型1是模型2当 $P\to+\infty$ 时的特例.

例2 设某工厂生产某种零件,每年需求量为18000个. 该厂每月可生产3000个,每次生产准备费用为500元,每个零件每月的保管费用为0.15元,求每次生产的最佳批量 Q_0 和最低费用 C_0.

解:将单位时间统一为月,已知:
$R=18000$(个/年)$=1500$(个/月);$P=3000$(个/月);$C_3=500$(元/次);$C_1=0.15$(元/个·月)

由公式(10-8)得最佳生产批量:

$$Q_0=\sqrt{\frac{2C_3R}{C_1}}\sqrt{\frac{P}{P-R}}=\sqrt{\frac{2\times 500\times 1500}{0.15}}\sqrt{\frac{3000}{3000-1500}}=4472(\text{个})$$

最低费用:

$$C_0=\sqrt{2C_1C_3R}\sqrt{\frac{P-R}{P}}=\sqrt{2\times 0.15\times 500\times 1500}\sqrt{\frac{3000}{3000-1500}}=335(\text{元})$$

2.3 模型3:允许缺货,且一次到货

前两个模型都假设需求必须及时得到满足,换句话说,缺货费用无限大,因此不允许缺货. 但在某些情况下,缺点货也不一定是坏事. 因为缺货可以使企业少支付订购费用、生产准备费或保管费用. 若缺货对客户的需求影响不大,除了支付少量缺货赔偿费之外,无其他损失,那么允许缺货是可取的. 一般情况下,若为了达到不允许缺货而增加的费用大

于因缺货而造成的损失费用,那么就应该允许缺货.当订购货物到达后,短缺部分可以得到补足.

模型 3 与模型 1 相比,只需把假设 1 改为:"允许缺货,单位缺货费用为 C_2"即可,其他假设条件不变.

仍以 t 为运营周期,运营周期 t 可以分为有货期 t_1 和无货期 t_2 两个阶段.在运营周期初始时刻,即所订购货物到达时,首先必须补足前一阶段无货期所短缺的货物,然后才能入库.因此真正入库部分 S 并不是订购批量 Q 的全部,即 $S<Q$,且 S 为订货运到后的最大存贮量.接下去是有货期 t_1,存贮量随着需求过程均匀减少,直至库存为零,易知 $S=Rt_1$.然后是无货期 t_2,由于需求是连续和均匀的,因此至无货期结束,下一批订货到达时,共计短缺货物 Rt_2.

因为订购批量 $Q=Rt=R(t_1+t_2)=Rt_1+Rt_2=S+Rt_2$,所以最大存贮量 S 为订购批量 Q 补足短缺货物 Rt_2 后的剩余部分.

模型 3 存贮状态变化规律如图 10-4.

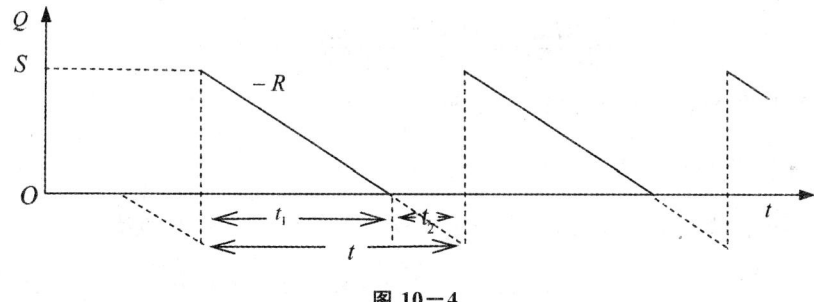

图 10-4

由于本模型允许缺货,因此必须考虑缺货成本.在运营周期 t 的单位时间内:

平均运营费用 C＝平均保管费用＋平均订购费用＋平均缺货费用

即

$$C(S,t)=\frac{1}{2}SC_1t_1\frac{1}{t}+\frac{C_3}{t}+\frac{1}{2}Rt_2C_2t_2\frac{1}{t} \tag{10-11}$$

所以模型 3 的单位时间平均运营费用函数为最大存贮量 S 和运营周期 t 的二元函数.其中 $\frac{1}{2}S$ 为运营周期的有货期 t_1 内的平均存贮量,$\frac{1}{2}Rt_2$ 为无货期 t_2 的平均缺货量.利用微积分求多元函数极值的方法,可求 $C(S,t)$ 的最小值.

因为 $S=Rt_1$,所以

$$t_1=\frac{S}{R}, t_2=t-t_1=\frac{Rt-S}{R}$$

改写(10-11)式得:

$$C(S,t)=\frac{1}{t}\left[\frac{C_1S^2}{2R}+C_3+\frac{C_2(Rt-S)^2}{2R}\right]$$

令

$$\begin{cases}\dfrac{\partial C}{\partial S}=\dfrac{1}{t}\left[\dfrac{C_1 S}{R}-\dfrac{C_2(Rt-S)}{R}\right]=0\\ \dfrac{\partial C}{\partial t}=-\dfrac{1}{t^2}\left[\dfrac{C_1 S^2}{2R}+C_3+\dfrac{C_2(Rt-S)^2}{2R}\right]+\dfrac{1}{t}C_2(Rt-S)=0\end{cases} \quad (10-12)$$

解方程组(10-12)可得：

$$S=\dfrac{C_2 Rt}{C_1+C_2}$$

$$t_0=\sqrt{\dfrac{2C_3}{C_1 R}}\sqrt{\dfrac{C_1+C_2}{C_2}} \quad (10-13)$$

$$Q_0=Rt_0=\sqrt{\dfrac{2C_3 R}{C_1}}\sqrt{\dfrac{C_1+C_2}{C_2}} \quad (10-14)$$

$$C_0=\sqrt{2C_1 C_2 R}\sqrt{\dfrac{C_2}{C_1+C_2}} \quad (10-15)$$

最大存贮量公式：

$$S_0=\dfrac{C_2 Rt_0}{C_1+C_2}=\sqrt{\dfrac{2C_3 R}{C_1}}\sqrt{\dfrac{C_2}{C_1+C_2}} \quad (10-16)$$

与模型 1 的公式(10-2)、(10-3)相比，模型 3 的(10-13)、(10-14)式多了一个 $\sqrt{\dfrac{C_1+C_2}{C_2}}$ 因子．当单位缺货损失 C_2 无穷大，即 $C_2\to+\infty$ 时，$\dfrac{C_1+C_2}{C_2}\to 1$，此时模型 3 拓变成模型 1，两组公式完全相同．因此模型 1 是模型 3 当 $C_2\to+\infty$ 时的特例．

由于 $\dfrac{C_1+C_2}{C_2}>1$，因此在允许缺货的情况下，两次订购的最佳时间 t_0 延长了，但同时每次订购的最佳数量增加了．而且单位缺货损失越小，订购间隔时间越长，经济批量越大．

由公式(10-14)、(10-16)还可以推出 t_0 时间内的最大缺货量 B_0：

$$\begin{aligned}B_0&=Q_0-S_0=\sqrt{\dfrac{2C_3 R}{C_1}}\sqrt{\dfrac{C_1+C_2}{C_2}}-\sqrt{\dfrac{2C_3 R}{C_1}}\sqrt{\dfrac{C_2}{C_1+C_2}}\\ &=\sqrt{\dfrac{2C_3 R}{C_1}}\left(\sqrt{\dfrac{C_1+C_2}{C_2}}-\sqrt{\dfrac{C_2}{C_1+C_2}}\right)\\ &=\sqrt{\dfrac{2C_3 R}{C_2}}\sqrt{\dfrac{C_2}{C_1+C_2}}\end{aligned}$$

例 3 市场对某企业产品的年需求量为 10000 单位，企业生产准备费用为 150 元，单位产品年保管费 2 元．若企业不能按时供货，则单位产品年缺货费用为 5 元，产品重新生产出来以后可以补足．求经济批量 Q_0，最大存贮量 S_0，最大缺货量 B_0 及最佳生产间隔时间 t_0．

解：单位时间确定为年．已知：

$R=10000$(单位/年)；$C_3=150$(元/次)；$C_1=2$(元/单位)；$C_2=5$(元/单位，年)

$$Q_0=\sqrt{\dfrac{2C_3 R}{C_1}}\sqrt{\dfrac{C_1+C_2}{C_2}}=\sqrt{\dfrac{2\times 150\times 10000}{2}}\sqrt{\dfrac{2+5}{5}}=1445(\text{单位})$$

$$S_0=\sqrt{\dfrac{2C_3 R}{C_1}}\sqrt{\dfrac{C_2}{C_1+C_2}}=\sqrt{\dfrac{2\times 150\times 10000}{2}}\sqrt{\dfrac{5}{2+5}}=1035(\text{单位})$$

$$B_0 = Q_0 - S_0 = 1445 - 1035 = 410(单位)$$
$$t_0 = \frac{Q_0}{R} = \frac{1445}{10000} = 0.145 \text{ 年} = 52(天)$$

2.4 模型4：允许缺货，且分批到货

本模型是模型2和模型3的综合，即同时对模型1的假设条件1和2进行修改：
(1) 允许缺货，单位缺货费用为 C_2；
(2) 分批到货，以一定的供应率 P 补充库存.
其他条件不变.
模型4的存贮变化可以用图10－5表示.

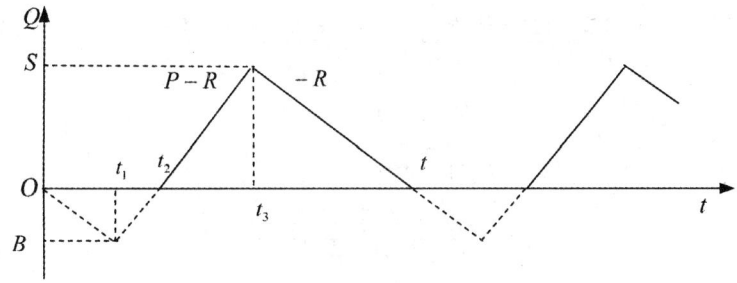

图 10－5

以 $[0, t]$ 为一个运营周期，则整个周期可以分为4个时间区间：

$[0, t_1]$：为缺货期，该阶段没生产，需求却仍在继续，因此最大缺货量 B_0 为 Rt_1.

$[t_1, t_2]$：从 t_1 开始生产，尽管 $P > R$，但由于必须补足缺货，因此该阶段的存贮仍保持为零. 该阶段生产的货物除了补缺以外，还满足了需求. 生产量为：
$$P(t_2 - t_1) = Rt_1 + R(t_2 - t_1) = Rt_2$$

$[t_2, t_3]$：已补足缺货，存贮量开始以 $P - R$ 的速度增加. t_3 达到最大存贮量. 最大存贮量为：
$$S_0 = (P - R)(t_3 - t_2) = R(t - t_3)$$

$[t_3, t]$：t_3 停止生产，存贮量以需求速度 R 减少，至 t 存贮恢复为零，又开始进入缺货期.

由以上分析，可建立单位时间平均运营费用函数：

平均运营费用 C ＝平均保管费用＋平均生产准备费用＋平均缺货费用
$$C = \frac{1}{2}(P-R)(t_3 - t_2)C_1(t - t_2)\frac{1}{t} + \frac{C_3}{t} + \frac{1}{2}Rt_1 C_2 t_2 \frac{1}{t}$$

因为最大存贮量：
$$S_0 = (P - R)(t_3 - t_2) = R(t - t_3)$$

最大缺货量：
$$B_0 = Rt_1 = (P - R)(t_2 - t_1)$$

所以

$$t_3 - t_2 = \frac{R}{P}(t - t_2)$$

$$t_1 = \frac{P-R}{P}t_2$$

代入平均存贮费用函数,得

$$\begin{aligned}C(t,t_2) &= \frac{1}{t}\left[\frac{(P-R)R}{2P}C_1(t-t_2)^2 + C_3 + \frac{(P-R)R}{2P}C_2 t_2^2\right] \\ &= \frac{(P-R)R}{2Pt}[C_1(t-t_2)^2 + C_2 t_2^2] + \frac{C_3}{t} \\ &= \frac{(P-R)R}{2P}[C_1 t - 2C_1 t_2 + (C_1+C_2)\frac{t_2^2}{t}] + \frac{C_3}{t}\end{aligned} \qquad (10-17)$$

分别对时间参数 t 和 t_2 求偏导数,并令偏导数为零,可得

$$\begin{cases}\frac{\partial C}{\partial t} = \frac{(P-R)R}{2P}\left[C_1 - (C_1+C_2)\frac{t_2^2}{t^2}\right] - \frac{C_3}{t^2} = 0 \\ \frac{\partial C}{\partial t_2} = \frac{(P-R)R}{2P}\left[-2C_1 + 2(C_1+C_2)\frac{t_2}{t}\right] = 0\end{cases} \qquad (10-18)$$

由方程组(10-18)解得最佳营运周期:

$$t_0 = \sqrt{\frac{2C_3}{C_1 R}}\sqrt{\frac{P}{P-R}}\sqrt{\frac{C_1+C_2}{C_2}} \qquad (10-19)$$

$$t_2 = \frac{C_1}{C_1+C_2}t_0 = \frac{C_1}{C_1+C_2}\sqrt{\frac{2C_3}{C_1 R}}\sqrt{\frac{P}{P-R}}\sqrt{\frac{C_1+C_2}{C_2}},$$

最优经济批量:

$$Q_0 = Rt_0 = \sqrt{\frac{2C_3 R}{C_1}}\sqrt{\frac{P}{P-R}}\sqrt{\frac{C_1+C_2}{C_2}} \qquad (10-20)$$

且

$$t_2 = \frac{C_1}{C_1+C_2}t_0 = \frac{C_1}{C_1+C_2}\sqrt{\frac{2C_3}{C_1 R}}\sqrt{\frac{P}{P-R}}\sqrt{\frac{C_1+C_2}{C_2}}$$

并由此可得最大缺货量:

$$B_0 = Rt_1 = \frac{R(P-R)}{P}t_2 = \sqrt{\frac{2C_3 R}{C_2}}\sqrt{\frac{P-R}{P}}\sqrt{\frac{C_2}{C_1+C_2}} \qquad (10-21)$$

又因为 $t_3 - t_2 = \frac{R}{P}(t_0 - t_2)$, $t_3 = \frac{R}{P}t_0 + \frac{P-R}{P}t_2$,所以最大存贮量:

$$\begin{aligned}S_0 &= R(t_0 - t_3) = R(t_0 - \frac{R}{P}t_0 - \frac{P-R}{P}t_2) \\ &= R(\frac{P-R}{P}t_0 - \frac{P-R}{P}\frac{C_1}{C_1+C_2}t_0) \\ &= R\frac{P-R}{P}\frac{C_1}{C_1+C_2}t_0 \\ &= \sqrt{\frac{2C_3 R}{C_1}}\sqrt{\frac{P-R}{P}}\sqrt{\frac{C_2}{C_1+C_2}}\end{aligned} \qquad (10-22)$$

最低费用:

$$C_0 = C(t_0, t_2) = \sqrt{2C_1C_3R}\sqrt{\frac{P-R}{P}}\sqrt{\frac{C_2}{C_1+C_2}} \qquad (10-23)$$

由公式(10-19)、(10-20)可知,若生产速度 $P \to +\infty$,则模型 4 拓变成模型 2;若缺货费用 $C_2 \to +\infty$,则模型 4 拓变成模型 3;当 $P \to +\infty$ 和 $C_2 \to +\infty$ 同时成立,则模型 4 成为最简单的模型 1. 由此可见,模型 4 是确定性存贮模型中最具普遍意义的一种模型.

例 4 某厂为了满足生产需要,定期向外单位订购一种零件,该零件平均需求量为 100 个,每天的零件保管费用为 0.02 元,订购一次费用为 100 元,每天供应量 200 个,允许缺货,每个零件每天的缺货损失是 0.08 元. 求最佳订购量 Q_0,订购间隔时间 t_0,最优缺货量 B_0,单位时间总费用 C_0.

解: 已知:

$R=100$(个/天);$P=200$(个/天);$C_1=0.02$(元/个);$C_2=0.08$(元/个);$C_3=100$(元/天)

那么

$$Q_0 = \sqrt{\frac{2C_3R}{C_1}}\sqrt{\frac{P}{P-R}}\sqrt{\frac{C_1+C_2}{C_2}}$$

$$= \sqrt{\frac{2\times 100\times 100}{0.02}}\sqrt{\frac{200}{200-100}}\sqrt{\frac{0.02+0.08}{0.08}} = 1581(\text{个})$$

$$t_0 = \frac{Q_0}{R} = \frac{1581}{100} = 15.8(\text{天})$$

$$B_0 = \sqrt{\frac{2C_3R}{C_2}}\sqrt{\frac{P-R}{P}}\sqrt{\frac{C_1}{C_1+C_2}}$$

$$= \sqrt{\frac{2\times 100\times 100}{0.08}}\sqrt{\frac{200-100}{200}}\sqrt{\frac{0.08}{0.08+0.02}} = 158(\text{个})$$

$$C_0 = \sqrt{2C_1C_3R}\sqrt{\frac{P-R}{P}}\sqrt{\frac{C_2}{C_1+C_2}}$$

$$= \sqrt{2\times 0.02\times 100\times 100}\sqrt{\frac{200-100}{200}}\sqrt{\frac{0.02}{0.08+0.02}} = 12.6(\text{元})$$

2.5 模型 5:价格有折扣的存贮模型

在上述 4 种模型中,都假设单位物品的成本费用 K 是固定不变的,所以单位时间的平均物品成本费用 KR 为确定的常数,与确定最优存贮策略 t_0 和 Q_0 无关,在讨论中常常把该项费用略去. 但是在日常的经济生活中,物品的单价 K 往往与购买数量 Q 有关,即 $K=K(Q)$,称之为批量折扣.

批量折扣是供应商采取的一种鼓励用户多订货的营销策略. 供应商根据用户订货量的多少规定不同的购价,订货量越多,购价越低. 通常批量折扣函数 $K(Q)$ 为订货量的分段函数,其一般形式为:

$$K(Q) = \begin{cases} K_1 & 0 \leqslant Q < Q_1 \\ K_2 & Q_1 \leqslant Q < Q_2 \\ \quad \cdots \\ K_m & Q_{m-1} \leqslant Q < +\infty \end{cases}$$

其中 $K_1 > K_2 > \cdots > K_m, 0 < Q_1 < Q_2 < \cdots < Q_{m-1} < +\infty$.

由于物品成本费用 K 是订货量 Q 的函数,因此在制定确定性存贮模型的存贮策略时,必须考虑单位时间物品成本费用 $K(Q)R$.以下仅就不允许缺货,且一次到货的情形加以讨论,其方法也适用于模型 1—4.

1. 不允许缺货,一次到货,且批量只有一种折扣的情况

设批量折扣函数:

$$K(Q) = \begin{cases} K_1 & 0 \leqslant Q < Q_1 \\ K_2 & Q_1 \leqslant Q < +\infty \end{cases}$$

其中 $K_1 > K_2$.则单位时间内:

平均运营费用 C = 平均保管费用 + 平均订购费用 + 平均物品成本费用

如(10-6)式,上述各项费用可用决策变量 Q 的函数表示:

$$C(Q) = \frac{1}{2}QC_1 + \frac{R}{Q}C_3 + K(Q)R$$

于是

$$C(Q) = \begin{cases} \dfrac{1}{2}QC_1 + \dfrac{R}{Q}C_3 + K_1 R, & 0 \leqslant Q < Q_1 \\ \dfrac{1}{2}QC_1 + \dfrac{R}{Q}C_3 + K_2 R, & Q_1 \leqslant Q < +\infty \end{cases} \tag{10-24}$$

上述函数为一个分段函数.

若令

$$C_1(Q) = \frac{1}{2}QC_1 + \frac{R}{Q}C_3 + K_1 R$$

$$C_2(Q) = \frac{1}{2}QC_1 + \frac{R}{Q}C_3 + K_2 R$$

易知 $C_1(Q)$ 和 $C_2(Q)$ 仅相差一个常数项,它们具有相同的曲线图形,$C_1(Q)$ 位于 $C_2(Q)$ 的上方,且在同一点 $Q^* = \sqrt{\dfrac{2C_3 R}{C_1}}$ 取得最小值.

根据 Q^* 和 Q_1 的关系,可由图解法求出经济批量 Q_0,如图 10-6.

$$Q_0 = \begin{cases} Q^* & 0 \leqslant Q_1 < Q^* \\ Q_1 & Q^* \leqslant Q_1, C_2(Q_1) < C_1(Q^*) \\ Q^* & Q^* \leqslant Q_1, C_2(Q_1) > C_1(Q^*) \end{cases}$$

(a) $Q_1 < Q^*$

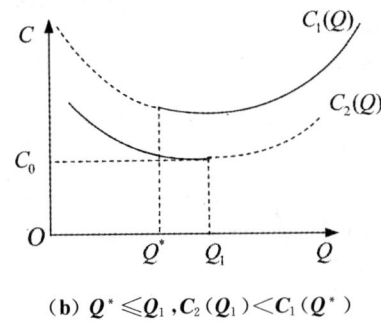
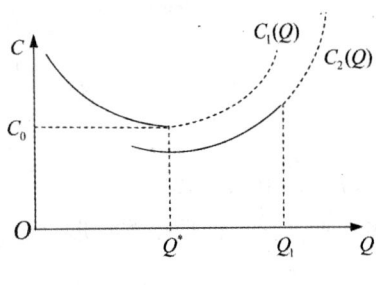

(b) $Q^* \leqslant Q_1, C_2(Q_1) < C_1(Q^*)$ (c) $Q^* \leqslant Q_1, C_2(Q_1) > C_1(Q^*)$

图 10-6

上述确定经济批量 Q_0 的方法可总结为：

(1) 如果 $Q_1 < Q^*$，如图 10-6(a)，确定 $Q_0 = Q^* = \sqrt{\dfrac{2C_3R}{C_1}}$.

(2) 如果 $Q^* \leqslant Q_1$，则：

① 若 $C_2(Q_1) < C_1(Q^*)$，如图 10-6(b)，取 $Q_0 = Q_1$；

② 若 $C_2(Q_1) > C_1(Q^*)$，如图 10-6(c)，取 $Q_0 = Q^* = \sqrt{\dfrac{2C_3R}{C_1}}$.

例 5 某厂每年需要某种产品 500 个单位，每次订购费用 100 元，单位产品年保管费用 10 元，不允许缺货，产品单价 K 随采购数量的不同而变化：

$$K(Q) = \begin{cases} 12 \text{ 元} & Q < 150 \\ 10 \text{ 元} & 150 \leqslant Q \end{cases}$$

求经济批量.

解：已知：

$R = 500$（单位/年）；$C_1 = 10$（元/单位，年）；$C_3 = 100$（元/次）

$$Q^* = \sqrt{\dfrac{2C_3R}{C_1}} = \sqrt{\dfrac{2 \times 100 \times 500}{10}} = 100 \text{（单位）}$$

因为 $Q_1 = 150 > 100$，有必要比较 $C_1(Q^*)$ 和 $C_2(Q_1)$：

$$C_1(Q^*) = \dfrac{1}{2}Q^* C_1 + \dfrac{R}{Q^*}C_3 + K_1 R$$

$$= \dfrac{1}{2} \times 100 \times 10 + \dfrac{500}{100} \times 100 + 12 \times 500 = 7000 \text{（元）}$$

$$C_2(Q_1) = \dfrac{1}{2}Q_1 C_1 + \dfrac{R}{Q_1}C_3 + K_2 R$$

$$= \dfrac{1}{2} \times 150 \times 10 + \dfrac{500}{150} \times 100 + 10 \times 500 = 6083 \text{（元）}$$

即 $C_1(Q^*) > C_2(Q_1)$，所以 $Q_0 = Q_1 = 150$ 单位.

不难发现，处理这类问题的关键是比较折扣点数量 Q^* 和 Q_1，若折扣点数量 $Q_1 < Q^*$，经济批量马上可以求出，即 $Q_0 = Q^*$. 否则，就要比较相应的平均存贮函数 $C_1(Q^*)$ 和 $C_2(Q_1)$，取最小值对应的批量值为经济批量 Q_0.

2. 不允许缺货，一次到货，且批量有多个折扣的情况

设批量折扣函数为：

$$K(Q) = \begin{cases} K_1 & 0 \leq Q < Q_1 \\ K_2 & Q_1 \leq Q < Q_2 \\ \cdots \\ K_m & Q_{m-1} \leq Q < +\infty \end{cases}$$

其中 $K_1 > K_2 > \cdots > K_m$.

参照批量只有一种折扣的情形,首先不考虑折扣,计算出曲线族 $C_1(Q), C_2(Q), \cdots C_m(Q)$ 共同的最小值点 $Q^* = \sqrt{\dfrac{2C_3 R}{C_1}}$,若 $Q_{m-1} < Q^*$,则经济批量 $Q_0 = Q^*$;若 $Q_{i-1} \leq Q^* < Q_i$,则计算 $C_i(Q^*), C_{i+1}(Q_i), \cdots, C_m(Q_{m-1})$,然后相应地取这些存贮费用中最小的那个 Q 为经济批量 Q_0. 见图 10-7.

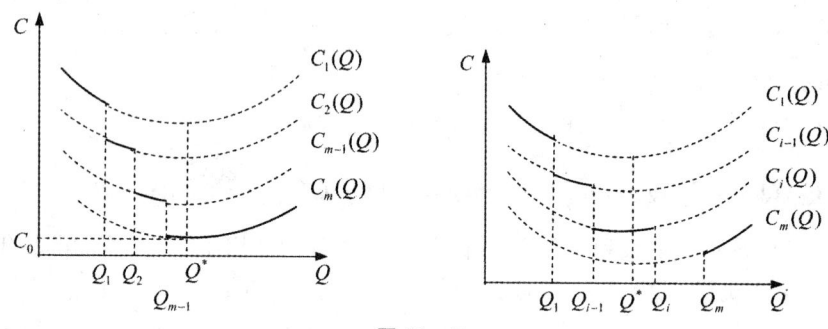

图 10-7

例 6 一家快餐店每日需用食油 16 公斤,每订购一次货的订购费用为 16 元,每公斤油每天的保管费为 0.02 元,食油的价格为每公斤 5 元. 当订货量超过 200 公斤(含 200 公斤)而不足 500 公斤时,每公斤的价格为 4.8 元,而订货量超过 500 公斤时,每公斤价格为 4.7 元. 试确定最优订货量.

解:已知 $R = 16$(公斤/天);$C_1 = 0.02$(元/公斤);$C_3 = 16$(元/次);$Q_1 = 200$(公斤);$Q_2 = 500$(公斤);$K_1 = 5$(元/公斤);$K_2 = 4.8$(元/公斤);$K_3 = 4.7$(元/公斤)

价格折扣函数

$$K(Q) = \begin{cases} 5 \text{ 元} & Q < 200 \text{ 公斤} \\ 4.8 \text{ 元} & 200 \text{ 公斤} \leq Q < 500 \text{ 公斤} \\ 4.7 \text{ 元} & 500 \text{ 公斤} \leq Q \end{cases}$$

$$Q^* = \sqrt{\dfrac{2C_3 R}{C_1}} = \sqrt{\dfrac{2 \times 16 \times 16}{0.02}} = 160 \text{(公斤)}$$

因为 $Q^* < Q_1$,因此需要比较数 $C_1(Q^*), C_2(Q_1)$ 和 $C_3(Q_2)$ 的大小:

$$C_1(Q^*) = \dfrac{1}{2} Q^* C_1 + \dfrac{R}{Q^*} C_3 + K_1 R$$

$$= \dfrac{1}{2} \times 160 \times 0.02 + \dfrac{16}{160} \times 16 + 5 \times 16 = 83.2 \text{(元)}$$

$$C_2(Q_1) = \dfrac{1}{2} Q_1 C_1 + \dfrac{R}{Q_1} C_3 + K_2 R$$

$$= \dfrac{1}{2} \times 200 \times 0.02 + \dfrac{16}{200} \times 16 + 4.8 \times 16 = 80.08 \text{(元)}$$

$$C_3(Q_2) = \frac{1}{2}Q_2C_1 + \frac{R}{Q_2}C_3 + K_3R$$

$$= \frac{1}{2} \times 500 \times 0.02 + \frac{16}{500} \times 16 + 4.7 \times 16 = 80.71(元)$$

由于 $C_2(Q_1) = 80.08(元)$ 最小,因此取 $Q_0 = Q_1 = 200(公斤)$.

第三节 随机性存贮模型

上节讨论的存贮模型中,假设需求都是连续和均匀的,需求速度 R 是一个固定的常数,因而称之为确定性存贮模型. 对于确定性存贮模型可采用 t 循环策略,即每隔 t_0 时间补充一次,存贮量为 Q_0,这样可使平均存贮费用达到最小.

但在实际应用中,大多数的需求是不能事先确定的,它们是随机变量,可以用某一个概率分布来描述. 例如冬季取暖用煤的存贮问题,在秋季需要决定煤的订购量,但是冬季用煤的需求量显然是不确定的,它受到气候变化的影响,我们可以根据以往的气候和用煤量数据以及当年的气象预测,估计出用煤量的概率分布,进而建立合理的存贮模型. 随机性存贮模型在实际生活中是很多的,如食品厂准备在中秋节生产多少月饼,才能使总盈利达到最大等.

从本节开始我们讨论需求为随机变量,但其概率分布为已知的单时期随机性存贮模型,并将从需求是离散随机和连续随机两种情形加以讨论. 由于需求 r 是随机变量,因此与存贮系统运营费用相关的各项费用将用随机变量 r 的函数表示.

在确定性存贮模型中,评价存贮策略优劣的标准是取最优经济批量 Q_0 和最佳运营周期 t_0,使平均运营费用达到最小. 但是在单时期随机性存贮模型中,运营周期已经确定,因此评价标准将是取最优订购量(或生产量)Q^*,使单时期的期望损失费用达到最小,或使期望获利达到最大. 在单时期存贮模型中,订购费用(或生产准备费用)为固定常数 C_3,因此在确定最优订购量 Q^*(或生产量)时将其略去.

3.1 模型 6:单时期,需求是离散随机的

当需求是离散型随机变量时,如何建立合理的单时期存贮模型?以下通过一个著名的报童问题引入相应的结论.

报童问题:报童每天售报数量是一个随机变量,报童每售出一份报纸可以赚 C_2 元,如果报纸未能售出,则每份赔 C_1 元,每天售出报纸的数量 r 的概率 $P(r)$ 根据以往经验是已知的. 问报童每天应准备多少份报纸为最佳.

可以设想,报童的目标是选择最佳的每天订购量 Q,使因供大于求而受到的期望滞销损失和因供不应求而造成的期望缺货损失的两者之和达到最小.

设报童每天订购报纸的数量为 Q,则每天:

$$\text{期望损失费用} = \text{期望滞销损失} + \text{期望缺货损失}$$

当供大于求时,需求量不超过订购量,即 $0 \leqslant r \leqslant Q$,可推得:

$$\text{期望滞销损失} = \sum_{r=0}^{Q} C_1 (Q-r) P(r)$$

同样,若供不应求时,需求量超过订购量,即 $Q < r < +\infty$,因此:

$$\text{期望缺货损失} = \sum_{r=Q+1}^{\infty} C_2 (r-Q) P(r)$$

所以,每天期望损失费用为:

$$C(Q) = C_1 \sum_{r=0}^{Q} (Q-r) P(r) + C_2 \sum_{r=Q+1}^{\infty} (r-Q) P(r) \qquad (10-25)$$

由此问题归结为求适当的每天订购量 Q,使期望损失费用函数 $C(Q)$ 达到最小.

以下考察订购量由 Q 增加到 $Q+1$ 时,对期望滞销损失和期望缺货损失的影响. 因为:

$$\sum_{r=0}^{Q+1} (Q+1-r) P(r) = \sum_{r=0}^{Q} (Q+1-r) P(r) = \sum_{r=0}^{Q} (Q-r) P(r) + \sum_{r=0}^{Q} P(r)$$

可推得:

$$C_1 \sum_{r=0}^{Q+1} (Q+1-r) P(r) - C_1 \sum_{r=0}^{Q} (Q-r) P(r) = C_1 \sum_{r=0}^{Q} P(r) \qquad (10-26)$$

所以期望滞销损失费用是订购量 Q 的单调递增函数. 同理,

$$\sum_{r=Q+2}^{\infty} (r-Q-1) P(r) = \sum_{r=Q+1}^{\infty} (r-Q-1) P(r) = \sum_{r=Q+1}^{\infty} (r-Q) P(r) - \sum_{r=Q+1}^{\infty} P(r)$$

即

$$C_2 \sum_{r=Q+2}^{\infty} (r-Q-1) P(r) - C_2 \sum_{r=Q+1}^{\infty} (r-Q) P(r) = -C_2 \sum_{r=Q+1}^{\infty} P(r) \qquad (10-27)$$

所以期望缺货损失费用是订购量 Q 的单调递减函数.

由公式 $(10-25)$、$(10-26)$、$(10-27)$,可推得:

$$C(Q+1) - C(Q) = C_1 \sum_{r=0}^{Q} P(r) - C_2 \sum_{r=Q+1}^{\infty} P(r) = (C_1 + C_2) \sum_{r=0}^{Q} P(r) - C_2$$

$$(10-28)$$

易知期望损失费用 $C(Q)$ 的曲线图形为:先随 Q 的增加而单调减小,到达某一点 Q^*,达到最小值,然后又随着 Q 的增加而单调递增. 由于需求 r 为离散型随机变量,无法通过求导的方法求出最小值,因此可求适当的 Q^*,满足:

(1) $C(Q^*) \leqslant C(Q^* + 1)$;

(2) $C(Q^*) \leqslant C(Q^* - 1)$.

由 $(10-28)$ 式可得:

$$C(Q^* + 1) - C(Q^*) = (C_1 + C_2) \sum_{r=0}^{Q^*} P(r) - C_2 \geqslant 0$$

同理可推得:

$$C(Q^*) - C(Q^* - 1) = (C_1 + C_2) \sum_{r=0}^{Q^*-1} P(r) - C_2 \leqslant 0$$

即

$$\sum_{r=0}^{Q^*-1} P(r) \leqslant \frac{C_2}{C_1 + C_2} \leqslant \sum_{r=0}^{Q^*} P(r)$$

所以在求最优订购量 Q^* 时，可先算出 $\frac{C_2}{C_1+C_2}$，然后求：

$$Q^* = \min \left\{ Q \,\middle|\, \frac{C_2}{C_1 + C_2} \leqslant \sum_{r=0}^{Q} P(r) \right\} \tag{10-29}$$

例 7 一报童购进报纸，每份 0.3 元，出售报纸每份 0.7 元．若售不出去则作废，每天需求服从分布见表 10-1．若每天的需求与前一天的需求相互独立，问报童每天应购进多少份报纸．

表 10-1

份数 R	23	24	25	26	27	28	29	30	31	32
概率 $P(r)$	0.01	0.03	0.06	0.10	0.20	0.25	0.15	0.10	0.05	0.05
$\sum_{r=0}^{Q} P(r)$	0.01	0.04	0.10	0.20	0.40	0.65	0.80	0.90	0.95	1.00

解：令 Q 为每天订购的报纸数量，r 为需求量，即每天实际售出的报纸数量，已知 $C_1 = 0.3$(元/份)，$C_2 = 0.7 - 0.3 = 0.4$(元/份).

因为

$$\frac{C_2}{C_1 + C_2} = \frac{0.4}{0.3 + 0.4} = 0.571$$

$$\sum_{r=23}^{27} P(r) = 0.4 \leqslant 0.571 \leqslant 0.65 = \sum_{r=23}^{28} P(r)$$

所以最优订购量 $Q^* = 28$ 份．

在报童问题中，期望损失费用＝期望滞销损失＋期望缺货损失．其中期望滞销损失相当于确定性存贮模型中的平均保管费用，而期望缺货损失则与平均缺货费用含义相同．

对于一般的单时期需求离散随机的存贮模型，若单位货物成本费用为 K，单时期单位保管费用 C_1，单位缺货费用为 C_2，需求量 r 为离散型随机变量，概率分布 $P(r)$ 已知，同时仍然略去订购费用，那么单时期期望运营费用：

$$C(Q) = C_1 \sum_{r=0}^{Q} (Q-r) P(r) + C_2 \sum_{r=Q+1}^{\infty} (r-Q) P(r) + KQ \tag{10-30}$$

与 (10-25) 式相比，(10-30) 式增加了一项货物成本费用．利用与报童问题相同的方法可以推出，最优订购量：

$$Q^* = \min \left\{ Q \,\middle|\, \frac{C_2 - K}{C_1 + C_2} \leqslant \sum_{r=0}^{Q} P(r) \right\} \tag{10-31}$$

例 8 某电器维修部使用一种零件的订购价格为每件 26 元，每年每个零件的保管费用为 1 元，单位缺货费用为 80 元，年需求量的概率分布如表 10-2．试求每年最优订购量．

表 10-2

需求量 r 件/年	40	50	60	70	80
概率 $P(r)$	0.2	0.3	0.3	0.1	0.1

解： 已知：$K=26$(元/件)；$C_1=1$(元/件,年)；$C_2=80$(元/件,年)

$$\frac{C_2-K}{C_1+C_2}=\frac{80-26}{1+80}=0.667$$

由(10-31)式可推得 $Q^*=60$(件)．

3.2 模型 7：单时期，需求是连续随机的

假设某种货物的单位成本费用为 K，单位售价为 P，单时期单位保管费用为 C_1 元，需求量 r 为连续型随机变量，其分布密度为 $\varphi(r)$，$0 \leqslant r < +\infty$．问如何确定订购数量，使单时期期望盈利 $W(Q)$ 达到最大．

假设单时期的订购量为 Q，则企业单时期盈利等于销售收入减去货物成本和保管费用，其中货物成本 KQ 与需求无关，因此单时期：

$$\text{期望盈利}=\text{期望销售收入}-\text{货物成本}-\text{期望保管费用}$$

因为

$$\text{销售收入}=P\min(r,Q)$$

所以

$$\text{期望销售收入}=E[P\min(r,Q)]$$
$$=P\int_0^{+\infty}\min(r,Q)\varphi(r)dr$$
$$=P\left[\int_0^Q r\varphi(r)dr+\int_Q^{+\infty}Q\varphi(r)dr\right]$$

又因为

$$\text{保管费用 } C_1(Q)=\begin{cases}C_1(Q-r), & 0\leqslant r\leqslant Q \\ 0, & Q<r\end{cases}$$

所以

$$\text{期望保管费用}=E[C_1(Q)]=\int_0^Q C_1(Q-r)\varphi(r)dr$$

由此可以推得单时期期望盈利：

$$W(Q)=P\left[\int_0^Q r\varphi(r)dr+\int_Q^{+\infty}Q\varphi(r)dr\right]-KQ-\int_0^Q C_1(Q-r)\varphi(r)dr$$
$$=P\int_0^{+\infty}r\varphi(r)dr+P\int_Q^Q r\varphi(r)dr+P\int_Q^{+\infty}Q\varphi(r)dr-KQ-\int_0^Q C_1(Q-r)\varphi(r)dr$$
$$=PE(r)-\left[P\int_Q^{+\infty}(r-Q)\varphi(r)dr+C_1\int_0^Q(Q-r)\varphi(r)dr+KQ\right]$$
$$\triangleq PE(r)-C(Q)$$

其中：

$$C(Q) = P\int_Q^{+\infty}(r-Q)\varphi(r)\mathrm{d}r + C_1\int_0^Q(Q-r)\varphi(r)\mathrm{d}r + KQ \qquad (10-32)$$

与(10-25)式比较,不难看出(10-32)式为单时期考虑了货物成本的期望损失费用,即:

期望损失费用＝期望缺货损失＋期望滞销损失＋货物成本

因为 $\max W(Q) = PE(r) - \min C(Q)$,所以求 $\max W(Q)$ 等价于 $\min C(Q)$. 利用对一元函数求极值的方法,求 $C(Q)$ 的极小值点:

$$\begin{aligned}\frac{\mathrm{d}C(Q)}{\mathrm{d}Q} &= \left[P\int_Q^{+\infty}(r-Q)\varphi(r)\mathrm{d}r + C_1\int_0^Q(Q-r)\varphi(r)\mathrm{d}r + KQ\right]' \\ &= \left[P\int_Q^{+\infty}r\varphi(r)\mathrm{d}r - P\int_Q^{+\infty}Q\varphi(r)\mathrm{d}r + C_1\int_0^Q Q\varphi(r)\mathrm{d}r - C_1\int_0^Q r\varphi(r)\mathrm{d}r + KQ\right]' \\ &= -PQ\varphi(Q) - P\int_Q^{+\infty}\varphi(r)\mathrm{d}r + PQ\varphi(Q) + C_1\int_0^Q\varphi(r)\mathrm{d}r + C_1Q\varphi(Q) - C_1Q\varphi(Q) + K \\ &= -P\int_Q^{+\infty}\varphi(r)\mathrm{d}r + C_1\int_0^Q\varphi(r)\mathrm{d}r + K \\ &= C_1 F(Q) - P(1-F(Q)) + K = 0\end{aligned}$$

所以

$$F(Q) = \frac{P-K}{C_1+P} \qquad (10-33)$$

求解(10-33)式得 Q^*,Q^* 为 $C(Q)$ 的驻点,又因为:

$$\frac{\mathrm{d}^2 C(Q)}{\mathrm{d}Q^2} = [C_1 F(Q) - P(1-F(Q)) + K]' = C_1\varphi(Q) + P\varphi(Q) > 0$$

所以 Q^* 为 $C(Q)$ 的极小值点.

由(10-33)式可知:

(1)若 $P \leqslant K$,即单位售价不超过单位成本费用,则取 $Q^* = 0$,即不需要订货或生产.

(2)若 $C_2 > P$,即单位缺货损失大于单位售价时,单时期期望运营费用:

$$C(Q) = C_2\int_Q^{+\infty}(r-Q)\varphi(r)\mathrm{d}r + C_1\int_0^Q(Q-r)\varphi(r)\mathrm{d}r + KQ$$

可推得:

$$F(Q) = \frac{C_2-K}{C_1+C_2} \qquad (10-34)$$

模型6和模型7都解决单时期的最优订货量问题.如果上一时期未能出售的货物数量为 I,则可作为本时期的存贮量.利用公式(10-31)、(10-33)或(10-34)求出 Q^*.若

(1)$I \geqslant Q^*$,本时期不需订货;

(2)$I < Q^*$,则订货量 $Q = Q^* - I$.

此存贮策略可称为定期订货,订货量不定的存贮策略,常用以解决随机性存贮模型.

例9 某批发站供应一种季节性很强的产品,该产品在销售季节(一个时期)中的需求量 r 服从指数分布:

$$\varphi(r) = \begin{cases} \dfrac{1}{10000}\mathrm{e}^{-\frac{r}{10000}} & 0 \leqslant r \\ 0 & r < 0 \end{cases}$$

批发站在时期开始时一次进货,进货价是每件 10 元,市场上的售价是 35 元,卖剩产品的保管费是每件 1 元.批发站必须保证客户订货要求,当批发站进货不足时,没有别的进货渠道,只有从市场上以零售价进货.求批发站的最优进货量.

解:这是单时期,无订货费,需求连续随机的存贮模型,已知 $K=10$(元/件), $P=35$(元/件), $C_1=1$(元/件).

因为
$$F(Q)=\frac{P-K}{C_1+P}=\frac{35-10}{1+35}=0.6944$$

所以
$$F(Q)=\int_0^Q \frac{1}{10000}e^{-\frac{r}{10000}}dr=1-e^{-\frac{Q}{10000}}=0.6944$$

即 $e^{-\frac{Q}{10000}}=0.3056$,推得 $Q^*=11856$ 件,比期望需求 $E(r)=10000$ 多订购 1856 件.

习　　题

10.1 若某产品中有一外购件,年需求量为 10000 件,单价为 100 元.由于该件可在市场采购,故订货提前期为零,并设不允许缺货.已知组织一次采购需 2000 元,每件每年的存贮费为该件单价的 20%,试求:

(1)经济批量;

(2)每年最小的存贮量;

(3)采购的总费用.

10.2 某承包商每天需向供应汽车制造厂 10000 个轴承,而他每天能生产 25000 个轴承.每个轴承的年保管费用为 0.02 元,生产准备费每次 18 元.设每年工作 250 天,该承包商每年应安排的轴承生产次数为多少?

10.3 某厂每年需要 15000 个 A 部件供装配试用.该厂每天能生产 100 个 A 部件,而生产准备费每次 24 元.一个 A 部件年保管费 5 元.

(1)设每年工作 250 天,则一年最佳生产次数为多少?

(2)最大存贮量为多少?

10.4 某企业每天需要某种能源 10000 吨.由于气候比较稳定,一年燃料需求率不变,且每年开工 365 天.该厂想确定存贮策略以使年存贮费用最小.已知燃料每吨 60 元,保管费每吨每年 5 元,订购费每次 500 元,拖后时间为 2 天.试求:

(1)经济批量;

(2)订购点(指必须向外订购时对应的存贮物品数量);

(3)每年最佳订购次数;

(4)最低年运营费用.

10.5 加工制作羽绒服的某厂预测下一年度的销售量为 15000 件,准备在全年的 300 个工作日内均衡组织生产.假如为加工厂制作一件羽绒服所需的各种原材料成本为 48 元,又制作一件羽绒服所需原材料的年存贮费为其成本的 22%,提出一次订货所需费用为 250 元,订货提前期为零,不允许缺货.试求经济订货批量.

10.6 某工厂拟生产某产品 50000 个,该产品中有个元件需要向元件厂订购,每次订购费用 100 元,该元件订购价为每只 0.6 元,全年保管费用为购价的 15%.

(1) 试求该工厂今年对该元件的最佳存贮策略及费用.

(2) 如明年拟将这种产品产量提高一倍,则所需元件的订购批量应比今年增加多少?订购次数又为多少?

10.7 某电视机厂自行生产扬声器用以装配本厂生产的电视机. 该厂每天生产 100 部电视机,而扬声器生产车间每天可以生产 5000 个. 已知该厂每批电视机装备的生产准备费为 5000 元,而每个扬声器在一天内的保管费为 0.02 元. 试确定该厂扬声器的最佳生产批量、生产时间和电视机的安装周期.

10.8 某厂为了满足生产的需要,定期地向外单位订购一种零件. 这种零件平均每天的需求量为 100 个,每个零件每天的保管费为 0.02 元,订购一次的费用为 100 元.

(1) 假定不允许缺货,求经济批量,最佳订购间隔期,单位时间最小费用;

(2) 假如供货单位不能一次供货,而是按一定的速度均匀供应,设每天供应量为 200 个,求经济批量,最佳订购间隔期,单位最小费用;

(3) 假如允许缺货,每个零件缺货一天的损失费为 0.08 元,求经济批量,最优缺货量,最佳订购间隔期,单位最小费用;

(4) 若将(2)、(3)两种情况结合起来,供应速度每天 200 个,缺货损失费用每天每个 0.08 元,求经济批量,最优缺货量,最佳订购间隔期,单位最小费用.

10.9 某电子设备厂对一种元件的需求为每年 2000 件,不需要提前订货,每次订货费为 25 元. 该元件每件成本为 50 元,年存贮费为成本的 20%. 如发生供应短缺,可在下批货到时补上,但缺货损失为每件每年 30 元.

(1) 求经济订货批量及全年的总费用;

(2) 如不允许发生供应短缺,重新求经济订货批量,并与(1)中的结果比较.

10.10 市场对某企业产品的年需求量为 50000 单位,企业生产准备费用为 250 元,单位产品年保管费 1 元,若企业不能按时供货,则单位产品年缺货费用为 6 元,产品重新生产出来以后可以补足. 求经济批量,最大存贮量,最大缺货量及最佳生产间隔时间 t_0.

10.11 某厂为了满足生产需要,定期向外单位订购一种零件,该零件平均需求量为 1000 个,每天的零件保管费用为 0.02 元,订购一次费用为 180 元,每天供应量 1500 个,允许缺货,每个零件每天的缺货损失是 0.1 元. 求最佳订购量 Q_0,订购间隔时间 t_0,最优缺货量 B_0,单位时间总费用 C_0.

10.12 某厂每年需要某种产品 800 个单位,每次订购费用 120 元,单位产品年保管费用 15 元,不允许缺货,产品单价 K 随采购数量的不同而变化:

$$K(Q) = \begin{cases} 15 \text{ 元} & Q < 150 \\ 12 \text{ 元} & 150 \leqslant Q \end{cases}$$

求经济批量.

10.13 设某货物的需求量在 17 件至 26 件之间,已知需求量 r 的概率分布如下表,并知其成本为每件 5 元,售价为每件 10 元,处理价为每件 2 元. 问应进货多少,能使总利润的期望值最大.

需求量 r	17	18	19	20	21	22	23	24	25	26
概率 $P(r)$	0.12	0.18	0.23	0.13	0.10	0.08	0.05	0.04	0.04	0.03

10.14 某商店拟出售甲商品。每单位甲商品成本为 40 元,售价为 70 元。如不能出售,必须减价为 30 元,减价后一定能售完。已知售货量 r 服从泊松分布:

$$P(r)=\frac{\lambda^r}{r!}e^{-\lambda}, \qquad r=0,1,\cdots$$

根据以往经验,平均售出数为 6 单位($\lambda=6$)。问该店应订购多少单位甲商品。

10.15 考虑单时期需求随机连续的存贮模型。假如需求量 r 服从均匀分布,其概率密度为:

$$\varphi(r)=\begin{cases}\dfrac{1}{10} & 0\leqslant r\leqslant 10\\ 0 & \text{其他}\end{cases}$$

已知进货价每个为 0.5 元,保管费每个 0.5 元,缺货损失费每个 4.5 元。求最佳订货量。

10.16 某航空公司在 A 市到 B 市的航线上用波音 737 客机执行飞行任务。已知该机有效载客为 138 人。按照民用航空有关条例,旅客因有事或误机,机票可免费改签一次,此外也有在飞机起飞前退票的。为避免由此发生的空座损失,该航空公司决定每个航班超量售票(即每班售出 $138+S$)。但由此会发生持票登机旅客多于座位数情况,这种情况下,航空公司规定,对超员旅客愿意改乘本公司后续航班的,机票免费(即退回原机机票);若换乘其他航空公司航班的,按照票价 150% 退款。据统计前一类顾客占超员中的 80%,后一类占 20%。又据该公司长期统计每个航班旅客退票和改签发生的人数 i 概率 $P(i)$ 如下表所示,试确定该航空公司从 A 市到 B 市的航班每班应多售出机票张数 S,使预期的获利最大。

i	0	1	2	3	4	5	6	7	8
$P(i)$	0.18	0.25	0.16	0.06	0.06	0.04	0.03	0.02	0.01

第十一章 矩阵对策

人们常会遇到一些具有竞赛或斗争性质的现象,如生活中的下棋、打桥牌,公司之间的竞争,军事斗争等等.竞争者总是力图使自己获得尽可能好的结局,但这种努力常会遇到参与竞争的对手的干扰和影响.竞争者为获得尽可能好的结果,在作出自己的决策时,必须考虑到对手的可能行动,在此基础上选出自己相应的对付策略.这种竞争或斗争性质的现象称为对策现象.研究这种竞争或斗争现象的数学理论和方法,称为对策论(Game Theory),又称博弈论.它主要是研究决策主体的行为发生直接相互作用时的决策以及这种决策的均衡问题的学科.对策论把各式各样的冲突现象抽象成一种数学模型,然后给出分析这些问题的方法和解.

在我国古代很早就有对策的思想,如田忌赛马.战国时期,齐国国王齐威王有一天提出要和大司马田忌赛马,双方约定:各自从自己的上、中、下三个等级的马中选出一匹,每次出一匹马比赛,共比赛三次,选出的这三匹马都要参加比赛.当时的情况是,齐王的马要比田忌同等级的马好(而比上一级的马差),因此以往比赛田忌总是输.田忌手下的谋士孙膑对他说,这次我保证你赢,你可以下一个大赌注.于是田忌和齐王以千金为注.比赛时,孙膑让田忌以他的下等马对齐王的上等马,以田忌的上等马对齐王的中等马,以田忌的中等马对齐王的下等马,结果田忌一负二胜,赢得了千金.这个例子说明,正确选取策略是十分重要的.

对策论作为一门正式学科,是在20世纪40年代形成并发展起来的.1944年,冯·诺依曼(Von Neumann)和摩根斯坦(O. Morgenstern)的《博弈论和经济行为》一书的出版,标志着现代系统对策理论的初步形成.20世纪50年代是对策论发展的鼎盛时期,纳什(Nash)和夏普利(Sharp)等提出了讨价还价模型和合作对策的"核"的概念.同时,非合作对策也开始创立,纳什于1950和1951年发表了两篇关于非合作对策的文章,图克(Tucker)于1950年定义了"囚徒困境"问题.20世纪60年代,泽尔腾(Selten)引入动态分析,提出"精练纳什均衡"概念.海萨尼把不完全信息引入对策论的研究.1994年诺贝尔经济学奖授给了三位对策论专家:纳什、泽尔腾和海萨尼(Harsanyi).

对策论已经成为当代经济学的基石.对策论博大精深,它不仅在经济学领域得到广泛应用,在军事、政治、商业等社会科学领域以及生物学等自然科学领域都有非常重大的影响,工程学中如控制论工程也少不了它.因此,学习对策论对管理工作者具有重要的现实意义.

第一节　对策问题的基本概念

1.1　对策现象的要素

各种对策现象都有本质上的共同点,这就是对策现象的三个根本要素,研究对象时必须首先搞清楚这三个根本要素.

1. 局中人

每一局对策中都有这样的参加者:他们为了得到好的结局,必须制订对付对手的行动方案,这种有决策权的参加者就称为局中人,而与得失无关的旁观者及无决策权的其他人不能称为局中人.只有两个局中人的博弈现象称为"两人博弈",而多于两个局中人的博弈称为"多人博弈",如田忌赛马这个例子中,局中人是齐王和田忌.

2. 策略

一局博弈中,每个局中人都有可以选择的实际可行的完整行动方案,方案不是某阶段的行动方案,而是指导整个行动的一个方案.一个局中人的一个可行的自始至终筹划全局的行动方案,称为这个局中人的一个策略.如果在一个博弈中局中人的策略都是有限个,则称为"有限博弈",否则称为"无限博弈".

田忌赛马这个例子中,是从上等、中等、下等马中各选一匹进行比赛,这三匹马的一个出赛次序就是一个完整的行动方案,也就是局中人可以采用的一个策略.

3. 得失函数(赢得函数)

一局博弈结局时的结果称为得失.每个局中人在一局博弈结束时的得失,不仅与该局中人自身所选择的策略有关,而且与全体局中人所取定的一组策略有关.从每个局中人的策略集合中各取一个策略,组成的策略组称为"局势".所以,一局博弈结束时每个局中人的"得失"是全体局中人所取定的一组策略的函数,通常称为得失函数.在田忌赛马的例子里,齐王的赢得示于表 11-1 中.

若对任一局势,全体局中人的"得"或"失"之和总是等于"0",则称这种对策(博弈)为零和对策(零和博弈),否则称为非零和对策(非零和博弈).

表 11-1

齐王策略 \ 齐王赢得 \ 田忌策略	一 (上中下)	二 (上下中)	三 (中上下)	四 (中下上)	五 (下中上)	六 (下上中)
1.(上中下)	3	1	1	1	1	-1
2.(上下中)	1	3	1	1	-1	1
3.(中上下)	1	-1	3	1	1	1
4.(中下上)	-1	1	1	3	1	1

续表

齐王策略 \ 齐王赢得 \ 田忌策略	一 (上中下)	二 (上下中)	三 (中上下)	四 (中下上)	五 (下中上)	六 (下上中)
5.(下中上)	1	1	−1	1	3	1
6.(下上中)	1	1	1	−1	1	3

1.2 二人有限零和对策

二人有限零和对策指的是：对策中的局中人有两个，每个局中人都有有限个策略可供选择，且在任一局势中，两个局中人所得之和等于零。显然，在这种对策中，一个局中人的所得就等于另一个局中人的所失，他们两者的利益是根本冲突的。这种对策又称为矩阵对策，它比较简单，1944 年就形成了成熟的理论，而且这些理论也奠定了研究对策现象的基本思路。本章着重介绍这种对策。

设参加对策的两个局中人为 Ⅰ 和 Ⅱ，他们各自具有策略 $\alpha_i (i=1,2,\cdots,m)$ 和 $\beta_j (j=1,2,\cdots,n)$，当局中人 Ⅰ 出策略 α_i，局中人 Ⅱ 出策略 β_j 时，局中人 Ⅰ 的赢得为 a_{ij}。以 S_1 表示局中人 Ⅰ 的策略集合，以 S_2 表示局中人 Ⅱ 的策略集合，A 表示由各个局势下局中人 Ⅰ 的赢得 a_{ij} 构成的矩阵（局中人 Ⅰ 的赢得矩阵），即

$$S_1 = \{\alpha_1, \alpha_2, \cdots, \alpha_m\} \tag{11-1}$$

$$S_2 = \{\beta_1, \beta_2, \cdots, \beta_n\} \tag{11-2}$$

$$A = \begin{bmatrix} a_{11} & \cdots & a_{1n} \\ \cdots & \cdots & \cdots \\ a_{m1} & \cdots & a_{mn} \end{bmatrix} \tag{11-3}$$

则可将该对策表示为： $G = (S_1, S_2, A) \tag{11-4}$

矩阵 A 称为局中人 Ⅰ 的赢得矩阵（对 A 的支付矩阵）。由于在二人有限零和对策中，局中人 Ⅱ 的赢得矩阵正好等于 $-A$，故只要给出了 A，就给出了一个二人有限零和对策，因而也常将二人有限零和对策称为矩阵对策。

为清楚起见，对策有时以局中人 Ⅰ 的赢得表的形式给出（见表 11-2）。

表 11-2

局中人Ⅰ赢得 \ 局中人Ⅰ策略 \ 局中人Ⅱ策略	β_1	β_2	$\cdots$	β_n
α_1	a_{11}	a_{12}		a_{1n}
α_2	a_{21}	a_{22}		a_{2n}
$\cdots$		$\cdots$	$\cdots$	$\cdots$
α_m	a_{m1}	a_{m2}		a_{mn}

赢得表中局中人的每一单独策略,称为纯策略.由全体局中人各自的一个纯策略构成的策略组,称为纯局势.例如,从局中人Ⅰ的策略集合 S_1 中选取某一策略 α_i,从局中人Ⅱ的策略集合 S_2 中选取某一策略 β_j,就得到纯局势(α_i,β_j),这时局中人Ⅰ的赢得为 a_{ij},局中人Ⅱ的赢得为 $-a_{ij}$.

第二节 矩阵对策的最优纯策略

2.1 例子

下面研究矩阵对策的解.首先假设两个局中人都是理智的,也就是说每个局中人在选择策略时,都力图使自己的赢得尽可能的大.据此,局中人在选择策略时谁也不能存在侥幸心理.

例1 现有一矩阵对策,局中人Ⅰ有三个策略可供选择,局中人Ⅱ有三个策略可供选择,即 $S_1=\{\alpha_1,\alpha_2,\alpha_3\}$ 和 $S_2=\{\beta_1,\beta_2,\beta_3\}$.表11-3给出了局中人Ⅰ的赢得表.

表 11-3

局中人Ⅰ策略 \ 局中人Ⅱ策略	β_1	β_2	β_3
α_1	-1	3	-2
α_2	4	3	2
α_3	6	1	-8

在表11-3中,局中人Ⅰ最大收入为6,于是他为了得到6而选择策略 α_3;局中人Ⅱ考虑到局中人Ⅰ的这个心理,而出策略 β_3,使局中人Ⅰ得不到6,反而失去8;同样,若局中人Ⅱ为使局中人Ⅰ失去8(自己得到8)而出策略 β_3,局中人Ⅰ就会出策略 α_2,使局中人Ⅱ反而付出2;局中人Ⅱ出策略 β_3,至此,局中人Ⅰ发现,只要他选择策略 α_2,就能保证使自己的赢得不小于2;局中人Ⅱ也认识到,当局中人Ⅰ选择策略 α_2 时,他只有选择策略 β_3 才能使自己的损失不大于2.这时,双方都得到了"满意"的结果.

以上分析说明,在零和对策中,局中人必须考虑到对方会设法使自己的收入尽量少.如果不存在侥幸心理(稳妥)的话,就应当从最坏的可能出发争取尽量好的结果,这就是所谓"理智行为".

当局中人Ⅰ出策略 α_1 时,他的最小赢得为该行的最小元素 -2(最坏情形);一般地,当局中人Ⅰ出策略 α_i 时,他的最小赢得是:

$$\min_j\{a_{ij}\}, \quad i=1,2,\cdots,m$$

在这个例子中局中人 I 取策略 $\alpha_1,\alpha_2,\alpha_3$ 时,他的最小赢得分别为 $-2,2,-8$. 在这些可能的最坏情形中,其中最好者为 2,因此局中人 I 应选取相应的策略 α_2. 在这种情况下,无论局中人 II 选取什么策略,局中人 I 的赢得都不会小于 2.

同理,考虑局中人 II. 当局中人 II 出某一策略 β_j 时,其最大付出(或者说他的对手的最大赢得)等于局中人 I 的赢得表中该列元素中的最大者,即

$$\max_i\{a_{ij}\}, \quad j=1,2,\cdots,n$$

在该例中,局中人 II 出策略 β_1,β_2,β_3 时,其最大付出分别为 6,3,2. 为使自己的付出尽可能小,局中人 II 应选取策略 β_3. 这时无论局中人 I 选取什么策略,局中人 II 的付出都不会大于 2.

由于在本例中,表 11-3 中各行最小元素的最大值和各列最大元素的最小值相等,即有:

$$\max\{-2,2,-8\}=\min\{6,3,2\}=2$$

从而,局中人 I 为使自己的赢得不少于 2,局中人 II 为使自己的付出不多于 2,分别选取策略 α_2 和 β_3,结果局中人 I 赢得 2,局中人 II 付出 2,各自都得到了"满意"的结局. 上述分析过程示于表 11-4.

表 11-4

局中人 II 策略 局中人 I 赢得 局中人 I 策略	β_1	β_2	β_3	$\min_j\{a_{ij}\}$
α_1	-1	3	-2	-2
α_2	4	3	2	[2]
α_3	6	1	-8	-8
$\max_i\{a_{ij}\}$	6	3	[2]	

2.2 最优纯策略与鞍点

现在讨论具有最优纯策略解的一般矩阵对策.

定义 1 对于二人有限零和对策 $G=(S_1,S_2,A)$,若有

$$\max_i\min_j\{a_{ij}\}=\min_j\max_i\{a_{ij}\}=a_{i^*j^*}=V_G \tag{11-5}$$

则称 V_G 为对策 G 的值,策略 α_{i^*} 和 β_{j^*} 分别称为局中人 I 和局中人 II 的最优纯策略,纯局势 $(\alpha_{i^*},\beta_{j^*})$ 为对策 G 的鞍点(Saddle Point),也是该对策的解.

把纯策略 α_{i^*} 和 β_{j^*} 分别称为局中人 I 和局中人 II 最优纯策略的原因是,当一方采取上述策略时,若另一方存在侥幸心理而不采取相应的策略,他就会吃亏. 事实上,当 $V_G\geqslant 0$,局中人 I 有策略立于不败之地,所以他不顾冒险,一定会选取自己的最优纯策略,从而迫使局中人 II 在选择策略时不能存在侥幸心理. 同理,当 $V_G\leqslant 0$,局中人 II 有策略立于不败之地,他一定会采用自己的最优纯策略,从而迫使局中人 I 也采用自己的最优纯

策略.

上述分析说明,当对策存在纯策略意义下的鞍点时,有理智的局中人应采用自己的最优纯策略;这时,只要一方采用其最优纯策略(即使不向对方保密),对方就无法使他的所得小于 V_G(局中人Ⅰ)或所失大于 V_G(局中人Ⅱ). 由此可见,最优局势 $(\alpha_{i*}, \beta_{j*})$ 具有稳定性,也把这种局势称为均衡局势.

例2 求矩阵对策 $G=(S_1, S_2, A)$ 中双方的最优纯策略和对策的值. 其中, $S_1 = \{\alpha_1, \alpha_2, \alpha_3\}, S_2 = \{\beta_1, \beta_2, \beta_3, \beta_4\}, A = \begin{bmatrix} -2 & 2 & -2 & 7 \\ 4 & 3 & 8 & 5 \\ 8 & -6 & 2 & -1 \end{bmatrix}.$

解:
$$\max_i \min_j \{a_{ij}\} = \max\{-2, 3, -6\} = a_{22} = 3$$
$$\min_j \max_i \{a_{ij}\} = \min\{8, 3, 8, 5\} = a_{22} = 3$$

由于
$$\max_i \min_j \{a_{ij}\} = \min_j \max_i \{a_{ij}\} = a_{22} = 3$$

故纯局势 $(\alpha_{i*}, \beta_{j*}) = (\alpha_2, \beta_2)$ 为该对策的鞍点, α_2 和 β_2 分别为局中人Ⅰ和局中人Ⅱ的最优纯策略,对策值 $V_G = 3$.

所有矩阵对策都存在纯策略意义下的鞍点么?是否局中人都存在最优纯策略?回答是否定的. 当

$$\max_i \min_j \{a_{ij}\} \neq \min_j \max_i \{a_{ij}\}$$

时,就没有纯策略意义下的鞍点. 这时,局中人不存在最优纯策略,或者说,对策没有纯策略解.

例3 某矩阵对策 $G=(S_1, S_2, A)$ 中, $S_1 = \{\alpha_1, \alpha_2, \alpha_3\}, S_2 = \{\beta_1, \beta_2, \beta_3\},$

$A = \begin{bmatrix} 0 & -2 & 2 \\ 5 & 4 & -3 \\ 2 & 3 & -4 \end{bmatrix},$ 求双方的最优纯策略和对策的值.

解:
$$\max_i \min_j \{a_{ij}\} = \max\{-2, -3, -4\} = a_{12} = -2$$
$$\min_j \max_i \{a_{ij}\} = \min\{5, 4, 2\} = a_{13} = 2$$

由于
$$\max_i \min_j \{a_{ij}\} \neq \min_j \max_i \{a_{ij}\}$$

故该对策没有鞍点,即在纯策略意义下无解.

下面定理给出了矩阵对策有纯策略解的充分必要条件.

定理1 矩阵对策 $G=(S_1, S_2, A)$ 有纯策略解的充分必要条件是:存在某纯局势 $(\alpha_{i*}, \beta_{j*})$,使对一切 $i=1,2,\cdots,m, j=1,2,\cdots,n$ 都有

$$a_{ij*} \leqslant a_{i*j*} \leqslant a_{i*j} \tag{11.6}$$

证明: 先证明充分性.

由于对一切 i 和 j 均有

$$a_{ij*} \leqslant a_{i*j*} \leqslant a_{i*j}$$

故有

$$\max_i a_{ij*} \leqslant a_{i*j*}, a_{i*j*} \leqslant \min_j a_{i*j}$$

即
$$\max_i a_{ij*} \leqslant a_{i*j*} \leqslant \min_j a_{i*j}$$

但
$$\min_j \max_i a_{ij} \leqslant \max_i a_{ij*}$$
$$\min_j a_{i*j} \leqslant \max_i \min_j a_{ij}$$

从而得
$$\min_j \max_i a_{ij} \leqslant a_{i*j*} \leqslant \max_i \min_j a_{ij}$$

此外
$$\max_i \min_j a_{ij} \leqslant \min_j \max_i a_{ij}$$

故有
$$\max_i \min_j a_{ij} = \min_j \max_i a_{ij} = a_{i*j*}$$

再证明必要性.

既然对策 G 有纯策略解,可假设 $\min_j a_{ij}$ 在 $i=i^*$ 时达到最大, $\max_i a_{ij}$ 在 $j=j^*$ 时达到最小,即

$$\max_i \min_j a_{ij} = \min_j a_{i*j}$$
$$\min_j \max_i a_{ij} = \max_i a_{ij*}$$

而
$$a_{i*j*} = \max_i \min_j a_{ij} = \min_j \max_i a_{ij}$$

故有
$$a_{i*j*} = \min_j \max_i a_{ij} = \max_i a_{ij*} \geqslant a_{ij*}$$
$$a_{i*j*} = \max_i \min_j a_{ij} = \min_j a_{i*j} \leqslant a_{i*j}$$

从而得到,对一切 $i=1,2,\cdots,m, j=1,2,\cdots,n$ 有
$$a_{ij*} \leqslant a_{i*j*} \leqslant a_{i*j}$$

定理得证.

定理 1 说明,对某一矩阵对策 G,若能在其局中人 I 的赢得矩阵 A 中找到某一元素 a_{i*j*},它同时是它所在行 α_{i*} 中最小元素和它所在列 β_{j*} 中的最大元素,则 α_{i*} 为局中人 I 的最优纯策略,β_{j*} 为局中人 II 的最优纯策略,$(\alpha_{i*}, \beta_{j*})$ 为该对策的鞍点,该对策值 $V_G = a_{i*j*}$.

例 4 求矩阵对策 $G = S_1, S_2, A$ 的鞍点和值.其中局中人 I 的 $S_1 = \{\alpha_1, \alpha_2, \alpha_3, \alpha_4\}$,局中人 II 的 $S_2 = \{\beta_1, \beta_2, \beta_3, \beta_4\}$,$A = \begin{bmatrix} 6 & 5 & 6 & 5 \\ 1 & 4 & 2 & -1 \\ 8 & 5 & 7 & 5 \\ 0 & 2 & 6 & 2 \end{bmatrix}$.

解: $\max_i \min_j \{a_{ij}\} = \max\{5, -1, 5, 0\} = a_{12} = a_{14} = a_{32} = a_{34} = 5$
$\min_j \max_i \{a_{ij}\} = \min\{8, 5, 7, 5\} = a_{12} = a_{14} = a_{32} = a_{34} = 5$

这时,该对策有 4 个鞍点,(α_1,β_2),(α_1,β_4),(α_3,β_2) 和 (α_3,β_4),对策值 $V_G=5$,鞍点不唯一,对策值唯一.

定理 2 如果 $(\alpha_{i_1},\beta_{j_1})$ 和 $(\alpha_{i_2},\beta_{j_2})$ 都是矩阵对策 G 的鞍点,则 $(\alpha_{i_1},\beta_{j_2})$ 和 $(\alpha_{i_2},\beta_{j_1})$ 也是 G 的鞍点,而且它们对应的对策值相等.

这个定理说明矩阵对策的最优解两个性质:

(1) 无差别性. 如果 $(\alpha_{i_1},\beta_{j_1})$ 和 $(\alpha_{i_2},\beta_{j_2})$ 是矩阵对策 G 的两个解,则 $a_{i_1 j_1}=a_{i_2 j_2}$.

(2) 可交换性. 如果 $(\alpha_{i_1},\beta_{j_1})$ 和 $(\alpha_{i_2},\beta_{j_2})$ 是矩阵对策 G 的两个解,则 $(\alpha_{i_1},\beta_{j_2})$ 和 $(\alpha_{i_2},\beta_{j_1})$ 也是 G 的解.

第三节 矩阵对策的混合策略

前面所述,并非所有的矩阵对策都有纯策略意义下的鞍点,也就是说,不是所有的矩阵对策都有纯策略解.

3.1 混合策略

现研究表 11-5 所示的矩阵对策.

显然,该矩阵对策没有纯策略意义下的鞍点,因而,对策双方都没有最优纯策略.

表 11-5

局中人Ⅰ赢得 局中人Ⅰ策略	局中人Ⅱ策略 β_1	β_2	$\min_j \{a_{ij}\}$
α_1	5	-3	-3
α_2	-2	4	-2
$\max_i \{a_{ij}\}$	5	4	

事实上,若局中人Ⅰ为获得最大利益而选取策略 α_1 时,局中人Ⅱ就会出策略 β_2,使局中人Ⅰ非但得不到 5,反而失去 3;为对付局中人Ⅱ的这一策略,局中人Ⅰ会选取策略 α_2,局中人Ⅱ就会出策略 β_1;局中人Ⅰ选取策略 α_1,局中人Ⅱ就会出策略 β_2……可知,在这种情况下,局中人双方都没有稳定的纯策略可以选取,该对策不存在最优纯策略解.

在这类对策中,如果一方出某一策略的情报被对方所知,后者就会选取适当的策略而稳操胜券.因而,局中人双方都必须向对方保密,而随机的选取自己的策略.这就是说,局中人双方都需要确定以多大的概率来选取自己的各个纯策略.

若局中人Ⅰ以概率 x_1 选取策略 α_1,以 $x_2=1-x_1$ 选取策略 α_2;局中人Ⅱ以概率 y_1 选取 β_1,以 $y_2=1-y_1$ 选取策略 β_2. 当 $x_1 \in (0,1)$ 和 $y_1 \in (0,1)$ 取定某确定的值时,概率数组 $(x_1,1-x_1)$ 和 $(y_1,1-y_1)$ 分别称为局中人Ⅰ和Ⅱ的一个混合策略.

现在按照表 11-5 中的数值,可算出局中人 I 的期望赢得:

$$E(x_1, y_1) = (x_1, 1-x_1)\begin{bmatrix} 5 & -3 \\ -2 & 4 \end{bmatrix}\begin{bmatrix} y_1 \\ 1-y_1 \end{bmatrix}$$

$$= 14\left[\left(\frac{6}{14} - x_1\right)\left(\frac{7}{14} - y_1\right)\right] + 1$$

如果大量重复进行上述对策,则当 $x_1 = \frac{6}{14}$,即当局中人 I 以概率 $\frac{6}{14}$ 选取策略 α_1,以概率 $x_2 = 1 - x_1 = \frac{8}{14}$ 选取策略 α_2 时,他的期望赢得等于 1. 注意,局中人 I 并不能保证自己的期望赢得超过 1,原因是局中人 II 以 $y_1 = \frac{7}{14}$ 的概率选取策略 β_1,以 $y_2 = 1 - y_1 = \frac{7}{14}$ 的概率选取策略 β_2,他就能控制局中人 I 的期望赢得,使之不会多于 1,即局中人 II 的期望损失不会超过 1. 这样一来,局中人双方都得到了满意的结果. 这时,局中人 I 的最优混合策略是 $(\frac{6}{14}, \frac{8}{14})$,局中人 II 的最优混合策略是 $(\frac{7}{14}, \frac{7}{14})$.

由此可见,当矩阵对策不存在最优纯策略意义下的鞍点时,局中人在进行对策时不是固定采用某一个纯策略,而是采用混合策略,即决定用多大的概率选取自己的每一个纯策略.

一般地,设有一矩阵对策 $G = (S_1, S_2, A)$,其中:$S_1 = \{\alpha_1, \alpha_2, \cdots, \alpha_m\}$,$S_2 = \{\beta_1, \beta_2, \cdots, \beta_n\}$,$A = (a_{ij})_{m \times n}$,把纯策略集合所对应的概率向量:

$$X = \{x_1, x_2, \cdots, x_m\}, x_i \geqslant 0, i = 1, 2, \cdots, m, \sum_{i=1}^{m} x_i = 1 \quad (11-7)$$

和

$$Y = \{y_1, y_2, \cdots, y_n\}, y_j \geqslant 0, j = 1, 2, \cdots, n, \sum_{j=1}^{n} y_j = 1 \quad (11-8)$$

分别称为局中人 I 和局中人 II 的混合策略. 其中,x_i 是局中人 I 选取策略 α_i 的概率,y_j 是局中人 II 选取策略 β_j 的概率.

此外,称数学期望

$$E(X, Y) = XAY^T = (x_1, x_2, \cdots, x_m)\begin{bmatrix} a_{11} & a_{12} & \cdots & a_{1n} \\ a_{21} & a_{22} & \cdots & a_{2n} \\ \cdots & \cdots & \cdots & \cdots \\ a_{m1} & a_{m2} & \cdots & a_{mn} \end{bmatrix}\begin{bmatrix} y_1 \\ y_2 \\ \cdots \\ y_n \end{bmatrix}$$

$$= \sum_{i=1}^{m} \sum_{j=1}^{n} a_{ij} x_i y_j \quad (11-9)$$

为局中人 I 的期望赢得,而 $-E(X, Y)$ 为局中人 II 的期望赢得. 并称 (X, Y) 为混合局势.

3.2 矩阵对策的基本定理

当局中人使用混合策略进行对策时,仍有所谓最优策略的问题.

考虑矩阵对策 $G=(S_1,S_2,A)$,其中 $S_1=\{\alpha_1,\alpha_2,\cdots,\alpha_m\}$, $S_2=\{\beta_1,\beta_2,\cdots,\beta_n\}$, $A=(a_{ij})_{m\times n}$. 当局中人Ⅰ选定了任一混合策略 $X=\{x_1,x_2,\cdots,x_m\}$ 时,局中人Ⅱ就会选取这样的混合策略 $Y=\{y_1,y_2,\cdots,y_n\}$,以使局中人Ⅰ的期望赢得 $E(X,Y)=XAY^T=\sum_{i=1}^{m}\sum_{j=1}^{n}a_{ij}x_iy_j$ 为最小. 对于局中人Ⅰ的每一个混合策略,都可以按照如上考虑算出相应的最小期望赢得,在这些最小期望赢得中,必存在最大者,局中人Ⅰ当然要选取对应最大期望赢得的相应混合策略 $X^*=\{x_1^*,x_2^*,\cdots,x_m^*\}$. 将这时局中人Ⅱ的混合策略记为 $Y^*=\{y_1^*,y_2^*,\cdots,y_n^*\}$,则有

$$E(X^*,Y^*)=\sum_{i=1}^{m}\sum_{j=1}^{n}a_{ij}x_i^*y_j^*=\max_{X}\min_{Y}\sum_{i=1}^{m}\sum_{j=1}^{n}a_{ij}x_iy_j$$
$$=\max_{X}\min_{Y}E(X,Y) \qquad (11-10)$$

同样,当局中人Ⅱ取定某一策略 $Y=\{y_1,y_2,\cdots,y_n\}$ 时,局中人Ⅰ就会选取这样的策略 $X=\{x_1,x_2,\cdots,x_m\}$,以使自己的赢得 $E(X,Y)=XAY^T=\sum_{i=1}^{m}\sum_{j=1}^{n}a_{ij}x_iy_j$ 最大. 对于局中人Ⅱ的每一个混合策略,都可以计算出这种情况下局中人Ⅰ的最大期望赢得. 在这些最大期望赢得中,必存在最小者,局中人Ⅱ当然要选择对应这一期望赢得的相应混合策略 $Y^{**}=\{y_1^{**},y_2^{**},\cdots,y_n^{**}\}$,以 $X^{**}=\{x_1^{**},x_2^{**},\cdots,x_m^{**}\}$ 表示这时局中人Ⅰ的混合策略,则有

$$E(X^{**},Y^{**})=\sum_{i=1}^{m}\sum_{j=1}^{n}a_{ij}x_i^{**}Y_j^{**}=\min_{Y}\max_{X}\sum_{i=1}^{m}\sum_{j=1}^{n}a_{ij}x_iy_j$$
$$=\min_{Y}\max_{X}E(X,Y) \qquad (11-11)$$

和具有纯策略意义下鞍点的矩阵对策类似,这时也有"最小最大"定理成立.

定理 3 矩阵对策的最小最大定理.

已知 $G=(S_1,S_2,A)$ 为任一矩阵对策,此处 $S_1=\{\alpha_1,\alpha_2,\cdots,\alpha_m\}$, $S_2=\{\beta_1,\beta_2,\cdots,\beta_n\}$, $A=(a_{ij})_{m\times n}$. 若以 $X=\{x_1,x_2,\cdots,x_m\}$ 和 $Y=\{y_1,y_2,\cdots,y_n\}$ 分别表示局中人Ⅰ和Ⅱ的混合策略,以 S_m 和 S_n 分别表示局中人Ⅰ和Ⅱ的混合策略集合,即

$$S_m=\{X=(x_1,x_2,\cdots,x_m)\mid x_i\geqslant 0, i=1,2,\cdots,m;\sum_{i=1}^{m}x_i=1\} \qquad (11-12)$$

$$S_n=\{Y=(y_1,y_2,\cdots,y_n)\mid y_j\geqslant 0, j=1,2,\cdots,n;\sum_{j=1}^{n}y_j=1\} \qquad (11-13)$$

则有

$$\max_{X\in S_m}\min_{Y\in S_n}E(X,Y)=\min_{Y\in S_n}\max_{X\in S_m}E(X,Y)=V_G \qquad (11-14)$$

上式中 V_G 为对策的值.

本定理证明从略.

由本定理可知,存在混合策略 $X^*\in S_m$ 和 $Y^*\in S_n$ 使下式成立:

$$\min_{Y\in S_n}E(X^*,Y)=\max_{X\in S_m}E(X,Y^*) \qquad (11-15)$$

局中人Ⅰ取策略 X^* 时,不管局中人Ⅱ如何聪明,也无法使局中人Ⅰ的期望收入小于 V_G;反之当局中人Ⅱ取策略 Y^*,不管局中人Ⅰ如何聪明,也无法使自己的期望收入大于

V_G,即无法使局中人Ⅱ的损失大于V_G.由此可见,混合策略X^*和Y^*与前述最优纯策略具有类似的性质,可以把X^*和Y^*分别称为局中人Ⅰ和Ⅱ的最优(混合)策略,把(X^*,Y^*)称为最优(混合)局势.在最优(混合)局势下局中人Ⅰ的期望赢得等于对策的值.

该定理说明,任何矩阵对策一定有解.当对策具有纯策略意义下的鞍点时,对策有纯策略解;否则有混合策略解.纯策略可看成混合策略的一种特殊情形.

对于最优混合策略,仿照最优纯策略解,有与定理1相类似的结果,即:

混合局势(X^*,Y^*)是矩阵对策$G=(S_1,S_2,A)$的解的充要条件是,对一切$X\in S_m$和一切$Y\in S_n$,均有

$$E(X,Y^*)\leqslant E(X^*,Y^*)\leqslant E(X^*,Y) \tag{11-16}$$

上式说明,在局势下局中人Ⅰ的期望赢得$E(X^*,Y^*)$等于局中人Ⅰ取策略X^*时的最小期望赢得值,也等于局中人Ⅱ取策略Y^*时局中人Ⅰ的最大期望赢得值.

定理 4 若(X^*,Y^*)为矩阵对策$G=(S_1,S_2,A)$的最优混合局势,则对每一个i和j来说,有

(1) 若$x_i^*\neq 0$,则$\sum_{j=1}^n a_{ij}y_j^* = V_G$. $\tag{11-17}$

(2) 若$y_j^*\neq 0$,则$\sum_{i=1}^m a_{ij}x_i^* = V_G$. $\tag{11-18}$

(3) 若$\sum_{j=1}^n a_{ij}y_j^* < V_G$,则$x_i^* = 0$. $\tag{11-19}$

(4) 若$\sum_{i=1}^m a_{ij}x_i^* > V_G$,则$y_j^* = 0$. $\tag{11-20}$

此处

$$V_G = E(X^*,Y^*) \tag{11-21}$$

证明:因为X^*和Y^*分别是局中人Ⅰ和Ⅱ的最优混合策略,由式(11-15)有

$$\min_{Y\in S_n} E(X^*,Y) = \max_{X\in S_m} E(X,Y^*) = V_G$$

令

$$I_i = (0,\cdots,0,\underset{\text{第}i\text{个}}{1},0,\cdots,0)$$

则有

$$V_G - \sum_{j=1}^n a_{ij}y_j^* = \max_{X\in S_m} E(X,Y^*) - E(I_i,Y^*) \geqslant 0$$

由于

$$\sum_{i=1}^m x_i^* = 1$$

$$\sum_{i=1}^m \sum_{j=1}^n a_{ij}x_i^* y_j^* = E(X^*,Y^*) = V_G, i=1,2,\cdots,m$$

故有

$$\sum_{i=1}^m x_i^*(V_G - \sum_{j=1}^n a_{ij}y_j^*) = V_G\sum_{i=1}^m x_i^* - \sum_{i=1}^m \sum_{j=1}^n a_{ij}x_i^* y_j^* = 0$$

因对所有 i 均有

$$x_i^* \geqslant 0, V_G - \sum_{j=1}^n a_{ij} y_j^* \geqslant 0$$

从而,对每一个 i 若 $x_i^* \neq 0$,则必有 $\sum_{j=1}^n a_{ij} y_j^* = V_G$.

若 $\sum_{j=1}^n a_{ij} y_j^* < V_G$,则必有 $x_i^* = 0$.

本定理(1)和(3)得证.同理可证明(2)和(4).

根据本定理,若已知某最优混合局势 (X^*, Y^*),则可把局中人 I 的赢得矩阵 A 的行和列区分如下:

第一类行: $x_i^* \neq 0, \sum_{j=1}^n a_{ij} y_j^* = V_G$.

第二类行: $x_i^* = 0, \sum_{j=1}^n a_{ij} y_j^* = V_G$.

第三类行: $x_i^* = 0, \sum_{j=1}^n a_{ij} y_j^* < V_G$.

第一类列: $y_j^* \neq 0, \sum_{i=1}^m a_{ij} x_i^* = V_G$.

第二类列: $y_j^* = 0, \sum_{i=1}^m a_{ij} x_i^* = V_G$.

第三类列: $y_j^* = 0, \sum_{i=1}^m a_{ij} x_i^* > V_G$.

例 5 求田忌赛马这个例子中齐王与田忌的最优策略.

解:由表 11-1 可得齐王的赢得矩阵为:

$$A = \begin{bmatrix} 3 & 1 & 1 & 1 & 1 & -1 \\ 1 & 3 & 1 & 1 & -1 & 1 \\ 1 & -1 & 3 & 1 & 1 & 1 \\ -1 & 1 & 1 & 3 & 1 & 1 \\ 1 & 1 & -1 & 1 & 3 & 1 \\ 1 & 1 & 1 & -1 & 1 & 3 \end{bmatrix}$$

由于不存在最优纯策略意义下的鞍点,双方都没有最优纯策略.现用

$$X = \{x_1, x_2, \cdots, x_6\}$$

和

$$Y = \{y_1, y_2, \cdots, y_6\}$$

分别表示齐王和田忌的最优混合策略,由于矩阵 A 中各行各列元素的值差异不大,没有理由认为局中人肯定不会选取某一个策略,从而可以假定对所有的 i 和 j 均有 $x_i \neq 0$ 和 $y_j \neq 0$,由定理 4 可得:

$$\begin{cases} 3x_1+x_2+x_3-x_4+x_5+x_6=V_G \\ x_1+3x_2-x_3+x_4+x_5+x_6=V_G \\ x_1+x_2+3x_3+x_4-x_5+x_6=V_G \\ x_1+x_2+x_3+3x_4+x_5-x_6=V_G \\ x_1-x_2+x_3+x_4+3x_5+x_6=V_G \\ -x_1+x_2+x_3+x_4+x_5+3x_6=V_G \\ x_1+x_2+x_3+x_4+x_5+x_6=1 \end{cases}$$

以及

$$\begin{cases} 3y_1+y_2+y_3+y_4+y_5-y_6=V_G \\ y_1+3y_2+y_3+y_4-y_5+y_6=V_G \\ y_1-y_2+3y_3+y_4+y_5+y_6=V_G \\ -y_1+y_2+y_3+3y_4+y_5+y_6=V_G \\ y_1+y_2-y_3+y_4+3y_5+y_6=V_G \\ y_1+y_2+y_3-y_4+y_5+3y_6=V_G \\ y_1+y_2+y_3+y_4+y_5+y_6=1 \end{cases}$$

该问题的解不唯一,显然

$$X^*=(\frac{1}{6},\frac{1}{6},\frac{1}{6},\frac{1}{6},\frac{1}{6},\frac{1}{6}) \quad Y^*=(\frac{1}{6},\frac{1}{6},\frac{1}{6},\frac{1}{6},\frac{1}{6},\frac{1}{6})$$

满足以上两个方程组,且分别为齐王和田忌的一个最优混合策略,对策的值 $V_G=1$,即齐王的赢得为 1 千金. 然而,在历史上齐王却输给了田忌 1 千金,原因何在? 因为齐王把自己的策略告诉了对手,使田忌能有针对性地选取自己的策略,在这种情况下,混合策略就失去了意义,流传下来的仅是一局对策的结果.

第四节 矩阵对策的求解

当用对策论的方法解决实际问题时,首先,要建立对策数学模型,再选择适当的方法进行求解,以确定局中人的最优策略,并计算对策的值. 如果所讨论的矩阵对策问题有纯策略解,则可按前面我们讲述的方法解决;如果没有纯策略解,则可用本节介绍的方法求解. 为减少计算量,在可能时应先进行简化.

4.1 建立对策模型

为正确建立实际问题的对策数学模型,首先要弄清楚谁是局中人;接着查清局中人双方的所有可能策略,即确定各人的策略集合;然后通过调查、计算或其他方法,得出各局势下局中人的赢得函数. 上述工作有时非常繁重,必须认真对待,仔细进行. 下面举例说明.

例 6 A 和 B 双方交战,A 方派出两架轰炸机 A_1 和 A_2 去轰炸 B 方阵地,A_1 在前,

A_2 在后,其中一架带炸弹,另一架掩护. B 方派一架歼击机在途中拦截,如果歼击机攻击 A_1,则将受到 A_1 和 A_2 的还击;如果歼击机攻击 A_2,则只受到 A_2 的还击. 两架轰炸机的火炮装置一样,每架轰炸机击毁歼击机的概率为 $p_1=0.4$,歼击机在未被击中的条件下击毁轰炸机的概率为 $p_2=0.9$. 求双方的最优策略,即:

(1) 对 A 方来说,哪一架轰炸机带炸弹?

(2) 对 B 方而言,歼击机攻击哪一架轰炸机?

解:交战双方 A 和 B 各为一局中人. A 方有两个策略:α_1 为 A_1 带炸弹;α_2 为 A_2 带炸弹. B 方有两个策略:β_1 为歼击机攻击 A_1;β_2 为歼击机攻击 A_2.

在该对策问题中,A 方的目的是轰炸 B 方阵地,只要 A 方的带弹轰炸机不被 B 方击中,即可实现这一目标. 因而,可以把 A 方的带弹机不被击中的概率作为 A 方赢得矩阵的元素. 以 a_{ij} 表示这些元素,其赢得表如表 11-6.

表 11-6

A 的策略 \ B 的策略 (A 的赢得)	β_1 (攻击 A_1)	β_2 (攻击 A_2)
α_1 (A_1 带弹)	a_{11}	a_{12}
α_2 (A_2 带弹)	a_{21}	a_{22}

下面计算表 11-6 中各元素的值.

(1) a_{11}:A_1 带弹,歼击机攻击 A_1. A_1 未被击中的概率等于歼击机被击中的概率与歼击机虽未被击中但却未能击中 A_1 的概率之和.

① 一架轰炸机未击中歼击机的概率:$1-p_1$;

② 两架轰炸机均未击中歼击机的概率:$(1-p_1)^2$.

从而

$$a_{11} = [1-(1-p_1)^2] + (1-p_1)^2(1-p_2)$$
$$= [1-(1-0.4)^2] + (1-0.4)^2(1-0.9) = 0.676$$

(2) a_{12}:A_1 带弹,歼击机攻击 A_2. 这时 A_1 肯定不会被击中,从而 $a_{12}=1.0$.

(3) a_{21}:A_2 带弹,歼击机攻击 A_1. 这时带弹机 A_2 肯定不会被击中,故 $a_{21}=1.0$.

(4) a_{22}:A_2 带弹,歼击机攻击 A_2. A_2 未被击中的概率等于以下两个概率之和:

① 歼击机被击中的概率:因歼击机攻击 A_2 时仅遭 A_2 的还击,故这个概率等于 p_1;

② 歼击机虽未被击中,但它也未能击中 A_2 的概率等于 $(1-p_1)(1-p_2)$.

从而可得

$$a_{22} = p_1 + (1-p_1)(1-p_2)$$
$$= 0.4 + (1-0.4)(1-0.9) = 0.46$$

如此就建立了这个问题的矩阵对策的数学模型,其中局中人分别为交战双方 A 和 B,局中人 A 的赢得矩阵为 $\begin{pmatrix} 0.676 & 1.0 \\ 1.0 & 0.46 \end{pmatrix}$.

这个对策没有纯策略意义下的鞍点,因而不存在纯策略解. 现以 $X^* = (x_1^*, x_2^*)$ 和

$Y^* = (y_1^*, y_2^*)$ 分别表示局中人 A 和 B 的最优混合策略,设该对策的值为 V_G,则由定理 4 可知下述两个方程组成立.

$$\begin{cases} 0.676 x_1^* + x_2^* = V_G \\ x_1^* + 0.46 x_2^* = V_G \\ x_1^* + x_2^* = 1 \\ x_1^*, x_2^* > 0 \end{cases}$$

和

$$\begin{cases} 0.676 y_1^* + y_2^* = V_G \\ y_1^* + 0.46 y_2^* = V_G \\ y_1^* + y_2^* = 1 \\ y_1^*, y_2^* > 0 \end{cases}$$

解之,可得局中人 A 和 B 的最优混合策略如下:

$$X^* = (0.625, 0.375) \text{ 和 } Y^* = (0.625, 0.375)$$

对策的值 $V_G = 0.798$.

这说明,若该对策多次重复进行,A 方应以 62.5% 的次数让 A_1 带炸弹,以 37.5% 的次数让 A_2 带炸弹,这时 A 方将会有 79.8% 的次数完成对 B 方阵地的轰炸任务.为了不使 A 方完成轰炸任务的可能性高于 79.8%,B 方的歼击机应以 62.5% 的次数攻击 A_1,以 37.5% 的次数攻击 A_2.

4.2 图解法

对于没有纯策略解的矩阵对策问题,当两个局中人之一仅有两个策略可以选取时,可用图解法求对策的解.

下面以例 7 为例,说明图解法的原理和过程.

例 7 矩阵对策 $G = (S_1, S_2, A)$,其中 $S_1 = \{\alpha_1, \alpha_2\}$,$S_2 = \{\beta_1, \beta_2, \beta_3\}$,$A = \begin{pmatrix} 2 & 3 & 11 \\ 7 & 5 & 2 \end{pmatrix}$,求双方的最优混合策略和对策的值.

解:用 x_1 和 $1-x_1$ 分别表示局中人 I 选取策略 α_1 和 α_2 的概率,以 y_1, y_2 和 y_3 分别表示局中人 II 选取策略 β_1, β_2 和 β_3 的概率,以 V_G 表示各种局势下局中人 I 的赢得(局中人 II 的损失).

过数轴上坐标为 0 和 1 的两点分别作数轴的两条垂线,即直线 I 和直线 II.垂线上的纵坐标分别表示局中人 I 采取纯策略 α_1 和 α_2 时,局中人 II 采取各纯策略时的赢得值(见图 11-1).当局中人 I 选择每一策略 $(x_1, 1-x_1)^T$ 后,他的最少可能的收入为由 β_1, β_2 和 β_3 所确定的三条直线在 x 处的纵坐标中之最小者决定.所以,对局中人 I 来说,他的最优选择是确定 x,使三个纵坐标中的最小者尽可能地大.从图上来看,就是使得 $x = OA$,这时,B 点的纵坐标即为对策的值.为求 x 和对策的值 V_G,可联立过 B 点的两条由 β_2 和 β_3 确定的直线的方程:

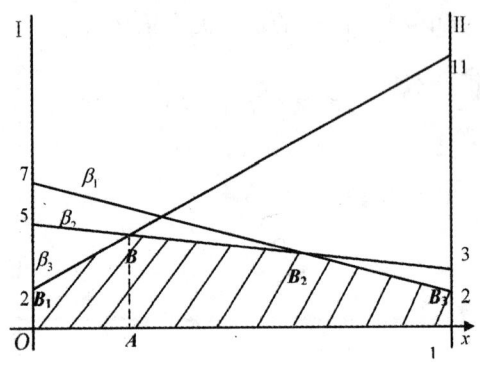

图 11-1

$$\begin{cases} 3x_1+5(1-x_1)=V_G \\ 11x_1+2(1-x_1)=V_G \end{cases}$$

解得 $x_1=\frac{3}{11}$，$V_G=\frac{49}{11}$，所以局中人 I 的最优策略为 $X^*=\left(\frac{3}{11},\frac{8}{11}\right)^T$. 从图上还可以看出，局中人 II 的最优混合策略只由 β_2 和 β_3 组成，所以 $y_1=0$. 由

$$\begin{cases} 3y_2+11y_3=\frac{49}{11} \\ 5y_2+2y_3=\frac{49}{11} \\ y_2+y_3=1 \end{cases}$$

求得 $y_2=\frac{9}{11}$，$y_3=\frac{2}{11}$，所以，局中人 II 的最优混合策略为 $Y^*=\left(0,\frac{9}{11},\frac{2}{11}\right)^T$.

例 8　用图解法求解矩阵对策 $G=(S_1,S_2,A)$，其中 $S_1=\{\alpha_1,\alpha_2,\alpha_3\}$，$S_2=\{\beta_1,\beta_2\}$，

$$A=\begin{bmatrix} 2 & 7 \\ 6 & 6 \\ 11 & 2 \end{bmatrix}$$

解：设局中人 II 的混合策略为 $(y,1-y)^T$，$y\in[0,1]$. 由图 11-2 可知，对任一 $y\in[0,1]$，直线 $\alpha_1,\alpha_2,\alpha_3$ 的纵坐标是局中人 II 采取混合策略 $(y,1-y)^T$ 时的支付. 根据从最不利当中选择最有利的原则，局中人 II 的最优策略就是确定 y，使得三个纵坐标中的最大者尽可能地小. 从图上看，就是要选择 y，使得 $A_1\leqslant y\leqslant A_2$，这时，对策的值为 6. 由方程组

$$\begin{cases} 2y+7(1-y)=6 \\ 11y+2(1-y)=6 \end{cases}$$

解得 $A_1=\frac{1}{5}$，$A_2=\frac{4}{9}$，故局中人 II 的最优混合策略是 $Y^*=(y,1-y)^T$，其中 $\frac{1}{5}\leqslant y\leqslant\frac{4}{9}$，局中人 I 的最优混合策略显然只能是 $X^*=(0,1,0)^T$，即取纯策略 α_2.

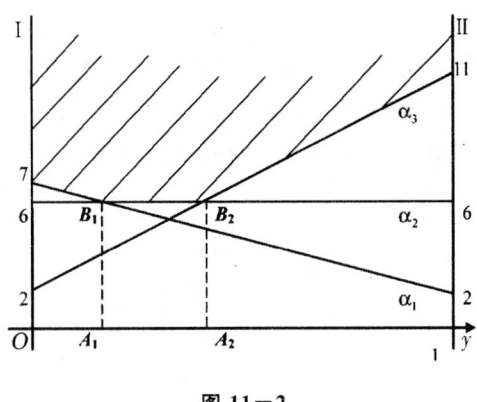

图 11-2

4.3 方程组法

对于 2×2 矩阵对策,当局中人 I 的赢得矩阵

$$A = \begin{bmatrix} a_{11} & a_{12} \\ a_{21} & a_{22} \end{bmatrix}$$

不存在鞍点时,容易证明:各局中人的最优混合策略中的 x_i^* 和 y_j^* 均大于零. 于是可以通过解方程组

$$\begin{cases} a_{11}x_1 + a_{21}x_2 = V_G \\ a_{12}x_1 + a_{22}x_2 = V_G \\ x_1 + x_2 = 1 \end{cases}$$

和

$$\begin{cases} a_{11}y_1 + a_{12}y_2 = V_G \\ a_{21}y_1 + a_{22}y_2 = V_G \\ y_1 + y_2 = 1 \end{cases}$$

求出两个局中人的最优混合策略:

$$x_1^* = \frac{a_{22} - a_{21}}{(a_{11} + a_{22}) - (a_{12} + a_{21})}$$

$$x_2^* = \frac{a_{11} - a_{12}}{(a_{11} + a_{22}) - (a_{12} + a_{21})}$$

$$y_1^* = \frac{a_{22} - a_{12}}{(a_{11} + a_{22}) - (a_{12} + a_{21})}$$

$$y_1^* = \frac{a_{11} - a_{21}}{(a_{11} + a_{22}) - (a_{12} + a_{21})}$$

$$V_G = \frac{a_{11}a_{22} - a_{12}a_{21}}{(a_{11} + a_{22}) - (a_{12} + a_{21})}$$

4.4 简化矩阵对策

由前面的讨论可知,2×2 矩阵对策的求解是很容易的. 但是,当局中人的策略增多

时,其求解就要麻烦得多了.这时,如有可能,在求解之前应先行化简.

前已假定,局中人双方都是理智的,从而在选取策略时总是选择对自己有利的策略.显然,若存在某纯策略,其赢得肯定比别的纯策略小(或损失肯定比别的纯策略大),局中人绝不会选取这种策略(或说选择这种策略的概率等于零);从而,在求解时可将这些劣策略删去,而使赢得矩阵得到简化.

下面介绍优超原理.

设有一矩阵对策 $G=(S_1,S_2,A)$,其中 $S_1=\{\alpha_1,\alpha_2,\cdots,\alpha_m\}$,$S_2=\{\beta_1,\beta_2,\cdots,\beta_n\}$,$A=(a_{ij})_{m\times n}$.

(1)若局中人 I 的赢得矩阵 A 存在某两行 i 和 k 时,它们的元素有如下关系:
$$a_{ij}\geq a_{kj}, j=1,\cdots,n \tag{11-22}$$
则称策略 α_i 优于 α_k,或称 α_k 为劣策略,表示为 $\alpha_i>\alpha_k$.局中人 I 不会选择该策略,可将其在赢得矩阵中删去.

(2)若局中人 I 的赢得矩阵 A 中存在某两列 j 和 l,它们的元素有以下关系:
$$a_{ij}\leq a_{il}, i=1,\cdots,m \tag{11-23}$$
则称策略 β_j 优于 β_l,这时,β_l 为劣策略,表示为 $\beta_j>\beta_l$.局中人 II 不会选择该策略,可将其在赢得矩阵中删去.

当存在上述优超关系时,在求解矩阵对策之前,可先将其赢得矩阵化简.可以证明,经上述化简之后,矩阵对策的最优策略不变,对策的值也不变.

例9 用优超原理求解对策问题 $G=(S_1,S_2,A)$,其中 $S_1=\{\alpha_1,\alpha_2,\alpha_3,\alpha_4,\alpha_5\}$,$S_2=\{\beta_1,\beta_2,\beta_3,\beta_4,\beta_5\}$,$A=\begin{bmatrix}3&5&1&3&2\\6&0&2&5&8\\7&3&8&5&8\\4&6&7&7&4\\6&0&8&8&3\end{bmatrix}$.

解:由于第 4 行优于第 1 行,第 3 行优于第 2 行,故删去第 1 行和第 2 行,从而得到:
$$A_1=\begin{bmatrix}7&3&8&5&8\\4&6&7&7&4\\6&0&8&8&3\end{bmatrix}$$

对于 A_1,第 1 列优于第 3 列,第 2 列优于第 4 列,故删去 A_1 的第 3 列和第 4 列,这就得到:
$$A_2=\begin{bmatrix}7&3&8\\4&6&4\\6&0&3\end{bmatrix}$$

对于 A_2,第 1 行优于第 3 行,故删去 A_2 的第 3 行,从而得到:
$$A_3=\begin{bmatrix}7&3&8\\4&6&4\end{bmatrix}$$

对于 A_3,第 1 列优于第 3 列,删去第 3 列,这就得到:

$$A_4 = \begin{bmatrix} 7 & 3 \\ 4 & 6 \end{bmatrix}$$

从而将对策化为 2×2 对策,解之,得

$$X^* = (0, 0, \frac{1}{3}, \frac{2}{3}, 0) \text{ 和 } Y^* = (\frac{1}{2}, \frac{1}{2}, 0, 0, 0)$$

对策的值 $V_G = 5$.

(3) 设有两个矩阵对策

$$G_1 = (S_1, S_2, A^{(1)}), G_2 = (S_1, S_2, A^{(2)})$$

其赢得矩阵有如下关系(对所有的 i 和 j)

$$a_{ij}^{(2)} = a_{ij}^{(1)} + d \tag{11-24}$$

则这两个矩阵对策的最优策略相同,而其对策的值

$$V_G^{(2)} = V_G^{(1)} + d \tag{11-25}$$

利用矩阵对策的这一性质,也可使矩阵对策的求解工作化简.

第五节 矩阵对策化成线性规划

对于不存在纯策略意义下鞍点的矩阵对策来说,如果经化简之后每个局中人的策略仍不少于三个,就不能使用前面所讲的方法进行求解. 这时,可将其转化为线性规划问题求解.

考虑矩阵对策 $G = (S_1, S_2, A)$,其中局中人 Ⅰ 的赢得矩阵为:

$$A = \begin{bmatrix} a_{11} & a_{12} & \cdots & a_{1n} \\ a_{21} & a_{22} & \cdots & a_{2n} \\ \cdots & \cdots & \cdots & \cdots \\ a_{m1} & a_{m2} & \cdots & a_{mn} \end{bmatrix}$$

设局中人 Ⅰ 和 Ⅱ 的混合策略分别为 $X = \{x_1, x_2, \cdots, x_m\}$ 和 $Y = \{y_1, y_2, \cdots, y_n\}$,对策值等于 V_G.

当局中人 Ⅰ 取纯策略 α_1,其期望赢得为

$$a_{11} y_1 + a_{12} y_2 + \cdots + a_{1n} y_n$$

由于只有当局中人 Ⅰ 选取最优(混合)策略时,他的期望赢得才达到 V_G. 否则,因局中人 Ⅱ 总是力图使局中人 Ⅰ 的赢得尽量少,从而

$$a_{11} y_1 + a_{12} y_2 + \cdots + a_{1n} y_n \leqslant V_G$$

根据同样道理,当局中人 Ⅰ 取其他纯策略时,有

$$a_{21} y_1 + a_{22} y_2 + \cdots + a_{2n} y_n \leqslant V_G$$
$$\cdots \cdots$$
$$a_{m1} y_1 + a_{m2} y_2 + \cdots + a_{mn} y_n \leqslant V_G$$

此外

$$y_1 + y_2 + \cdots + y_n = 1$$
$$y_j \geq 0, \quad j = 1, 2, \cdots, n$$

不失一般性,假定 $V_G > 0$(否则,可用上节所述方法处理),用 V_G 除以上各式,这就得到

$$a_{11}\frac{y_1}{V_G} + a_{12}\frac{y_2}{V_G} + \cdots + a_{1n}\frac{y_n}{V_G} \leq 1$$

$$a_{21}\frac{y_1}{V_G} + a_{22}\frac{y_2}{V_G} + \cdots + a_{2n}\frac{y_n}{V_G} \leq 1$$

$$\cdots\cdots$$

$$a_{m1}\frac{y_1}{V_G} + a_{m2}\frac{y_2}{V_G} + \cdots + a_{mn}\frac{y_n}{V_G} \leq 1$$

$$\frac{y_1}{V_G} + \frac{y_2}{V_G} + \cdots + \frac{y_n}{V_G} = \frac{1}{V_G}$$

$$\frac{y_j}{V_G} \geq 0, \quad j = 1, 2, \cdots, n$$

局中人 II 力图使对策的值 V_G 尽可能小,即使 $\frac{1}{V_G}$ 尽可能大. 现引入新变量 y'_j($j=1,2,\cdots,n$)如下:

$$y'_1 = \frac{y_1}{V_G}, y'_2 = \frac{y_2}{V_G}, \cdots, y'_n = \frac{y_n}{V_G} \tag{11-26}$$

从而可将上述问题变为下述线性规划问题:

$$\max \frac{1}{V_G} = y'_1 + y'_2 + \cdots + y'_n$$

$$\text{s.t.} \begin{cases} a_{11}y'_1 + a_{12}y'_2 + \cdots + a_{1n}y'_n \leq 1 \\ a_{21}y'_1 + a_{22}y'_2 + \cdots + a_{2n}y'_n \leq 1 \\ \cdots\cdots \\ a_{m1}y'_1 + a_{m2}y'_2 + \cdots + a_{mn}y'_n \leq 1 \\ y'_j \geq 0, \quad j = 1, 2, \cdots, n \end{cases} \tag{11-27}$$

或写成

$$\max \frac{1}{V_G} = \sum_{j=1}^{n} y'_j$$

$$\text{s.t.} \begin{cases} \sum_{j=1}^{n} a_{ij} y'_j \leq 1, \quad i = 1, 2, \cdots, m \\ y'_j \geq 0, \quad j = 1, 2, \cdots, n \end{cases} \tag{11-28}$$

解线性规划(11-27)或(11-28),可得局中人 II 的最优混合策略和对策的值.

进行类似的分析,可得

$$\min \frac{1}{V_G} = x'_1 + x'_2 + \cdots + x'_m$$

$$\text{s. t.} \begin{cases} a_{11}x'_1 + a_{21}x'_2 + \cdots + a_{m1}x'_m \geqslant 1 \\ a_{12}x'_1 + a_{22}x'_2 + \cdots + a_{m2}x'_m \geqslant 1 \\ \quad\quad\cdots\cdots \\ a_{1n}x'_1 + a_{2n}x'_2 + \cdots + a_{mn}x'_m \geqslant 1 \\ x'_i \geqslant 0, \quad i=1,2,\cdots,m \end{cases} \quad (11-29)$$

或

$$\min \frac{1}{V_G} = \sum_{i=1}^{m} x'_i$$

$$\text{s. t.} \begin{cases} \sum_{i=1}^{m} a_{ij} x'_i \leqslant 1, \quad j=1,2,\cdots,n \\ x'_i \geqslant 0, \quad i=1,2,\cdots,m \end{cases} \quad (11-30)$$

解线性规划(11-29)或(11-30),可得局中人Ⅰ的最优混合策略和对策的值.

由于线性规划(11-27)和(11-29)是一对对偶问题,当用单纯形法求解时,解其中的一个就可以得到另一个的解.

当矩阵 A 中含有负元素而使 V_G 有可能非正时,可应用上节所述的方法.即构造矩阵 $A' = A + d\bar{I}$ ($\bar{I}$ 为所有元素均为1的矩阵,且与 A 同型; $d > 0$),其所有元素均非负,以 A' 为赢得矩阵构成一新的矩阵对策,即可利用线性规划的方法求解.

例10 求解矩阵对策 $G = (S_1, S_2, A)$. 其中 $S_1 = \{\alpha_1, \alpha_2, \alpha_3\}$, $S_2 = \{\beta_1, \beta_2, \beta_3\}$,

$$A = \begin{bmatrix} 6 & -4 & -14 \\ -9 & 6 & -4 \\ 1 & -9 & 1 \end{bmatrix}.$$

解:因 A 中最小的负元素为 -14,故可取 $d=14$,各元素加上14得到 A'.

$$A' = \begin{bmatrix} 20 & 10 & 0 \\ 5 & 20 & 10 \\ 15 & 5 & 15 \end{bmatrix}$$

用 $\bar{V}_G$ 记由 A' 构成的新矩阵对策问题的值,由模型(11-27)得

$$\max \frac{1}{\bar{V}_G} = y'_1 + y'_2 + y'_3$$

$$\text{s. t.} \begin{cases} 20y'_1 + 10y'_2 \leqslant 1 \\ 5y'_1 + 20y'_2 + 10y'_3 \leqslant 1 \\ 15y'_1 + 5y'_2 + 15y'_3 \leqslant 1 \\ y'_1, y'_2, y'_3 \geqslant 0 \end{cases}$$

此处

$$y'_1 = \frac{y_1}{\bar{V}_G}, y'_2 = \frac{y_2}{\bar{V}_G}, y'_3 = \frac{y_3}{\bar{V}_G}$$

在上述三个约束条件中分别引入松弛变量 y'_4, y'_5 和 y'_6,用单纯形法求解,可得最终单纯形表如表11-7所示. 所以

$$y'_1 = \frac{4}{115}, y'_2 = \frac{3.5}{115}, y'_3 = \frac{2.5}{115}$$

而且
$$\frac{1}{\bar{V}_G} = y'_1 + y'_2 + y'_3 = \frac{10}{115}$$

从而
$$\bar{V}_G = 11.5$$
$$y_1 = y'_1 \bar{V}_G = 0.4, \quad y_2 = y'_2 \bar{V}_G = 0.35, \quad y_3 = y'_3 \bar{V}_G = 0.25$$

表 11-7

C_B	C_j X_B	b	1 y'_1	1 y'_2	1 y'_3	0 y'_4	0 y'_5	0 y'_6
1	y'_1	4/115	1	0	0	5/115	-3/115	2/115
1	y'_2	3.5/115	0	1	0	1.5/115	6/115	-4/115
1	y'_3	2.5/115	0	0	1	-5.5/115	1/115	7/115
	$\sigma_j = c_j - z_j$		0	0	0	-1/115	-4/115	-5/115

根据对偶理论,由表 11-7 看出
$$x'_1 = \frac{1}{115}, \quad x'_2 = \frac{4}{115}, \quad x'_3 = \frac{5}{115}$$

从而
$$x_1 = x'_1 \bar{V}_G = 0.1, \quad x_2 = x'_2 \bar{V}_G = 0.4, \quad x_3 = x'_3 \bar{V}_G = 0.5$$

回到原对策问题,有：

局中人 I 的最优混合策略为 $X^* = (0.1, 0.4, 0.5)$；

局中人 II 的最优混合策略为 $Y^* = (0.4, 0.35, 0.25)$；

对策值 $V_G = \bar{V}_G - d = 11.5 - 14 = -2.5$.

习　题

11.1 A, B 两个人各有 1 角、5 分和 1 分的硬币各一枚.双方互不知道情况下各出一枚硬币,并规定当和为奇数时,A 赢得 B 所出的硬币；当和为偶数时,B 赢得 A 所出的硬币.试据此列出二人零和对策的模型,并说明该项游戏对双方是否公平合理.

11.2 甲、乙两个游戏者在互不知道的情况下,同时伸出 1,2,3 个指头.用 k 表示两人伸出的指头总和.当 k 为偶数时,甲付给乙 k 元,若 k 为奇数,乙付给甲 k 元.列出甲的赢得矩阵.

11.3 已知 A, B 两人对策时 A 的赢得矩阵如下,求双方各自的最优策略及对策值.

(1) $\begin{bmatrix} 2 & 1 & 4 \\ 2 & 0 & 3 \\ -1 & -2 & 0 \end{bmatrix}$ (2) $\begin{bmatrix} -3 & -2 & 6 \\ 2 & 0 & 2 \\ 5 & -2 & -4 \end{bmatrix}$

(3) $\begin{bmatrix} 9 & -6 & -3 \\ 5 & 6 & 4 \\ 7 & 4 & 3 \end{bmatrix}$ (4) $\begin{bmatrix} 1 & 7 & 6 \\ -4 & 3 & -5 \\ 0 & -2 & 4 \end{bmatrix}$

(5) $\begin{bmatrix} 2 & -1 & 0 & 3 \\ 1 & 0 & 3 & 2 \\ -3 & -2 & -1 & 4 \end{bmatrix}$ (6) $\begin{bmatrix} 0 & 4 & 1 & 3 \\ -1 & 3 & 0 & 2 \\ -1 & -1 & 4 & 1 \end{bmatrix}$

(7) $\begin{bmatrix} 4 & -4 & -5 & 6 \\ -3 & -4 & -9 & -2 \\ 6 & 7 & -8 & -7 \\ 7 & 4 & -6 & 5 \end{bmatrix}$ (8) $\begin{bmatrix} 2 & -3 & 1 & -4 \\ 6 & -4 & 1 & -5 \\ 4 & 3 & 3 & 2 \\ 2 & -3 & 2 & -4 \end{bmatrix}$

11.4 下列矩阵为 A,B 两人对策时 A 的赢得矩阵,先尽可能按优超原则化简,再用图解法求 A,B 两人各自的最优策略和对策值.

(1) $\begin{bmatrix} 1 & 2 & 4 & 0 \\ 0 & -2 & -3 & 2 \end{bmatrix}$ (2) $\begin{bmatrix} 4 & -3 \\ 2 & 1 \\ -1 & 3 \end{bmatrix}$

(3) $\begin{bmatrix} 1 & -1 & 3 \\ 3 & 5 & -3 \end{bmatrix}$ (4) $\begin{bmatrix} -1 & 3 & -5 & 7 & -9 \\ 2 & -4 & 6 & -8 & 10 \end{bmatrix}$

(5) $\begin{bmatrix} -3 & 3 & 0 & 2 \\ -4 & -1 & 2 & -2 \\ 1 & 1 & -2 & 0 \\ 0 & -1 & 3 & -1 \end{bmatrix}$ (6) $\begin{bmatrix} 2 & 4 & 0 & -2 \\ 4 & 8 & 2 & 6 \\ -2 & 0 & 4 & 2 \\ -4 & -2 & -2 & 0 \end{bmatrix}$

(7) $\begin{bmatrix} 16 & 14 & 6 & 11 \\ -14 & 4 & -10 & -8 \\ 0 & -2 & 12 & -6 \\ 22 & -12 & 6 & 10 \end{bmatrix}$ (8) $\begin{bmatrix} 6 & 5 \\ 8 & 9 \\ 11 & 7 \\ 4 & 2 \end{bmatrix}$

11.5 用线性规划方法求解下列对策问题.

(1) $\begin{bmatrix} 3 & -1 & -3 \\ -3 & 3 & -1 \\ -4 & -3 & 3 \end{bmatrix}$ (2) $\begin{bmatrix} -1 & 2 & 1 \\ 1 & -2 & 2 \\ 3 & 4 & -3 \end{bmatrix}$

(3) $\begin{bmatrix} 2 & 5 & 4 \\ 6 & 1 & 3 \\ 4 & 6 & 1 \end{bmatrix}$ (4) $\begin{bmatrix} 1 & 2 & 3 \\ 4 & 0 & 1 \\ 2 & 3 & 0 \end{bmatrix}$

(5) $\begin{bmatrix} 3 & -2 & 4 \\ -1 & 4 & 2 \\ 2 & 2 & 6 \end{bmatrix}$ (6) $\begin{bmatrix} 1 & 3 & 3 \\ 4 & 2 & 1 \\ 3 & 2 & 2 \end{bmatrix}$

11.6 甲、乙两人玩一种游戏.甲有两个球,乙有三个球,在互不知道的情况下将球分别投入 A,B 两个箱中.设甲投入 A,B 箱中的球数分别为 n_1 和 n_2,设乙投入 A,B 箱中的球数分别为 m_1 和 m_2.

如果 $n_1 > m_1$,甲赢 m_1+1,$n_2 > m_2$,甲赢 m_2+1;

如果 $n_1 < m_1$,甲输 n_1+1,$n_2 < m_2$,甲输 n_2+1.

其他情况下双方无输赢.试将此问题表达成一个二人零和对策问题,并求各自的最优解和对策值.

11.7 有一种赌博游戏,游戏者 A 拿两张牌:红 1 和黑 2;游戏者 B 也拿两张牌:红 2 和黑 3.游戏时两人同时各出示一张牌,如颜色相同,B 付给 A 钱,如果颜色不同,A 付给 B 钱.并且规定,如 A 出的是红 1,按两人牌上的点数差付钱.如 A 出的是黑 2,按两人牌上点数和付钱.求游戏者 A,B 的最优策略,并回答这种游戏对双方是否公平合理.

11.8 在一场敌对的军事行动中,甲方拥有三种进攻性武器 A_1,A_2,A_3. 可分别用于摧毁乙方工事;而乙方有三种防御性武器 B_1,B_2,B_3 来对付甲方.据平时演习的数据,各种武器间对抗时,相互取胜的可能如下:

A_1 对 B_1　 2∶1　　　A_2 对 B_1　 3∶7　　　A_3 对 B_1　 3∶1

A_1 对 B_2　 3∶1　　　A_2 对 B_2　 3∶2　　　A_3 对 B_2　 1∶4

A_1 对 B_3　 1∶2　　　A_2 对 B_3　 1∶3　　　A_3 对 B_3　 2∶1

试确定甲乙双方使用各种武器的最优策略,回答总的结果对甲乙哪方有利.

11.9 甲乙两人玩一种游戏:有三张牌,分别记为高、中、低,甲任抽一张,由乙猜.乙只能猜高或猜低,如所抽之牌恰好为高或低,则乙猜对时,甲输 3 元,否则乙输 2 元.又若甲所抽的牌为中,则当乙猜低时,乙赢 2 元,猜高时,甲再从剩下的两张牌中任抽一张由乙猜,当乙猜对时,乙赢 1 元,猜错时乙输 3 元.将此问题归结成二人零和对策问题,列出甲的赢得矩阵,并求出各自的最优解和对策值.

11.10 有分别为 1,2,3 点的三张牌.先给 A 任发一张牌,A 看了后可以叫"小"或"大",如叫"小",赌注为 2 元,叫"大"时赌注为 3 元.接下来给 B 发剩下两张牌中的一张,B 看后可有两种选择:(1)认输,付给 A 1 元;(2)打赌,如 A 叫"小",谁的牌点子小谁赢,如叫"大",谁的牌点子大谁赢,输赢钱数为下的赌注数.问在这种游戏中 A,B 各有多少个纯策略.根据优超原则说明哪些策略是拙劣的,在对策中不会使用,再求最优解.

11.11 A,B,C 三人进行围棋擂台赛.已知三人中 A 最强,C 最弱,又知一局棋赛中 A 胜 C 的概率为 p,A 胜 B 的概率为 q,B 胜 C 的概率为 r. 擂台赛规则为先选两人对擂,其胜者再同第三者对擂,若连胜,该人即为优胜者;反之,任何一局对擂的胜者再同未参加该局比赛的第三者对擂,并反复进行下去,直至任何一人连胜两局对擂为止,该人即为优胜者.考虑到 C 最弱,故确定由 C 来定第一局由哪两人对擂.试问 C 应如何抉择,使自己成为优胜者的概率为最大.

11.12 A、B 两家公司的产品竞争性推销,各自控制市场的 50%. 最近这两家公司都改进了各自的产品,现在都准备发动新的广告宣传.如果这两家公司都不做广告,那么平分市场的局面将保持不变,但如果有一家公司发动一次强大的广告宣传,那么另一家公司将按比例地失去其一定数量的顾客.市场调查表明,潜在顾客的 50% 可通过电视广告争取到,30% 可通过报纸争取到,其余 20% 可通过网络争取到,现在每一家公司的目标是要选择最有利的宣传手段.

(1)把这个问题表达成一个二人有限零和对策,写出局中人 A 的赢得矩阵;

(2)这个对策有鞍点吗?两家公司的最优策略各是什么?

11.13 三河城被三条河分割成三个区,如下图.城市居民 40% 居住在 A 区,30% 居住在 B 区,30% 居住在 C 区.目前,三个区都没有溜冰场,甲、乙两个公司都计划在城中修建溜冰场,公司甲打算修建两个,公司乙打算修建一个.每个公司都知道,如果在城市的某一个区内设有两个溜冰场,那么这两个溜冰场将把该区的业务平分;如果在一个区内没有修建溜冰场,则该区的业务将平均分散在城市的三个溜冰场中.每个公司都想把溜冰场设在营业额最多的地方.

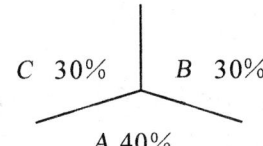

(1) 把这个问题表述成一个二人有限零和对策,写出公司甲的赢得矩阵.

(2) 这个对策有鞍点吗?如果有,有几个?甲、乙两个公司的最优策略各是什么?在双方都取得最优策略时,两家公司各占有多大的市场份额?

第十二章 决策分析

决策是决策者在若干可能方案中作出选择的过程.每一次决策都有其特定的目标,决策者在进行决策时借助于自己的经验,通过获取可靠的有用信息,用科学分析的方法,作出符合实际情况的决定,用以指导未来的行动计划.由于情况总是在不断地变化,所以小自个人生活、企业的日常经营管理,大至国家的方针政策,都经常需要作决策.决策分析是研究决策科学规律和如何作出正确决策的科学.决策正确与否,不仅关系到个人的得失、企业的成败、部门的兴废,甚至影响到国家的盛衰.研究决策的科学方法,了解决策行为,力求减少和避免失误,具有十分重要的意义.

第一节 决策分析的基本概念

1.1 决策模型

在说明决策模型的结构之前,先看一个例子.

例 1 工程管理人员需决定一项工程项目下个月是否开工.如果开工天气好,就能按期完成,赢得利润 4 万元;如果开工天气不好,则损失 1 万元;如果不开工,天气好坏都损失 5 千元.

在这个例子中,开工与不开工是决策者可以选取的两个策略;而天气好坏则不能由决策者控制,常称为自然状态.在每一种自然状态下,决策者采用不同的策略就会得出不同的结果(我们称为盈利或损失).现将这一问题的有关信息列入下表 12-1.

表 12-1

策略 \ 自然状态	s_1(天气好)	s_2(天气不好)
d_1(开工)	4	-1
d_2(不开工)	-0.5	-0.5

由上例可知,一般的决策问题包括三个基本因素:

1. 自然状态

这是决策者无法控制的因素,假定共有 n 个可能的状态 $s_1, s_2, \cdots, s_n$,则状态集合(状态空间)可表示为:

$$S=\{s_1,s_2,\cdots,s_n\} \quad (12-1)$$

例1包括两种状态:天气好和天气不好.

2. 策略

决策者可以采取的行动方案,假定有 m 个可供选择的方案 $d_1,d_2,\cdots,d_m$,则策略集合(策略空间)可表示为:

$$D=\{d_1,d_2,\cdots,d_m\} \quad (12-2)$$

例1包括两种策略:开工和不开工.

3. 益损值

益损值即不同策略在不同自然状态下的收益值或损益值,表示状态与策略对应关系的表称为益损表(决策表). 如果 a_{ij} 是当自然状态 S_j 下采用策略 d_i 时的益损值,它是策略和自然状态的函数,由各益损值构成的矩阵称为益损矩阵:

$$A=(a_{ij})_{m\times n}, \quad i=1,2,\cdots,m;j=1,2,\cdots,n \quad (12-3)$$

例1的益损矩阵为:

$$A=\begin{bmatrix} 4 & -1 \\ -0.5 & -0.5 \end{bmatrix}$$

表12-2给出了决策模型的基本结构,当分析一个决策问题时,应首先搞清楚其基本结构.

表 12-2

自然状态 策略	s_1	s_2	...	s_j	...	s_n
d_1	a_{11}	a_{12}	...	a_{1j}	...	a_{1n}
d_2	a_{21}	a_{22}	...	a_{2j}	...	a_{2n}
...	...	...	...	...	...	...
d_i	a_{i1}	a_{i2}	...	a_{ij}	...	a_{in}
...	...	...	...	...	...	...
d_m	a_{m1}	a_{m2}	...	a_{mj}	...	a_{mn}

1.2 决策的分类

从不同的角度出发,可对决策进行不同的分类.按照决策解决的问题的性质,可分为战略决策、管理决策和业务决策;按决策的组织层次,可分为高层决策、中层决策和基层决策;按决策对执行者的约束程度,可分为指令性决策和建议性决策;按决策是否具有阶段性,可分为一次性决策和多阶段决策;按决策时考虑目标的数量,可分为单目标决策和多目标决策;按决策管理的主体,可分为单一首长决策和群体决策;按决策问题的结构与程序,可分为程序化决策和非程序化决策;按决策对未来状态的把握程度,可分为确定型决策、非确定型决策和风险型决策.这一章我们仅对最后一种分类加以讨论.

1. 确定型决策

若未来的自然状态是确定的,则这种问题的决策就称为确定型决策.确定型决策问题中的目标和条件明确,一般只要考察实现目标的各种方案,通过比较便可从中选出最优(满意)方案.有时方案数量很多,难于进行直观比较,这时可以借助于线性规划、动态规划等数学方法.常见的有最短路问题、运输问题、资源分配问题和生产进度计划问题等,基本上属于确定型决策问题.

2. 非确定型决策

在一个具有多个自然状态的决策问题中,如果对各自然状态在未来发生的可能性一无所知,也就是在进行决策时,决策者不知道哪个状态会发生,哪个状态不会发生,哪个状态发生的可能性大,哪个状态发生的可能性小.对这种问题的决策,就是非确定型决策.

3. 风险型决策

在具有多个自然状态的决策问题中,决策者虽然不知道未来哪个状态一定发生,但知道(或可设定)每个状态发生的可能性有多大,也就是知道(或可设定)各自然状态发生的概率分布.这时,决策者即可根据概率论和统计学的知识,作出统计意义下的决策.由于这时决策人总要冒一定的风险,故称为风险型决策.在一般情况下,决策者总要设法获得关于状态发生的一些信息,因而,这种决策问题在实际当中常常碰到.

1.3 决策准则

为了评价各个策略效果的好坏,应拟定相应的原则和标准,作为选择决策方案的准绳,这就是决策准则.对于不同类型的决策问题,应采用不同的准则.

对于确定型决策,由于其状态是确定的,故只要直接比较各策略的效果——益损值,即可评价策略的好坏.决策分析中常使用条件值一词,所谓条件值,就是在一定条件(即某自然状态)下,采取某一策略所产生的效果.根据这种效果的实际意义,可能为条件利益、条件收益、条件费用、条件损失等.确定型决策问题的决策准则,也就是直接比较各策略的条件值.

对于非确定型决策,由于决策者不知道各自然状态发生的任何信息,因而,其决策带有很强的主观性.选择什么样的准则,通常和决策人的心理因素有密切关系.

对于风险型决策,由于知道各自然状态发生的概率,故当采取某一策略 d_i 时,则可计算相应于这一策略的期望效益(或损失)值如下:

$$E(d_i) = \sum_{j=1}^{n} a_{ij} p_j, \quad i = 1, 2, \cdots, m \quad (12-4)$$

式中,p_j 为自然状态 s_j 发生的概率,a_{ij} 的意义同前.

比较各个策略的期望效益(或损失)值,即可选定某一策略.

除了用期望效益(或损失)值作为评价标准外,还可以用效用值作为评价标准.详细情况在第四节介绍.

第二节 非确定型决策

本节主要介绍几种常用的完全非确定型决策方法. 具有不同观点、不同心理和不同冒险精神的人,可以选用不同的方法.

2.1 乐观法(大中取大)

采用乐观法的决策者,具有乐观情绪,寄希望于出现最有利的自然状态. 这一方法的步骤是:首先求出每一个策略在各种自然状态下的最大效益值,再从这些最大效益值中找出最大者,对应的策略就是要选取的策略. 这一决策准则也叫大中取大准则. 采用这一准则的决策者过于冒险和乐观,虽然有很强的取胜心,但达到预期成功的可能性并不大.

例2 今有五个策略 d_1, d_2, d_3, d_4, d_5,四个自然状态 s_1, s_2, s_3, s_4,其相应效益值列于表 12-3,现用乐观法进行决策.

表 12-3

自然状态 策略	s_1	s_2	s_3	s_4	$\max_s \{f(d,s)\}$
d_1	4	5	6	7	7
d_2	2	4	6	9	[9]
d_3	5	7	3	5	7
d_4	3	5	6	8	8
d_5	3	5	5	5	5
决 策	\multicolumn{4}{c	}{$\max_d \{\max_s [f(d,s)]\}$}	9

2.2 悲观法(小中取大)

这是一种所谓"最可靠"和"万无一失"的决策准则,也叫华尔德(Wald)决策准则.

这一方法的步骤是:首先求出每一个策略在各种自然状态下的最小效益值,再从这些最小效益值中找出最大者,对应的策略就是要选取的策略. 采用这一准则的决策者偏于保守、悲观.

对例 2 采用悲观法进行决策,见表 12-4.

表 12-4

策略＼自然状态	s_1	s_2	s_3	s_4	$\min_s \{f(d,s)\}$
d_1	4	5	6	7	[4]
d_2	2	4	6	9	2
d_3	5	7	3	5	3
d_4	3	5	6	8	3
d_5	3	5	5	5	3
决 策	$\max_d \{\min_s [f(d,s)]\}$				4

2.3 调整系数法

由于绝对乐观或绝对悲观这两种情况实现的可能性都不大,故赫维斯(Hurwicz)提出了一个折衷准则,即用一个系数 $\alpha(0\leqslant\alpha\leqslant1)$,称为乐观系数,乘各策略的最大效益值,用 $1-\alpha$ 乘各策略的最小效益值。然后把每个策略的这两个值加起来,以此作为评价的依据。两值之和以 CV_i 表示。也就是说,先计算出各策略的 CV_i,即

$$CV_i = \alpha \max_j \{a_{ij}\} + (1-\alpha)\min_j \{a_{ij}\} \tag{12-5}$$

然后,以各 CV_i 中最大者对应的策略为选取的策略。显然 $\alpha=1$,就是乐观法;若 $\alpha=0$,就是悲观法。

用调整系数法对例 2 进行决策,其中 $\alpha=0.6$。

先计算出每个策略的 CV_i 值：

$$CV_1 = 0.6 \times 7 + 0.4 \times 4 = 5.8$$
$$CV_2 = 0.6 \times 9 + 0.4 \times 2 = 6.2$$
$$CV_3 = 0.6 \times 7 + 0.4 \times 3 = 5.4$$
$$CV_4 = 0.6 \times 8 + 0.4 \times 3 = 6.0$$
$$CV_5 = 0.6 \times 5 + 0.4 \times 3 = 4.2$$

由于 CV_2 最大,故选取它对应的策略 d_2,具体见表 12-5。

表 12-5

策略＼自然状态	s_1	s_2	s_3	s_4	CV_i
d_1	4	5	6	7	5.8
d_2	2	4	6	9	[6.2]
d_3	5	7	3	5	5.4
d_4	3	5	6	8	6.0

续表

自然状态 策略	s_1	s_2	s_3	s_4	CV_i
d_5	3	5	5	5	4.2
决策	\multicolumn{4}{c}{$\max\limits_{i}\{CV_i\}$}		6.2

调整系数法虽然是对乐观法和悲观法的一种折衷，但由于只考虑了每个策略最有利和最不利的后果，因此也存在明显的缺陷。例如，当益损矩阵为：

$$\begin{bmatrix} 1 & 1 & 0 & 1 & \cdots & 1 \\ 0 & 0 & 1 & 0 & \cdots & 0 \end{bmatrix}$$

这时，无论取什么值，根据调整系数法，这两个策略被认为是无差异的，任何理智健全的人都很难同意这种看法。

2.4 最小后悔值法

决策者作出决策后，若不够理想，常会有后悔感。最小后悔值准则把每一自然状态对应的最大效益值视为理想目标，而以它与该状态的其他效益值之差作为未达到理想的后悔值 $r(d,s)$，如此可得一后悔矩阵或后悔值表。再把每行的最大值求出来，这些最大值中的最小者对应的策略，就是所求的策略。这个准则也叫沙万奇(Savage)准则，或机会损失决策准则。

用最小后悔值法对例 2 进行决策。首先求出后悔值表 12-6，然后用上述方法进行决策。最后得到策略 d_1 和 d_4。

表 12-6

自然状态 策略	s_1	s_2	s_3	s_4	$\min\limits_{s}\{r(d,s)\}$
d_1	1	2	0	2	[2]
d_2	3	3	0	0	3
d_3	0	0	3	4	4
d_4	2	2	0	1	[2]
d_5	2	2	1	4	4
决策	\multicolumn{4}{c}{$\min\limits_{d}\{\max\limits_{s}[r(d,s)]\}$}		2

对于非确定型决策问题，采用不同的决策方法作出的决策往往是不同的。由于它们之间没有统一的客观标准，很难说哪个方法比较好，哪个方法不好。持乐观态度的人，当他面临情况不明的决策问题时，他不愿放弃任何一个可获得最好结果的机会，以争取好中之好的乐观态度来选择他的决策策略，故常采用乐观法；持稳重保守态度的人，往往更看重决策失误带来的损失，心理承受能力比较脆弱，在处理问题时就较谨慎和保守，故常采用悲

观法;持中间态度的人多选用调整系数法;对因决策失误而容易后悔的人来说,他可以用最小后悔值法.为了使决策更为客观可靠,最好设法了解自然状态发生的概率,而将非确定型决策问题转化为风险型决策问题.

第三节 风险型决策

在风险型决策中,决策者在进行决策时并不确切地知道哪一个自然状态将来一定发生,而是根据自己已有的经验、资料和信息,设定或推算出各时间发生的概率,并据此进行决策.如果决策者在决策时只是根据有限的先验资料和信息通过自己的判断和估计,设定状态发生的概率,这种概率虽然不是决策人的主观臆造,但仍属于主观概率.显然,如果决策者事先能做更多的调查研究工作,进行必要的试验和观察,就能使设定的概率更符合客观情况,而"减少"其不确定性.但是在多数情况下,由于受到经济、时间及其他条件的限制,不可能进行大量的试验,因而,也就只能根据有限的资料和决策者的经验来推定和估计自然状态发生的概率.

在决策分析中,有时会因为情况发生变化,对决策结果不够理想,有必要设法获得新的情报或信息,修正原来的概率估计,并期望得出新的更加切合实际的概率.通常,我们把修正前的概率估计称为先验概率(Prior Probability),而把修正后的概率称为后验概率(Posterior Probability).

风险型决策问题须具备以下几个条件:

(1)有一个决策目标(如收益较大或损失较小);

(2)存在两个或两个以上的行动方案;

(3)存在两个或两个以上的自然状态;

(4)决策者通过计算、预测或分析等方法,可以确定各种自然状态未来出现的概率;

(5)每个行动方案在不同自然状态下的益损值可以计算出来.

下面介绍几种风险型决策问题的决策方法.

3.1 期望值法

采用最优期望益损值作为决策准则的决策方法称为期望值法.

如果离散型随机变量的分布列表示为表 12—6.

表 12—6

X	x_1	x_2	$\cdots$	x_m
$P(X=x_i)$	p_1	p_2	$\cdots$	p_m

则有

$$E(X) = \sum_{i=1}^{m} x_i p_i$$

若我们把每个行动方案 d_i 看做是离散型随机变量,其取值就是在每个状态下相应的益损值 a_{ij},则第 i 个方案的益损期望值为:

$$E(d_i) = \sum_{j=1}^{n} a_{ij} p_j, \quad i = 1, 2, \cdots, m$$

表示行动方案 d_i 在各种不同状态下的益损平均值(可能平均值).

所谓期望值法,就是把各个行动方案的期望值求出,进行比较. 如果决策目标是收益最大,则期望值最大的方案为最优方案:

$$\max_i E(d_i) = \sum_{j=1}^{n} a_{ij} p_j, \quad i = 1, 2, \cdots, m$$

如果决策目标是收益最小,则期望值最小的方案为最优方案:

$$\min_i E(d_i) = \sum_{j=1}^{n} a_{ij} p_j, \quad i = 1, 2, \cdots, m$$

利用期望值法进行决策,常见的方法有决策表法、决策树法.

例3 某公司拥有一块可能有石油的土地,根据可能出油的多少,该块土地属于4种类型:可产油50万桶、20万桶、5万桶、无油. 公司目前有3个方案可供选择:自行钻井;无条件将该块土地出租给其他使用者;有条件地租给其他生产者. 若自行钻井,打出一口有油井的费用是10万元,打出一口无油井的费用是7.5万元,每一桶油的利润是1.5元. 若无条件出租,不管出油多少,公司收取固定租金4.5万元;若有条件出租,公司不收取租金,但当产量为20万桶至50万桶时,每桶公司收取0.5元. 由计算得到该公司可能的利润收入见表12-7(单位:元). 按过去的经验,该块土地属于上面4种类型的可能性分别为10%、15%、25%和50%. 问题:用期望值法决策,该公司应选择哪种方案,可获得最大利润?

表 12-7

自然状态 方案	50万桶(s_1) $p_1=0.1$	20万桶(s_2) $p_2=0.15$	5万桶(s_3) $p_3=0.25$	无油(s_4) $p_4=0.5$
自行钻井(d_1)	650000	200000	−25000	−75000
无条件出租(d_2)	45000	45000	45000	45000
有条件出租(d_3)	250000	100000	0	0

解:先求出每个方案的期望值:

$E(d_1) = 0.1 \times 650000 + 0.15 \times 200000 + 0.25 \times (-25000) + 0.5 \times (-75000)$
$\quad\quad = 51250$

$E(d_2) = 0.1 \times 45000 + 0.15 \times 45000 + 0.25 \times 45000 + 0.5 \times 45000 = 45000$

$E(d_3) = 0.1 \times 250000 + 0.15 \times 100000 + 0.25 \times 0 + 0.5 \times 0 = 40000$

按照期望收益最大准则,应该选择策略 d_1,自行钻井.

例 4 设有一风险型决策问题的收益为表 12-8(单位:元).

表 12-8

自然状态 方案	s_1 $p_1=0.7$	s_2 $p_2=0.3$
A	500	-200
B	-150	1000

解:计算每个方案的期望值:

$$E(A)=0.7\times 500+0.3\times(-200)=290$$
$$E(B)=0.7\times(-150)+0.3\times(1000)=195$$

设 α 为状态 s_1 出现的概率,为观察 α 的变化对决策的影响,令

$$E(A)=\alpha\times 500+(1-\alpha)\times(-200)$$
$$E(B)=\alpha\times(-150)+(1-\alpha)\times 1000$$
$$E(A)=E(B)\to\alpha=0.65$$

α 称为折转概率,当 $\alpha>0.65$ 时,选择方案 A,当 $\alpha<0.65$ 时,选择方案 B.

3.2 决策树法

决策树是一种可以帮助决策者进行决策的树状图.如图 12-1,它由决策节点、方案枝、事件节点、概率枝和结果节点按一定关系联结而成.

决策节点常用小方框代表,表示需要在此处进行决策,从它向后引出的每一分枝代表可能选取的一个策略或方案.事件节点用小圆圈表示,从它引出的分枝代表其后续状态,分枝上标明的数字表明该状态发生的概率,常称这种分枝为概率枝.结果节点为决策树的末梢,用小三角表示,代表决策问题的一个可能结果,旁边的数字为这种情况下的益损值.联结两个节点的连线称为分枝,根据所处的位置,可能代表某一策略(方案枝),或代表某一状态(概率枝).

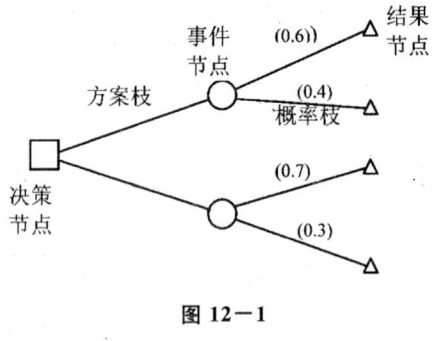

图 12-1

在决策树中,常在被淘汰的策略(方案)的分枝上画上两根平行的短杠,将该分枝切断,表示不选这一策略.

例 5 某市为生产一种新产品拟定了两个方案:一是建大厂,一是建小厂.已知,建大厂需投资 300 万元,建小厂需投资 160 万元.两者的使用期均为 10 年.据估计,生产出的产品在此期间销路好的可能性为 0.7.这两个方案的年度收益(单位:万元)示于表 12-9.问题:建大厂好还是建小厂好?

表 12—9

自然状态 策略	销路好 $p_1=0.7$	销路差 $p_2=0.3$
建大厂	100	−20
建小厂	40	10

解：画出该问题的决策树，见图 12—2.

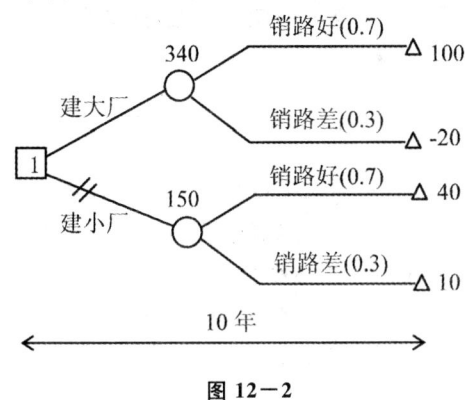

图 12—2

比较所得的期望收益值，可知建大厂比建小厂的期望利润大，故应选建大厂这个方案.

例 6 将例 5 分为前三年和后七年. 市场预测前三年销路好的概率为 0.7，且如果前三年销路好，后七年继续销路好的概率为 0.9，如果前三年的销路差，后七年的销路也一定差. 问建大厂好还是建小厂好.

解：可按以下步骤求解：

(1)画出决策树，见图 12—3.

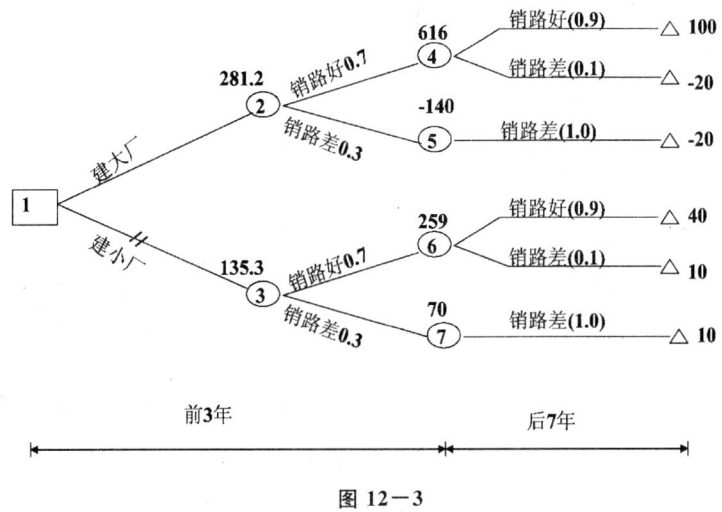

图 12—3

(2)计算各节点的期望收益.

节点 4：$0.9 \times 100 \times 7 + 0.1 \times (-20) \times 7 = 616$

节点 5：$1.0 \times (-20) \times 7 = -140$

节点 6：$0.9 \times 40 \times 7 + 0.1 \times 10 \times 7 = 259$

节点 7：$1.0 \times 10 \times 7 = 70$

节点 2：$0.7 \times (616 + 100 \times 3) + 0.3 \times [-140 + (-20) \times 3] - 300 = 281.2$

节点 3：$0.7 \times (259 + 40 \times 3) + 0.3 \times (70 + 10 \times 3) - 160 = 135.3$

(3) 决策.

由于节点 2 的期望收益大于节点 3 的期望收益，故选取建大厂这个方案.

3.3 贝叶斯决策

风险型决策中用期望值法需要知道各种状态出现的概率 $P(s_1), \cdots, P(s_n)$，这些概率称为先验概率. 风险是由于信息不充分造成的，决策过程还可以不断收集信息，如果收集到进一步信息 B，对原有各种状态出现概率估计可能会有变化，变化后的概率为 $P(s/B)$，这种条件概率表示在追加信息 B 后对原概率的一个修正，所以称为后验概率. 由于这种修正概率主要是根据贝叶斯(Bayes)定理，故常称作贝叶斯决策. 贝叶斯公式：

$$P(s_i/B) = \frac{P(s_i)P(B/s_i)}{P(B)} = \frac{P(s_i)P(B/s_i)}{\sum_{j=1}^{n} P(s_j)P(B/s_j)} \quad i = 1, \cdots, n \qquad (12-6)$$

在进行贝叶斯决策时，先根据过去的经验确定未来状态发生的先验概率估计；然后根据反映补充信息可靠性的以往统计资料，利用贝叶斯公式计算出各状态的后验概率，并以此为根据作后验决策；最后进行是否需要采集补充信息（情报）的决策.

例 7 如果本节石油公司例子中决策前希望做一次地震实验，以进一步弄清地质构造. 已知地震试验费用为 12000 元，地震实验可能的结果是：构造很好(I_1)、构造较好(I_2)、构造一般(I_3)、构造差(I_4). 根据过去的经验，地质构造与油井出油的关系见表 12-10.

表 12-10

地质构造 出油情况	构造很好(I_1)	构造较好(I_2)	构造一般(I_3)	构造差(I_4)
50 万桶(s_1) $p_1=0.1$	0.58	0.33	0.09	0.0
20 万桶(s_2) $p_2=0.15$	0.56	0.19	0.125	0.125
5 万桶(s_3) $p_3=0.25$	0.46	0.25	0.125	0.165
无油(s_4) $p_4=0.5$	0.19	0.27	0.31	0.23

解：(1) 先计算各种地震实验结果出现的概率：

$$P(I_1) = \sum_{j=1}^{4} P(s_j)P(I_1/s_j) = 0.352$$

$$P(I_2) = \sum_{j=1}^{4} P(s_j)P(I_2/s_j) = 0.259$$

$$P(I_3) = \sum_{j=1}^{4} P(s_j)P(I_3/s_j) = 0.214$$

$$P(I_4) = \sum_{j=1}^{4} P(s_j)P(I_4/s_j) = 0.175$$

(2)计算出油概率在各种地质构造条件下的概率,见表 12-11.

表 12-11

$P(s_j/I_i)$	构造很好(I_1) $P(I_1)=0.352$	构造较好(I_2) $P(I_2)=0.259$	构造一般(I_3) $P(I_3)=0.214$	构造差(I_4) $P(I_4)=0.175$
50万桶(s_1) $p_1=0.1$	0.165	0.127	0.042	0.000
20万桶(s_2) $p_2=0.15$	0.239	0.110	0.088	0.107
5万桶(s_3) $p_3=0.25$	0.327	0.241	0.146	0.236
无油(s_4) $p_4=0.5$	0.269	0.522	0.724	0.657

(3)用后验概率计算在各种地质构造条件下的期望收益,见表 12-12.

表 12-12

期望收益(元)	构造很好(I_1) $P(I_1)=0.352$	构造较好(I_2) $P(I_2)=0.259$	构造一般(I_3) $P(I_3)=0.214$	构造差(I_4) $P(I_4)=0.175$
$E(d_1)$	126700	59375	-13050	-33775
$E(d_2)$	45000	45000	45000	45000
$E(d_3)$	65150	42750	19300	10700
决策结果(元)	d_1	d_1	d_2	d_2

(4)用后验概率计算期望收益,进行决策,见表 12-13.

表 12-13

期望收益(元)	构造很好(I_1) $P(I_1)=0.352$	构造较好(I_2) $P(I_2)=0.259$	构造一般(I_3) $P(I_3)=0.214$	构造差(I_4) $P(I_4)=0.175$
77500	$E(d_1)=126700$	$E(d_1)=59375$	$E(d_2)=45000$	$E(d_2)=45000$

$0.352 \times 126700 + 0.259 \times 59375 + 0.214 \times 45000 + 0.175 \times 45000 = 77482$

$77482 - 51250 = 26235 > 12000$

后验概率计算期望收益为 77482 元,比不做地震实验的预期收益(51250 元)高出 26235 元,而地震实验费用是 12000 元,因而进行地震实验是合算的.

第四节 效用理论

4.1 效用的概念

为了对决策问题进行定量研究,需要对自然状态的不确定性以及各种状态出现后的结果赋值,这是决策分析中的两个关键问题.状态的不确定性可以由状态出现的概率度量.现在进一步讨论后果价值的度量方法,由此引出效用的概念.

在度量后果(效果)的价值时,常会遇到下述问题:

(1)没有明显的测量标准,如信誉、声望等;

(2)有些虽然可以用数量度量,却无法进行相互比较,如时间等;

(3)用同一数量化的标度(货币)计量对不同的决策人的真正价值不一样,如1000元对穷人和富人的含义就不同.

因此,可以引入一种新的度量方法——效用(Utility).

效用是决策者对后果价值的看法和态度的一种相对数量表示(量化),反映了决策者对某些结果的偏爱程度和对承担风险的态度.效用值是一个相对的指标值,无量纲,一般可以规定:在一个决策系统中,决策者最爱好、最倾向、最情愿的事务(事件)的效用值赋以1,而最不爱好者赋以0.也可以用其他数值范围,如(100~0).效用值与决策者个人的性格、爱好、意愿等主观因素有关,也与决策者在不同环境、不同时期的客观因素有关.

4.2 效用函数和效用曲线

效用实质上是价值的一种定量表述.在进行决策时,不同的决策者由于各自经济地位、个人气质、对风险的态度不同等,对同样的期望益损值可能赋以不同的效用值.这说明,每人各有其自己的效用函数.若以收益为横坐标(以损失为横坐标也可类似地进行分析),以效用为纵坐标,在这样的直角坐标系中画出某人效用函数的图象,就得到了他的效用函数.即效用函数 $U(x)$ 表示决策者对每一个损益值的效用值而形成的函数,$0 \leqslant U(x) \leqslant 1$.

现假定有两个决策者面临表12-14所示的决策问题(单位:元).

表12-14

自然状态 策略	s_1 $p_1=0.5$	s_2 $p_2=0.5$
d_1	3000	4000
d_2	0	8000

当按期望收益准则决策时,由于策略 d_2 的期望收益值大,故这两个人都会选择策略 d_2.

设第一个人的效用函数为线性函数

$$U_1(x)=ax, \quad a>0 \tag{12-7}$$

式中,x 代表收益,a 为系数(下同).

第二个人的效用函数为

$$U_2(x)=x-ax^2, \quad 0<a<\frac{1}{2x^*} \tag{12-8}$$

此处,x^* 为 x 的最大值.

对第一个人来说,其各策略的期望效用值如下:

策略 d_1:$E[U_1(x)]=0.5a\times 3000+0.5a\times 4000=3500a$

策略 d_2:$E[U_1(x)]=0.5a\times 0+0.5a\times 8000=4000a$

可知应选取策略 d_2.这与用期望收益准则进行决策的效果是一样的.而且,策略的选择与 a 的大小无关.

对第二个人来说,各策略的期望效用值如下:

策略 d_1:$E[U_2(x)]=0.5[3000-a(3000)^2]+0.5[4000-a(4000)^2]$

策略 d_2:$E[U_2(x)]=0.5(0)+0.5[8000-a(8000)^2]$

若 $a=0.00004$,则得

策略 d_1:$E[U_2(x)]=3000$

策略 d_2:$E[U_2(x)]=2720$

故按期望效用准则应选择 d_1.由表 12-14 可知,选策略 d_1 至少可得 3000 元;而选策略 d_2 则有 50% 的可能性什么也得不到,故选取 d_2 比选取 d_1 所冒的风险要大得多.

现说明如何画某人的效用曲线(或确定其效用函数).在这个例子中,决策者的最低收益为 0 元,最高可能收益等于 8000 元.如此,可指定这两个收益值对应的效用值分别为:

$$U(0)=0, U(8000)=1.0$$

为了得到 0 元到 8000 元之间各点的效用值,就需要利用上面这两个点的已知数据,并借助于确定性事件和随机事件的等效用关系(对决策人而言),即确定性事件的效用值和某随机事件的期望效用值相等,来确定第三点的效用值.

假定要求 2000 元的效用值,为此提出两个方案如下:

(1)收入 2000 元(确定性).

(2)以概率 P 收入 8000 元,概率 $1-P$ 收入 0 元,现请决策人考虑并回答:当 P 等于多少时,决策人认为上述两个方案对他来说是等效的?图 12-4 代表了这种要求,并用节点~表示后面的各种选择等效,也就是选取策略 d_1 或 d_2 对决策人都一样.

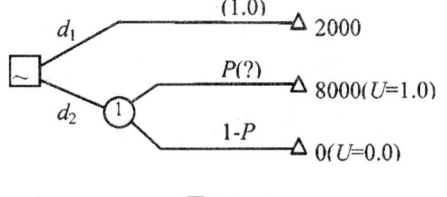

图 12-4

如决策人考虑后认为,当 $P=0.385$ 时,上述两事件对他来说效用相等,这样一来,即可如下求收益为 2000 元时的效用值.

$$U(2000)=U(8000)P+U(0)(1-P)$$
$$=1.0\times0.385+0\times(1-0.385)$$
$$=0.385$$

这时已经知道了三个点的效用值,为求其他点的效用值,可选择其中两点,利用其已知数据,如上继续进行.

上述工作也可换一种做法,即提供图 12-5 所示的如下关系.并征询决策者,当 d_1 的收益为多少元时,他认为选取 d_1 或 d_2 等效?如果他认为 2800 元时两者等效,则可如下求出收益为 2800 元时的效用值:

$$U(2800)=0.5\times1.0+0.5\times0.0=0.5$$

用上述方法求出若干个点之后,即可描出决策人的效用曲线或进一步拟合出他的效用函数.

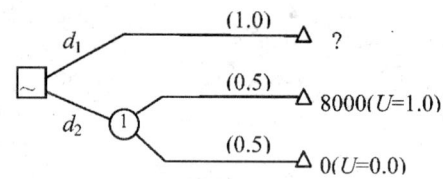

图 12-5

例 8 构造一个效用函数,已知所有可能收益的区间为 $[-100\ \text{元},200\ \text{元}]$,即 $x_0=-100,x_1=200$,故令 $U(200)=1,U(-100)=0$.下面用上面讲述的方法来确定效用曲线.

(1)请决策者在"d_1:稳获 x 元"和"d_2:以 50% 的机会得到 200 元,50% 的机会损失 100 元"这两个方案中进行比较.假设先取 $x=25$,若决策者的回答是两者不等效,而是偏好于 d_1,则适量减少 x 的取值,例如取 $x=10$.若决策者的回答还是偏好于 d_1,则可将 x 再适量减少,例如取 $x=-10$.这时,如果决策者的回答是偏好于 d_2,则应适当增加 x 的取值,如 $x=0$.假设当 $x=0$ 时,决策者认为方案 d_1 和 d_2 等效,则有

$$U(0)=0.5\times U(200)+0.5\times U(-100)=0.5$$

(2)请决策者在"d_1:稳获 x 元"和"d_2:以 50% 的机会得到 0 元,50% 的机会损失 100 元"这两个方案中进行比较.假设当 $x=-60$ 时,决策者认为方案 d_1 和 d_2 等效,则有

$$U(-60)=0.5\times U(0)+0.5\times U(-100)=0.25$$

(3)请决策者在"d_1:稳获 x 元"和"d_2:以 50% 的机会得到 200 元,50% 的机会得到 0 元"这两个方案中进行比较.假设当 $x=80$ 时,决策者认为方案 d_1 和 d_2 等效,则有

$$U(80)=0.5\times U(200)+0.5\times U(0)=0.75$$

这样便确定了当收益为 -100 元、-60 元、0 元、80 元和 200 元时的效用值分别为 0、0.25、0.5、0.75 和 1,据此可画出该效用曲线的大致图形,见图 12-6 所示.

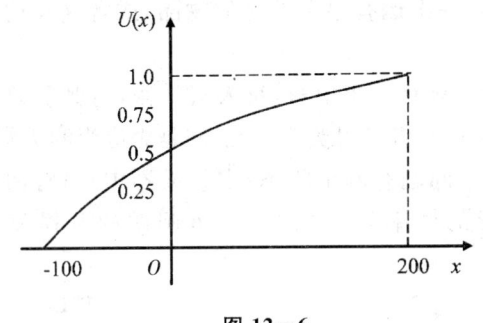
图 12-6

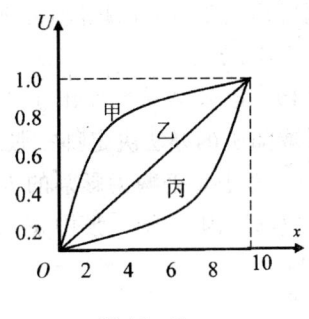
图 12-7

从以上向决策者的提问及回答的情况来看,不同决策者的选择是不同的,这样可得到不同形状的效用曲线,有三种类型,如图 12-7 所示.

曲线甲代表的是一种小心谨慎、不求大利、避免风险的保守型决策者.其效用曲线开始时的切线斜率较大,以后逐渐减小.这表明了边际效用递减的性质,即随着收益的增加,每增加单位收益时,效用的增加量递减.这种决策者对损失比较敏感,而对收益的反应比较迟钝,这种效用函数为凹效用函数.具有这种效用函数的决策者持风险厌恶的态度.

曲线乙代表的是一种中间型决策者.对他们来说,用期望效用值决策和用期望收益值决策是一样的,他们完全根据期望收益的大小来选择自己的行动.

曲线丙代表的决策者的特点与曲线甲代表的决策者相反,这种人对收益敏感,是一种不怕风险、力求谋求大利的进取型决策者.

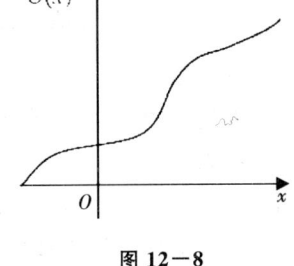
图 12-8

上述三种情况只是三种典型,某一决策者可能兼有三种类型.图 12-8 示出了这种情形.

4.3 效用值准则

在本章前面所讲的决策方法中,都是以期望损益值作为选取策略的标准的,而且,认为相等的期望损益值对每个决策者的吸引力都一样.也就是说,我们把它的价值看成了对谁都一样的客观价值.但是,事实有时并非如此.尤其当决策仅进行一次或很少几次时,用效用值(期望效用值)决策要合理得多.利用决策者的效用函数进行决策所依据的准则称为效用值准则.

例 9 某商店空运一件价值 1 万元的物品,如果发生事故,物品会损坏,商店需自己承担全部损失.但商店可以花 20 元去保险,在有保险的情况下,假如发生了事故,保险公司会赔偿全部损失.现已知飞机发生事故的概率为 0.001,问在这种情况下,商店应不应该参加保险.

解:我们用前面讲过的期望收益准则去决策时,都会选择不保险.但是,绝大多数人事实上都会选择保险这个策略.原因是,即使出事故的可能性很小,也很少有人愿意为节省

20元而冒损失1万元的风险,除非这个商店一次运有很多件这种物品,或者这样的运输要重复很多次.

例10 已知某单位发出了1万张彩票,只有一张中彩,每人买一张,每张彩票售价1元,采取随机的办法决定哪一张彩票中彩,中彩者可得奖500元,问是否应当购买彩票.

解:对考虑是否购买彩票的人来说,这个问题有两个状态:中彩或不中彩;有两个策略:买或不买.因只有一张中彩,故知中彩的概率只有0.0001.该问题的益损值如表12-15所示.

表 12-15

自然状态 策略	s_1(中彩) $p_1=0.0001$	s_2(不中彩) $p_2=0.9999$
d_1	499	-1
d_2	0	0

由此不难算出这两个策略各自的期望收益如下:

买彩票(d_1):$0.0001 \times 499 - 0.9999 \times 1 = -0.9500$

不买彩票(d_2):0

根据期望收益准则,应选策略d_2,即不买彩票.

有些人可根据上述算出的期望值进行决策,认为中彩的概率极低,买彩票的钱虽少,但相当于白白丢掉.但是,对另一些人来说,500元的吸引力远远大于1元钱这么一点点损失和中彩的极低概率,因而,他们决定购买彩票.

由上面的例子可知,对于同样一件非确定性的事情来说,不同的人,由于对风险的态度不同,就可能选用不同的策略.

例11 某教师在选用外语课两种教材T_1和T_2时遇到如下问题:学生的学习效果主要取决于他的学习态度,也和选用的教材有关.根据经验,有30%的学生学习态度积极,50%态度一般,20%态度较差.这些学生学习完之后所获得的知识和能力的提高(用百分数表示)见表12-16,问这位教师应选取哪一种教材.

表 12-16

学生态度 教材	积极 $p_1=0.30$	一般 $p_2=0.50$	较差 $p_3=0.20$
T_1	100%	30%	0%
T_2	30%	60%	30%

解:这个问题含有四个不同的结果:提高100%,提高60%,提高30%和未提高.用期望益损值进行决策时,需要计算每一种教材的期望益损值:

$$E(T_1) = 0.3 \times 100\% + 0.5 \times 30\% + 0.2 \times 0\% = 45\%$$

$$E(T_2) = 0.3 \times 30\% + 0.5 \times 60\% + 0.2 \times 30\% = 45\%$$

从结果可以看出,如果用期望益损值进行决策,两种教材效果相同,现在我们需要用期望效用值进行决策.

首先应确定各个结果的效用值. 现以未提高(即 0%)的效用值为 0, 提高 100% 的效用值为 1.

为确定提高 60% 的效用值, 提供如下两种情况供这位教师考虑:

情况(1): 肯定提高 60%;

情况(2): 提高 100% 的概率为 P, 提高 0% 的概率为 $1-P$.

如果他认为当 $P=0.8$ 时上述两种情况等效, 则可如下计算出提高 60% 时的效用值:
$$U(提高\ 60\%)=0.8\times1+(1-0.8)\times0=0.8$$

现确定提高 30% 的效用值, 即考虑如下两种情况:

情况(1): 肯定提高 30%;

情况(2): 提高 60% 的概率为 P, 提高 0% 的概率为 $1-P$.

如果他认为当 $P=0.65$ 时上述两种情况等效, 则可算出提高 30% 时的效用值:
$$U(提高\ 30\%)=0.65\times0.8+(1-0.65)\times0=0.52$$

现把各种结果的效用值列入表 12-17 中.

表 12-17

学生态度 教材	积极 $p_1=0.30$	一般 $p_2=0.50$	较差 $p_3=0.20$
T_1	1.00	0.52	0.00
T_2	0.52	0.80	0.52

由此即可计算出每种教材的期望效用值如下:

教材 T_1: $0.3\times1+0.5\times0.52+0.2\times0=0.56$

教材 T_2: $0.3\times0.52+0.5\times0.80+0.2\times0.52=0.66$

因为教材 T_2 的期望效用值大, 故决定选用教材 T_2.

习 题

12.1 某工厂在未来三种状态 s_1,s_2,s_3 下有三种生产方案 a_1,a_2,a_3, 且 a_1 在三种状态下生产费用分别为 32 万元、40 万元、29 万元; a_2 在三种状态下生产费用分别为 21 万元、28 万元、45 万元; a_3 在三种状态下生产费用分别为 38 万元、42 万元、27 万元. 试用下列准则选择最优方案:

(1) 悲观准则;

(2) 乐观准则;

(3) 适度乐观准则 ($\alpha=0.8$);

(4) 最小后悔值准则.

12.2 某地方书店希望订购最新出版的图书. 根据以往经验, 新书的销售量可能为 50 本、100 本、150 本或 200 本. 假定每本新书的订购价为 25 元, 销售价为 30 元, 剩书的处理价为 15 元. 要求:

(1)建立损益矩阵；

(2)分别用悲观法、乐观法和最小后悔值法进行决策.

12.3 某邮局要求当天收寄的包裹当天处理完毕.根据以往记录统计,每天收寄包裹的情况见下表:

收寄包裹量	41～50	51～60	61～70	71～80	81～90
占比例	10%	15%	30%	25%	20%

已知每个邮局职工平均每小时处理 4 个包裹,每小时工资为 5 元,规定每人每天实际工作 7 小时,如加班工作,每小时工资额增加 50%,但加班时间每人每天不得超过 5 小时(加班以小时计算,不满 1 小时以 1 小时计算).试用期望值法确定该邮局最优雇佣工人的数量.

12.4 一台模铸机用于生产某种铝铸件.根据以往试用这种机器的经验和采用模具的复杂程度,这种机器正确安装的概率估计为 0.8.如果机器安装正确,那么生产出合格产品的概率是 0.9;如果机器安装不正确,则 10 个产品中只有 3 个是可以接受的.现在已铸造出第一个铸件,检验后发现:

(1)第一个铸件是次品,根据这个补充资料,求机器正确安装的概率.

(2)若第一个铸件是合格品,问机器正确安装的概率是多少.

12.5 某人 2000 元的效用值为 10,500 元的效用值为 6,—100 元的效用值为 0.试找出概率 P,使以下情况对他来讲无差别:肯定得到 500 元或以概率 P 得到 2000 元和以 $1-P$ 失去 100 元.

12.6 某人有 20000 元钱,可以拿出其中的 10000 元去投资,有可能全部失去或第二年获得 40000 元.

(1)用期望值法计算当全部失去的概率最大为多少时该人投资仍然有利;

(2)如果该人的效用函数为:

$$U(M) = \sqrt{M+50000}$$

重新计算全部失去概率为多大时该人投资仍然有利.

12.7 如果 12.2 中书店货币的效用函数为:

$$U(M) = \sqrt{\frac{M+1000}{1000}}$$

(1)建立效用值表；

(2)利用下表中各种需求量的比例数字,重新决定该书店应当订购新书的最优数量.

需求量	50	100	150	200
占比例	20%	40%	30%	15%

12.8 某公司考虑生产一种新产品,决策者对市场销售状态进行预测的结果有三种情况,销路好、销路一般、销路差,其概率分别为 0.25,0.30,0.45.新产品在三种情况下的利润额分别为 15 万元、1 万元、—6 万元.为了得到更可靠的信息,公司打算花费 0.6 万元请咨询公司代为进行市场调查.在咨询之前,该公司根据以往市场调查情况进行分析,给

出了在市场销售状态为已知的条件下市场需求状况好、中、差的概率如下表所示：

销售状态 \ 市场需求	好(I_1)	中(I_2)	差(I_3)
好(s_1) $p_1=0.25$	0.70	0.20	0.10
一般(s_2) $p_2=0.30$	0.30	0.50	0.20
差(s_3) $p_3=0.45$	0.10	0.15	0.75

试用贝叶斯决策准则进行决策，并回答花费 0.6 万元请咨询公司调查是否合算.

12.9 某工程队承担一座桥梁的施工任务．由于施工地区夏季多雨，需停工三个月．在停工期间该工程队可将机械搬走或留在原处．如搬走，需搬运费 1800 元．如留在原处，可花 500 元修筑一护堤，防止河水上涨发生高水位的侵袭；若不筑护堤，发生高水位侵袭时将损失 10000 元．如下暴雨发生洪水，则不管是否筑护堤，施工机械留在原处都将受到 60000 元的损失．据历史资料显示，该地区夏季高水位的发生概率是 25%，洪水的发生率是 2%，试用决策树分析该施工队要不要把施工机械搬走及要不要筑护堤．

参考文献

[1] Eppen D, Gould F J. Quantitative Concepts for Management—Decision Making without Algorithms. Second Edition. New Jersey:Prentice - Hall,Inc,1985.

[2] Thomas M, Cook, Robert A. Introduction to Management Science. Third Edition. New Jersey:Prentice - Hall,Inc. 1985.

[3] 薛迪. 卫生管理运筹学(第1版). 上海:复旦大学出版社,2004

[4] 刘强. 运筹学. 北京:石油工业出版社,2001

[5] 秦侠,方前胜. 管理运筹学教程. 合肥:安徽科学技术出版社,2003

[6] 吴祈宗. 运筹学. 北京:机械工业出版社,2002

[7] 朱德通. 运筹学(第1版). 上海:上海人民出版社,2002

[8] 宁宣熙. 运筹学实用教程(第1版). 北京:科学出版社,2002

[9] 高慕勤. 卫生管理运筹学. 上海:第二军医大学出版社,1995

[10] 胡运权. 运筹学习题集(第3版). 北京:清华大学出版社,2002

[11] 杨超. 运筹学. 北京:科学出版社,2004

[12] 张莹. 运筹学基础. 北京:清华大学出版社,1994

[13] 成晓红,田德良. 管理运筹学. 北京:国防工业出版社,2004

[14] 魏权龄. 运筹学简明教程. 北京:人民大学出版社,1987

[15] 韩伯棠. 管理运筹学. 北京:高等教育出版社,2002

[16] 罗万钧. 运筹学习题与解答. 上海:上海财经大学出版社,2003

[17] 邓成梁. 运筹学的原理和方法. 武汉:华中科技大学出版社,2001

[18] (美)J.J.摩特等. 运筹学手册(第1版). 上海:上海科学技术出版社,1987

[19] (美)菲利普斯等. 运筹学的理论与实践(第1版). 北京:中国商业出版社,1983

[20] 黄桐城. 运筹学基本教程(第1版). 上海:上海人民出版社,2004

[21] 韩大卫. 管理运筹学. 大连:大连理工大学出版社,2001

[22] 胡运权. 运筹学教程. 北京:清华大学出版社,2001

[23] 蓝伯雄,程佳惠,陈秉正. 管理数学(下)——运筹学. 北京:清华大学出版社,1997

[24] 胡运权. 运筹学基础及其应用(第3版). 辽宁:哈尔滨工业大学出版社,1998

[25] 徐光辉. 随机服务系统(第2版). 北京:科学出版社,1988

[26] 刘舒燕. 运筹学. 北京:人民交通出版社,1999

[27] 魏国华,傅家良,周仲良. 实用运筹学. 上海:复旦大学出版社,1987

[28] 牛映武. 运筹学. 西安:西安交通大学出版社,1998

[29] 任延荣,刘庆欧. 卫生管理技术基础——实用运筹学与系统工程. 北京:北京医科大学中国协和医科大学联合出版社,1992

[30]刁在筠,郑汉鼎,刘家壮等.运筹学(第2版).北京:高等教育出版社,2003
[31]蔡美德,徐剑虹.管理决策分析.广州:华南理工大学出版社,1992

打造学术精品　服务教育事业
河南大学出版社
读者信息反馈表

尊敬的读者：

感谢您购买、阅读和使用河南大学出版社的_____一书，我们希望通过这张小小的反馈表来获得您更多的建议和意见，以改进我们的工作，加强我们双方的沟通和联系。我们期待着能为您和更多的读者提供更多的好书。

请您填妥下表后，寄回或发 E－mail 给我们，对您的支持我们不胜感激！

1. 您是从何种途径得知本书的：
　　□书店　　□网上　　□报刊　　□图书馆　　□朋友推荐
2. 您为什么决定购买本书：
　　□工作需要　　□学习参考　　□对本书感兴趣　　□随便翻翻
3. 您对本书内容的评价是：
　　□很好　　□好　　□一般　　□差　　□很差
4. 您在阅读本书的过程中有没有发现明显的专业及编校错误？如果有，它们是：
_____
_____
_____
5. 您对哪一类的图书信息比较感兴趣：_____
_____
6. 如果方便，请提供您的个人信息，以便于我们和您联系(您的个人资料我们将严格保密)：
　　您供职的单位：_____
　　您教授的课程(老师填写)：_____
　　您的通信地址：_____
　　您的电子邮箱：_____

请联系我们：
电话：0371－86059712　　0371－86059713　　0371－86059715　　0371－86059721
传真：0371－86059713
E－mail：hdgdjyfs@163.com
通信地址：河南省郑州市郑东新区 CBD 商务外环路商务西七街中华大厦 2304 室
河南大学出版社高等教育出版分社